头版春秋

周瑞金 题

陈振平 著

上海三联书店

献给已故的恩师、夜班编辑老前辈
陆炳麟、贾安坤、金福安

春秋纵横 （代序）

　　摆在我们面前这本书，讲的多是互联网史前时代、移动媒体不可能发生的故事。

　　在人类新闻信息传播史上，大众传播之王——报纸引领风骚几百年。全世界的报纸形形色色。有大张的，有书本式的；有黑白的，有彩印的；有单张的（如号外），有日发行一大叠的。无论何种形态，报纸在迅捷报道新闻、广泛表达观点思想的功能上是无一例外的。作为当年最先进的传播媒介，在发挥政治舆论动员、促进经济交往、文化交流融合等社会作用上，是非常充分的。历史不会消失。报纸风行时起作用的传播规律，还将在新媒体传播中呈现。

　　各类报纸，日报最重要。日报版面，头版又最重要。除非对专版专栏有特殊的兴趣，看报纸没有不是先看头版的。人们常说，头版是报纸的面孔、灵魂。何以见得？头版的作用就是，"将最重要信息和思想以最合适的形式呈现出来"，这样才能吸引读者的注意力。经过长期连续出版，每家报纸都形成了自己头版编排的形式和风格，以至于老读者只要看到那一张"面孔"，不用看报名，就知道是什么报纸。如同人一样，报纸也是有精气神的。这种精气神就集中体现在头版上。锐意进取还是四平八稳，精致大方还是粗糙畏葸，一望而知。头版绝对有高下之分。正如俗语所说：外行看热闹，内行看门道。只有通过比较，尤其是不怕和国外报纸比较，方可看出一些端倪。

千日功夫方寸间。头版的水平和风格大致与以下几个因素有关。

对新闻价值的追求。一家有声望的报纸（尤其是有优良传统的报纸）很看重自己的品质——保证时效性和捍卫真实性。重大新闻在第一时间上头条是绝对追求的目标。这里既有对纷杂来源的信息如何判断的问题，更有抢头条的胆略、追求时效的冲动的问题。新闻照片要不要打假？经过 PS 的假照片要不要"枪毙"？这两难的选择对头版编辑也是一种考验。"图片是最真实的现场记录，容不得一点虚假，决不能因为技术手段先进而造假。"这说得多好啊！

新闻采编能力的储备。头版编辑需要具有综合运用一切编辑手段的能力：文字编辑、图片编辑、标题、编排、运用版面语言等等。作为个人，这种能力不是一天可以学成的，需要经过若干年多岗位的训练，用我们的老话说，要"吃几年萝卜干饭"。作为一个夜班编辑部，多种能力要通过各种岗位发挥出来，体现在一个版面上，非得经过多年的协调、操练，方得默契。

政治的历练。作为党报，它所应持的立场和态度是不言而喻的，它应接受的宣传纪律的约束和上级指令也是不言而喻的。问题是如何将原则和现实相结合，使硬约束和软实力相和谐，这是一种政治能力、政治艺术，经过长期历练方能具备。突破一些落后于时代的新闻报道的规矩，避免程式化报道，减少"官本位"味道，这都要有政治胆略、耐心和政治智慧。"香港回归"报道就是一个成功的案例。

头版的成就，关键在夜班编辑部（主要指日报）。如果把头版比作满汉全席，那么夜班就是一个大厨房。各种菜肴的原料、调料，最后都要在这里烹调制作完成。如果将报社各部门看作是一支军队，那么，夜班就是前线指挥部。最终一仗的兵力调配都将在这里完成。这里的人员眼观四路，耳听八方，盯着新华社发稿机，盯着国内外电视屏幕。版面重大决策在反复思考中形成。一旦有突发新闻，这里就像是战场：指令从这里发出，人员从这里派赴，信息从前方传回，决战在这里形成。换句话说，头版春秋就是在这里上演的。

　　这里要特别说一说创作出每日头版的夜班人。他们晨昏颠倒，顶着月亮，送走晨星，在这里度过一个个不眠之夜。工作影响了他们的家庭生活作息，摧残了他们的健康（本书中提到的陆炳麟、贾安坤、金福安三位可尊敬的夜班老领导都去世过早）。可是，奇怪的是很少有夜班人后悔自己的夜班生涯。我想原因是，他们每天看到出版的热气腾腾的报纸，凝聚着自己的创造性成果——哪怕只是做了一个好标题，纠正了一个错字，都有成就感。没上过夜班的人无法体会到，他们这种身处火线的亢奋。一旦有紧急任务，不用动员，夜班各岗位人员不分你我，自动到位。这里只讲效率，不容内耗。在《解放日报》工作的几年里，我有幸和夜班同志共同奋斗过若干天，体会到他们的艰辛，分享着他们的快乐。说句实话，我还挺乐意上夜班的，当然不只是留恋美味的夜班餐。

　　本书是一本绝佳的新闻教科书。全书搜集了30个头版案例、近400幅版面和图片。每一个案例就是一个故事。作者娓娓道来，讲述那些头版背后鲜为人知的故事，引人入胜。包括涉及我国重大历史事件的，如"香港回归""邓小平逝世"；涉及重大灾害事件的，如"1998年抗洪救灾""汶川地震"；涉及重大国际事件的，如"海湾战争""苏联8•19""伊拉克战争""击毙本•拉丹""日核电站危机"；涉及我国外交关系的，如"克林顿访华"；涉及社会关注事件的，如"神五飞天""世博会""世界杯""刘翔退赛"等。

　　其中最有价值的是，作者真实披露他处理报纸头版过程中的心路历程，特别是他的许多独到见解、真知灼见。

　　譬如，改革开放以后我们应该怎样处理国际新闻和国内新闻的关系？作者认为，我们"不能再恪守延安时期头版必须以根据地报道为主的办报思路"。我国与西方资本主义国家关系改善以后，"新闻选择上不能再沿用冷战思维"。这就是说时势发生了变化，报纸编辑要审时度势。

　　又如，报纸和政治形势、经济形势是什么关系？作者认为，"一叶知秋。报纸版面就是那片叶子"。报纸编辑要敏时知秋。

　　毋庸讳言，如何处理遵守宣传规定、规矩和遵循新闻规律的关系，是党报编辑人员经常遇到的难题。作者积多年的经验教训，归纳为："有规定就按规定办，有规矩就按规矩办，既没有规定又没有规矩，就按规律办。规定就是上级的明确要求，必须及时准确地落实到位；规矩就是同类先例，参照以往处理方式和规格，一以贯之；规律则是新闻业务的一般法则和标准，是新闻工作的基本遵循。三者之间，既对立又统一，规定和规矩无疑包含着非新闻因素，而新闻因素中也不可避免地包含着政治因素。"这是处理过无数次版面矛盾后得出的结论，实事求是的真知灼见。

作者最终归纳说："新闻作品的成与败、功与过，绝不是由哪一个人说了算，也不一定是以获什么奖为标准。新闻最终还要由历史检验。"报纸的版面是永久的碑刻。成败功过任由历史评判，这是一个编辑者自信的表现，最好的心态。

我之所以引了作者这么些原话，是因为我觉得这是新闻工作第一线宝贵经验的提炼，关在办公室里是写不出这样的教案的。

但本书绝不止是案例回忆，还总结了许多新闻专业知识，有些甚至是以往新闻教学中忽视的。如书中专门谈到"新闻标题"。任何新闻传播都重视标题。现在网上传播已出现了所谓"标题党"，为了吸引眼球，不惜用耸人听闻的词语作标题，完全不讲真实性和道德标准。作者则在书中专门阐述了"新闻眼"的涵义，抓住了新闻标题的要害，说明了正派的、拍案叫绝的标题是如何做出来的，"吟安一个字，捻断数茎须"。作者还认为"挖掘呈现新闻眼依靠的并不只是新闻敏感性和文字功夫，更重要的是政治敏感性和大局意识"。

作者在书中还用一定篇幅介绍了题图、图示、漫画等头版常用的编辑手段，而这些内容在新闻教科书中是较少见或不作介绍的。

在本书的写作设计上，我最欣赏的是"链接"。这是将网络手段运用到书籍写作上，获得了意外的效果。"链接"的篇幅几乎和案例的叙述分析相当，内容有背景材料介绍、中外报纸版面比较、历史同类事件版面比较等，反映出在不同的国家、不同的时代背景下，编辑人的新闻观、政治观、价值观有多么的不同。经过比较，自然有高下之分。也不尽是高下，还有许多比较因素会引起读者联想、思考，"仁者见仁，智者见智"——这就是"链接"的作用、作者的巧妙安排。有的"链接"还系统介绍了解放日报上的漫画史，有的系统谈"题图"的做法，等于是一专题讲座。内容丰富的"链接"，大大增加了本书的厚度。

　　作者陈振平是我的同事、朋友。他从事报纸编辑工作三十年，绝大部分时间编头版、管头版。岁月耗去了他的黄金岁月，使他过早地谢顶（当然风度更好）。尽管如此，他还是热爱编辑，留恋头版。调他去当领导，他却"内心泛起的不是喜悦，而是惆怅"。他是一个研究型记者、编辑。从不满足于每天的程序性操劳，夜班之后还要回味反思当天的工作、当天的版面。三十年编辑，养成一个好习惯，就是写编辑手记，同时收集中外报纸相关版面作为资料保存。有这样的好习惯，才有今天成书的基础。振平虽然是科班出身，可是并不满足于此，孜孜追求新知识、新天地。工作了十年以后，终于争取到出国进修的机会，考取了英国FCO高级奖学金，去英国威尔士大学卡迪夫学院新闻研究中心攻读硕士学位。他在那里研究各国报纸如何运用版面语言传递重大新闻和观点，他进修了新闻学、传播学、心理学、符号学、语义学，最终以优秀论文《重大事件报纸设计》结束学业，又回到夜班编辑部。六年以后，他又作为"杰佛逊学者"，去美国夏威夷东西方中心学习交流。这一学以致用、用以促学的反复过程无疑使振平兄突飞猛进，成为国内报纸编辑同行中的佼佼者。《解放日报》头版深受振平兄影响，依稀可见模块式版面、静态式设计、齐左式标题等版面设计影响的痕迹。如果说，各国报纸的立场、观点大相径庭，甚至霍然对立，但版面编辑、头版编辑的技艺却是不分国籍、阶级的。版面语言的现代化应该是我们追求的目标。向报纸的先驱——西方报纸学习，学其所长，补我所短，又何妨?!

　　本书的一个不能忽视的优点，就是不仅展示成功的令人兴奋的案例，也披露令人沮丧的失败的案例。振平兄还公布了自己向上级的检讨书，须知这样的"检讨书一路伴随，比奖状多得多"。要改革创新，就会有检讨。这样的事报社内很多人都经历过。正是这一点，也让人佩服振平的淡定和耐心。

　　如果说，今日的新闻就是明天的历史，那么，报纸就是能保存、最直观的历史记录。移动媒体上瞬息而过的信息传递没法做到这一点，海量存储、可随意调看的数据库也不能实现这一点。

秦绍德

于辛丑年四月

前 言

从1983年到2013年，我担任报纸编辑整整三十个春秋。其间，我绝大部分时间担任党报夜班编辑，绝大部分时间担任或分管头版编辑。

在三十年的编辑工作中，我养成一个习惯，夜班工作完毕后随手写一些编辑手记，大致包括处理稿件、制作标题、编排版面的过程，还有上级领导部门的指令和意见，以及自己对稿件和上级指示的理解，等等。此外，第二天我还会把我们的版面和中外报纸的版面作对比，学习借鉴同行们的编辑高招。这些内容也会补充到手记中。可以说，这些手记资料记录了我在党报新闻编排方面的探索历程，记录了我三十年夜班编辑工作的心路历程。

在这本书中，我综合选编了自己三十个春秋中三十个案例的夜班编辑手记，其中每一篇的主干部分都是我头版编辑工作的亲身经历，相关链接部分中更多的是我搜集用以学习参考借鉴的中外报纸头版相关或相似案例。所以我将这本书定名为"头版春秋"。

1983年我从暨南大学新闻系毕业被分配到解放日报，一心想当记者，没想到一进报社就被派到夜班编辑部，先说一年，又说三年，后来竟是"无期"。

恋爱时女朋友说，等你出了夜班咱们再结婚，结果无奈，姑娘成了新娘；她又说，等你出了夜班咱们再要孩子，结果无奈，新娘成了孩儿他娘；岁岁年年，无奈之下，孩儿他娘成了孩儿他老娘，我自己也渐渐谢了顶，把一头黑发献给了夜班，被同事们戏称为"'脱落'斯基"。直到三十年后，终于有一天，一纸命令，我被调离采编岗位，"高升"了。朋友对我说：你的夜班熬出头了；我自己则调侃："牢底"终于坐穿了。

然而，当时我内心泛起的并不是喜悦，而是惆怅，正如这首唐诗所说：

客舍并州已十霜，

归心日夜忆咸阳。

无端更渡桑干水，

却望并州是故乡。

三十年，夜班编辑工作岗位不知不觉已成了我的精神家园，我舍不得。

在夜班编辑岗位上，我有幸遇到了陆炳麟、贾安坤、金福安等恩师，在他们的引领下，我爱上了夜班编辑这份工作。

陆炳麟早年是新闻报校对出身，通过自学在编辑岗位崭露头角，后来担任解放日报夜班编辑部主任。我进报社时，他任解放日报副总编辑，后来又担任顾问。他干了四十多年夜班编辑，在报纸编辑工作中颇有建树，是全国同行中的标杆。1991年1月17日，他果断决定把"海湾战争可能在24小时内爆发"的新闻放在头版头条，更是令全国同行钦佩不已。他曾对我们年轻编辑说，我手里有缰绳，也有鞭子。你们要大胆闯。我希望多拉缰绳，少抽鞭子。八十年代末，他编译了美国密苏里大学新闻学院教授、报纸设计家达里尔·莫恩的《报纸编排设计》一书，并把这本书推荐给我，让我精读。在老陆的指导和支持下，我开始研究追赶世界报纸编排设计的潮流，借鉴欧美同行的做法，在《解放日报》先后尝试了模块式版面、静态式设计、齐左式标题等编排形式，并探索新闻图示、新闻题图等多种前卫的编排手段，力求推进《解放日报》版面语言的现代化。1992年出国留学之前，我到他的病榻前告别，并汇报打算研究的课题。他拉着我的手说："好好学，学完回来，当个好编辑。"他还说："小陈，你适合当编辑。"我一直把这句话当作这位编辑泰斗对我的最高奖赏。讵料这次交谈竟成永诀。

贾安坤作为总编辑助理主持夜班工作期间对我的影响也很大。他在新闻采访、写作、评论、编辑、策划等各方面"十八般武艺"样样精通，在我的编辑手记中留下不少和他在一起工作的经典案例。而且他一直给予我充分的信任，即便是在我工作出现失误时仍然为我担责，在我公派出国留学时为我担保，令我永生难忘。

金福安是我到报社工作的第一个上级。当时他作为头版责任编辑，将我这个刚刚走出校门的学生领进了夜班编辑的世界，教我改出第一篇稿子，拟出第一条标题，画出第一张版样，拼出第一个头版。我的第一篇获奖作品也是经他之手改定的，而在获奖证书上却没有他的名字。九十年代中期，他指导我们以"投石问路"的方式，在全国地方报纸中率先推出自己撰写的国际评论专栏"本报专论"，并担责为我们把关。我们的国际评论专栏得到读者和同行的认可，并最终使这方面的"禁令"逐渐消解。我们在一起工作了很久，直到他调离解放日报出任新民晚报总编辑。

如今，恩师陆炳麟、贾安坤、金福安均已去世，但和他们一起工作的情景仍历历在目。尤其令我骄傲的是，在恩师前辈们的带领下，我们着力进行党报的新闻编排探索，在版面上一次次地实现了大胆的突破：把《"挑战者"号航天飞机空中爆炸》《海湾战争可能在24小时内爆发》《美国新总统布什宣誓就职》等重大国际新闻推上头版重要位置甚至是头条位置，在国内报纸中都是绝无仅有的。

在后来的夜班编辑工作中，我又得到吴谷平、陈大维等前辈的指导，在党报的新闻编排探索上打了一个又一个"漂亮仗"。例如1996年以色列总理拉宾遇刺身亡，我们综合分析拉宾对中东和平进程的重要贡献和这一突发事件对于未来中东和平进程的影响，独树一帜地把这条新闻推上头版头条。1997年香港回归，我们精选了记录五星红旗和香港特区区旗升起、英国国旗和港英旗帜降下这一决定性瞬间的新闻照片在头版通栏刊登，并且制作了"香港今回祖国怀抱"这一充满激情的新闻标题，设计了一个极具视觉冲击力的头版。1998年抗洪救灾，我们的头版不仅全面反映了"抗"和"救"，还真实记录了"洪"

和"灾"。

1999 年，我接棒担任夜班值班副总编辑。在此后的十多年里，我和夜班编辑部同仁陈忠标、张文昌、徐蓓蓓、张天胜、陶峰、朱爱军等精诚合作，在一系列重大新闻的报道中继续进行党报的新闻编排探索，向长期形成的条条框框挑战。例如 2003 年美国以伊拉克发展大规模杀伤性武器为借口，在没有确凿证据的情况下绕开安理会发动伊拉克战争，我们不满足于在头版只突出报道战事，而是以反战为主调，不仅鲜明地表达我国的立场，还力求留下经得住历史检验的头版。2011 年日本地震海啸引发核事故，我们派出多路记者采访专家，在掌握充分证据的基础上，抢先在头版报道日本核电危机不会影响我国沿海，向事故和危机报道的风险挑战。此外，我们还大胆而又谨慎地向曾经的"禁区"挑战，在舆论监督栏目中尝试利用新闻漫画的形式，把讽刺批评的锋芒直指高高在上行使公权力的官僚主义。

二十世纪著名传媒理论家马歇尔·麦克卢汉有一句名言："媒介就是讯息"，大意是媒介所能传输的东西远远超过我们看到听到的具体节目或内容。就报纸这一媒介而言，我不妨套用这句话说："版面就是讯息"，因为报纸上除了文字图片直接传递讯息以外，这些文字图片在版面上如何组合呈现，也在以特殊方式传递讯息。这种特殊方式就是版面语言。比如 1976 年唐山大地震，国内报纸守口如瓶，没有传递任何伤亡讯息，但这种不着一字的版面语言实际上却传递出多种讯息，不仅反映出当时我国封闭的政治生态，更是报纸态度的真实写照；而 2008 年汶川大地震则不同，我国政府每天发布伤亡数据，虽然人们通过多种渠道在报纸出版之前就能获得这方面的消息，但我们的报纸仍然坚持每天将更新的伤亡和失踪人数以黑底白字或灰底白字的形式醒目地标在头版顶部等重要部位，连续一个月，这样的处理方式在全国报纸中是罕见的，其透明度更是前所未有的。这种编排行为正是要通过版面语言表达我们的态度，以独特的方式向唐山大地震全国报纸隐瞒伤亡情况的恶习挑战，不仅反映当今我国开放的政治生态、自信的媒体环境，也是报纸负责任地记录历史的真实写照。这本书中的许多案例都体现了运用版面语言传递新闻文字和图片以外的讯息和观点，有些用得出彩，也有些产生了未曾预料的效果。我期待与同行们分享这些经验教训并得到指教。

夜班编辑工作常常会留下遗憾，因为版面必须按时付印，而一旦交付就不能再改了，思考判断的时间很有限。我对9•11事件的头版处理就是一例。当时我虽然强烈意识到，按照新闻规律，这条新闻绝对应该上头版头条，但面对规定和规矩，结果还是没有勇气照规律办；而且由于研判不够周密，标题的提炼也不够到位，没有精准点出事件的要害和我国的立场。在这本书中，我把这个过程以及类似的一些案例和盘托出，力求全面客观地"写春秋"。

在我三十年的夜班编辑工作中，差错、失误也是一路伴随，有操作上的，有技术上的，也有判断的失误，甚至有导向上的失误。为此，检讨书写了一箩筐。这些都是我头版春秋中绕不过的一道道坎，是我人生中不可多得的一个个教训，也是一笔笔财富。我在书中专门写了一章,晒出一些令我不能忘怀的案例。

将三十年的编辑手记和案例晒出来，一方面是想对自己的职业生涯作一个总结，另一方面也是想将那些当时认为是重要的作品和想法放到今天乃至未来的阳光下，看看是否站得住脚，是否对得住历史，是否对得起良心。我觉得，新闻作品的成与败、功与过，绝不是由哪一个人说了算，也不一定是以获什么奖为标准。新闻最终还要由历史检验。

本书完稿后，我当面向老领导周瑞金汇报了写作经过和其中的主要内容，并请他题写书名，他当即欣然同意。这使我想起了三十年前（1991年），当时我赴英留学一事已经被搁置两年，他作为解放日报党委书记，也是这样和我面对面坐着，倾听我的心声，然后毫不犹豫地代表党委同意放行："我们相信你"；那时公派留学生出国要有单位领导担保，老周就吩咐分管夜班的领导贾安坤和我一起去公证处填表签字，以他的政治生命和经济收入担保我学成之后按时归国，还是那句话："我们相信你"；出国以后我又请求报社批准在解放日报当记者的妻子带只有一岁的儿子来陪读，报社依然同意放行，再一次用行动表明："我们相信你"。在那个特殊时期，我对于老周和解放日报党委给予的信任无比感激。1993年10月，学位论文一通过，我做的第一件事就是订机票回国，这时老周已经调往北京，出任人民日报副总编辑。他给予我的那一份信任，我永远铭记。

我还要感谢解放日报原总编辑秦绍德为我的这本书写序。老秦是复旦大学新闻学院的博士、教授、博导，来解放日报担任总编辑几年，给我许多思想上、工作上、业务上的指教。他十分重视夜班编辑工作，每当遇到重大事件，如香港回归、九八抗洪等，他都亲自到夜班一线指挥；即便是离开解放日报调任复旦大学党委书记以后，他也时常关心我们的编辑工作，"9•11"那天晚上，他得知消息后立即把电话打到我的编辑台上，提醒我多加关注，体现出高度的新闻敏感和职业素养。我提出请他为本书作序，他极为认真地审阅了全部内容，并从学者和老领导的角度提出了中肯的意见建议，令我十分受益，也十分感激。

在整理手记的过程中，有一些记录不全、记忆不清的细节。感谢吴谷平、陈大维、陈启伟、王仁礼、陈忠标、徐蓓蓓、张天胜、陶峰、朱爱军、王仁维、张陌等当年一起工作的"夜猫子"帮我把关，纠正差错、补充内容、还原事实。

同时，我还要感谢上报集团老干办的谈如玉、董晋伟、邱钧、胡志红、韩军等同志以及上海图书馆的吴建中、余江等同志为我查阅报纸资料提供支持帮助。解放日报驻美记者蒋鸣和宰飞在美国帮我搜集重大事件的报纸，并不远万里带回来，令我十分感激。尤其要感谢上海三联书店的陈启甸、黄韬为本书的出版给予大力的支持。解放日报国际编辑张全帮我翻译俄文报纸，犬子陈昊帮我翻译法文和日文报纸，在此也一并致谢。

陈振平

2021 年 7 月

目 录

1986

1. "挑战者"号爆炸滞后发稿：破格补登

1986 年 1 月 28 日美国东部时间上午 11 点 38 分（格林尼治标准时间 16 点 38 分，北京时间 29 日凌晨 0 点 38 分），美国"挑战者"号航天飞机发射升空 73 秒后在空中爆炸，七名机组人员全部遇难。

世界各大通讯社立即发稿，世界各地 1 月 29 日的报纸在第一时间抢发了这一重大新闻。然而，中国大陆的报纸那天没有一家刊登这条突发重大国际新闻，因为新华社没有及时播发。1 月 30 日，各报滞后报道，且版面处理多是常规化，唯独《解放日报》对这条新闻破格处理，极为醒目地置于头版右上角（图 1-1）。

事情的经过是这样的：北京时间 1 月 29 日凌晨，在这各国新闻界忙碌拼抢"挑战者"号爆炸事故新闻的时刻，我们的夜班编辑们却在按部就班地做着常规的编辑工作，对这一重大新闻一无所知。我作为头版编辑，在完成版面编辑工作，并检查新华社截稿目录、确认没有漏稿之后，送走报纸清样，不知不觉地回家睡觉了。

（图 1-1）

一觉醒来，我从广播和电视中获知"挑战者"号失事的新闻。尤其值得一提的是中央电视台的新闻联播，当天一改"先国内后国际"的惯例，将这条新闻放在头条，足足播了六分钟。这立即唤起了我的工作欲望，一心盘算着明天的版面编排该如何出新。

然而晚间来到夜班编辑部，看到从香港空运来的当天报纸，我就像头上挨了一记闷棍——《大公报》《文汇报》《东方日报》上，"挑战者"号爆炸的消息和巨幅照片铺天盖地！

香港与我们处于同一时区，香港的同行与我们同时上下班，香港的日报与我们同时出版，为什么……？看看人家新闻稿的电头就明白了——全都是外国通讯社发的稿。

在那个年代，不要说互联网、卫星电视，我们就是用短波收音机收听外台也十分费劲。除了《人民日报》等中央级大报以外，大陆地方报纸的国际新闻完全依靠新华社发稿。"挑战者"号事故发生时，我国各地日报的夜班编辑工作大多还没有完成。如果新华社第一时间播发快讯，各报调整版面完全来得及。香港同行不是及时应对了吗？他们的报纸不仅不误本地发行，连上海的订户当天也准时收到航空投递的报纸。然而遗憾的是，那晚新华社发完日常的稿件后就早早地截稿关机了，没有播发"挑战者"号爆炸的消息。当时人民日报有驻美国记者站，但当天《人民日报》也没有刊登"挑战者"号失事的新闻。在那个国际新闻来源单一的年代，新华社不及时发稿，报纸不抢新闻，司空见惯。

但是，对于这一天漏发的重大新闻，要不要补登？该怎么登？解放日报夜班编辑部里议论纷纷。

当时我们的报纸每天只出一大张四个版面，国际新闻则没有固定的版面，通常是有富余版面就登，稿挤则作罢，即使是重大国际事件，也鲜有上头版的。像"挑战者"号爆炸这样过时的国际新闻，能在头版下部露个脸就不错了，放到内页也不为过。

但是，大家议论的结果是，这条新闻应该在头版突出处理！

强势处理这条新闻，旨在把我们对其重要性的理解和评价通过版面语言传递给读者。

我们认为，《解放日报》虽然是上海的地方党报，但在改革开放的今天，不能再恪守四十多年前延安时期头版必须以根据地报道为主的办报思路，应该放眼世界，让国际新闻在头版占有一席之地。

我们认为，在新闻选择上不能再沿用冷战思维。1969 年 7 月 21 日，美国"阿波罗 11 号"飞船成功登月，全球关注，当时我国正处于"文革"中，所有报刊对"美帝"的科学成就都视而不见，无一刊登（相关链接中详细介绍）。这种现象不应该再出现。哪怕是对美国科学发展遭受挫折的新闻事件，也应该客观报道，公正评价。

我们还认为，对"挑战者"号爆炸，不能只是把它看作美国人的事，也不能只是把我们自己当作旁观者，其实它是全人类共同的哀伤，因为对太空的探索发现与地球上每一个人都休戚相关。就重要性而言，不能只是把它看作一条重大灾难新闻，更要把它视为一条重大科技新闻，它是科学发展过程中的一个重大挫折，是人类为科学发现而付出的牺牲和代价。《解放日报》作为上海第一大报，应该具有这样高屋建瓴的全球性眼光。虽然我们刊登这条新闻比别人晚了一天，时效性大打折扣，但我们的目的并不是"马后炮"报道昨日新闻，而是要借助视觉强势来表达我们的态度。

值班副总编辑陆炳麟综合大家的意见，果断决定，将"挑战者"号爆炸的一组新闻和两张照片组合在一起置于头版右上角，用黑线围框，一则致哀，二则形成视觉强势。在这么高的版位、用这么大的篇幅如此醒目地刊登国际新闻，而且是美国的事故性灾难性新闻，对于当时的党报来说无疑是一大突破。

事后，陆炳麟给时任新华社社长穆青写了一封信，就如何提高新闻时效性提出建议，穆青回信接受批评并表示感谢。

不久，新华社推出"今晨专电"，将凌晨收到的国际新闻浓缩成百来个字的快讯，通过电传播发给付费用户，《解放日报》立即购买，大大提高了地方报纸国际新闻的时效性。

不久，《解放日报》由四版改出八版，重点加强了国际报道。在专副刊方面，原来由邱丹凤主编的国际副刊《放眼世界》更名为《当今世界》，聚焦重大国际新闻事件综合分析；同时增设《海外博览》专刊，由周稼骏兄主持，侧重国外社会和文化生活的方方面面。在新闻版中专门设置了国际版，每天大半个版，绝大部分是当天新闻。陆炳麟副总编辑提名让我去担任这个版的责任编辑。

相关链接

共和国成立之初，毛主席就我国外交提出"一边倒"的方针——倒向社会主义一边。根据这一方针，报纸对国际新闻的选择更是"一边倒"，对苏联的新闻极为重视，而美国的新闻要么是负面的，要么就不登。这是冷战时代特征在新闻报道上的典型表现。以下链接的是有关这种典型表现的典型案例。

1.《解放日报》补登斯大林贺电

冷战初期，美国大力扶持日本，把它作为远东对抗社会主义阵营的基地。1951年9月3日，是中国人民抗日战争胜利六周年纪念日，中苏两国领导人商定，在这一天互致贺电，强调反对美国武装日本的图谋，表达中苏加强团结、保卫和平的决心。

9月2日晚上，新华社播发了毛泽东致斯大林的贺电，《解放日报》将贺电全文置于头版头条。然而，到凌晨0点40分，新华社竟发了截稿通知。夜班编辑因此认为，新华社当天不会再发电讯稿，便回家睡觉了。这与1986年1月29日凌晨"挑战者"号突发事故时的情况如出一辙。

但是，后来的"剧情"发生突变。凌晨3点钟，新华社补发斯大林致毛泽东的贺电。当时新华社电讯稿件是由新华社上海分社收录后油印分送给各报，而解放日报社总务科的夜班值班人员签收后，见编辑部已下班，以为此稿当天不用了，就搁置一旁，甚至没有按规定通知报社领导。新华社上海分社为了确保万无一失，还特地打电话通知解放日报社电话值班员，而值班员也没有立即转告领导。两个环节都出纰漏，真是祸不单行。

9月3日，全国各报头版头条都是斯大林和毛泽东互致贺电，唯独《解放日报》只有毛泽东致斯大林的贺电，漏登斯大林致毛泽东的贺电。这可是惊动"朝廷"的大事。从中央领导、华东局领导到大量普通读者纷纷责问，华东局宣传部长亲自到报社检查问责，报社内部更像是经历了一场"地震"。

9月4日，《解放日报》头版头条补登斯大林的贺电，9月5日，在头版左下角围框刊登社长恽逸群的检讨。那个年代的报人们深知，苏联的新闻怠慢不得，那绝对不是业务问题，而是政治问题。

2. 对苏联人进入太空和美国人登月的不同反应

1961年4月12日，苏联宇航员加加林乘坐"东方"号卫星式宇宙飞船进入太空，绕地球飞行后返回并安全着陆。新华社立即转发塔斯社的消息，中国各报都在头版头条以通栏标题大张旗鼓地报道。

六十年代初期，中苏关系已经出现明显分歧，1960年7月，苏联开始从中国撤回专家，但报纸上还保持原来的报道规格，尚未公开对抗。

《人民日报》头版头条（图1-2）对苏联飞船进入太空的消息作了罕见的美术处理：通栏主标题"苏联宇宙飞船载人上天胜利归来"套红，整个标题区以浅红色的花框衬底，巨大的色块形成强大的视觉冲击力，体现了对这条新闻的高度重视。

（图1-2）

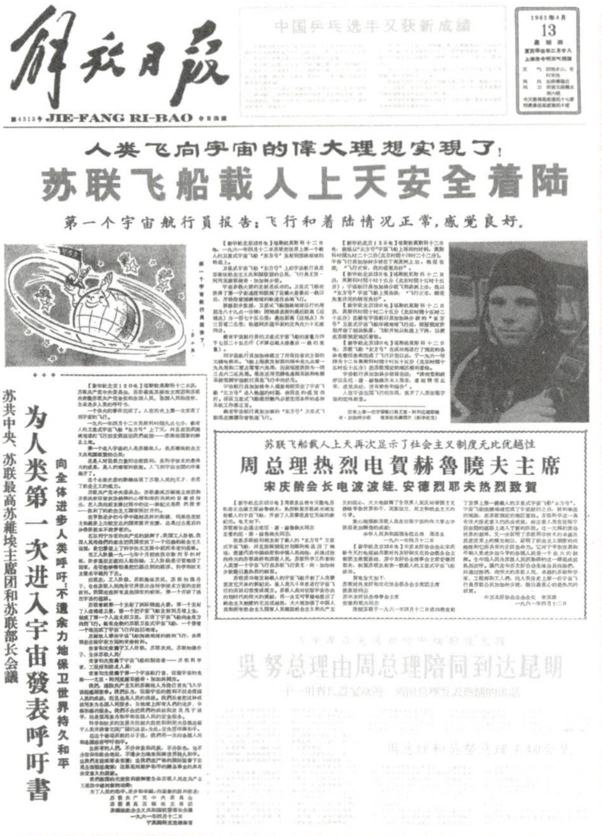

解放日報

JIE-FANG RI-BAO

中国乒乓选手又获新成績

1961年4月 13

人类飞向宇宙的偉大理想实現了！

苏联飞船載人上天安全着陆

第一个宇宙航行員报告：飞行和着陆情况正常，感觉良好。

为人类第一次进入宇宙發表呼吁書

向全体进步人类呼吁：不遗余力地保卫世界持久和平

苏共中央、苏联最高苏維埃主席团和苏联部长会議

苏联飞船載人上天再次显示了社会主义制度无比优越性

周总理热烈电賀赫魯曉夫主席

宋庆龄会长电波波娃、安德烈耶夫热烈致賀

吴努总理由周总理陪同到达昆明

（图 1-3）

《解放日报》不仅在头版头条（图 1-3）采用通栏套红标题，形成视觉上的破格，而且将相关的报道占据大半个头版和整个第二版，体现篇幅上的破格。

与对苏联成就新闻破格报道形成鲜明对比，对美国的成就新闻则不着一字。那是 1969 年 7 月 21 日，美国“阿波罗 11 号”飞船载着阿姆斯特朗、科林斯和奥尔德林三位宇航员完成了第一次登月任务，全世界有五亿人通过电视观看了人类在月球行走的实况，更多的人则是通过铺天盖地的报纸了解这一科学奇观。

然而在中国，公开发行的报纸无一刊登这一消息。

查阅 1969 年 7 月 22 日的《人民日报》和 7 月 23 日的《解放日报》，在内页刊登国际新闻的版面上，都能看到新华社播发的来自美国的新闻。《人民日报》第六版报道的是“白人种族主义者和法西斯警察野蛮使用反革命暴力，美国黑人忍无可忍奋起抗暴”，《解放日报》如出一辙，在第四版刊登新华社播发的华盛顿消息，标题是“美国黑人拿起武器奋勇造反”，其中详细报道 21 日一名黑人青年遭白人枪杀后黑人群众的抗议，“黑人狙击手二十一日晚上第一次使用了自动武器”，还配发黑人学生持枪抗议的新闻照片。而那一天

美国乃至全世界都在关注登月并为之欢呼。

当时只在内部发行的《参考消息》在 7 月 23 日刊登了法新社的新闻稿，报道了"阿波罗 11 号"登月的消息。次日，该报在头版刊登的一条合众国际社电讯稿，对中国报纸集体沉默作了解释。报道说："四个国家的政府昨天不让它们的占全人类四分之一的人口知道人类登上月球的事。这个行星上的很大一部分'共产党统治的亚洲'受到了封锁。东欧也有一小块地方实行了封锁。亚洲的共产党中国、北朝鲜和北越以及欧洲的阿尔巴尼亚不让他们的八亿多人民知道这则人类最大成就的消息。"

合众社的报道其实没有完全说到点子上。即便在那个没有互联网、没有卫星电视直播的年代，要完全封锁那么大的新闻也是难以做到的，瞒得了一时瞒不了一世。不登，不仅是表示不看，更是在表达不屑，"不长敌人的威风"。

把上述漏登和补登的经过、狂登和不登的对比作为历史背景，或可反映后来《解放日报》的编辑们强势处理"挑战者"号爆炸事故新闻的心路历程。

1987

2. 基建规模违规膨胀：
头版报忧

"报喜不报忧"，民众对我们的报纸常常如此诟病，报纸编辑却习以为常，头版多是报喜的新闻，报忧则是慎之又慎、少之又少。但是在 1987 年 8 月 24 日《解放日报》的头版中部显著地位，一条大标题前赫然立着两个大字："报忧"（图 2-1）。

8 月 23 日晚上，我在当天新华社播发的稿件中发现一条新闻，为之一惊。

这条新闻采用的不是常见的写作方法。它没有用先讲成绩再讲问题的"两分法"，更没有"反面文章正面做"，以政府正在积极解决问题为新闻主干。稿件通篇是只讲问题：

新华社北京 8 月 23 日电 今年大中型基本建设项目未经国务院批准，一律不得擅自开工，这一条已经三令五申，但上半年全国新上 26 个大中型项目的情况却令人担忧：除 1 项经批准开工外，另外 25 个项目都是一些地方自己"冒"出来的。

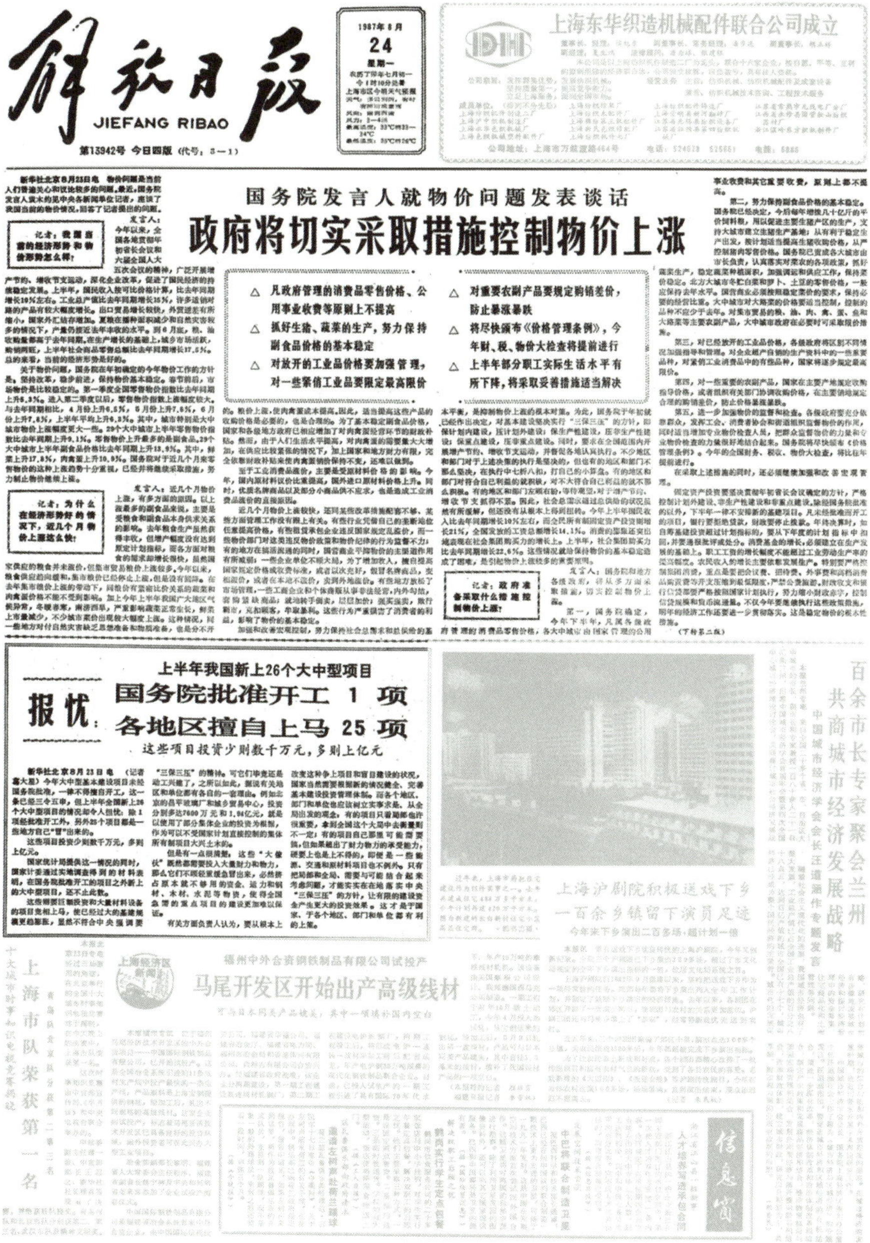
解放日报
JIEFANG RIBAO
1987年8月24日 星期一

国务院发言人就物价问题发表谈话
政府将切实采取措施控制物价上涨

△ 凡政府管理的消费品零售价格、公用事业收费等原则上不提高
△ 抓好生猪、蔬菜的生产，努力保持副食品价格的基本稳定
△ 对放开的工业品价格要加强管理，对一些紧俏工业品要限定最高限价
△ 对重要农副产品要规定购销差价，防止暴涨暴跌
△ 将尽快颁布《价格管理条例》，今年财、税、物价大检查将提前进行
△ 上半年部分职工实际生活水平有所下降，将采取妥善措施适当解决

上半年我国新上26个大中型项目
报忧：国务院批准开工 1 项 各地区擅自上马 25 项
这些项目投资少则数千万元，多则上亿元

（图 2-1）

这些项目投资少则数千万元，多则上亿元。

国家统计局提供这一情况的同时，国家计委通过实地调查得到的材料表明，在国务院批准开工的项目之外新上的大中型项目，还不止此数。

这是一条只报忧不报喜的新闻稿，是一条揭露各级地方政府部门违规行为的批评稿。

同一天，新华社还播发了长篇的国务院发言人就当时政府采取措施控制物价上涨答记者问。我注意到，这两篇稿件存在密切的相关性，国家经济过热导致物价快速上涨，固定资产投资增长过快、不该开工的建设项目大量开工是不可回避的原因之一，这反映出国家的宏观调控出了问题。

该如何编辑这一组稿件、反映这些问题呢？是闪烁其词藏着掖着，还是明明白白爽爽快快？

正是在那样一种探索的氛围中，我不仅毫不犹豫地将新华社这条揭露全国基建规模违规膨胀的新闻稿挑选出来放在头版，而且为它草拟了一个醒目的标题，用 48 磅的"小北京"字体，再加上下划线，刻意突出两个字——

报　忧

然后用多行题标出令人担忧的具体内容：

上半年我国新上 26 个大中型项目

国务院批准开工 1 项
各地区擅自上马 25 项

这些项目投资少则数千万元，多则上亿元

按照编辑流程，我把草拟的标题传给责任编辑金福安，他审阅后传给部主任金尚俭，最后由值班副总编辑陆炳麟审定，并决定将这篇稿件以四栏宽的篇幅放在头版中部，紧跟在头版头条国务院发言人就物价上涨问题答记者问一稿的后面，通过版面语言暗示基建违规过热和物价上涨过快之间的关系。

那一天中央和地方的不少党报也在头版刊登了这篇新华社稿件，但鲜有处理得如此强势，更没有这样尖锐地制作标题、这样借助版面语言进行编排。

第二年，这个"报忧"标题由陆炳麟选定送评上海好新闻奖，最终获评1987 年度上海市好新闻作品标题奖。

然而，"报忧"标题所依托的毕竟是新华社稿件，是中央级媒体对地方政府违规行为的批评。作为地方报纸，我们该如何有效而又稳妥地对本地的问题予以揭露和批评呢？

此后不久，从 1988 年开始，《解放日报》由四个版扩展至八个版，开设了《专稿特稿》专刊，以调查性报道为特色，敢于聚焦社会敏感问题，为党报探索发挥舆论监督的功能、突破新闻报道的禁区闯出一条新路。

"出国难"曾经是一个敏感话题。《解放日报》1987 年刊登《造船折腾记》，披露了专家出国谈判遇到政审、外调、审批等重重难关，历经整整 70 天才得以成行的尴尬。然而到了 1988 年，"出国潮"来势凶猛，自费出国一哄而起，申请去日本的市民在领事馆门前排起了长队，昼夜不息，成为上海街谈巷议的热门，不仅撩拨着人心，而且触动了国人的神经。对此，宣传口径不明，媒体集体沉默。《解放日报》则又一次触及敏感话题，推出国内第一篇详细描述"出国潮"的长篇通讯《巴拉巴拉东渡》，客观报道这一社会现象，影响力一下子就盖过了关于赴日青年"误入色情业""无奈欲卧轨""工伤无钱医"等负面传闻。

1989 年 1 月，《解放日报》再一次冲撞了新闻报道的禁区，以长篇通讯《黑色的泪》，第一次大胆揭开了苏州河污染的问题，第一次直陈多年来政策失误及其恶果，第一次提及当时治污遇到的阻碍。如今，苏州河已经成为上海的景观河道，但《解放日报》当年发出的警号，无异于整治的先声。

《解放日报》不仅敢于触碰本地的敏感话题，还勇于把触角伸向外地。"金三角"的毒品向我国边境渗透蔓延，在当时已呈愈演愈烈之势，但当地有关部门认为此事关系到"国家形象"，三缄其口，对媒体采访层层设限。解放日报记者冲破重重阻力，深入戒毒所采访，写出长篇通讯《白色深渊》，于 1990 年 5 月 11 日见报，拉响了中国第一声反毒警报。

《解放日报》的这些敏感话题报道都没有刊登在头版，体现了一种分寸感。

1990 年 6 月 12 日，时任上海市委书记、市长朱镕基率上海经济代表团访问香港时，在沪港经济合作展望研讨会上作了一个演讲，希望香港朋友对上海的经济发展多提意见建议。他问与会者："诸位是否注意到上海《解放日报》开辟了专门刊登批评上海意见的专栏？现在已有两篇，都是转载香港《南华早报》的。我是非常注意看的，但光我一个人看不行，要上海 1000 多万人都来看才行。"*　在我的记忆中，朱镕基说的那个专栏名为"海外人士谈上海"，实际上就是他授意开辟的，报社领导根据他的要求给我们布置了任务，那两篇《南华早报》的文章中有一篇是我翻译的。这些由外国人署名的文章批评上海地方政府和企业在与外商做生意时的盲目自大和官僚习气，并提出具体的改进建议。此后这个专栏还摘登了香港《经济导报》的文章，对"上海人精明"和投资"软环境"问题发表意见。市领导这样鼓励重视党报刊登海外人士的批评意见，是难能可贵的。当然，这个栏目也没有刊登在头版，同样是体现了一种分寸感。

相关链接

1.《文汇报》头版头条报忧：《原子核在内耗》

1978 年，中国在粉碎"四人帮"结束十年内乱之后迎来"科学的春天"，全国科学大会群情振奋，然而，在一片报喜的气氛中，文汇报记者郑重却发现中科院上海原子核研究所的一位研究员忧虑重重、郁郁寡欢。他经过两个多月的深入调查，采访了该所近百位科研人员，并设法查阅了所党委会议记录，了解到该所两位领导的矛盾蔓延到科研人员中，部分科研人员也分成两派，使科研工作无法正常运行。对此，受访者都说"我们这里内耗严重"。

于是他果断决定：报忧。

郑重的批评稿件写好后，按照规定送中科院上海分院党委审查，但党委有关领导不同意发表，更不愿在送审稿上签字。于是郑重把稿件直接送交新任党委书记审阅，获得同意后，《文汇报》于 1978 年 11 月 28 日在头版头条以几乎整版的篇幅强势刊登（图 2-2）。

据 2018 年出版的《文汇报八十年》记载，《原子核在内耗》发表以后，引起强烈反应。上海市科技党委有关领导认为报道失实，并将意见反映到上海

---

* 《朱镕基上海讲话实录》第 492 页。

（图 2-2）

（图 2-3）

市委，反对者后来又将此事告到国家科委主任那里。对此，郑重提供了两份材料，一份是他摘抄的原子核所党委会议记录，一份是写作素材，涉及两位所领导重要的话及重要情节都有三个以上的证明人；与此同时，文汇报也派人到原子核所调查核实，没有发现郑重的报道有失实之处，反对的声音不攻自破。从此，"内耗"一词在社会上传播开来，整治因派性引发的内耗现象成为当时拨乱反正的一个重要方面。

2. 《解放日报》头版头条报忧：《十个第一和五个倒数第一说明了什么？》

　　1980 年 10 月 3 日，《解放日报》头版头条以六栏标题、通栏围框，刊登上海社科院部门经济研究所研究员沈峻坡的文章《十个第一和五个倒数第一说明了什么？——关于上海发展方向的探讨》，报社配发了超长编者按，破例用小四号长体字呈现于文章中间（图 2-3）。

　　这篇调查报告的核心内容是，传统的计划经济束缚了上海社会经济的发展和人民生活的改善，导致地方财政严重不足，百姓的衣食住行难以改善。文章具体指出上海在经济上至少有十个全国第一：

工业总产值占全国八分之一强，居全国第一；

出口总值占全国四分之一强，居全国第一；

财政收入占全国总收入六分之一，上缴国家税利占中央财政支出三分之一，居全国第一；

工业全员劳动生产率1979年为30013元，居全国第一；

工业每百元固定资产实现的利润1979年平均为63.73元，居全国第一；

工业资金周转率为69.5天，居全国第一；

按人口平均计算每人每年国民生产总值1979年为1590美元，居全国第一；

能源有效利用率1979年为33%，居全国第一；

调往各地的日用工业品占全国调拨量的45%，居全国第一；

解放以来前往内地的工厂300多家，输送技术人员、技术工人100多万，居全国第一。

文章列举上海的十个第一并不是要报喜，而是与上海在全国的五项"倒数第一"形成对比，实事求是地报忧：

市区平均每平方公里有4.1万人，城市人口密度为全国之最；

建筑密度高达56%，人均拥有道路仅1.57平方米，绿化面积仅0.47平方米，均为全国大城市之最；

人均居住面积4.3平方米，4平方米以下的缺房户占60%，为全国大城市之最；

平均每万辆车年死亡人数为42.5人，为全国大城市之最；

由于三废污染严重，市区癌症发病率为全国大城市之最。

除了报忧，文章还分析了形成这种畸形状态的原因：重生产轻消费，重挖潜轻改造，重速度轻效果，重积累轻补偿。为此，文章对上海的发展方向提出建议：应该调整失调现象，改造畸形状态。

四千多字的一篇头版头条，一个学者在党报 "指点江山"，这在全市引发轩然大波。

当天，上海所有零售报摊的《解放日报》都脱销，许多读者打电话甚至专程来到报社，要求加印报纸。

随即，总编辑王维接到上级来电，要求报社所有党委委员到市里开会。多位市领导到会，有关部门就报道提出意见：《解放日报》这样提问题，不妥。

报社领导就稿件发表之前没有送审作了检讨，市领导在会上明确：今后发稿要按规定送审。

意见统一以后，《解放日报》连续在头版围绕"十个第一和五个倒数第一"问题刊登了 9 组系列讨论文章，各方人士纷纷就此发表意见：

"马儿不吃草跑得动吗？"

"该是'还债'的时候了！"

"希望领导同志参加讨论。"

尤为令人注目的是，有人就上海的未来发展高瞻远瞩地提出建议："开发浦东，建设新市区"。

《解放日报》在头版高调发出这样的呼声十年之后，1990 年 4 月 18 日，党中央、国务院宣布了加快开发浦东的决定。

由此可见，报忧的效果不一定是负面的。

1989

3. 头条报道美国总统就职：
敢于突破

1989 年 1 月 20 日美国东部时间中午 12 点，美国新总统乔治·布什在华盛顿宣布就职。此时是北京时间 21 日凌晨 0 点。几个小时后，在头版头条刊载这条新闻的《解放日报》已经投送到读者面前（图 3-1）。

在这么短的时间里，把一条这么敏感的国际要闻，以头版头条这么重要的版位，刊登在《解放日报》这么权威的党报上，这称得上是一条关于新闻的新闻。

首先交代一下这条新闻的背景。

1988 年起，我担任《解放日报》国际新闻版责任编辑。除了每天上夜班编排版面，我还要组稿、写稿，组织专家座谈会或参加国际问题报告会等，与上海和北京的媒体、学术机构以及外国使领馆建立了多种形式的业务联系。当时美国驻上海总领馆的文化领事时常邀请上海媒体的记者参加与美国同行的对话交流，特地每天将美国新闻署播发的电讯稿复印一叠供我参考。那一年适逢美国总统大选，我参加了几次领馆组织的电视电话会，与美国学者对话。大选投票日那天，应美领馆的邀请，时任解放日报副总编辑的周瑞金带领我和另一

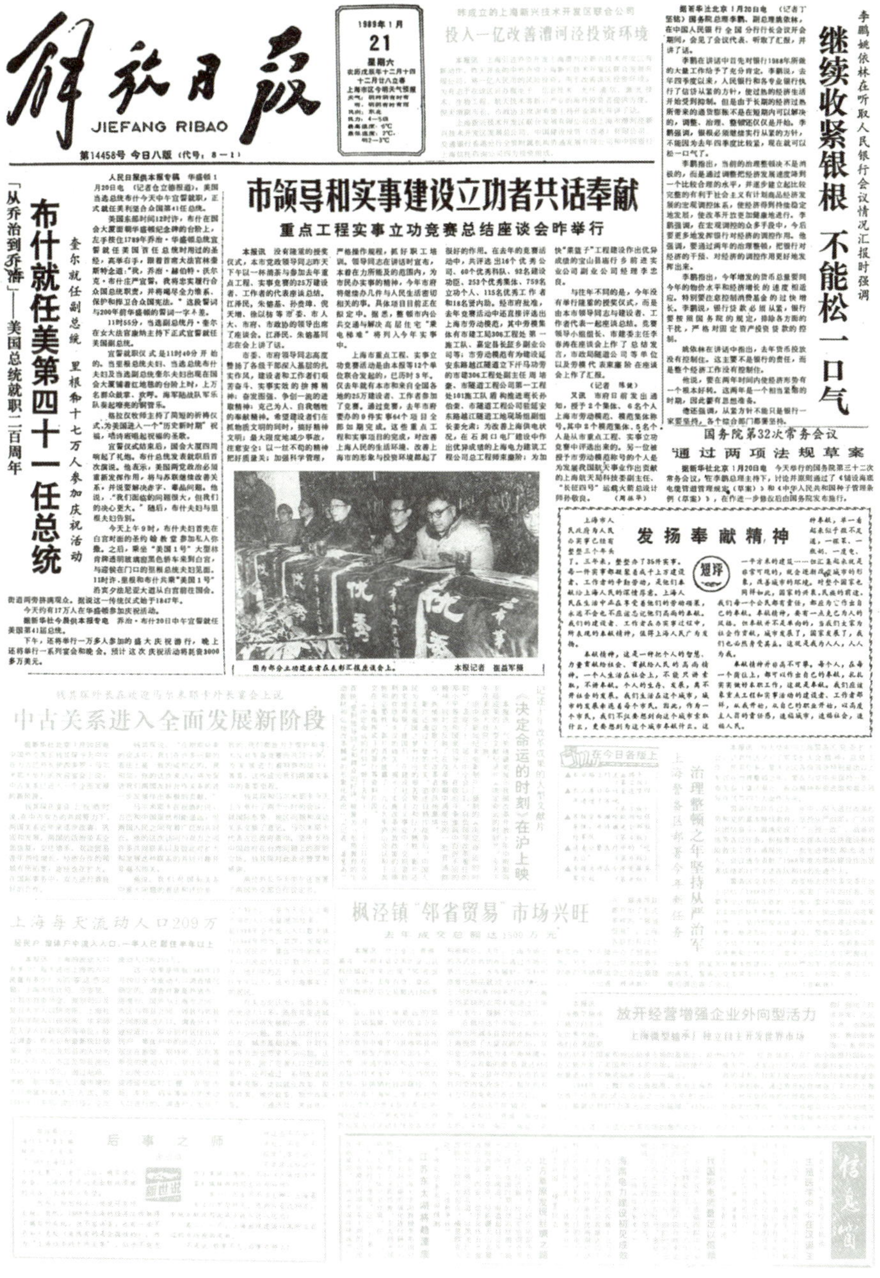

布什就任美第四十一任总统

「从乔治到乔治」——美国总统就职二百周年

市领导和实事建设立功者共话奉献

重点工程实事立功竞赛总结座谈会昨举行

继续收紧银根 不能松一口气

投入一亿改善漕河泾投资环境

国务院第32次常务会议
通过两项法规草案

发扬奉献精神

中古关系进入全面发展新阶段

《决定命运的时刻》在沪上映

上海每天流动人口209万

枫泾镇"邻省贸易"市场兴旺

放开经营增强企业外向型活力

后事之师

治理整顿之年 坚持从严治军

（图 3-1）

（图 3-2）

位记者周稼骏，到华亭宾馆观看卫星电视直播。我们在大屏幕前坐了几乎整整一天，边看边记，直到初步统计显示布什战胜杜卡基斯赢得选战。当晚我和周稼骏完成特写《隔洋坐观美国人选总统》。我本打算登在我的国际版头条，周瑞金审阅后毫不含糊地把稿件调走了："上头版！"（图 3-2）

1989年1月20日是布什就职的日子，我事先就按照周瑞金副总编辑的要求，向人民日报国际部领导席林生、果永毅等约稿。当天，人民日报驻美国记者仓立德以最快速度抢发就职典礼的新闻，人民日报国际部也以最快速度把稿件转发给我们。

收到稿件时已过午夜。周瑞金与分管夜班的原副总编辑陆炳麟、负责夜班工作的总编助理贾安坤以及夜班编辑部的领导金福安等商量，如何在版面处理上打破常规。结果，他们的看法同周瑞金和时任总编辑陈念云的看法完全一致：《解放日报》应当敢于突破，把美国新总统布什就职典礼的新闻登在头版头条！这样大胆的尝试，在《解放日报》创刊以来还是第一次。

那一天，全国只有《人民日报》和《解放日报》等极少数报纸抢发了布什就职典礼的消息，上海的其他报纸第二天才刊登。

那一天，这篇人民日报记者抢发的快讯，"东家"《人民日报》登在头版中部，"客户"《解放日报》却"反客为主"，头条刊登，尽得风流。

那一天，新华社播发总理李鹏和副总理姚依林关于继续收紧银根的讲话，《人民日报》登在头版头条，《解放日报》为了给布什腾出头条位置，把这一消息"请"上报眼。市委书记江泽民和市长朱镕基与全市实事建设立功者座谈的消息，市委机关报也只是放在头版的第二条，居于布什之后，可见胆子之大，决心之大。

还有一点值得一提：当时还没有形成我国领导人向美国新总统致电祝贺的惯例，所以在布什就职的新闻稿中没有任何中国要素，所以把这条新闻推上头版头条，对于长期以来强调"以我为主"的党报来说，更是一种突破。

布什就职的新闻登上党报头版头条，即刻引发议论。有人表示赞赏，认为《解放日报》在新闻改革中敢为天下先，带了一个好头。也有人来信或来电话责问：为什么这么抬举美国总统？你们的党性原则到哪里去了？

那天，正好上海市委组织部长赵启正和宣传部长陈至立来报社宣布对周瑞金担任报社党委书记兼副总编辑、丁锡满担任总编辑兼党委副书记的任命。两位部长看到报纸，态度明朗，表示赞赏。他们甚至拿着当天出版的《解放日报》，与新老总编一起合影留念，并说这是一个历史性突破。

当然，对于党报来说，要实现历史性突破，把握时机很重要。把美国新总统就职的消息放在头版头条，只是在1989年1月出现过一次，因为那时中美关系正处于"蜜月期"。

不久之后中美关系发生突变。四年以后，1992年美国大选，美国和西方

国家对中国的制裁还没有取消，国际环境与 1988 年 11 月的总统大选和 1989
年 1 月的新总统就职时大不相同，但是《解放日报》依然把克林顿当选的消息
醒目地刊登在头版第二条的位置（图 3-3），尽管他在竞选过程中一再就人权
问题指责中国。这表明《解放日报》对中美关系重要性判断的延续性，不是心
血来潮一时兴起。在后来历届美国总统大选的报道中，《解放日报》也都一以
贯之在头版突出处理。

（图 3-3）

相关链接

1. 党报对历届美国总统大选的报道

1952 年 11 月 4 日，艾森豪威尔当选第 34 届美国总统。当时正值抗美援朝战争时期，美帝国主义是我们的头号敌人，所以《人民日报》直到 11 月 10 日才在第四版下部刊登新闻稿，标题只有一行，短短六个字："美国大选揭晓"，连艾森豪威尔的名字也不标；同一天，《人民日报》在头版中部以很大的篇幅刊登社论，题为"艾森豪威尔对于美国选民的欺骗"，不仅点名，而且痛斥，鲜明地体现了那个时代的特点。

1956 年 11 月 7 日，艾森豪威尔胜选连任，《人民日报》依然是在第四版报道，艾森豪威尔的名字依然不上标题。

1960 年 11 月 8 日，民主党人肯尼迪战胜共和党人尼克松，当选第 36 届美国总统。《人民日报》于 11 月 10 日在第六版底部报道，主标题是"美国大选见分晓，垄断财团换工具"，给美国政党轮替"定性"；副题中分别标出两位候选人，但他们的名字前面也都贴上"标签"："冷战政客尼克松承认失败，反共先锋肯尼迪乘机上台"。

1964 年 11 月 10 日，因肯尼迪遇刺身亡而由副总统接任总统的约翰逊成功连任。11 月 12 日的《人民日报》在第六版下部只登了一条短消息，二栏标题中连啥人当选都不屑一提，只是痛批："美国竞选闹剧糜费如此"，副题是"两党开销创二亿美元新纪录"。

1968 年 11 月 5 日，尼克松赢得大选。《人民日报》于 11 月 9 日在第六版刊登消息《美帝上演总统"选举"丑剧，尼克松将任下届美国总统》。与以往保持一致的是，消息依然置于最后一个版面的最底部，消息上面依然压着痛批美国选举制度的大块文章《美国广大人民反对和抵制总统"选举"丑剧》，略有不同的是，当选总统尼克松的名字上了主标题。

1972 年 11 月 7 日，尼克松在大选中再次获胜，连任总统。这次《人民日报》在版面处理上有了变化，虽然消息仍然是刊登在第六版，但版位从底部跃升至顶部，竖在右上角，标题也醒目多了，"选举"两个字不再套引号，也不再用"丑剧"来修饰，首次使用纯客观的语气：

美国总统选举结果揭晓
尼克松阿格钮再次当选为总统副总统

之所以会出现这样的变化，原因很简单：1971年2月尼克松开启了访华的破冰之旅，中美关系不再敌对。

1976年11月2日，卡特当选美国总统。《人民日报》在11月5日的第六版中部刊登消息《美国举行选举 卡特当选总统》，标题延续了四年前的纯客观语气，但版位颇为微妙：在这篇消息的上、下和旁边，登的全都是世界舆论声讨苏联的报道，而且标题中带有浓浓的火药味。细心的读者可以从这样的版面语言中悟出当时中美苏大三角关系的态势。

1980年11月4日，里根击败卡特登上美国总统宝座。此时中美建交已经将近两年，所以《人民日报》不像以往那样隔两三天才报道，而是在11月6日就发了消息《里根当选为美国总统》，除去时差因素，这在当时已经算得上是"第一时间"了。尤为让人眼前一亮的是，这条消息竟然刊登在头版，虽然只是二栏题，虽然只是位于中下部，但这毕竟在党报历史上是第一次。《解放日报》没有抓住突破的机会，仍按常规将这条消息登在内页。两天以后，中央和地方党报都在头版刊登了国务院总理给里根的贺电。这也是我国领导人第一次向美国当选总统致电祝贺。

1984年11月6日，里根在大选中赢得连任。11月8日《人民日报》在头版中下部刊登了两篇稿件，一篇是消息《里根将连任美国总统》，另一篇是《我外交部新闻发言人举行新闻发布会,对里根再次当选美国总统表示祝贺》，这也是前所未有的。

通过这样一个过程的回顾可以看出，美国总统大选的新闻，从登在最后一版的最后一条到登上头版头条，不仅反映了中美关系的沿革，也体现了党报新闻理念的与时俱进，是历史发展和对历史评价的真实写照。我们《解放日报》在1988年11月10日将布什当选美国总统的消息和特写在头版突出处理、1989年1月21日将布什宣示就职的新闻搬上头版头条，既是一种突破，也是水到渠成顺理成章。

2. 美国报纸对里根就职典礼的报道

1981 年 1 月 20 日，里根接替卡特就任美国第 40 任总统。

在卡特任内，美国与伊朗交恶达到白热化，52 名美国驻伊朗使馆工作人员被扣作人质，时间长达一年多。如何打破这个僵局，成为举世瞩目的一个焦点。

令人意想不到的是，在里根宣誓就职这一天，伊朗最高领袖霍梅尼宣布立即释放所有人质。

里根就职是程序性重大新闻，释放人质则是突发性重大新闻。

这是两个孤立事件还是相关事件？如何评价它们之间的关系？对霍梅尼伸出的橄榄枝是否要领情？里根就职仪式是否会因此而冲淡？对于美国报纸的编辑们来说，就这些问题迅速作出准确判断、在头版上立刻作出准确报道，确实是一个考验。

一些报纸显然一时没了方向。《晨呼报》一改新总统就职"霸屏"的常规，全力以赴应付人质获释的突发新闻，头版头条的超大标题只用三个词："活着呢，好着呢，自由了"（图 3-4）。标题、照片、地图加上文字，在头版占了四分之三的篇幅，此外还一口气出了 16 个版的专刊。而相比之下，里根就职的报道却被压缩到头版底部，标题和照片都是小小的。两条新闻之间被一条粗黑线隔开，似乎是告诉读者，二者不相干。

《明尼阿波利斯论坛报》正相反（图 3-5）。头版上下两个大标题，形式和内容都相对应，力

（图 3-4）

（图 3-5）

（图 3-6）

图表明二者紧密联系：

获自由的第一天
新领袖的第一天

上下两张构图相仿的新闻照片，在视觉上使两个事件浑然一体。整个版面形成简洁而鲜明的版面语言，似乎是告诉读者，二者存在因果关系。

《纽约时报》不像上述两家报纸那样主观而又简单地通过版面语言下结论（图3-6）。该报头版小心翼翼地将两个新闻事件并列在一起，每条新闻都不厌其烦地以两行主标题对事件进行客观概括，同时通过强调时间顺序巧妙地将两条新闻联系起来：

里根宣誓就任第 40 任总统；
承诺把美国带入"复兴新时代"
几分钟后，52 名在伊朗的人质
在囚禁 444 天后飞回自由世界

两张新闻照片的编排也是通过突出文字说明中时间的要素使二者形成呼应：里根宣誓就职的照片说明用黑体字标出"上午 11 时 57 分"，人质在德黑兰机场等飞机的照片说明用黑体字标出"下午 12 时 25 分"。标题和照片说明中如此突出的这些时间要素传递的是什么信息，编辑并不直接表达，而是留给读者自己解读。这就是《纽约时报》的老辣之所在。

3．美国报纸对奥巴马当选的报道

2008 年美国大选最大看点是首次选出黑人总统。这既是一个热门话题，也是一个敏感话题。

在美国，"黑人"这个词是中性的，但近年来人们对用肤色来区分族群越来越敏感，认为有歧视的味道。国会甚至通过法案，将"黑人"和"东方人"

的说法规范为"非洲裔美国人"和"亚裔美国人"。

这种规范在美国的主流媒体上得到一定程度的体现，例如奥巴马胜选的报道中各报头版头条的主标题，多为"创造历史""改变"等，没有看见标出"黑人"字样的。可见各报都尽显其能，既醒目突出这个概念，又巧妙回避这个字眼，还实现了意义的升华。

然而，除了最显眼的主标题以外，美国报纸就没那么多自我约束了。如《华盛顿邮报》（图3-7），头版头条在"奥巴马创造历史"的主题下，副题毫不忌讳地标出"美国决然选出第一位黑人总统"。这家报纸在头版除了以奥巴马和家人向选民挥手致意的新闻照片为主图，下面还选用黑人选民相拥欢呼的画面，进一步强化"非洲裔"要素。

《纽约时报》（图3-8）的头版头条主标题一改叙述式风格，只用了一个单词，鲜明简洁有力："奥巴马"。副题则绕过敏感字眼，用另外一种方式表达："种族藩篱被决定性胜利冲垮"。而在头条稿件中，对不起，"首位黑人

（图3-7）　　　　　　　　　　（图3-8）

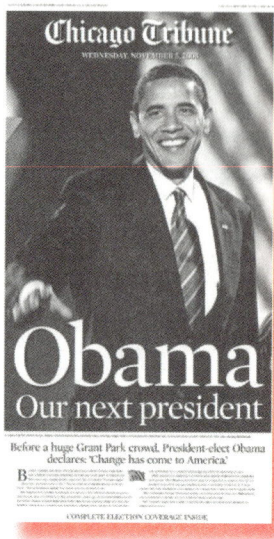

（图 3-10）

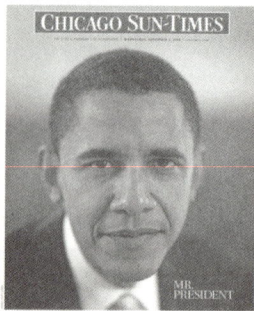

（图 3-9）

最高统帅"的提法照用不误。

在奥巴马的大本营芝加哥，两家主要报纸都以打破常规的头版报道奥巴马的胜利当选。

《芝加哥论坛报》（图 3-9）是一张对开大报，这一天它不惜像小报那样，以整个头版刊登奥巴马获胜后神采奕奕站在位于芝加哥的竞选总部——格兰特公园星条旗下的大幅近景现场新闻照片，标题是"奥巴马，我们下一任总统"。这个小报风格的对开头版具有强烈的视觉冲击力，不仅是报纸封面，还可用作海报、用作集会狂欢者手举的牌牌。

芝加哥另一家主要报纸——《芝加哥太阳时报》（图 3-10）是四开小报，海报式头版原本就是拿手好戏，不出新不足以打败竞争对手，所以他们在投票前一个多星期就着手为奥巴马胜出设计头版。预料到《芝加哥论坛报》一定会以奥巴马在台上庆祝胜利的现场照片作为头版主图，《太阳时报》的编辑决定另辟蹊径，选择一张奥巴马魅力十足的黑白肖像照作为封面，右下角两行小字点题："总统先生"。

这是个极简而又极富内涵的版面，尤其是采用黑白肖像照片，令人浮想联翩。这是在表达一种什么情怀呢？该报总编辑在接受书面采访时刻意回避了这个问题，把它留给人们自己去解读。你可以理解为，去掉色彩是在淡化肤色，你也可以理解为，黑白色调旨在突出黑色。总之，这是一个开放的头版设计，能让读者自己去补充，去想象。

据报道，当天一早，芝加哥市民排着长队购买这一天的报纸。《芝加哥论坛报》加印了 20 万份，《芝加哥太阳时报》加印了 15 万份。

4. 世界报纸对特朗普当选的报道

当年《解放日报》把布什就职的新闻搬上头版头条时，有人批评说没有必要如此"抬举"他。这反映了那个时代的一种思维定式：上头条表示充分肯定、热烈拥护，而对于反对的、有争议的、负面的内容，登不登都成问题。

西方报纸的头版乃至头条完全不一样。2016 年美国大选中，毫无从政经历的地产大亨唐纳德·特朗普击败政坛老手希拉里·克林顿，但没有几家报纸像八年前奥巴马当选时那样以"创造历史"来评价，各报表达的多是挪揄和无奈，有的还毫不掩饰地表示愤怒。而这一切都明明白白地占据着头版头条。

亚拉巴马州的《蒙哥马利广告人报》头版（图 3-11）刊登一幅特朗普得意洋洋的大照片，肩题报道"唐纳德·特朗普当选第 45 届美国总统"，然后是通栏主标题："相信吧"，语气中包含着满满的不可思议。

艾奥瓦州的《得梅因记事报》（图 3-12）也在

（图 3-11）

（图 3-12）

（图 3-13）

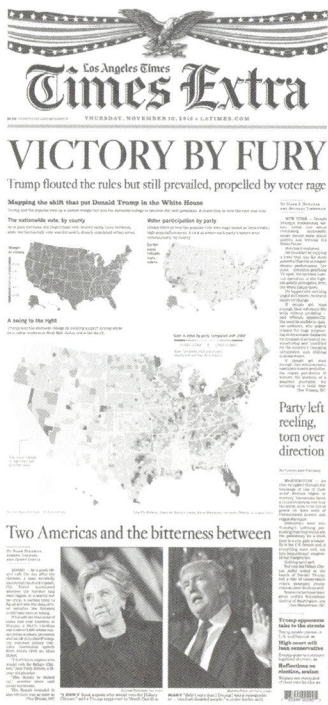

（图 3-14）

头版刊登特朗普的大幅照片，神情轻佻，通栏大标题明显带着调侃的味道："他被录用了"。副题"特朗普颠覆预测当选总统"，流露出难以置信的潜台词。

《纽约时报》的头版（图 3-13），一幅特朗普拉家带口登台亮相的主图上横着通栏标题："民主党人、学生和外国盟友直面特朗普当选总统的现实"。这个标题看上去是客观叙述，实际上却表达出鲜明的倾向性：明明是特朗普当选，他却处于宾语地位，主语则是对立的一方；"直面现实"，话里有话，分明想说那是一个悲催的现实。

《洛杉矶时报》就更不含糊了（图 3-14）。在"令人愤怒的胜利"的大标题下，编辑用几张显示投票情况的美国地图，说特朗普是以破坏规则的方式赢得白宫的。

一些国外报纸对特朗普当选的反应更是激烈。英国《每日镜报》头版（图 3-15）是一幅漫画，自由女神在掩面而泣："他们干了些什么？"法国左翼的《解放报》（图 3-16）用特朗普标志性的手势作为头版主图，标题是"美国精神病人"，算得上是怒骂了。

以色列《国土报》英文版（图 3-17）整个头版对特朗普当选给出的都是负面评价，醒目的大标题说，右翼集团预言得到多方认可的解决巴以问题"两国方案"将因此而终结。

这些头版都以批评的态度记录着历史。看看历史最终将怎样检验这些记录吧。

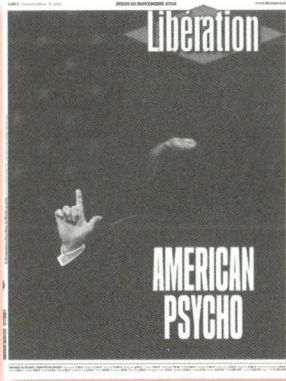

（图 3-15） （图 3-16） （图 3-17）

1990

4. 年初二突发新闻：
雾上头条

1990 年 1 月 28 日，庚午年大年初二，一场大雾笼罩节日上海，夜晚，浓雾致使黄浦江上轮渡停航，十万过江乘客受阻。解放日报夜班编辑部快速反应，立即组织编辑和记者到现场协同采访，第二天的《解放日报》上，中央领导春节慰问部队的时政要闻退居第二条，"军民携手战胜大雾锁江，安全疏运十万乘客"这条本地突发新闻被推上了头版头条（图 4-1）。

通常情况下，逢年过节报纸出版虽然都不间断，但都会有一些特殊安排：绝大部分记者编辑放假，留守值班编辑很少；由于各个党政机关放假，即时新闻也很少，编辑部就储存一些"冰箱稿"，顾名思义，可以冷冻一段时间的"旧闻"；由于公费订报的单位都休息，所以报纸也从平常的八个版缩至四个版，内容也会"缩水"；还有，春节期间强调喜庆气氛，对突发事件尤其是事故灾害会低调处理。

年初二晚上，解放日报夜班编辑部里当班的只有几个编辑，静悄悄的。新华社播发了江泽民总书记和中央军委领导在春节看望陆海空三军官兵的要闻

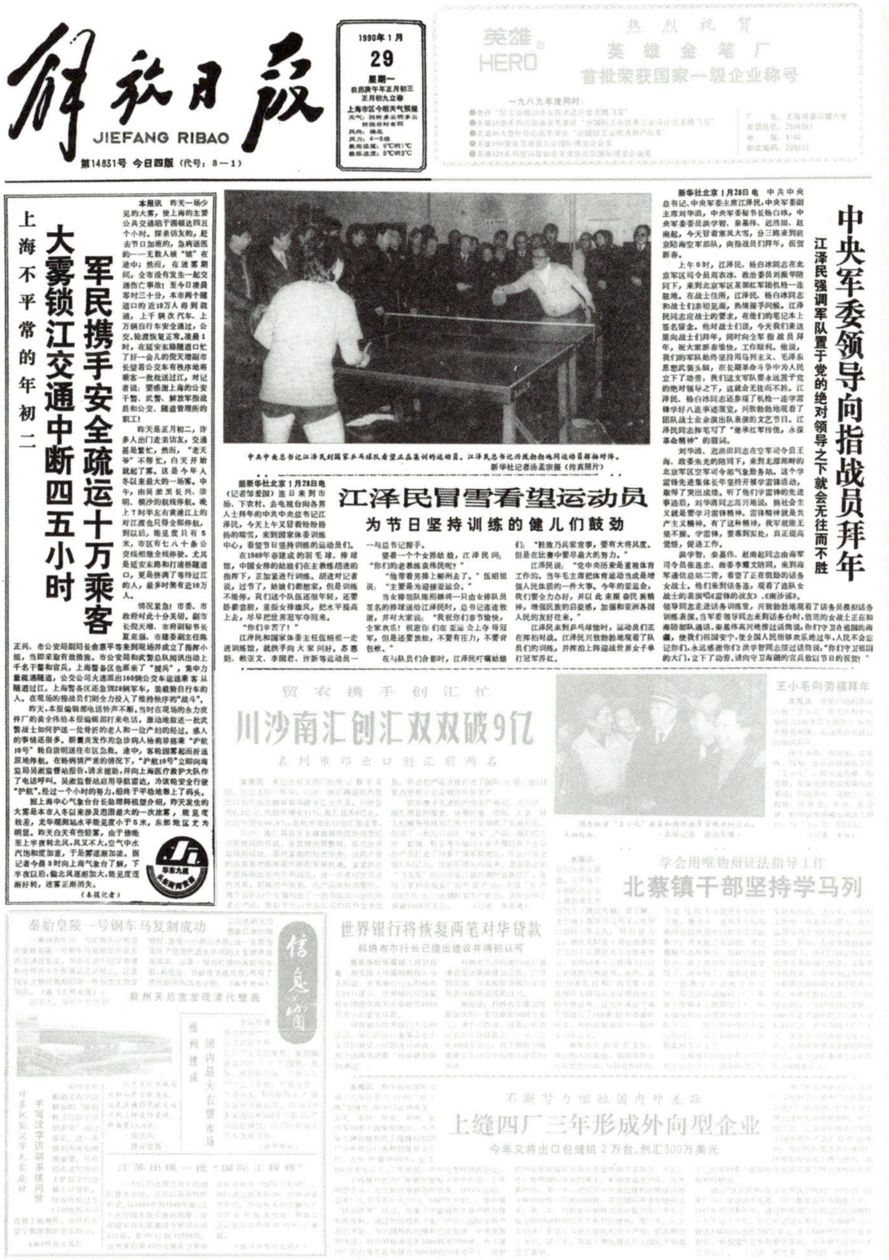

（图 4-1）

和照片，按照常规，这是必须上头版头条的；而本市则没有什么大新闻，手头只有一条300字的当天消息稿：吴淞口午后起雾，渡船停船，为救一位病人，某运输船挺身破雾……

"放二版。"对于这条小新闻，当晚的值班编委吴芝麟不假思索地决定。

编辑室里仍是静悄悄的。

突然，一阵急促的电话铃声打破了寂静，一位读者焦急地报告说，黄浦江上雾越来越浓，轮渡停航，成千上万探亲访友、上下班的过江客滞留在渡口，乱极了！我打开窗户一看，果然，不远处外滩的高楼大厦，都已消融在白茫茫的浓雾中了……

"头版报道！"我作为头版责任编辑，当即得到吴芝麟的指示。可是，节日期间，记者都不上班，谁来报道？

吴芝麟下令：呼叫！

那时家庭电话还远未普及，更别说手机了。应对突发事件的记者配备了寻呼机，这已经是最先进的设备了。正在与朋友聚会畅饮的党政部记者朱中民接到寻呼机的信息，二话没说，放下筷子，带着一脸酒气出发了。

门外不知谁高兴地叫着："抓到一个，抓到一个！"出门访友路过报社取东西的工交部记者张天胜被"抓"进了夜编室，但这"俘虏"一点不懊丧，反而很开心："抢大雾新闻，算我一个！"一时间，编辑室里热闹起来，不同部组、不同行当的编辑、记者很快融合在一起，以第一版编辑室为指挥中心，打响了一场"立体采访战"。

在没有互联网、没有电视直播的年代，最快捷的采访、传播方式是电话。

记者张天胜拨通了气象台的电话，毫不客气地将气象台的领导、专家"拎"起来，请他们立即对当晚的大雾作出分析。

记者朱中民在新闻现场每隔半小时与夜编室通一次电话，及时报告沿江交通、治安等方面的最新情况。

四面八方的读者几乎每隔数分钟就有一个电话打到报社，诉说他们在大雾中的所见所闻。从复旦新闻系毕业刚半年的一版编辑丰蔚佳一边听一边记，一个电话没接完，另一个电话又响了。

报社党委书记周瑞金、总编辑丁锡满分别从家里打来电话，遥控指挥这场采访战。

当得知十万过江乘客汇集到延安东路越江隧道时，我们的神经顿时高度紧张：两年前陆家嘴渡口因大雾引发过江乘客拥挤踩踏造成群死群伤的恶性事件立即浮现在眼前——要出大事！我们立即决定派人赴现场采访。

记者张天胜和二版编辑吕学东主动请缨，立即出发。在隧道口，他们一面作现场观察，一面采访有关负责人，从隧道部门的负责人到公交部门的负责人，从公安局的领导到部队的首长，直到副市长倪天增，一个个采访过来。在短短的一个小时里，他们没有发现任何险情，却目睹了军民携手安全疏运十万乘客的过程，掌握了大量第一手材料。

吴芝麟听完他们的采访汇报，掂出了这条新闻的分量：上海年初二大雾造成黄浦江全线停航，这已构成一条大新闻；那么多解放军、干警和公交人员以至市府领导在顷刻之间紧急出动，安全解决了交通问题，全市没有一起大事故，显示了上海市民临难不乱的精神，这更是了不起的大新闻；再对比两年前因大雾引发的悲剧，这条新闻的社会意义就更大了。而且整个事件时效性强、现场感强，与广大群众关系十分密切。于是他下决心：上头条！

把这条新闻推上头版头条，意味着在两个方面打破常规。一是打破新春佳节以喜庆报道为主的常规，让突发事件"唱主角"；二是打破中央主要领导重要活动必须上头条的常规，尤其敏感的是，那是部队平定"八九风波"后的第一个春节，也是江泽民担任军委主席以后第一次在春节看望部队，要使这一组时政要闻退居二条，为突发新闻让位，这对于党报来说，更加需要魄力和担当。报人们都明白，一般情况下，抢到"独家"固然荣耀，没抢到则只是遗憾而已；但如果各报都有而唯你"独漏"，或者重大时政要闻唯你不上头条，那么就不仅仅是遗憾的问题了。那一晚我们通过"对表"得知，首都报纸及各地党报都以总书记看望部队作头版头条。所以，当时下决心把"大雾锁江"作头条，是需要慎重掂量的。

为此，我们通过电话请示了报社主要领导周瑞金和丁锡满，他们斟酌权衡之后立即拍板：就这么办，上头条！

在短短的几个小时里，随着新闻事件的发展，这条"大雾新闻"从二版推到一版，进而推上头条，虽然一再打乱原来的版面安排，虽然要承担政治风险，但大家都认为：值得！这才是遵循新闻规律办报。

各路采访人员将十多页电话记录和零散的采访笔记汇集起来，放在我面前，这时已是凌晨一时半。第一版头条位置开着一个大"天窗"，排字房的师傅就坐等在编辑室，只等我整理出新闻稿。

几分钟，导语写就，来不及过分推敲，更来不及誊抄一遍，就被排字师傅匆匆拿走了。

几分钟，第二段写就，急送排字房……

几分钟，第三段写就，急送排字房……

当我一气呵成写就千把字的新闻稿时，头两段的小样已送来了。

经过一番推敲，最后定稿，我又拟出一个对仗讲究、平仄分明、概括全篇的标题：

上海不平常的年初二

大雾锁江交通中断四五小时
军民携手安全疏运十万乘客

就这样，一条火热的头条新闻终于抢发出来，登上了 1 月 29 日《解放日报》的头版头条。

那时我已经将此前在国际版尝试的模块版式移植到头版，所以我特意将这个头条用醒目的双直线围框，使之成为一个极具视觉冲击力的模块，在头版形成强势。而美中不足的是，那晚没有"抓"到摄影记者到一线采访，没有能在头条模块中用新闻照片展示现场的情景。

春节假期后上班的第一天，丁锡满总编辑就在报社评报栏对这篇报道的采写和编排予以表扬，特别强调党报要有能够应对突发事件的快速反应机制和敢于打破常规的智慧和勇气。

这一报道在 1990 年度上海市好新闻评选中获得一等奖，在年终的华东九报头条新闻竞赛中获得一等奖，在次年的首届中国新闻奖评选中获得二等奖。

相关链接

大雾中陆家嘴渡口发生踩踏事故的报道

1987 年 12 月 10 日早高峰时，黄浦江上大雾弥漫，能见度只有四五十米，轮渡停航，陆家嘴渡口滞留了 3 万多急着上班的乘客。9 点过后，大雾渐渐散去，

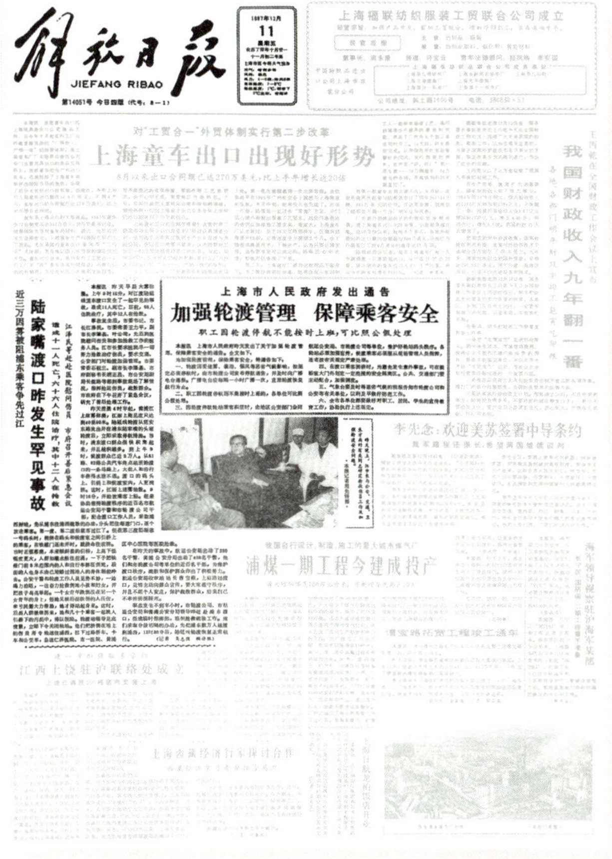

解放日报
JIEFANG RIBAO
第14051号 今日四版
1987年12月 11 星期五

上海福联纺织服装工贸联合公司成立

对"工贸合一"外贸体制实行第二步改革
上海童车出口出现好形势

我国财政收入九年翻一番

近三万因雾被阻浦东乘客争先过江
陆家嘴渡口昨发生罕见事故
造成十一人死亡，六十六人住院治疗，其中十二人在抢救
江泽民等赶赴医院慰问伤员 市府召开善后紧急会议

上海市人民政府发出通告
加强轮渡管理 保障乘客安全
职工因轮渡停航不能按时上班，可比照公假处理

李先念：欢迎美苏签署中导条约

浦煤一期工程今建成投产

江西上饶驻沪联络处成立

（图 4-2）

轮渡开始恢复通航，人流一窝蜂涌上船，顿时失控，造成惨剧。

次日，《解放日报》在头版中部报道了这一消息（图4-2），副题中详细披露事故"造成十一人死亡，六十六人住院治疗，其中十二人在抢救"，主标题则用一号黑体字标出："陆家嘴渡口昨发生罕见事故"。

在当时，这是上海解放以来发生的最严重踩踏事故，说"罕见"一点都不过分。但是，就党报对于负面新闻的报道来说，说是"罕见"也是一点都不为过的。

首先，上海市政府在事故发生三个多小时后就召开了新闻发布会，在那个年代，这绝对是罕见的。此前，奔赴现场采访的记者根据老规矩判断，像这样的群死群伤的负面报道可能发不出，但没想到那么快就召开了新闻发布会，不仅通报了事故发生经过，同时还发布关于加强轮渡管理的通告，提出今后职工因轮渡停航不能按时上班可比照公假处理。新闻发布会强调，对这一事故要如实报道，通告提出的六条措施也必须同时见报。这更是令记者大感意外。

其次，新闻发布会公布了伤亡详情，但没有统发稿，各报记者根据发布会的内容、口径独立采写新闻。解放日报记者吴志强和顾许胜用了一千多字详细叙述了事故的起因及过程，既有面上的情况，又有细节描写。这也是罕见的。

第三，版面处理如此突出，也是罕见的。对于负面新闻，我们的报纸一度是不报道的。改革开放以后，《解放日报》率先刊登26路无轨电车翻车的事故新闻，沉在头版底部，已经引起轰动。1985年6月28日和29日，《解放日报》连续报道上海造漆厂大火，也是头版沉底。而陆家嘴渡口事故的报道则置于头版中上部，不仅有消息，还有市政府的通告和江泽民市长与有关方面负责人一起研究救治伤员和加强轮渡管理的新闻照片，是一套"组合拳"。只可惜那时我们还没有引入模块式版面设计，否则这套"组合拳"一定不会以穿插打散的形式编排，而是形成模块，更具视觉强势。

第四，后续报道之尖锐，舆论之不一律，更是罕见的。一周之后，《解放日报》19日和20日在头版连续报道政协委员就事故向轮渡管理部门和政府有关部门提出批评，甚至直接向市政府提出质问："解放已经 38 年了，市区黄浦江上还没有建成一座大桥，这怎么说得过去？"一年以后，市区黄浦江上第一座大桥——南浦大桥动工兴建。

1991

5. 海湾战争 24 小时内爆发：
头条预测

1991 年 1 月 17 日清晨，刚刚出版的《解放日报》纷纷投递到上海读者的手里，预测"海湾战争可能在 24 小时内爆发"的大标题赫然占据着头版头条（图 5-1）；北京时间早晨 7 时 30 分，海湾战争果真打响了！

为了能够准确预报海湾战争，解放日报的夜班编辑们度过了一个缜密判断的夜晚、一个大胆决断的黎明。

"是战争一触即发，还是无战事？" 1 月 17 日凌晨 1 点，夜班值班的解放日报顾问、原副总编辑陆炳麟在头版编辑室和国际版编辑室之间来回踱步，口中这样念叨着，像是自言自语，又像是在问我。

我作为国际版责任编辑，当时也正要向这位老前辈请教这个问题。而在隔壁的头版编辑室里，夜班编辑部副主任金福安和头版责任编辑张文昌等从昨晚到凌晨也一直在思考这个问题。

安理会规定伊拉克从科威特撤军的最后期限（格林尼治时间 1991 年 1 月 15 日）已经过去十多个小时，而伊拉克仍无撤军迹象。高悬在萨达姆·侯赛

解放日报
JIEFANG RIBAO

1991年1月
17
星期四

第15184号 今日八版（代号：3—1）

上海市青山贸易商行
——专营中外合资珠海市甘门铝型厂

伊拉克坚持不撤军　海湾战争危险剧增

日本电视记者自华盛顿获"可靠情报"称：

海湾战争可能在24小时内爆发
美国电视台准备转播战争实况

萨达姆直接指挥军队战斗

伊拉克宣布从十六日起

伊军已布雷封锁伊、土边界

美国国内气氛紧张

授权密特朗对伊动武
法国民议会以压倒多数决定

海湾双方地面部队部署示意图

部分在沪全国人大代表听取汇报后

对上海去年经济发展表示满意
叶公琦等听取汇报参加座谈

浦东市级公共活动场中心
张杨路将建购物服务中心

为"双拥"模范单位
邓小平同志的题字

双拥模范城
双拥模范县

江泽民会见金容淳
宾主就发展中朝友好关系等友好交谈

动员积极投入质量品种效益年
中国质量管理协会在沪召开会议

大型沪剧《焦裕禄》首演
上海观众深受焦裕禄精神鼓舞

因头上的达摩克利斯之剑是否会按时落下？全世界都在关注，而答案就隐藏在眼前这一大堆琐碎而又似是而非的新闻稿中，等待着编辑去搜寻、判断：

　　新华社北京电　来自海湾地区的消息：在联合国安理会规定伊拉克从科威特撤军最后期限到来之时，海湾地区以美国为首的多国部队同伊拉克军队处在严重对峙状态，未发生战事。

　　新华社开罗电　利雅得消息，沙特阿拉伯首都利雅得上空布满阴云，市内车水马龙，一切活动正常。美军电台在播放新闻节目后，开始播放流行音乐。

　　新华社开罗电　巴格达消息，巴格达整个城市上空大雾笼罩，大街上空空如也，只有几辆汽车在行驶。巴格达电台还照常播送着节目，市内平静。

　　利雅得一切正常，巴格达市内平静，双方未发生战事，这难道就是全世界众目睽睽倒数读秒之后的结果吗？如果真是这样，那倒也好。一时间，我们曾朝"无战事"进而和平解决海湾危机的方面想，希望能在最后时刻出现奇迹。

　　但是，此刻下结论还太早。距离报纸交版付印的时限还有两个小时，版面安排的构想还没有形成。大家分析认为，利雅得和巴格达的报道毕竟只是表面现象。

　　还是看看有关国家的决策部门在干什么吧：

　　新华社华盛顿电　白宫说，布什已为做出可能导致海湾战争的"严峻决定"作好了准备。

　　新华社华盛顿电　五角大楼说，它已为布什总统发布的任何对伊拉克开战的命令作好了准备。

　　新华社北京电　来自沙特的消息说，多国部队已为可能采取的军事行动作好了准备。

　　一连三个"作好了准备"！难道是外交辞令吗？不。如果说过去几个月各国外交官措辞的背后往往带有微妙的条件的话，那么现在除伊拉克立即撤军外，所有条件都不存在了。所以，"作好了准备"应该是千真万确的。通过这一番由表及里的分析，天平上"和"的希望减弱了，我们在"战"的这一边放上了一个砝码。

那么，"和"的希望是否还存在呢？连日来，许多国家先后提出过各种不同的和平倡议或斡旋方案，即便是在联合国秘书长德奎利亚尔的巴格达之行失败后，法国还曾表示可能做最后调解人。全世界做出的和平努力不可谓不多，因为人民希望和平，不希望战争。然而，进一步的消息令人失望：

新华社巴黎电　法国国民议会以压倒多数授权法国总统密特朗和总理罗卡尔采用武力将伊拉克军队赶出科威特。

新华社开罗电　巴格达消息，伊拉克宣布萨达姆·侯赛因总统从即日起直接指挥伊拉克军队。

"和平的最后希望已经破灭！"大家一致认为，因为眼下唯一可能与萨达姆对话的法国已亮出干戈，而萨达姆也丝毫没有妥协的迹象。于是，我们在"战"的这一边又加上一个砝码。

电讯还在不断地涌来，下面这两条一下子引起了我们的警觉：

中国国际广播电台专电　NBC 消息，美国驻沙特军队开始干扰伊拉克的通讯。

中国国际广播电台专电　CNN 消息，该电视网已准备好现场采访并实况转播海湾战争情况。一旦战争爆发，记者将乘数架直升机在空中进行电视拍摄，并立即通过卫星向全世界播出。

"这是开战的先兆！"金福安当即作出判断。理由是，从近几十年来世界上的战例来看，干扰通讯都是准备空袭的信号。而且，美国记者准备实况转播，也说明他们掌握了可靠的情报。这样，第三个砝码又加到了"战"的一边。

海湾战争真的要爆发了吗？编辑部里气氛更加紧张，大家急于想作出判断，但还必须为种种微妙的动态作出解释：为什么利雅得和巴格达此刻那么宁静？为什么美国白宫、国务院、国防部的官员此刻都默不作声？为什么在 15 日午夜 12 点，即最后期限到来的那一刻，白宫只有两间屋子透出灯光，而布什总统早已离开准备睡觉？是战争风云并未真正到来，还是大战前夕那令人窒息的宁静？编辑室里大家一面看稿，一面思考，一面分析，一面判断：布什回家睡觉，可以说明重大决策已定；官员三缄其口，也许因为宣战时机未到。最后，大家取得了这样的共识："响水不开，开水不响"，看来"水"就要"开"了！于是，我们便在"战"的一边加上了第四个砝码。

凌晨 2 时，按常规，已是出大样的时候了，可是，头版和国际版的组版荧光屏上还是白茫茫的。尽管有了四个砝码，但决策的天平依然没有把握彻底倾向一边。

突然，电讯员风风火火闯进来，送上一份最新的电讯，打破了一时的宁静：

新华社北京电　在联合国规定伊拉克撤军的最后期限过后，伊拉克仍然坚持不撤军，战争危险急剧增加。

据日本广播协会电视台在格林尼治时间 16 日 5 时自华盛顿报道，已得到"可靠情报"，说海湾战争可能在 24 小时内爆发。

来自耶路撒冷的消息说，以色列总理沙米尔 16 日说，海湾战争"很快"会打响。

24 小时内爆发战争——对于日本记者这一毫不含糊的预测，大家立即给予了毫不含糊的认可。细细审视一下刚才压上的四个砝码，再看看现在最"死硬"也最"赤裸裸"的沙米尔的预言，一幅海湾开战的形势图便已隐隐约约地浮现出来。第五个砝码无疑又压在"战"上。年轻的编辑们抑制不住叫起来："要打了！要打了！"

是作决定的时候了。编辑部里的气氛紧张得似乎划一根火柴就能点燃。

金福安反复迅速阅读了这篇百来字的电讯稿后，颇有信心地将日本记者自华盛顿获得的"可靠情报"作为主标题："海湾战争可能在 24 小时内爆发"。

陆炳麟，这位干了 40 多年夜班、编排审阅过几万块版面的老编辑，近年来为解放日报的新闻改革、尤其是国际新闻的突破倾注了大量心血。他多次主张冲破旧框框，把重大国际新闻推上一版，使解放日报不愧为上海这个国际性大城市的权威报纸。此刻，在举世震惊的海湾战争爆发前数小时，他凭着多年经验，从电讯中嗅出了"火药味"。在经过周密的思考判断之后，他毅然拍板：把"海湾战争可能在 24 小时内爆发"搬上一版头条！

组版荧光屏上出现了赫然醒目的大标题。我们在场的每一个人都深知它那非同寻常的分量。作为编辑思想和处理方法，它是对老模式旧框框的重大突破，作为新闻本身，它将对历史负责。

版面付印，回家睡觉，可我却辗转反侧睡不着。直到天光大亮，我干脆起床打开电视机。当听到"海湾战争爆发"的新闻播报时，心中一块石头落了地：我们及时准确记录了历史！

普通读者对这一头版头条如何反应，当时没有搜集记载。海湾战争是当地时间 1 月 17 日凌晨 2 时 30 分（北京时间早晨 7 时 30 分）开打的。中国的广播电视第一时间报道这一新闻，所以普通读者那天上午在看到《解放日报》头版头条预测"海湾战争可能在 24 小时内爆发"时，也许有些人已经获知开战的消息，故不一定会特别吃惊。但如果他们当时看到的是"无战事"，会不会调侃一番呢？

与普通读者不同，业内人士是"识货"的。在当天于北京举行的全国记协理事会上，与会的全国新闻界行家对《解放日报》的这个头版头条给予高度赞扬。无独有偶，解放日报分管夜班的编委贾安坤当时出差深圳，他听到广播报道海湾战争爆发的消息后对同行者说，这条消息，报纸应上头版头条。同行者不信。后来看到《解放日报》，无不为之惊叹。

《解放日报》这个头版的处理之所以受到高度赞扬和惊叹，除了编辑对新闻的细致分析、精准判断以外，以下三个方面缺一不可。

稳妥的把握。对于党报来说，头版头条是灵魂，是政治导向的集中表现。党报通常选择我党、我国或当地的"大事喜事"作为头版头条。海湾战争虽然是全球关注的重大事件，但不是我们常规意义上的"正面报道"。把这一预测性的国际新闻推上头版头条，对于党报来说是破格，而破格是必须拿捏好分寸的。在海湾战争报道的分寸把握上，我们以我国的立场为依据：在联合国安理会就谴责伊拉克入侵科威特、要求伊拉克从科威特撤军的 660 号决议进行表决时，我国投了赞成票；在就准许对伊拉克使用武力的 678 号决议进行表决时，我国没有投反对票，决议得以通过。可见，把"海湾战争可能在 24 小时内爆发"推上头版头条，除了准确地体现了新闻性，政治导向也是稳妥的。

缜密的编排。由于是预测新闻，所以在措辞和表达上都考虑得周到慎重。首先，在"海湾战争可能在 24 小时内爆发"这个主标题之上特别加了一条肩题："日本电视记者自华盛顿获'可靠情报'称"，将预测的来源醒目标出，既可使新闻更加全面、可靠、准确，又能在一定程度上分摊预测的风险。其次，在头条一组稿件的顶部用黑底白字的总标题统领："伊拉克坚持不撤军 海湾战争危险剧增"，点出报纸出版时的海湾态势，表明我们还是立足于已经或正在发生的事实。第三，在内页国际版头条采用"最后期限到来时，海湾地区无战事"的综合消息。这也是一招稳棋：如果 24 小时内果然开战，一版的头条新闻固然身价百倍，国际版的报道由于是隔夜消息，自然也无可厚非；万一 24 小时内没有开战，国际版的"无战事"报道便留了一条退路，不至于使头版的处理显得被动。

过人的胆识。将我国政府持保留态度的战争以头版头条进行报道，体现了陆炳麟等老报人艺高人胆大，但更显其过人魄力的是，为了能让这一组报道形成强势，不惜将国内时政要闻弱化处理：邓小平"双拥模范城""双拥模范县"的题词手迹和江泽民会见外宾的报道被压缩到右上角，而且篇幅只是首都报纸的二分之一。这是要敢于承担责任和风险的。

相关链接

1. 解放日报国际新闻的突破

将重大国际新闻推上头版头条，对于当时的地方党报来说，是一个重要突破。

很长时间以来，在地方报纸上，国际新闻上头版是稀罕事，即使在内页，国际新闻也只能见缝插针。在稿挤的情况下，本地新闻挤掉各地新闻，各地新闻挤掉国际新闻，虽无可奈何，却也天经地义。因为早在 1942 年 3 月延安《解放日报》改版时，就树立了这样的办报思想："报纸的主要任务就是宣传党的政策，贯彻党的政策，反映党的工作，反映群众生活。要这样做，才是名副其实的党报。如果报纸只是或者以极大篇幅为国内外通讯社登载消息，那么这样的报纸是党性不强，不过为别人的通讯社充当义务的宣传员而已。这样的报纸，是不能完成党的任务的。"在这一办报思想指导下，当时的党报改变了过去用大量篇幅刊登国外通讯社消息的做法，把解放区新闻放在第一位，其次是敌占区和其他地区的新闻，把国际新闻推到最后。

在当时情况下，这种做法有其一定的必要性，因为敌人对解放区的封锁和交通、通讯条件的落后，解放区与外界的联系有限。而且，战争时期外国通讯社报道的客观程度是大打折扣的；用现代传播学的观点来解释，对于当时教育程度普遍很低的广大人民来说，用单方面即正面的理由来说服会更好些，如果多刊用外国通讯社的消息，效果可能适得其反。

然而，随着改革开放的不断推进，随着世界逐渐变成一个"地球村"，半个世纪前的办报方法显然不适用了。1988 年，《解放日报》从原来的四个版扩为八个版，特地增设了国际新闻版，大大增强了国际新闻的报道，还经常把重大国际新闻推上头版。1991 年《解放日报》把"海湾战争可能在 24 小时内爆发"的新闻推上头版头条，并不是一时的心血来潮或者灵光一现，而是那几年国际新闻报道创新探索的一个缩影。

《解放日报》当年国际新闻报道的创新探索主要体现在以下几个方面。

打破常规扩大新闻稿源

在海湾战争的版面上可以发现，新闻稿中除了新华社电头，还有中国国际广播电台的电头；本报记者对专家学者的专访、本报独家介绍美军武器的"资料"栏目等更体现了稿件来源的多样化。对于当时的地方报纸来说，这是另类。

1988 年扩版时，报社领导将我从头版调到国际版任责任编辑。分管夜班的副总编辑陆炳麟对国际版提出明确要求：不能只为新华社办报。

为新华社办报，这是地方报纸国际新闻的几十年一贯制。地方报纸仅仅用也只能用新华社的消息，因为"外事无小事"，必须由国家通讯社统一口径。虽然万无一失，但这样的结果，一方面使地方报纸雷同、单调，另一方面，毋庸讳言，那时新华社的消息与国外通讯社相比，常常速度慢、数量少，这使得地方报纸的国际新闻不及时、不全面。与我们同处于一个时区的香港报纸，在报道重大国际新闻时常常比我们提前一天。

解放日报的领导们决心尝试改革。扩版不仅是量的增加，更应该是质的提升、理念的改进。陆炳麟副总编辑给我的具体要求是，每天国际版非新华社稿件要占三分之一。这些稿件从哪里来？他身体力行，带着我们到北京组稿，先后敲开了人民日报、中国日报和中国国际广播电台的大门，同他们商谈建立发稿关系——这可以说是破冰之举。

人民日报国际部有数十位驻外记者，当时还没有《环球时报》，许多记者的稿件在《人民日报》来不及登，一些可读性强的趣闻在《人民日报》没法登。我们向他们约稿，双方一拍即合。

中国日报每天接收世界各大通讯社的英文电讯供编辑选编，我们打了个"擦边球"，请该报编辑每晚选择几条合适的电讯稿电传给我们，由我们自己翻译，以补充新华社之不足。

中国国际广播电台的职责是对外宣传，说是"内外有别"，长期以来记者辛辛苦苦采制的报道不能在国内落地，更不可能白纸黑字在报纸上刊登。国际台领导很想尝试改变这种现象，所以对我们来组稿非常支持。

一开始，三家央媒发稿都十分高效。苏联释放驾驶轻型飞机降落在红场的西德青年鲁斯特、巴基斯坦总统齐亚·哈克空难身亡等重大国际新闻，都是他们抢先发来电讯，使我们能比其他地方报纸早一天刊登。很快，这种合作引起各方关注，其他地方报社也纷纷效仿。

可是，目标大了，问题也就来了。我们与央媒的合作被叫停，人民日报和中国日报不再发稿。中国国际广播电台据理力争，我们商定采用变通办法，隐去"中国国际广播电台"的电头和记者署名，暂以"本报专稿"代替。没想到，这一隐姓埋名的权宜之计竟然奏效，后来长期沿用。当然，既然是"本报专稿"，就由本报担责。

在互联网出现之前，卫星电视是传播国际新闻最快捷的载体。在卫星电视设备普及之前，我们就开始尝试与有关部门或机构合作，获取实时动态新闻。1988 年美国总统大选投票日，副总编辑周瑞金带着我和资深记者周稼骏到五星级酒店收看卫星电视直播，我们撰写的报道在次日头版刊登。

为了进一步扩大国际新闻的稿源，我们还与一些正在国外的访问学者建立联系，聘请他们为特约通讯员，渐渐形成了解放日报国际新闻"海外兵团"。

经过一段时间的努力，2000 年 1 月，经国务院批复同意，解放日报终于在纽约和布鲁塞尔设立了驻美和驻欧记者站，驻美和驻欧记者三年一个任期，绝大多数出自国际部和夜班编辑部。这不仅使解放日报的国际新闻报道大大地上了一个台阶，还锻炼出一支采访编辑全能、中文英文俱佳、国际国内新闻通吃的队伍。

挖空心思获取新闻图片

在 1991 年 1 月 18 日的头版上，我们在头条位置用大半个版的篇幅刊登海湾战争开战首日的综合报道，其中有一幅美军飞机从沙特基地起飞空袭伊拉克的新闻照片，既不是新华社传真照片，更不是战地记者的独家照片，而是我们摄自荧屏的照片。后面的国际版则采用了更多这样的荧屏照片。

海湾战争期间，西方媒体只有 CNN 成功地从伊拉克传输现场图像，各大通讯社无可奈何，新华社播发新闻照片更是极为有限。为了解决新闻照片匮乏的问题，我们采取荧屏摄影的办法，请摄影记者将央视新闻中转播 CNN 的图像用照相机拍摄下来，虽然清晰度大打折扣，但聊胜于无。后来我们采购到一种轻便的荧屏复印机，接在录像机上，一揿按钮就将画面复印下来，立即制版，效率大大提高。

那时我们因为"饥不择食"，还一度不管不顾地直接从境外报刊上翻拍新闻照片。后来随着版权意识的加强，我们很快摒弃了这种做法。

弥补新闻照片不足的另一个办法是绘制新闻图示。在海湾战争的报道中，我们频繁采用地图来形象展示战场态势,采用三维图解来介绍美军的尖端武器。这也是我们从境外报刊上学来的。新闻图示包括图表、地图、图解。我们发现，作为一种视觉报道形式,它能够比文字更直观地反映数字对比和新闻事件发生、发展的过程以及事物发展的趋势；通过图像诉诸人的视觉思维，比用文字诉诸人的抽象思维更加易读、易懂。与新闻摄影相比，它又能够弥补摄影记者无法赶到新闻现场、镜头无法穿透现场障碍等缺陷。因而可以说，图示是现代报纸适应现代社会需要的一个"新式武器"。一开始，我们文字编辑尝试自己动笔绘制图表，后来请美术编辑加入，再后来，引进电脑制图，新闻图示逐渐成为解放日报国际新闻版的一个亮点，美术编辑在编辑部的作用和地位也变得越来越重要。

挑战禁区撰写国际评论

比消息来源的突破更为艰难的是评论的突破，在海湾战争时期，我们还没有在这方面实现突破。

我国的党报曾一度全盘照搬苏联的做法，报纸的字字句句代表政府，国际新闻版则相当于外交部公报。于是，像金仲华那样的国际评论家没有了，地方党报对重大国际新闻事件基本不发声。二十世纪九十年代初期，在报社领导的鼓励支持下，我们开始向这一禁区挑战，先从不太敏感的新闻事件着手，尝试自己选题撰写评论。

1993年12月1日深夜，当我把自己拟就的署名"谷齐"（上海话谐音"国际"）的评论稿《日本经济急剧恶化　细川政府困难重重》交给副总编辑金福安、吴谷平时，他们仔细审阅，然后签发。"谷齐"国际评论栏目就这样出炉了。是否要向上请示呢？金福安坚定地对我说："大胆试！"他将这种探索方式称作"投石问路"：推出一篇，不声张，看反应。如没有批评，就再推；如果有批评，就缓一缓。我理解他的良苦用心：如果正式请示，也许会让上级为难……

在接下来的日子里，我们连续"投石"。国际版编辑每人轮流使用"谷齐"笔名写评论，在开头的一个多月里，国际版右上角每天一篇"本报专论"，然后是隔三差五，延续了十年，总共近400篇。这些评论每篇700字左右，围绕当天的热点新闻，分析背景，提出观点。出于谨慎，"本报专论"的正文没有像其他评论栏目那样使用楷体字，而是使用宋体字，不显山不露水。幸运的是，"投石"最终成了路。有一天，丁锡满总编辑兴冲冲地告诉我们，中央领导说，解放日报有国际评论，挺好！

从此，地方报纸可以放开国际评论了。国务院新闻办主办每年一度的国际新闻奖评选，解放日报作为地方媒体参加，我们的评论屡屡获奖。后来我们又推出了主要由国际版编辑结合当天新闻撰写的评论栏目"子夜时评"。

除了"本报专稿""本报专论"，我们还进一步拓展解放日报国际新闻"专"字系列。在吴谷平兄担任副总编辑分管夜班和国际新闻期间，他身体力行，带领我们与上海市国际关系学会合作，开设了"专家论坛""专家座谈会"等栏目，将上海和北京的一大批国际问题专家学者纳入我们的作者队伍，上海国际问题研究所（院）的几任所长（院长）陈启懋、陈佩尧、俞新天、杨洁勉等先后与我们共同主持专家座谈会，并积极撰稿，随时就重大国际新闻发表权威而又多样的新闻分析和评论。后来我们又和外交部的外交笔会合作，邀请一批退居二线的老大使为我们撰写国际述评。我国原驻尼日利亚和哥伦比亚大使、中国国际问题研究基金会战略研究中心执行主任王嵎生 2007 年在"专家论坛"栏目发表文章《千万莫被"忽悠"了》，针对美国中情局和媒体吹捧"中国已经是全球经济领袖之一"的恭维言论，提醒人们不要陶醉迷惑，并提出警示：这是西方"中国威胁论"的变种，一是要引起西方的惊恐，动员遏制中国的势力，二是要刺激中国某些人的浮躁情绪和简单的"大国心态"，麻痹忧患意识。这篇文章当时就受到高层和民间的广泛关注和好评，如今看来更具前瞻性。我国原驻奥地利大使、中国国际问题研究所原所长杨成绪从 1995 年起每年元旦为《解放日报》写一篇重头评论文章，分析过去一年的世界大势，展望新年的国际潮流，二十多年没有中断，一直到 2021 年，他已经 91 岁高龄，仍在为我们写元旦评论。他的元旦评论是《解放日报》延续时间最长的国际评论栏目，成为我们国际评论的重要品牌。

国际要闻上头版成为常态

国际要闻上头版，当年也成为解放日报的一个鲜明特点。如"挑战者"号航天飞机空中爆炸、布什当选美国总统、巴勒斯坦国成立、苏联宣布单方面裁军 50 万等，都刊登在头版显著地位，逐渐改变了地方报纸只注重地方新闻的做法。在我担任国际版责任编辑期间，陆炳麟、贾安坤、金福安要求我每天向头版推荐当天国际要闻，头版则总是为国际要闻留有一席之地。后来解放日报的历任领导继承和发扬了这一特色，力求使《解放日报》能够与上海"海纳百川"的特点相吻合，无愧于这个现代化国际大都市的第一大报。

2．美国报纸海湾战争头版

海湾战争是在海湾当地时间1月17日凌晨2时30分（北京时间早晨7时30分）打响的，在大洋彼岸的美国正是16日晚间黄金时间。对于美国报纸来说，这是编辑出版的窗口时间，所以无需像我们那样费心思为预测开战与否"赌一把"。

但是美国报纸也有不利因素：除了 CNN 获得伊拉克当局批准进入巴格达并通过卫星电话进行报道，其他记者均无法进入第一线，只能从沙特发回经过严格管制的"无害报道"，尤其是无法获得巴格达遭空袭的现场新闻照片，这与我们的境遇是一样的。所以，在开战当天的头版上，编辑的作用和表现显得至关重要。以美国两家主流报纸的头版为例。

《洛杉矶时报》（图 5-2）的头条标题延续其一贯的简洁风格——一行主题一行副题：

美国轰炸巴格达
盟军战机袭击伊拉克各处目标

（图 5-2）

《纽约时报》的头条标题也是延续其一贯的档案记录式风格——三行通栏主题：

美国和盟军对伊拉克空袭开战
轰炸巴格达和科威特目标
布什宣布除了动武"别无选择"

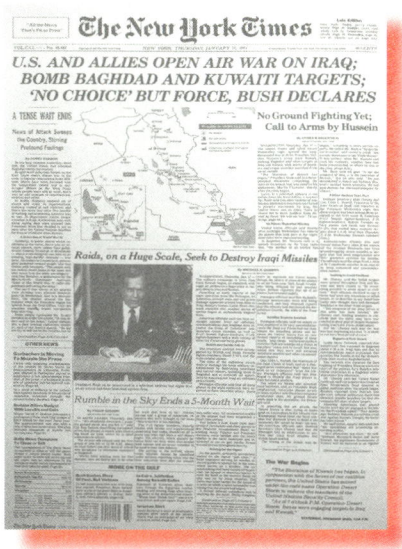

（图 5-2）

相比之下，《纽约时报》（图 5-3）的标题显然更加准确严谨。将美国与盟军并列，显示出编辑的全局意识；将科威特的轰炸目标列出，隐含"解放科威特"的战争目的；尤其是将布什宣布的开战理由——别无选择——用引号标出，强调了美国的观点，回应了包括中国在内的国际反战声音，表达了对布什总统的支持。

再看图片选择。在没有前方现场新闻照片的情况下，《洛杉矶时报》选用了布什总统在宣布"沙漠风暴"行动开始前，与白宫新闻秘书菲茨沃特和国务卿贝克一起走向椭圆形办公室的照片。中景，侧面，画面上三人都低着头，表情严峻。《纽约时报》选用了布什总统端坐在椭圆形办公室办公桌前面对电视镜头宣布对伊开战的照片，近景，正面，布什直视镜头，桌上和背后都摆放着美国国旗。显然，《纽约时报》的照片更加鲜明地表现了美国政府对"沙漠风暴"行动的决心和信心，也更加有效地反映了媒体对布什总统的支持。

除了标题和图片，头版选用哪些稿件，也是报纸编辑观点的直接体现。《洛杉矶时报》头版连文带图总共 16 篇，其中有 8 篇在右下角的内页导读提要栏里。在这 16 篇稿件中，除了天气预报，15 篇是关于海湾战争的：有首日的战况综合报道，有布什总统发表电视讲话的报道和五角大楼关于空袭的发言，有民众对"沙漠风暴"行动的反应，有援引 CNN 特派记者彼得•阿内特发自巴格达的现场报道，还有以色列高度戒备、阿拉伯世界震惊、国际油价震荡等。值得关注的是，这些稿件绝大部分是支持开战的，市场反应是中性的，只有一篇报道了洛杉矶的反战活动，一栏题，二十来个单词，隐藏在内页提要栏里。《纽约时报》头版选用的稿件数量和内容与《洛杉矶时报》大致相同，而不同的是，反战的内容一个字也没有。

美国大报就是以这样的版面语言，不动声色但立场鲜明地对布什政府发

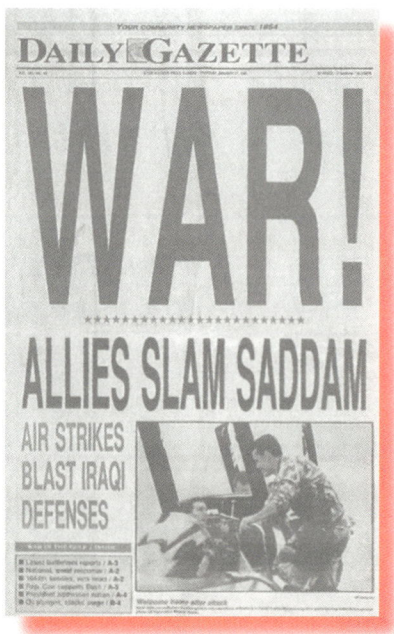

（图 5-4）

动海湾战争予以声援。而美国的小报就更不用说了。如《每日公报》（图 5-4）
用超大字号标出"战争"这一个词，通栏只有 WAR 三个字母，再加一个惊叹号，
还嫌不够有力，主标题套红，不是鲜红而是血腥红。两条副题用了口语化的
动词：

盟军狠揍萨达姆
空袭炸烂伊防线

头版上还选用了一张照片：坐在机舱里的战机飞行员和舱外的战友对视
而笑，一脸轻松，像是分享胜利的喜悦。

1991

6. 前苏联 8.19 事件：
瞬息万变

1991 年 8 月 19 日，当苏共中央总书记、苏联总统戈尔巴乔夫正在克里米亚度假之际，苏联副总统亚纳耶夫宣布，鉴于戈尔巴乔夫健康状况已不能履行总统职务，根据苏联宪法，他本人即日起履行总统职务。他同时宣布成立紧急状态委员会，由八人组成。这就是 8•19 事件，也称为 8•19 政变。在随后的几天里，苏联政局瞬息万变，对世界媒体的应变能力提出挑战。8 月 22 日，我国报纸对苏联局势竟出现至少三种不同的记录（图 6-1、图 6-2、图 6-3）。

8 月 19 日，新华社播发了一组关于苏联局势的突发新闻，各报在 8 月 20 日都突出报道。

当时我是解放日报国际版责任编辑，从属于夜班编辑部。8 月 19 日晚上，时任夜班编辑部主任金福安将那一组新华社稿件全都调到头版，戈尔巴乔夫被停止履行总统职务的消息被突出地刊登在右上角，根据稿件中的提法和口径，副题中醒目地标出"戈氏倡导的改革政策已'走入死胡同'"；苏联国家紧急

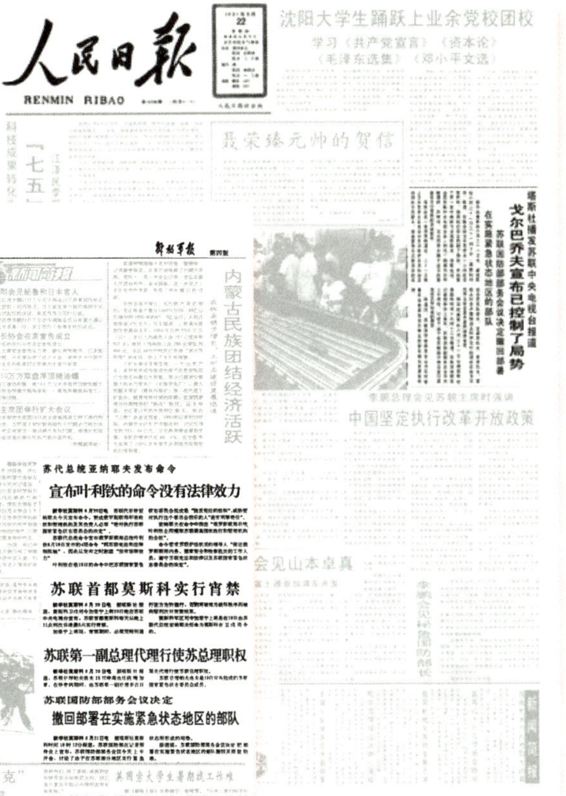

（图 6-3）

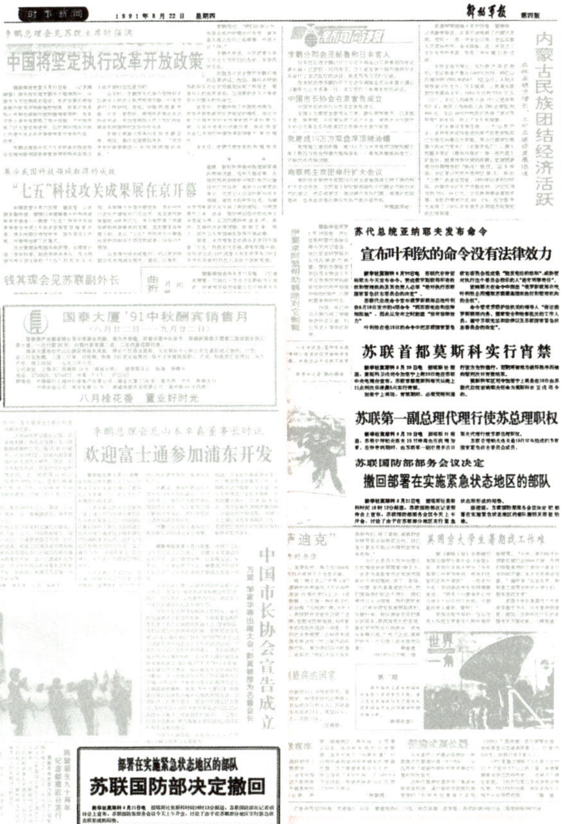

（图 6-2）

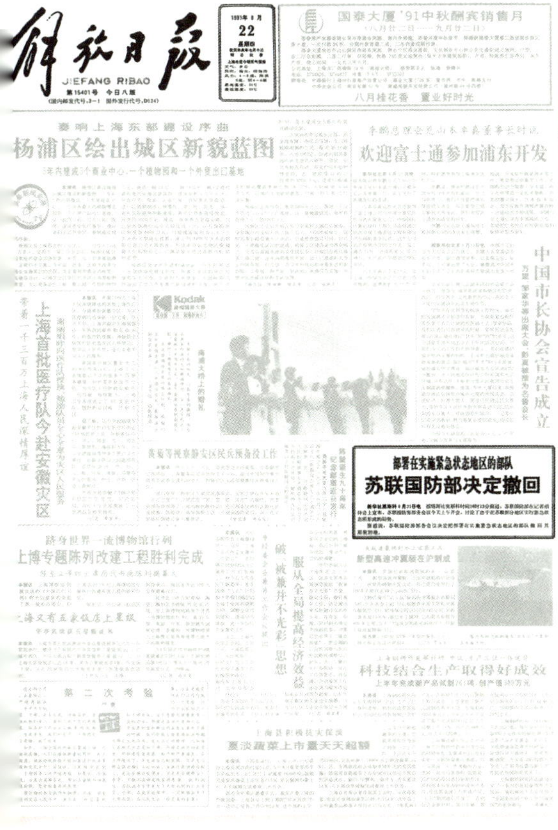

（图 6-1）

(图 6-5)

(图 6-4)

状态委员会（俗称"八人委员会"）发表《告苏联人民书》和亚纳耶夫致书各国领导人的消息紧跟在后（图 6-4）。留给国际版的只有中国国际广播电台发来的一些补充稿件。但即便如此，我还是把这些稿件置于国际版头条位置突出处理（图 6-5）。对于以重视国际新闻著称的解放日报来说，这样的处理合情合理。

8 月 21 日，我国各报继续突出处理新华社发自苏联的报道，《解放日报》延续前一天的势头，头版中部至底部，在一个模块中一共刊登了七篇稿件。其中主打稿件是"我外交部发言人发表谈话，苏联发生的事是苏内部事务"，显示我国持客观态度。但还有一条标题很引人注目："苏紧急状态委员会发表声明，对叶利钦等人提出警告"。在标题中这样点名，则或多或少反映了报纸的立场。

与中国的立场不同，美国和西方国家明确表示不承认苏联新领导人，要求恢复戈尔巴乔夫的权力。金福安把这条新闻派给我的国际版。

我国的反应和西方的反应在我们的报纸上都得到报道，这是全面客观的体现。前者登头版，后者登内页，不仅仅是"以我为主"，更体现倾向性。这是版面语言在表态。

其实，前方发稿也是有明显的倾向性的。新华社只报道叶利钦受到警告，却没有报道叶利钦在莫斯科扭转局势的情况。

8月21日，苏联局势走向微妙。新华社播发亚纳耶夫宣布俄联邦总统叶利钦发出的命令"没有法律效力"的消息，而中国国际广播电台却在深夜给本报发来专电，透露莫斯科宵禁时街头传来阵阵枪声、苏军装甲车遭到武装攻击的消息。当时我们没有接收卫星电视的条件，但与监控并接收全世界卫星电视的有关单位保持着热线电话联系。深夜，我通过热线电话询问核实，得知世界各大电视台正在直播莫斯科的最新情况——叶利钦已经得势。我立即向金福安和值班领导贾安坤汇报。

那晚，如何判断苏联局势，如何合理调度版面，如何刊发新华社和国际台不同视角的稿件，如何使标题拿捏到位，对夜班编辑来说是一场考验。

贾安坤、金福安和我一起分析，现在苏联局势扑朔迷离，天亮我们的报纸上市时很可能已经明朗化。如果我们继续"一边倒"，站在紧急状态委员会的立场上指控叶利钦，有可能成为历史的笑柄，今后外交上也会被动。最后我们一致认为，22日的报纸要尽可能保持客观。

于是，金福安把当天关于苏联形势的稿件几乎全都交给我，让我在国际版编辑处理，只将新华社在深夜播发的"苏联国防部21日决定撤回部署在实施紧急状态地区的部队"一稿留在头版（图6-1）。这篇稿件只有两百来字，既不交代背景，也不说明原因，纯客观。但实际上这是紧急状态委员会内部出现分歧的信号。

我将国际台专稿作为国际版头条，标题是"莫斯科宵禁时枪声频频，苏军装甲车遭武装攻击"。这条新闻发生在苏联国防部决定撤回部队之前，实际上是撤回部队的重要原因。这样，头版和国际版就形成了呼应，进一步释放出苏联局势可能发生转折的信号。出于客观报道的考虑，新华社播发的《亚纳耶夫宣布叶利钦的命令没有法律效力》那篇稿件我也编发了，但只是跟在国际台的稿件后面，没有做标题。这也是编辑用客观的方式表达主观判断的

（图 6-6）

一种手段（图6-6）。

在完成版面编辑工作之后，夜班编辑部像往常一样，大约在凌晨三点钟关灯下班，报纸也按时付印。

8月22日打开报纸，令人惊诧——

这一天，中国的报纸对苏联局势至少有三种不同的记录。

第一种，全国不少报纸仍然出现《苏代总统亚纳耶夫发布命令：叶利钦的命令没有法律效力》这条标题，延续事件发生以来倾向于紧急状态委员会的报道基调（图6-2）。

第二种，如《解放日报》，头版只刊登苏联国防部决定部队撤离实施紧急状态地区的消息（图6-1），国际版头条突出了莫斯科听到枪声的消息，但没有在标题中提及对叶利钦的指控，以客观报道的手法区别于前两天的报道基调（图6-6）。

第三种，如《人民日报》（图6-3），在头版中上部右侧刊登新华社的最后消息，标题是：

塔斯社播放苏联中央电视台报道
戈尔巴乔夫宣布已控制了局势

在《人民日报》的国际版上，已经找不到新华社早些时候播发的《苏代总统亚纳耶夫发布命令：叶利钦的命令没有法律效力》等消息。这说明，中共中央机关报已经及时改变了前两天的报道基调。

苏联局势翻盘了！虽然只相差一两个小时，我国报纸却基于不同的新闻内容形成不同的报道基调，用白纸黑字记录了不同的历史瞬间：翻盘之前、翻盘之中、翻盘之后。

历史事实是这样的：8 月 21 日莫斯科时间晚上 9 点 10 分，也就是北京时间 22 日凌晨 3 点 10 分，塔斯社向全世界报道，一个小时前戈尔巴乔夫发表声明，强调他已完全控制了全国的局势。也就是说，当我们的报纸出版的时候，苏联局势已经反转*。这与几个小时之前贾安坤、金福安和我一起分析的一模一样。然而，《人民日报》当天没有按常规时间出版。该报接收了新华社在清晨播发的电讯稿后，立即推翻原来的版面，将"戈尔巴乔夫宣布已控制了局势"的稿件置于头版，将国际版上"亚纳耶夫发布命令：叶利钦的命令没有法律效力"等稿件全部撤掉。

世界风云瞬息万变，差之分秒谬之千里。西方一些大报通常每天出版好几个版次，第一版次付印后，先向远郊投递，几个小时之内出第二个版次，其间如果有新的消息，编辑可以更换稿件调整版面，直到最后一个版次，编辑都可不断更新内容。可惜，我们的报纸没有这样的运作机制。

8 月 23 日，我国各报都在头版报道钱其琛外长会见苏联驻华大使的表态："我们尊重苏联人民的选择"，刊登的位置是右侧中上，略高于两天前报道外交部发言人谈话"苏联发生的变化是苏内部事务"的位置。

这一天起，按照上级要求，苏联国内情况的报道一律用新华社稿件，低调处理。戈尔巴乔夫从克里米亚返回莫斯科、亚纳耶夫被拘留、"八人委员会"成员之一普戈自杀等新闻全都不上头版，由我在国际版编发。这些稿件在国际

---

* 关于前苏联"8•19 事件"，请参阅时任新华社莫斯科分社首席记者唐修哲和孙润玉夫妇所著《岁月有痕——从苏联到俄罗斯亲历》一书中《别了，苏联》一节。

版虽不上头条，但居于视觉中心部位。这也是一种处理敏感新闻的技巧：如此重大的新闻不上头版，在国际版也不上头条，这说明在导向上对稿件不给予过高的评价；而在国际版置于视觉中心部位，则说明编辑刻意要通过视觉强势突出稿件在客观上的重要性。

一连几天，对苏联局势的报道都采取这样的处理方法。如叶利钦发布命令停止或限制共产党活动、戈尔巴乔夫宣布辞去总书记职务并要求苏共中央自行解散等新闻，都是震惊世界的，但我们不上头版，在国际版也不上头条，全都放在视觉中心位置。

相关链接

1. 美国报纸对苏联 8·19 事件的报道

《洛杉矶时报》（图 6-7）8 月 19 日在头版头条以通栏标题对苏联政坛的突发事件进行报道：

戈尔巴乔夫被取代
塔斯社说，副总统接管政权

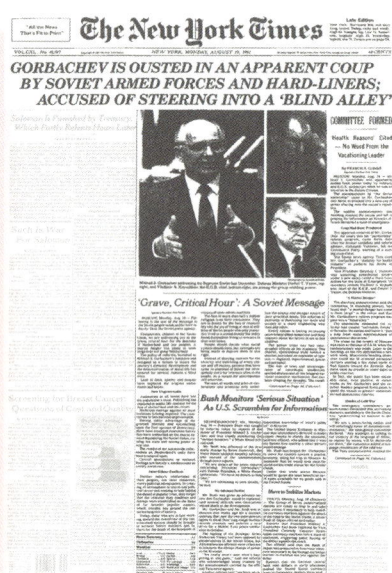

（图 6-7）　　　　　　　　　　（图 6-8）

头版还刊登了另外两篇稿件，一篇说，戈尔巴乔夫的改革也可能出局；另一篇则是分析取代戈尔巴乔夫的亚纳耶夫，说他被认为是更为强硬的保守派。头条地位显著刊登亚纳耶夫和戈尔巴乔夫的资料照片。

从这个头版可以解读出该报编辑当时对事件的判断：第一，认为这是苏联最高领导人的更替，因为标题和文字稿中都没有提到"政变"；第二，认为这一事件的核心人物是亚纳耶夫；第三，认为戈尔巴乔夫和他的改革都将完结。看来，《洛杉矶时报》作出如此判断的主要依据是塔斯社的报道。

《纽约时报》8月19日的头版（图6-8）也对这一事件予以突出报道。头条三行通栏标题虽然是叙事性的，却鲜明体现了编辑的判断：

戈尔巴乔夫在政变中被革职

领导者是苏联军方和强硬派

被指控把改革引入"死胡同"

头版选用的照片与通栏标题相配合，除了戈尔巴乔夫的资料照片，还选了国防部长亚佐夫和克格勃领导人克留齐科夫两人的资料照片，暗示这两人是政变的头儿。

显然，《纽约时报》的看法与《洛杉矶时报》不同。第一，将这一事件定性为"政变"；第二，将事件的主谋锁定为军方和强硬派，而非亚纳耶夫，尽管苏联紧急状态委员会是由这位取代总统的副总统为首的；第三，只是引述紧急状态委员会指控戈尔巴乔夫把改革引入"死胡同"。尤其值得关注的是，该报在副题中说："正在度假的领导人尚未作出反应"，这体现了美国新闻界同行在新闻报道中的一个重要原则，即"记录双方的陈述"。在没有见到或采访到戈尔巴乔夫的反应时，不对戈尔巴乔夫的结局下定论。因此，《纽约时报》没有顺着塔斯社的口径作判断，而是把没有戈尔巴乔夫的反应作为一个重要的新闻要素。

不可否认，《纽约时报》在苏联紧急状态委员会和戈尔巴乔夫之间绝非没有倾向，更不是平衡客观的。在此后两天的头版上，该报又记录了紧急状态委员会和叶利钦的"双方陈述"，而不是只刊登前者指控后者的报道。当

（图 6-9）

（图 6-10）

然，在紧急状态委员会和叶利钦之间，《纽约时报》也是选边站队的，平衡客观只是形式。

8月22日，戈尔巴乔夫回到莫斯科的新闻受到全世界报纸的关注。《洛杉矶时报》头版头条通栏大标题：

苏联政变失败
戈尔巴乔夫返回，完全控制局势

一张戈尔巴乔夫带着淡淡的笑容走出机舱的近景照片独占版面视觉中心，更是使这位在三天里经历冰火两重天的总统几乎在头版"霸屏"。

头版左侧"第一栏特稿"栏目，一个单栏的"墓碑式"标题稍稍冲淡了戈尔巴乔夫的风头："叶利钦的挑战性胜利"。这篇新闻分析认为，这位耀眼的俄罗斯总统是粉碎政变的最大赢家，许多人看好他将是苏联的未来。

细细品味《洛杉矶时报》这个头版（图6-9）可以发现，它使用了"政变"这个词，与三天前的口径有区别。戈尔巴乔夫的回归，也否定了三天前关于戈尔巴乔夫出局的判断。倒是对叶利钦的分析比较到位，但毕竟这时局势已经明朗了。

这一天的《纽约时报》（图6-10）又胜过《洛杉矶时报》一筹。它头版头条的标题比《洛杉矶时报》多了一行：

政变失败戈尔巴乔夫返回
但叶利钦得到了新的权力

把叶利钦搬上主标题，体现了《纽约时报》对苏联局势的判断：政变的双方——总统和代总统都将出局，这个人才是真正的赢家。

头版新闻照片编排进一步诠释了这一判断：比《洛杉矶时报》多了一张叶利钦在议会发表演讲的照片，和戈尔巴乔夫回到莫斯科时面带笑容走出机舱的照片并排摆放。这两张照片虽然没有直接关系，但在版面上组合在一起则产生了一种暗示性的视觉效果：叶利钦正虎视眈眈地注视着戈尔巴乔夫，与标题中提到的"叶利钦得到新的权力"相呼应。

版面语言告诉我们，这些比《洛杉矶时报》多出来的内容恰恰是最关键的要素。后来局势的发展证明了这个头版的判断。

2. 我国报纸对苏联解体的报道

1991 年 12 月 21 日，前苏联 11 个共和国的领导人汇聚阿拉木图，签署条约，宣布成立独立国家联合体，取代苏联。这意味着苏联解体。全世界最大的国家苏联的建立和解体，无疑是二十世纪最重要的事件之一。

新华社援引塔斯社的报道，当天从莫斯科播发电讯稿。《解放日报》(图6-11)将这一消息放在头版的左下角，竖三栏半题，主标题用零号大黑体标出：

独立国家联合体取代苏联

就标题构成而言，短短五六百字

(图 6-11)

的消息，编辑用了肩题、主题和三行副题，一共五行，这在形式上是罕见的，在内容上，每一行题都是划时代的重要信息。

就字号而言，这一标题仅仅比头条标题小一级，与第二条、第三条标题同级，说明编辑充分意识到它的重要性，并予以相应的评价。

就版位而言，这条消息被置于底部，这可以看作是在运用版面语言表态。

《人民日报》没有将这一消息刊登在头版，而是放在第六版（国际版）的第三条，作为一般新闻处理。这个版面的头条是国际原子能机构称赞中国秦山核电站，第二条是巴基斯坦总统会见中国代表团。从重要性来看，这两条新闻都远远不及"独联体取代苏联"的新闻，编辑运用版面语言表态的痕迹更加明显。

1991年12月25日，随着戈尔巴乔夫宣布辞去苏联总统职务，克里姆林宫上飘扬的红色苏联国旗徐徐降下，取而代之的是俄罗斯三色旗。

12月26日，首都报纸将"戈尔巴乔夫宣布辞职"的重大新闻放在内页国际版，而《解放日报》则登在头版右下角。值得关注的是，在这条消息旁边还有另一条短消息："赴俄罗斯等五国访问，中国政府代表团离京"（图6-12）。稿件中对此访的目的没有明说，只是"就发展双边关系和共同关心的问题交换意见"，纯属外交辞令。

（图6-12）

这只是一个部长级的代表团，按规格无论如何没有理由放在头版，但《解放日报》为何如此编排？

一叶知秋。报纸的版面就是那片叶子。细心的读者如果能够将这条消息和旁边"戈尔巴乔夫宣布辞职"的消息一起解读，也许可以借助版面语言产生联想：中国政府代表团在这个关键时刻的出访是一个重大外交行动。

果不其然。据一位代表团成员后来回忆，派出这个代表团是党中央根据小平同志的战略思想作出的重大外交部署。代表团由外经贸部部长李岚清率领，以发展外经贸为由，探寻与新独立的各个国家建交的路径。由于俄罗斯、乌克兰、白俄罗斯当时正忙着"交接"，中国政府代表团一度遭到冷遇。后来几天，钱其琛外长致电原苏联各国外长，告知中国政府决定承认其独立，并准备进行建交谈判，代表团马上受到欢迎。随后，代表团与俄方经过谈判解决了对中苏关系的继承问题，继而走访中亚五国，一天一个国家签署建交公报。此后的几个月里，我国完成了与所有原苏联各国的建交谈判*。这说明，《解放日报》将代表团出访的消息和戈尔巴乔夫宣布辞职的消息在头版编排在一起，判断是准确的，隐含的信息也是十分重要的，揭示了小平同志外交战略思想的务实之处，也反映了解放日报编辑对时局和新闻研判把握的过人之处。

1991 年 12 月 25 日晚上 7 点 25 分，戈尔巴乔夫宣布辞去苏联总统职务的电视讲话结束，几分钟之后，7 点 32 分，克里姆林宫圆顶上那飘扬了近 70 年的镰刀锤子苏联国旗缓缓降下，7 点 45 分，俄罗斯联邦的三色国旗升上夜空。人民日报驻莫斯科记者在现场发回特写《红场易旗纪实》，但《人民日报》没有将这篇稿件刊登在头版，而是登在国际版中下部。《解放日报》选用了新华社简短的新闻稿，并从电视上复印了两幅"易旗"照片，作为对历史的记录，全都登在内页国际版。也就是说，莫斯科"红旗落地"，中国报纸没有让它"落"在头版。

3. 《真理报》对 8·19 事件的报道

1991 年 8 月 19 日，苏联国家紧急状态委员会宣布行使国家全部权力，暂时只允许苏共中央机关报《真理报》等 9 家报纸发行。

20 日，8·19 事件发生的次日，《真理报》头版上全部都是由苏联国家紧急状态委员会发布的公告，其中包括《苏联领导人声明》全文、《告苏联人民书》全文、《致各国国家元首政府首脑和联合国秘书长的信》全文、《苏联副

---

* 田曾佩《中国与原苏联国家建交始末》，载《百年潮》2008.7。

总统令》全文、《苏联国家紧急状态委员会第一号令》全文、《苏联领导人会见记者》全文等等（图6-13）。

但是，《真理报》第二版的底部有一组新闻照片，可以看到大街上停着装甲车，市民在与军人交谈（图6-14）。与这一组照片相呼应的是下面一篇记者采写的报道。

这篇报道有一个十分含蓄的标题："昨天的莫斯科街头"。在8月19日苏联发生重大事件的时候，首都莫斯科的街头又发生了什么呢？市民的反应是怎样的呢？这一定是人们十分关注的。记者巴蒂金精心选择了几个场景，用纪实的手法进行描述，夹叙夹议：

我们早上10点前走到编辑部门口时，看到6辆装甲车出现。3辆在《真理报》编辑部门口，3辆在《农村生活》编辑部门口。我征得同意，与一名大尉交谈。

"你们接到什么命令？如果不是秘密的话。"

"我们将驻守在编辑部门口，以防冲突性事件。其他的，请原谅，我不能再补充什么。"

（图6-13）　　　　　　　　　（图6-14）

在马雅可夫斯基广场附近，我们的"伏尔加"汽车随着车流转向花园环路，再要沿特维尔大街向前开就不可能了。但可以步行前往，没有障碍。行人的脸色很平静。人们在柴可夫斯基音乐厅对面有名的香肠店排队。所有商店都是开放的，只不过眼睛还是能捕捉到《消息报》大楼附近的装甲运兵车。

几十个人聚集在离市政厅更近的地方，墙上贴着叶利钦、西拉耶夫、哈斯布拉托夫等人的告人民书，这是俄罗斯对实行国内紧急状态的特殊意见。人群中央是一位 35 岁左右的男性，他一边嚼着面包一边喊着：叶利钦号召全体无限期罢工！

马涅什广场上聚集着各种各样的人。一名自行车手身着橡胶短裤，灵活地跳上装甲车，向士兵致以鼓励。

士兵、中尉和军官们都表现得很有尊严，也很克制，没有人打算朝手无寸铁的民众开火。诚然，在街上看到军事装备，没有令人愉快的理由。

我回到编辑部，给弗拉基米尔·伊里奇生产联合会打个电话，看看那里情况如何。

"我们这儿有什么问题？"副厂长重复了一遍我的问题说，"有一些配套上的中断，但其他维持正常生产状态。让政治家去搞政治吧，而我们应当工作。"

雨，时而减弱，时而又滴滴答答地落在莫斯科的街道和广场上，天空也没有放晴。或许，八月的雨将使最热的头脑冷静下来？

与不表达任何倾向性的标题不同，这篇报道提到了"有尊严，很克制，没有打算朝手无寸铁的民众开火"的士兵；提到了"脸色很平静、在有名的香肠店排队"的市民；提到了墙上贴着叶利钦、西拉耶夫、哈斯布拉托夫等人的告人民书，号召全体无限期罢工；提到了副厂长在电话里说的话："让政治家去搞政治吧，而我们应当工作"；还提到了莫斯科当天的天气：雨，时而减弱，时而又滴滴答答，没有放晴……。记者对紧急状态委员会的观点没有提及，对支持那些观点的声音也没有提及，甚至连莫斯科街头是否有那些声音都没有提及。显然，记者是通过对细节的选择谨慎地表达倾向性的。

由此可见，这一天《真理报》的头版和二版表达了两种不同的声音。

8月21日，两种不同的声音同时登上了《真理报》的头版（图6-15）：左上角刊登代总统亚纳耶夫于8月19日签发的"俄罗斯苏维埃社会主义共和国第59、61、62、63号总统令"，下面是"苏联国家紧急状态委员会公告"，头版中间最醒目的位置刊登"苏联国家紧急状态委员会"第3号令，而下面两篇记者采写的稿件，观点与以上三篇公告不同。一篇是记者巴蒂金采写的《昨日首都的街道》：

……莫斯科的居民和外来者们表面上过着与往常一样的生活，这座城市被每天的忙碌填满。只是，有人会在阅报栏，以及地下通道贴着传单的墙前驻足。基本上这些传单都是复印件，内容是叶利钦、西拉耶夫、哈斯布拉托夫关于国内实施紧急状态的看法。

刚刚过去的一昼夜，首都情况如何？犯罪率有没有"抬头"？昨天的事件，

（图6-15）

有没有使情况加剧，使莫斯科的情况复杂化？"发生了100—120起犯罪事件。"中心副主任弗拉基米尔·瓦西里耶维奇·维尔什科夫表示，"不能说违法行为的数量出现上升或下降，一切维持在正常水平。经过紧追不舍，47起犯罪被侦破。21辆汽车被偷。通过'打击盗窃社会主义财产部门'条线，发现25起犯罪。""有死者吗？""有2人。但他们死于交通事故。另有24人因为交通事故受伤。""今天莫斯科警察最担心的是什么？""首都警察主要从事打击犯罪、破案和维护城市治安的工作。"

另一篇记者见闻是《广场上举行集会》：

莫斯科处于紧急状态中。也就是说，游行、示威和罢工被禁止。但从昨天早上起，我们和摄影记者麦雅·司库琳欣娜就接到任务，去俄罗斯最高苏维埃大厦的示威游行现场。

众所周知，前一天俄罗斯共和国领导发表告人民书，宣布苏联国家紧急状态委员会为非法。提出了一系列要求，号召遵守宪法。昨天，数千人聚集在白宫广场上，就像组织者给它命名的一样，发起"保卫白宫行动"。对大楼的保卫，从你接近它的时候就可以感觉出来。老百姓手持无线电台，民警则手持突击步枪严阵以待。"为了保护俄罗斯领导。"共和国政府警备队队长、民警上校波伊科说。几位演讲者通过麦克风感谢集会者的支持。演讲者主要是苏联和俄罗斯的人民代表。他们发出号召：不要承认苏联国家紧急状态委员会，保护民主，不要受挑衅的影响，保持镇定。还作出了一些具体指示，例如组织政治斗争和无限期罢工。俄罗斯副总统鲁茨科伊宣读俄罗斯总统向苏联最高苏维埃主席卢基扬诺夫送交的十点声明。其中提到需要安排俄领导人与戈尔巴乔夫的会面，对戈尔巴乔夫进行身体检查，并将检查结果公开化等。

要不是莫斯科街头的军事装备，要不是武装警察，要不是成千上万的人的命运被押注于此，集会活动倒可被视为一场在卢日尼基体育场上演的大型音乐会。

头版底部通栏刊登了四张新闻照片，标题也是含蓄而客观的："莫斯科8月20日：劳动，集会，保卫"，画面中却蕴含着倾向性。

（图 6-16）

8 月 22 日的《真理报》显示了苏联政局的大逆转（图 6-16），不再是两种声音，而是一边倒。头版头条是《苏联总统声明》，戈尔巴乔夫宣布他已控制了局势，紧接着是《苏联共产党中央委员会书记处声明》。

与局势逆转相呼应的是头版中部一篇记者采写的报道《俄罗斯拯救联盟》，标题用粗黑体字，尤其醒目。报道聚焦俄罗斯议会召开紧急会议，总统叶利钦及议会副主席哈斯布拉托夫讲述国家紧急状态委员会成立后俄罗斯领导层采取的反制行动。但这篇报道也道出了《真理报》遭遇的尴尬：叶利钦和哈斯布拉托夫抨击《真理报》在过去的两天里"没有显示我们俄罗斯人民对自封的委员会的愤怒程度"。记者对此表示很委屈：

> 我们推测，鲁斯兰·伊姆拉诺维奇·（哈斯布拉托夫）没有读 8 月 21 日的《真理报》。这一期报纸所罗列的材料，证明报纸对于发生的事件给出了非常多样的观点，反映了国家不同地区的现实情况，也包括俄罗斯政府的情况……他本应对记者们的工作给予应有的评价，这些记者试图在紧急状态下将国家的情况客观地告诉读者。

然而，叶利钦和哈斯布拉托夫并没有手软，因为与激进的国际文传电讯社和俄通社相比，《真理报》对叶利钦的支持不够鲜明，而对紧急状态委员会的一系列公告则是全都显著刊登。

8 月 23 日，《真理报》在头版头条显著的大标题"苏联总统回来了"和大照片报道22日晚戈尔巴乔夫回到莫斯科的消息和他在电视上发表的声明（图6-17）；同一天，随着叶利钦发布"禁共令"，查封数千个苏共机构，《真理报》从24日起被迫暂停出版。

8月24日戈尔巴乔夫辞去苏共中央总书记职务，要求苏共中央自行解散。但这一天没有《真理报》来记录苏共历史上的这一页。

一周以后，8月31日，《真理报》重新出版，但报头上的列宁头像不见了（图6-18）。总编辑谢列兹涅夫在《告读者》中说，《真理报》今后将"坚持中间派立场"。

（图 6-17）

（图 6-18）

7. 小平视察南方照片上头条：
一图千言

　　1992 年 2 月 15 日，《解放日报》出版了一份不按常理编排的报纸：头版头条单独刊登一幅邓小平在深圳仙湖植物园漫步的照片，没有相关的文字报道，这是不按常理之一；这幅领导人的照片不是由新华社或本报记者拍摄的，也没有注明由权威机构发布，只是署名"杨绍明摄"（图 7-1），此乃不按常理之二；尤为反常的是，在同一天随报附送的《解放日报周末版》上，同样是以这幅照片作为头条（图 7-2）。同一幅图片在同一天的同一张报纸上重复刊登，按常理说属于编排事故。但是，这是一幅十分特殊的照片，解放日报的编辑用这样十分特殊的方式编排，显然不是疏忽。

　　事实上，这是《解放日报》用一种十分特殊的版面语言传递十分特殊的信息。

　　十分特殊的信息之一，这是在全国主流媒体上第一次公开透露邓小平视察南方。1992 年 1 月 17 日，完全退休的邓小平同志乘火车离开北京南下，经武昌、长沙，然后到达深圳，并于 1 月 31 日来到上海。这不是一次简单的退

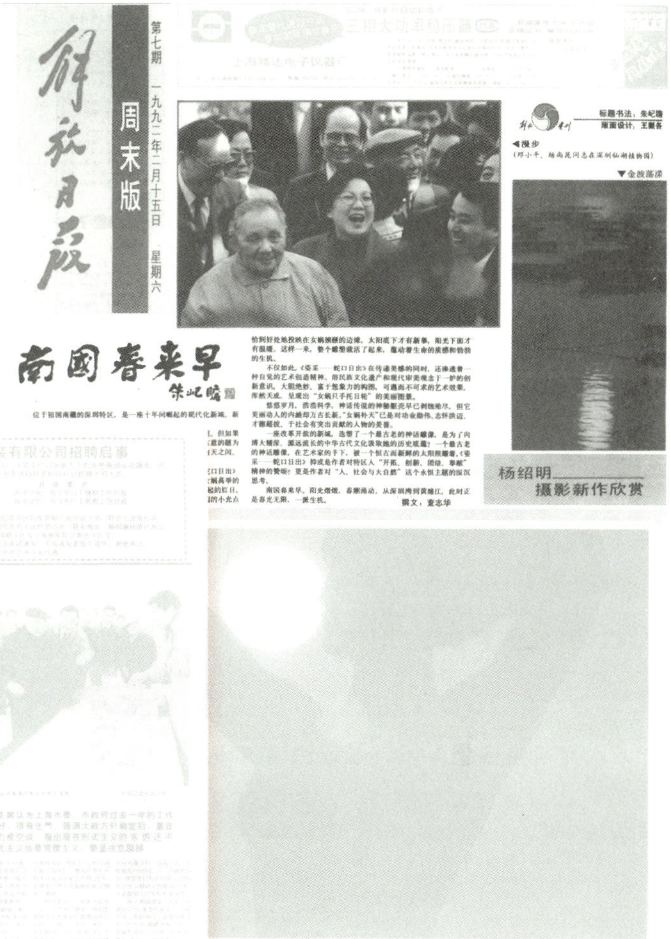

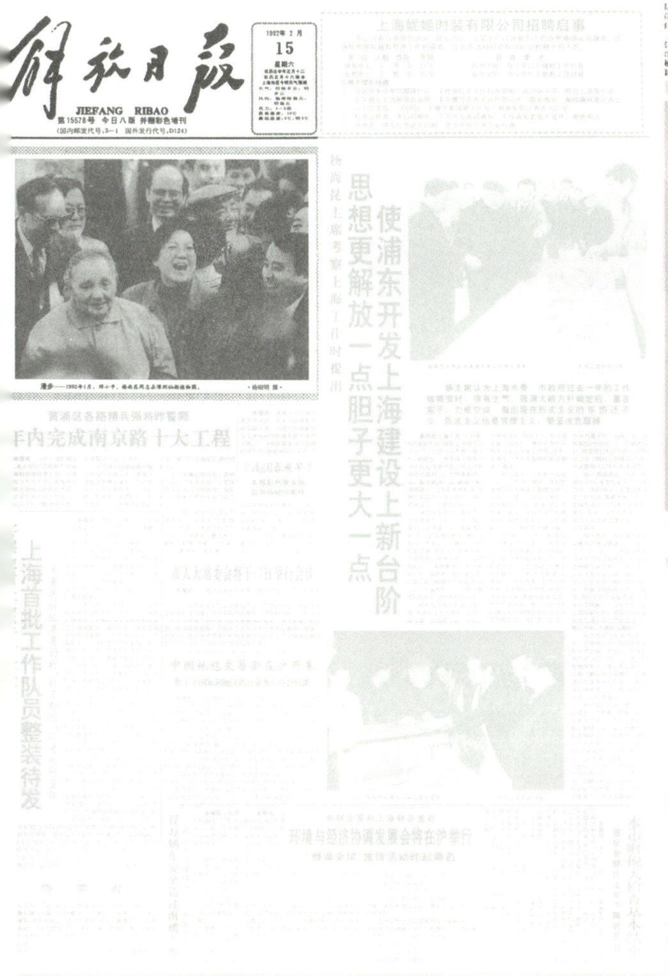

休旅行。一路上，他针对当时国内、党内存在的思想分歧、争论、交锋，就中国进一步改革开放发表了一系列重要谈话，旗帜鲜明地阐述了"不改革开放只能是死路一条""党的基本路线要管一百年""中国要警惕右，但主要是防止'左'""改革开放姓'社'不姓'资'，根本标准是'三个有利于'"等重要观点。然而由于种种原因，邓小平的南方之行没有及时公开报道，他的这些谈话内容只是在内部流传，在党内都没有正式传达。正是在这样的背景下，解放日报大胆果敢地抓住了机遇。

时任解放日报摄影美术组组长的张蔚飞奉命担任小平同志视察上海期间的唯一摄影记者，他与跟随小平同志一路视察的杨尚昆之子、中国摄影家协会副主席杨绍明是老朋友。当他看到杨绍明拍摄的小平同志漫步深圳仙湖植物园的照片时，来不及请示报社领导，就立即请求杨绍明将这幅照片"赐予"《解放日报周末版》刊登，没想到杨绍明痛快地答应了，但他说，这等于把小平同志视察南方的消息捅出去了，所以得征询小平同志秘书王瑞林的意见。很快，经与小平同志同行的杨尚昆首肯，王瑞林同意，张蔚飞顺利地拿到了这幅照片，《解放日报周末版》得以独家透露邓小平视察南方的消息。1992 年 3 月 26 日，《深圳特区报》发表长篇通讯《东方风来满眼春》，详细记录小平同志深圳之行及一系列重要谈话，而那已经是《解放日报》刊登小平同志视察南方照片 40 天之后了。

十分特殊的信息之二，这幅照片在《解放日报周末版》刊登与在新闻版头版头条刊登，意义完全不同。前者作为专副刊，以"南国春来早"作为大标题，又挂了"杨绍明摄影新作欣赏"的牌子，言下之意，小平同志这幅照片与版面上的其他照片都是以摄影艺术作品的身份刊登的；而新闻版的头版作为党报的灵魂、窗口，集中反映新闻性、政治性，把小平同志这幅照片刊登在头版头条，就绝不只是让读者欣赏杨绍明的摄影艺术了。这一编排方式有着极其明确的政治意义。

十分特殊的信息之三，解放日报编辑是以对规定、规矩的突破来表达这种政治意义的。当时，这幅并非由权威新闻机构播发的领导人照片没有按照原来的约定，只用于《解放日报周末版》，而是同时赫然刊登在《解放日报》新闻版的头版头条，令张蔚飞感到意外，因为这显然有违一般的审稿规定。而且在同一天的报纸上一图两用，显然有违一般的编排规矩。张蔚飞在多年以后告诉我，他一直不知道报社领导当时为什么这样编排处理这幅照片。而我当时作为国际新闻版的责任编辑，对于报社主要领导就头版头条如何决策也不清楚。

为此，我专门请教了当时主持解放日报工作的党委书记、副总编辑周瑞金。他说，这是在特定时期特定情况下有意为之。我们抓住了机遇，以这种独特的方式表明了解放日报"拥邓"的观点，提升了解放日报的影响力。

确实，对于这样明显不按常理出牌的编辑方式，一般读者也许不能完全理解其中的潜台词，但内行的读者一定能够解读出这样的信息：这是编辑在刻意强化这幅照片的冲击力，以非常规手段吸引读者的注意力，以不惜承担政治风险的胆魄表达一种政治定力。

为什么说解放日报不惜承担政治风险表达政治定力呢？这就要解读第四个十分特殊的信息：解放日报"皇甫平系列评论"在过去一年的思想交锋中几经磨难，终于"一唱雄鸡天下白"。

整整一年前，1991 年 2 月 15 日，正是农历羊年春节。在这一天的《解放日报》头版上，一篇用楷体字呈现的评论文章，围着框，庄重地排在右下角，大标题是"做改革开放的'带头羊'"，署名"皇甫平"（图 7-3）。

这是"皇甫平系列评论"的第一篇。这一组评论共四

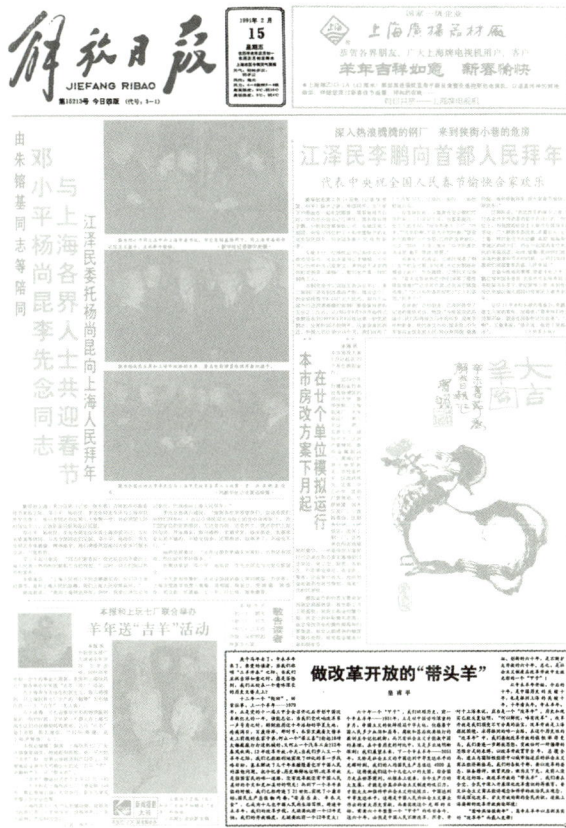

（图 7-3）

篇，第二篇《改革开放要有新思路》于 1991 年 3 月 2 日见报，第三篇《扩大开放的意识要更强些》于 3 月 22 日见报，第四篇《改革开放需要大批德才兼备的干部》于 4 月 12 日见报。后来有人评论：如果说 1978 年的《实践是检验真理的唯一标准》一文揭开了第一次思想解放运动的序幕，那么揭开这一次思想解放运动序幕的，就是皇甫平四篇文章。

1991 年 1 月 28 日至 2 月 8 日邓小平在上海视察期间，针对"左"的观点发表一系列讲话，特别强调："改革开放还要讲，我们党要说话，要说几十年。"他还就"姓社姓资"问题一针见血地指出："不要以为，一说计划经济就是社会主义，一说市场经济就是资本主义，不是那么回事，两者都是手段，市场也可以为社会主义服务。"他希望上海人民"思想更解放一点，胆子更大一点，步子更快一点"。由于小平同志的讲话当时没有大范围传达，周瑞金和上海市委研究室的施芝鸿、解放日报评论部的凌河一起，根据小平同志的讲话精神，以"皇甫平"为笔名先后撰写了这四篇文章。

文章以加大改革力度为主调，许多提法大胆而有新意，准确地触及了问题的症结所在，很多敏感的人悟出了门道，纷纷打电话给报社，询问文章的背景。塔斯社驻上海记者采访周瑞金时一再追问：是谁授意的？是不是邓小平？

"皇甫平系列评论"刊登后，社会反响十分强烈。那时还没有互联网，解放日报社和报社驻京办事处不断接到一些地方领导人打来的电话，要求收集皇甫平的全部文章；境外媒体也十分关注，港台报纸中最早报道皇甫平文章的台湾《联合报》认为，这是上海在向北京"叫板"。也许正是出于这一敏感的原因，得到许多干部群众支持的皇甫平系列文章，不仅我国大陆各报无一转载，还遭到了来自"左"的势力气势汹汹的挞伐。

在那段时间里，解放日报承受着巨大的压力，同时也坚守着政治定力，直到 1992 年初小平同志发表南方谈话，为进一步推动改革开放扫清了道路。这一年春节，2 月 4 日，《解放日报》又在上年刊登第一篇皇甫平文章的头版同样位置，醒目地推出署名文章《十一届三中全会以来的路线要讲一百年》。文章发表后，又在国内外引起很大反响。周瑞金说，人家一看标题这么大的气派，就知道讲这个话的人肯定是邓小平了；人家一看中共上海市委机关报《解放日报》这样旗帜鲜明地宣传和阐发邓小平同志视察南方重要谈话，就知道这与一年前邓小平同志在上海过春节期间的重要谈话同南方谈话是一脉相承、一以贯之的。

正是在这样的背景下，2月15日《解放日报》独树一帜地在头版头条和《解放日报周末版》同步刊登邓小平同志在深圳的照片，用非同寻常的版面语言把那一层窗户纸捅开了。

相关链接

1. 连续三天在新闻版连载龚育之文章

1992年4月16日，《解放日报》头版头条刊登龚育之的文章《在有中国特色的社会主义旗帜下——读邓小平著作的笔记》。这篇文章总共三万多字，不仅在当天从头版转到第三版，还在4月17日、18日用整个第三版连载。用这样的阵势连载文章，对于每天只有四个新闻版面的党报来说是较为罕见的。以超常规的编辑手段刊登文章，与此前头版头条独家刊登邓小平在深圳的照片异曲同工，除了强势呈现内容之外，都是以特殊的版面语言体现编辑部对其重要性的评价，进而表达编辑部的观点。

当时的背景是这样的：1992年3月，党中央向全党传达了邓小平视察南方谈话精神之后，全国上下掀起学习热潮。时任解放日报驻京办事处主任狄建荣向报社党委书记、副总编辑周瑞金报告，曾任中宣部副部长的龚育之最近有一篇学习邓小平著作的笔记，较为全面地论述了小平同志建设有中国特色社会主义理论的基础、结构和主要内容，非常扎实，写得很好，但首都一些报纸觉得文章太长，不太好处理。周瑞金毫不犹豫地决定：我们登。

按照一般规矩，只有主要领导人的重要文章才刊登在党报的头版头条；按照一般规矩，报纸刊登文章在篇幅上有一定限度，不能像书籍杂志那样；按照一般规矩，篇幅较长的文章多刊登在相应的专副刊，而不是寸土寸金的新闻版；按照一般规矩，即便在专副刊上，也只有小说采用连载的方式……

但是，解放日报为了刊登这篇文章，一股脑破掉了这些一般规矩，以显示这篇文章之非同一般，显示编辑部对这篇文章的评价之非同一般。解放日报在为这篇文章配发的编者按中说："在我国社会主义现代化建设的关键时期，认真学习、深刻领会、全面贯彻邓小平同志关于建设有中国特色的社会主义的一系列重要论述，特别是最近邓小平同志视察南方谈话的重要精神，不仅对当前的改革和建设，对开好党的十四大，具有十分重要的指导作用，而且对整个社会主义现代化建设事业，具有重大而深远的意义。"编者按同时提醒读者："文章拟分几天连载，敬请注意。"这无疑也是强化文章影响力、吸引读者注意力的一个信号。

龚育之的这篇力作在《解放日报》公开发表后，成为当时学习邓小平南方谈话精神的重要参考材料，在全国引起广泛反响。

2. 邓小平亲吻农家幼儿的照片上头条

1992 年 7 月 1 日，《解放日报》又在全国党报中独树一帜，头版头条刊登那一年春节期间邓小平同志在上海旗忠村参观时亲吻农家幼儿的照片（图7-4）。

在党的生日这一天，国内各家党报都把"江泽民李鹏等中央领导会见高校党建工作会议代表"的时政要闻作为头版头条，这也是顺理成章的。但《解放日报》为了突出小平同志那幅没有新闻由头的照片，却大胆地让中央一号二号领导重视党建工作的当天新闻退居第二条。

这幅照片的版面处理与 2 月 15 日刊登小平同志在深圳的照片相似：照片四栏宽，置于头条；除了简短的文字说明没有相关报道；照片并非由权威机构新华社发布，而是署

(图 7-4)

名"本报记者张蔚飞摄"。蔚飞兄一直不清楚他拍摄的这幅照片是如何通过审批程序的。周瑞金事后告诉我，在七一刊登这幅照片是报社自己的决定，"我与丁锡满总编共同商定，并经市委秘书长同意"。

我认为，当时周瑞金等报社领导之所以敢于打破常规把小平同志这幅照片推上头版头条，是有特殊背景的：从1988年到1994年，小平同志连续7年在上海过年，其间多次就解放思想、进一步改革开放发表谈话，1991年《解放日报》的"皇甫平系列评论"率先传递了小平同志的谈话精神，在全国引起强烈反响。经过一段时间的思想交锋，1992年，小平同志南方谈话精神成为全党全国人民的共识，开启了改革开放的新阶段。《解放日报》在这一过程中敢于发舆论之先声，体现了党报之担当。因而，在那一年党的生日，我们刊登这样一张由本报记者拍摄的照片，并加上标题"邓小平同志的心与亿万人民紧紧相连"，也可以说是通过版面语言揭示了时代特点，反映了解放日报的特色。

1995

8. 拉宾遇刺上头条：
祈祷和平

　　1995 年 11 月 4 日晚上，以色列总理伊扎克·拉宾在特拉维夫参加和平集会时遇刺身亡，举世震惊。

　　江泽民主席和李鹏总理都致电表示哀悼，对拉宾总理积极推动中东和平进程予以高度评价，同时希望拉宾总理为之努力的中东和平事业排除干扰继续前进。

　　这条重大突发新闻在版面上应该如何处理？我们作出一个大胆的决定：上头版头条（图 8-1）。我们之所以这样处理，是经过一番细致缜密研判的。

　　在我们的党报上，一般每天都会有领导人活动的报道。判断这些新闻的重要程度，领导人的职位高低往往是重要依据；最高领导人的有关报道大都上头版乃至头条。

　　在这一天头版的要闻稿件中，有三条是江泽民、李鹏都出现的：除了对拉宾遇刺身亡表示哀悼之外，还有首都集会纪念邹韬奋诞辰百周年、第五届民族运动会开幕。江泽民和李鹏都为这两个活动题词，李鹏还出席了纪念邹韬奋

解放日报

JIEFANG DAILY

第16938号 今日十二版

（国内邮发代号：3—1 国外发行代号：D124）

1995 年 11 月
6
星期一

公告

江泽民致魏茨曼总统电文

以总理拉宾遇刺身亡

参加和平集会后遭犹太极右分子枪击

李鹏致佩雷斯代总理电文

山本刊总理旧照

继承和弘扬韬奋真诚为人民服务的精神

首都集会纪念邹韬奋诞辰百周年

江泽民李鹏题词　李鹏出席并讲话

在邹韬奋诞辰一百周年纪念会上

李鹏总理的讲话

（一九九五年十一月五日）

上海韬奋纪念馆修缮后开放

第五届民族运动会开幕

申花怒放终结冠军梦

（图 8-2） （图 8-3） （图 8-4）

的大会并发表讲话。

　　"对表"后得知，国内大报对上述三条要闻的版面安排方案各不相同。《文汇报》把纪念邹韬奋的报道放在头条，拉宾遇刺的报道上报眼，而且选用了他遇刺之前在集会上发表讲话的照片，处理得很突出，民族运动会的报道置于头版右下方（图 8-2）。《解放军报》是民族运动会排第一，纪念邹韬奋诞辰百年排第二，拉宾遇刺排第三（图 8-3）。《人民日报》的排列顺序是，纪念邹韬奋诞辰百年上头条，民族运动会排第二条，拉宾遇刺的一组报道置于头版的右下角：江泽民、李鹏致电哀悼和我国政府表示震惊惋惜的表态这三篇稿件都只是二栏题，主体新闻"以色列总理拉宾遇刺身亡"则置于其下，压在版面的底部（图 8-4）。可见各报的处理差别很大，但有一点是相同的：都没有把拉宾遇刺的新闻放在第一位。

　　这是意料之中的。先国内，后国际，几十年来党报大多沿用这样的编辑方针，国际新闻上头版的不多，上头条的极少，何况是刺杀领导人这样的暴力恐怖事件。历史上，萨达特遇刺、里根遇刺、英·甘地遇刺、拉·甘地遇刺的报道，我国各报都只是放在头版下部，这在一定程度上反映了那时我国报纸的编排理念；而肯尼迪遇刺、朴正熙遇刺的新闻连头版都不给上，因为那时美国、韩国与我国还没有建交。

但是，以上几位领导人的遇刺与拉宾遇刺都不可同日而语。比如，萨达特虽然开辟了埃以和平之路，但对外没有处理好与阿拉伯盟友的关系，对内没有处理好与反对派的关系，遂引来杀身之祸；英·甘地的遇刺主要是因为她没有处理好与锡克教徒的关系；其子拉·甘地遇刺则是因为在处理泰米尔猛虎组织问题时埋下祸根。而拉宾为之献身的中东和平进程得到国际主流社会的合力支持，他努力的成果更是得到世界舆论的赞誉。他是被反对和平的犹太极右激进分子所杀，可以说，他是为正义事业而死的，死得其所。因此我们认为，拉宾的遇刺和此前其他世界政要的遇刺是有区别的，对于这一点，我们应该在版面上明确表达。

然而，版面表达的力度该如何把握呢？由于时差，我国的报纸都没能赶上在 5 日（遇刺的第二天）报道这条重大国际新闻，只能推到 6 日刊登。这倒使我们有一天的时间进行深入思考和充分准备。

首先，我们放眼观察、梳理当天世界舆论的反应，发现各方的关注点与我们不谋而合，都集中于中东和平进程的命运，因为中东和平进程的命运与拉宾紧紧联系在一起。由于他坚定的中东和平政策顺乎国内民心，顺应国际潮流，1992 年他取代以强硬手段对付阿拉伯和巴勒斯坦的利库德集团领导人沙米尔，再度出任总理。上任后，他勇敢地面对现实，大刀阔斧地推动中东和平进程，做了前人不敢做的事，阿以和谈终于取得实质性进展。1993 年 9 月，在美国总统克林顿的斡旋下，他和巴解主席阿拉法特在华盛顿签署了第一个和平协议——《奥斯陆协议》，一度让世人看到中东和平进程初现曙光。这是他一生中最伟大之处，他也因此于 1994 年荣膺诺贝尔和平奖。国际版编辑单月萍依据各方报道和大量背景资料，写成综合消息《拉宾为中东和平献出生命》，置于国际版头条。

我们并不满足于引用现成的素材和观点，所以就利用解放日报与上海市国际关系学会的合作机制，决定抓紧时间就拉宾死后中东和平进程的前景举行专家座谈会。然而由于当天来不及召集各方学者，国际版编辑杨健便一个个打电话，分别对中国中东学会副会长朱威烈、上海社科院欧亚所所长潘光、中国中东学会常务理事陈和丰、上海国际问题研究所综合室副主任李伟坚和上海外国语大学中东文化研究所副所长陆培勇分别进行了采访。

专家们对拉宾逝世后的中东和平进程有不同的看法。乐观的看法是，阿拉伯国家从这件事中可以看到，以色列人中确实有像拉宾这样的和平主义者。刺杀行为不得人心，民心所向将对和平力量更为有利，中东和平进程大势不可逆转。而现实的看法是，中东地区战乱多年，以色列领导人中真正下决心而且有魄力推动和平进程的只有拉宾，他的前任沙米尔等做不到，他的继任者佩雷斯以"鸽派"著称，声望略逊一筹，未必能有拉宾那样的大手笔。所以拉宾之死有可能令中东和平进程暂时停滞。两种看法，其实可以归结为一点：对于中东和平进程来说，拉宾在以色列政治家中是不可或缺的。他的逝世对中东和平进程造成的损失是无可挽回的。这突显了拉宾这一新闻人物的重要性、显著性。这也是新闻价值的关键要素。杨健采写的这篇"本报专访"刊登在国际版右上角。

与此同时，国际版编辑张陌负责大量搜集整理拉宾的人物背景资料。拉宾曾经是以色列军中悍将，身经百战，屡建奇功，尤其是在1967年的六五战争中，他作为以军总参谋长，率领部队仅用六天时间就打败所有邻国，占领了相当于以色列国土三倍的别国领土，被视为民族英雄。然而，与阿拉伯的战争最终使拉宾意识到，流血不能解决问题。1992年出任总理后，这位昔日的战神转身成为和平的象征。在担任总理的三年多里，拉宾首先接受以"土地换和平"的原则，承诺在以色列的"安全得到切实保障"的前提下，通过政治谈判解决阿以争端，把侵占的阿拉伯领土逐步归还给有关阿拉伯国家；他还推动以巴双方相互承认并相继签署《临时自治安排原则宣言》和《塔巴协议》，允许巴勒斯坦的自治从加沙、杰里科扩展到约旦河西岸；他还同约旦达成和平条约并正式建交，从而为中东和平进程取得突破性进展；在叙以会谈中他积极务实，承认叙利亚对戈兰高地拥有主权；直到临终的那个月，他还积极谋求中东地区经济合作的开发。他获得诺贝尔和平奖是实至名归的。

拉宾是享誉世界的传奇人物，也是中国人民尤其是上海人民的亲密朋友。他是第一位访华并到访上海的以色列总理。在访沪期间，拉宾来到位于虹口的犹太难民纪念馆参观，感谢上海当年从纳粹铁蹄下拯救了两万多名犹太难民，并留言："这是第二次世界大战时期上海人民卓越无比的人道主义壮举"。这给上海人民留下深刻印象。张陌编写的《拉宾小传》也发表在国际版。

国际版对拉宾遇刺身亡的新闻进行全方位报道，以大量的信息和观点供读者对新闻的重要性作判断。

而头版不同。它是报纸的窗口，不仅要展示信息和观点让读者判断，更要通过无声的版面语言体现编辑部对新闻重要性的判断。

那么，解放日报对拉宾遇刺身亡这一突发新闻的重要性该如何判断呢？

夜班编辑团队经过对国际版上的信息、观点进行综合分析，认为拉宾遇刺身亡是重大国际新闻，其重要性体现在三方面：一，拉宾可以说是中东和平进程中"前不见古人，后不见来者"的关键先生，是不可多得的伟大政治家；二，拉宾从一个双手沾满阿拉伯人鲜血的战神转变成为中东和平流血牺牲的烈士，受到全世界包括昔日对手的尊敬，这是难能可贵的，值得肯定；三，拉宾之死将使中东和平进程面临停滞的险境，给地区安全稳定带来更多不确定性。

基于这样的判断，我们最终决定将拉宾遇刺身亡这条新闻登上头版头条，并单独作为主标题，"江泽民李鹏致电哀悼"这一要素标在副题中，作为对新闻主体的补充和反应，尝试跳出"以我为主"的框框。

这样处理刺杀新闻，算得上是打破常规，在《解放日报》历史上是头一次，迄今为止也是唯一一次。

这样的判断是否准确，这样的处理是否得当，我觉得，需要让历史来检验。

二十多年过去了。拉宾身后的以色列总理像走马灯似的，虽然都绕不开中东和平进程这个主题，却没有一个能够超越拉宾。巴以之间又爆发过多次流血，阿以冲突始终是悬在中东人民头顶的剑，和平进程仍然艰难曲折，不时伴随着停滞甚至倒退，拉宾时代的那一线曙光隐没在阴云中……

但是，这个头版头条并不完全是对拉宾之死和中东和平进程的一声叹息，它还承载着一种希望，正像江泽民主席在唁电中所说的，希望拉宾总理为之努力的中东和平事业排除干扰继续前进。

相关链接

1. 境外报纸对拉宾遇刺的报道

美国在当地时间 11 月 4 日下午得到这条突发新闻，所以各报在 11 月 5 日抢在第一时间进行报道。

《纽约时报》（图 8-5）的头版十分注重新闻性，头条用了两行叙述式通栏标题：

拉宾在特拉维夫和平集会后遇刺身亡；
以色列枪手所为；他自称系单独行动

这条标题简明扼要地标出了新闻事件的全部要素——何人、何事、何时、何地、为何，即五个 W。

头版的三张新闻照片也全部是现场抓拍画面：拉宾遇刺前在集会上讲话、拉宾中枪倒地被警卫抬上车之前、枪手行凶后被警察抓获。

在那个互联网还没有普及的年代，《纽约时报》这个头版充分发挥了新

（图 8-5）　　　　　　　　（图 8-6）

闻纸的功能。

在香港出版的《南华早报》和我们的报纸一样，因为时差，没有赶上 11 月 5 日在第一时间报道拉宾遇刺身亡的新闻。11 月 6 日，该报头版以超规格的强势进行第二时间落点的报道（图 8-6）。

第二时间落点的后发优势，主要反映在报道的深度上。与赶在第一时间报道拉宾遇刺事件的美国报纸不同，详细记述刺杀事件的报道没有放在头版，而是放在内页，头版集中用于表现各方的反应，并鲜明地表达编辑部的态度。

首先，头版上方用五段引语，从不同角度对事件进行深度解读：

"打了 27 年仗，现在我相信有一个实现和平的机会，我们应该抓住这个机会。"——拉宾死前演说

"我接到杀死总理的神谕……我独自履行上帝的命令，不后悔。"——行刺者阿米尔

"世界失去了一位伟人，一位为民族争取自由的战士，一位为国家和平牺牲的烈士。"——美国总统克林顿

"我对于针对以色列的勇敢领袖与和平战士的恐怖袭击感到十分悲哀、十分震惊。"——巴解主席阿拉法特

"以色列总理伊扎克·拉宾不会白死。他虽死犹生，依然为和平增添力量。"——本报今日社论

五段引语中有三段是对拉宾的高度评价，一段是拉宾的临终讲话，另一段则是行刺者的话。显然，编辑并不追求"一边倒"地表达观点，而是通过平衡来表现其客观公正。同时，行刺者的反面声音也证明中东和平进程的阻力之所在。

其次，除了使用引语表达各种声音，编辑还巧妙地运用图片展示拉宾的和平形象。头版下部一张看守总理佩雷斯发表讲话的新闻照片中，背景是一幅约旦国王侯赛因为拉宾点烟的照片，暗示两位对手之间建立了良好的关系。前一年拉宾和侯赛因在美国共同签署了约以合约，将中东和平进程大大推进了一步，受到一些温和的阿拉伯国家领导人的尊重。

（图 8-7）

（图 8-8）

编辑观点最直接的体现是超大字号的头条通栏主标题。不像第一时间落点那样仅仅是叙述"拉宾遇刺身亡"等新闻要素，这个头条标题确定了该报当天深度报道的基调：

刺杀拉宾不能阻止和平进程

拉宾葬礼的报道也是十分耐人寻味的。

《国际先驱论坛报》头版突出的是各国政要齐聚耶路撒冷为拉宾送行（图8-7）。在头版头条位置刊登的一张大幅新闻照片中，画面前景是拉宾的棺材，上面覆盖着以色列国旗，后面站满了前来吊唁的世界政要，美国总统克林顿和埃及总统穆巴拉克处于画面中央，此外还有德国总理科尔、法国总统希拉克、英国首相梅杰、英国王储查尔斯等。该报还专门附上一个名单，列出所有到场的外国和国际组织领导人，以弥补新闻照片之不足。这样的版面处理旨在使读者感受到拉宾的国际威望之高。

《纽约时报》与《国际先驱论坛报》异曲同工（图8-8），头条也是选用一张世界政要为拉宾送葬的照片，以通栏的宽度刊登，十分抢眼。但是编辑在图片的文字说明中特别提醒读者，画面最左边的是埃及总统穆巴拉克，画面最右边只露出大半个头的是约旦国王侯赛因，而画面中心的西方头头脑脑却略过不提。

除此之外，版面上还用了一张侯赛因国王擦拭眼泪的特写照片。文字说明补充道：这是拉宾长期的敌手看到泥土覆盖棺木的瞬间。

这个头版传递这样的意思：许多西方国家政要出席拉宾葬礼，体现了对拉宾的评价；但曾经的敌人也前来为拉宾送葬，则体现了对拉宾更为全面的评价。所以，这个头版的立意似乎比《国际先驱论坛报》更高。

（图 8-9）

2. 对肯尼迪遇刺事件的报道

1963 年 11 月 22 日，美国总统肯尼迪在达拉斯遇刺身亡。两天以后，嫌犯奥斯瓦尔德在百万美国人观看电视直播的众目睽睽之下被人枪杀。对于这一轰动世界的谜案，西方报纸尤其是美国报纸以巨大的篇幅进行连续报道。《纽约时报》在 11 月 23 日头版头条以超大字号的三行通栏标题进行报道（图 8-9）：

**肯尼迪被枪手刺杀
于达拉斯行车途中
约翰逊飞机上接任**

头版还刊登了肯尼迪遗像和约翰逊的照片。该报一则消息说，警方指控是亲卡斯特罗的左派所为。

11 月 24 日，该报头版头条继续采用三行通栏标题，只是字号略小（图 8-10）：

（图 8-10）

（图 8-11）

（图 8-12）

肯尼迪遗体停放在白宫
约翰逊掌舵获广泛支持
警方说被拘者就是刺客

11 月 25 日，仍然是三行通栏标题（图 8-11）：

总统行刺者在监狱走廊
被一名达拉斯市民击毙
吊唁者瞻仰肯尼迪灵柩

这个头版左上角是肯尼迪的遗孀和女儿跪在灵柩前的照片，右下角则是那张震惊世界的枪杀行刺者的抓拍新闻照片。

这一天的头版上还有一篇关于中国反应的报道，标题是"约翰逊遭红色中国攻击"。报道说，中国在肯尼迪遇刺事件发生八小时后进行了报道，没有予以评论。但新华社对继任者约翰逊进行了猛烈的攻击，批评他是肯尼迪反动政策的支持者。

11月26日，该报头版头条连续第四天用通栏三行标题（图8-12）：

肯尼迪在阿灵顿安葬
全国静默目送并致哀
多国领导人墓前致敬

标题下是通栏的两张照片：六匹马拉着肯尼迪的灵车走过国会山，肯尼迪夫人等低头默哀。头版下部是一张外国领导人出席葬礼的大幅照片，文字说明中一一标出他们的名字，其中包括西德总统吕布克、法国总统戴高乐、埃塞俄比亚皇帝海尔塞拉西、韩国当选总统朴正熙等。

这样连续四天的版面排场，在美国历史乃至世界历史上都是不多见的。在此后的几十年中，肯尼迪遇刺案的调查波澜迭起，上百名相关证人离奇死亡，各种"阴谋论"满天飞，扑朔迷离，无一定论。当时的报纸编辑们也许没有预料到这种情况，但还是说明他们对案件之复杂有一个基本的判断。

我国报纸于1963年11月24日对肯尼迪遇刺事件进行了报道。《人民日报》的报道刊登在第三版（国际版）的右下角，标题是：

肯尼迪遇刺身死

这个标题虽然没有标签式的修饰词，但用"身死"而不用"身亡"，隐含着贬义。

正像《纽约时报》所说的，《人民日报》刊登的新华社稿件对肯尼迪遇刺事件没有进行评论，但在另一篇关于新总统约翰逊的人物介绍稿中对他奉行肯尼迪的反动政策进行了抨击。

《解放日报》当天的报道与《人民日报》大体一致，标题相同，也是登在第三版的底部。

3. 对朴正熙遇刺的报道

1979年10月26日，韩国总统朴正熙被手下人开枪打死。10月28日的《人民日报》作了报道，但没有登在头版，而是将四篇稿件和一张照片组合在一起刊登在国际版（图8-13）。

稿件组合并不是简单的内容叠加，而是一种版面语言的表达方式，版面编辑常常运用这种手段表达一种文字稿件不一定能表达的观点，也就是俗话说的"1+1大于2"。在这一组稿件中，我们通过标题就可以感受到这样的效果。

第一条是新闻标题，对朴正熙的负面评价体现得很直白：

朴正熙横行十八年饮弹毙命

第二条是评论标题，给朴正熙"定性"：

独裁者的下场

第三条标题《朴正熙其人》是人物介绍，"其人"两个字，暗示这不是"好人"。

第四条标题耐人寻味：

南朝鲜人民斗争再接再厉，大邱学生继起示威

朴正熙是1961年发动军事政变上台的，在当政的十八年里，他一方面大力发展经济，创造"汉江奇迹"，使韩国实现经济腾飞，另一方面却压制民主，民众示威不断。由于那时我国还没有与韩国建交，只是以"南朝鲜"相称，双方处于敌对状态，所以我们的报纸不仅将朴正熙视作反面人物，而且在版面上将"人民斗争""学生示威"与他"饮弹毙命"的报道编排在一起，用"再接再厉""继起"等词汇将两件事连在一起，无形中造成一种因果关系。

然而，朴正熙遇刺身亡其实是他的手下人内讧所致，与他压制民主并没有直接关系。

4. 对萨达特遇刺的报道

1981年10月6日，在纪念十月战争八周年的阅兵仪式上，埃及总统萨达特遭到来自几个受阅军人的突然袭击身亡，举世震惊。

10月7日的《纽约时报》以三行通栏标题在头版头条突出报道，并用了

（图 8-13）　　　　　　　　　　　　（图 8-14）

三张现场照片和一幅示意图展示行刺过程。尤其引人注意的是，该报头版在《以色列震惊焦虑，阿拉伯很少悼念》的标题下并列刊登"耶路撒冷的担心"和"贝鲁特的欢呼"两篇稿件，反映了中东地区对萨达特遇刺事件截然不同的态度（图8-14）。

　　阿拉伯世界的分歧与萨达特当年在中东和谈问题上采取的一系列举措有关。1977 年 11 月，曾经指挥十月战争向以色列发动突袭的萨达特改变策略，在美国的斡旋和支持下提出中东"和平倡议"，并亲自前往耶路撒冷，与以色列总理贝京会晤，打开了埃以直接对话的渠道。萨达特此举被一些阿拉伯国家视为背叛。1978 年 9 月 17 日，在美国总统卡特的协调下，萨达特与以色列总理贝京在美国签署了《戴维营协议》。这项具有里程碑意义的协议稳定了以色列和埃及之间的关系，为实现中东和平开辟了新途径。但是，由于协议未提出解决巴勒斯坦民族自决权和归还其他阿拉伯被占领土等问题，引起大多数阿拉伯国家的不满和反对，使阿拉伯联盟的分裂加剧。由巴解组织和利比亚、叙利亚、阿尔及利亚、民主也门四国五方组成拒绝阵线，与埃及实行全面对抗。该

（图 8-15）

阵线成立后召开过五次首脑会议，阿拉法特均率巴解组织代表团与会。

不巧的是，就在萨达特遇刺身亡之际，阿拉法特率团访华。1981 年 10 月 7 日《人民日报》在头版刊登萨达特遇刺身亡的突发新闻，同时按惯例刊登阿拉法特将访华的预告新闻（图 8-15）。这两个事件之间当然没有任何关系，但如何处理两篇稿件在头版上的关系，却是编辑不得不考虑的问题。结果是，"萨达特遇刺逝世"这一重大突发新闻以二栏题置于头版右下角，"阿拉法特今日抵京"这一预告新闻（包括阿拉法特的照片）则压在萨达特消息的上面。从版面语言表达来看，阿拉法特来访的重要程度高于萨达特遇刺身亡。

毫无疑问，从新闻性来说，萨达特遇刺事件远远超过阿拉法特来访的预告，但是《人民日报》的编排并非完全取决于新闻性。

"以我为主"是头版编排的一个重要依据。中国对巴解组织的支持是一贯的，阿拉法特与中国的友好关系在阿拉伯世界领导人中更是首屈一指的，他的来访是当时我国一项重要的外交活动，是双边关系中的一件大事。所以在版面上应该予以重视。次日我国领导人热烈欢迎阿拉法特一行的消息和照片在头版的编排也是较为突出的。

"以我为主"也体现在萨达特遇刺稿件的处理上。消息发布时，中国领导人没有在第一时间发唁电。由于稿件中没有这一要素，只能作为国际新闻而不是时政要闻来处理，所以置于头版最底部是可以理解的。次日我国领导人发唁电哀悼萨达特的报道就没有再沉在版面底部，而是登在头版中部。

再者，萨达特遇刺身亡毕竟属于负面新闻，在那个年代，这类新闻登在"报屁股"是不足为奇的；而登在头版的"报屁股"，已经表明了非同一般的态度，与肯尼迪、朴正熙的"待遇"比较一下就可见一斑了，何况在第六版（国际新闻版）还以大半个版的篇幅用图片和文字报道了萨达特遇刺的详细经过和国际反应，并刊登了萨达特的遗像。这样的规格是少见的。

5．英・甘地和拉・甘地遇刺事件的报道

1984 年 10 月 31 日，印度总理英迪拉・甘地夫人被锡克卫兵射杀。《人民日报》在第二天的头版中下部刊登了"英・甘地总理遇刺逝世"的消息，同时刊登的还有"印度组成五人新内阁"和"我国政府深切哀悼英・甘地逝世"两篇稿件，遇刺事件的详细报道和英・甘地总理的遗像则刊登在第六版（国际版）。

第三天，《人民日报》头版刊登我国领导人发唁电和到印度驻华使馆吊唁的消息，版位都高于前一天。此后头版报道中国特使姚依林赴印度出席英・甘地葬礼，版位同样高于"英・甘地总理遇刺逝世"的报道。这都可看作是版面编排中"以我为主"理念的反映。

1991 年 5 月 21 日，印度前总理、英迪拉・甘地的儿子拉吉夫・甘地在竞选时被献花的女子用自杀式炸弹炸死。

《人民日报》次日在头版刊登了两篇稿件进行报道。这两篇稿件都是"以我为主"的直接体现：一篇是"李鹏总理致电印度总理，哀悼拉・甘地不幸身亡"，另一篇是"我外交部发言人对拉・甘地不幸逝世表示深切哀悼"，而新闻事件的主体"拉・甘地遇刺身亡"的消息则刊登在第六版（国际版）。

1996

9. 新闻照片背景故事：
两翼齐飞

　　1996 年 8 月 28 日的《解放日报》头版，没有时政要闻，也没有突发新闻，版面上最突出的是视觉中心部位一幅四栏宽的照片和下面的短通讯《"庄妈妈"和她的净菜社》，讲述下岗女工庄红卫带领二十多位姐妹创业的故事。这一组图文报道用粗线围框，框内有一个牌子："新闻照片背景故事"（图 9-1）。《解放日报》这个以普通百姓为主人公的特色栏目由此正式推出，立刻受到读者和同行的广泛关注。

　　"新闻照片背景故事"栏目本身也有一个背景故事。那是 1996 年 8 月的一天，正在夜班轮岗当编辑的经济部记者薛石英得到一条新闻线索：瘫痪 8 年的纺织女工房金妹亲手缝制了 100 个书包，要赶在开学前送到安徽希望小学的贫困孩子们手中。主持夜班工作并分管新闻摄影的吴谷平副总编辑得知后，觉得这是一个好题材，立即请薛石英去采访，并派摄影记者崔益军一同去："写一篇生动的小通讯，拍一张现场的好照片。"两位记者顺利完成任务，并赶在 100 个书包发车的当天晚上发稿。时任夜班编辑部主任的我按照吴总的要求，

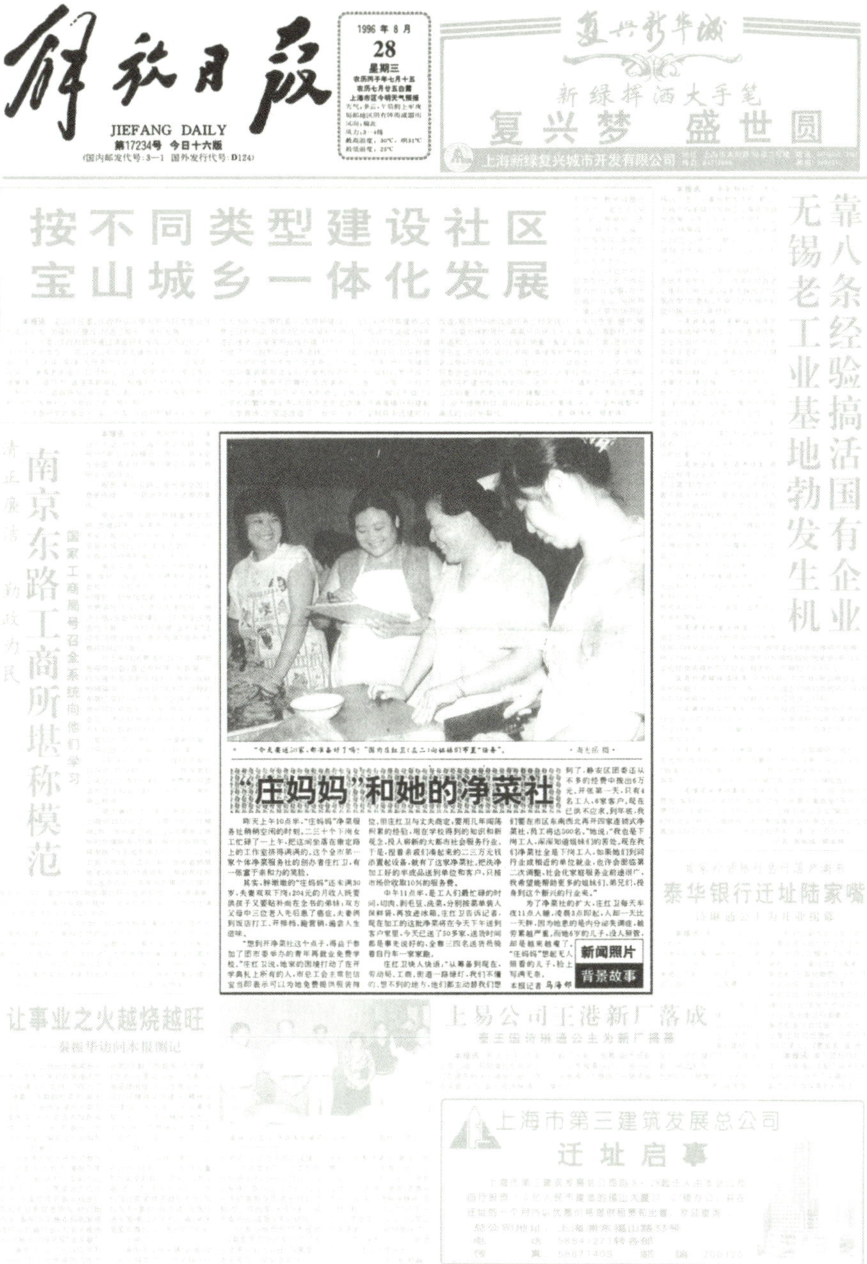

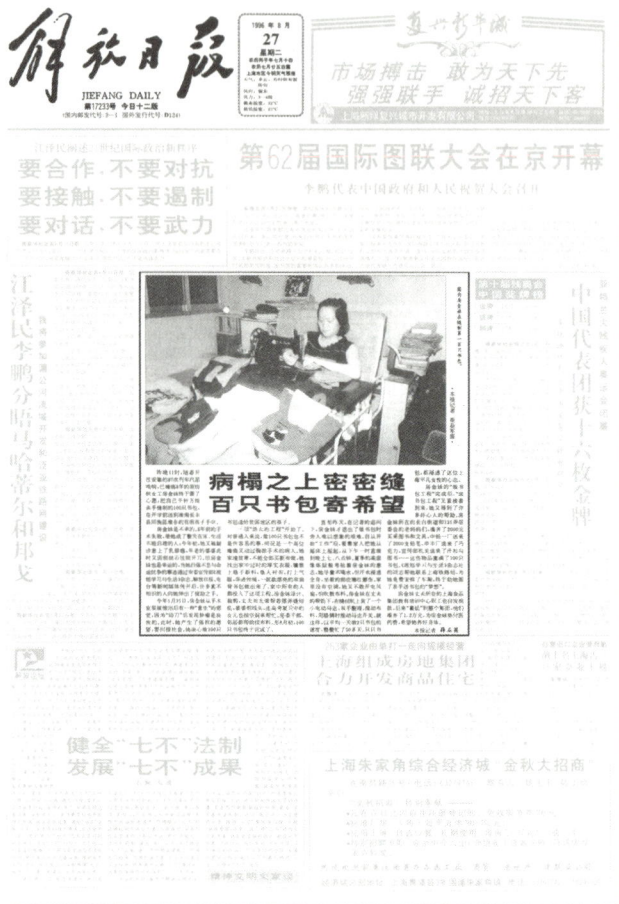

（图 9-2）

借鉴《今日美国报》头版"封面故事"的编排方式，和头版编辑们共同设计版面，将这条当天新闻醒目地放在头版的视觉中心位置，围上粗线框，并特地把瘫痪的房金妹在病榻上用缝纫机缝制书包的图片放在上面，把题为"病榻之上密密缝 百只书包寄希望"的文字报道放在下面，一改以文为主以图为辅的老习惯，让新闻照片成为主角（图 9-2）。

8 月 27 日，这一组图文并重的报道见报，令人耳目一新。大家觉得这种形式很好，希望能以此为蓝本办成一个专栏，不仅培育一种报道风格，而且打造一种编排规范，弘扬一种新闻理念。

在先前布置采访房金妹的任务时，吴谷平还发现通讯员周先岳送来的另一张新闻照片，报道下岗女工庄红卫办起全市第一个家庭净菜社，吸纳二十多位下岗女工再就业，但文字说明过于简单。于是他请另一位来夜班轮岗的经济部记者马海邻进行补充采访，写篇小通讯，解释画面所表现的瞬间，讲述庄红卫创办净菜社的艰辛。28 日，也就是房金妹报道的第二天，庄红卫的报道又以同样的形式登上了《解放日报》的头版。不同的是，这一组报道中挂了一个牌子——由吴谷平给栏目起的名称："新闻照片背景故事"。这也就是本章开头的那一幕。牌子打出去以后，便一发而不可收，据统计，仅在头两年就刊发了近两百篇。

当然，这个栏目的意义并不仅仅是这个背景故事。在这个背景故事的背后，还有更多的大背景。

大背景之一，是全国党报竞相提升新闻摄影的地位。在 1990 年 8 月于银川举行的第一届全国报纸总编辑新闻摄影研讨会上，针对多年来我国报纸重文字轻摄影的问题，中国新闻摄影界老前辈蒋齐生重申了他在八十年代初提出的"图文并重"的观点，新华社社长穆青提出文字报道和新闻摄影应该"两翼齐飞"。会议经过热烈讨论，将这两句口号合二为一，"图文并重，两翼齐飞"由此成为中国新闻摄影界的共识。

基于这样的共识，我国报纸围绕如何加强新闻摄影进行了探索，各报纷纷由总编辑挂帅，根据自己的特点，出台新举措，推动落实"两翼齐飞"：有的把重点放在版面编排上，向八十年代的《中国日报》看齐，尝试以图片为中心，把最重要、最抢眼的新闻照片以超大的尺寸放在头版显要位置，就像该报时任总编辑冯锡良说的那样，"在头版扎个大窟窿"；有的把重点放在队伍建设上，着力加强图片编辑的作用，加强新闻摄影报道的策划；有的把重点放在采编机制上，设立图片总监，统领图文联合作战……正是在这样的大背景下，吴谷平带领我们以"新闻照片背景故事"作为突破口，把"图文并重，两翼齐飞"的理念进一步付诸实践。

首先，在版面编排上，进一步强化主图的概念，每天精选一张新闻照片做大做强，在一片灰茫茫文字的版面上"扎个大窟窿"，形成视觉冲击中心。基于这样的理念，"新闻照片背景故事"栏目形成了图文并重的基本式样：大幅照片，短篇报道；上图下文，相互呼应；粗线围框，版位突出。如房金妹、庄红卫的报道，在头版都形成绝对强势，并在此后一以贯之，逐渐形成《解放日报》图片编排的总体风格。

同时，在采编机制上，增加图片编辑岗位。当时吴谷平派正在夜班编辑部头版轮岗的记者薛石英重点负责栏目的编辑工作，边做边探索；轮岗结束后，她调任摄影美术部副主任，逐渐实现从文字记者向图片编辑的转型，为解放日报的"图文并重，两翼齐飞"打下基础。

当然，舍得花版面、设置图片编辑只是为"两翼齐飞"创造了条件。要让图片这一翼真的飞起来，关键还是要拿出人们喜闻乐见的新闻和照片。

长期以来，党报承担着宣传党的方针政策、报道党的中心工作等重大使命，头版上大多是会议报道、工作经验、发展成就等带有宏观指导性的"硬新闻"，与之相应的照片，常见的是大会会场，还有不少"机器加人"，或者是概念图解，具体鲜活的"软新闻"很少；而且按照老观念，"软新闻"太轻，似乎不大适合登在头版。因此，是否应该使"硬新闻"和"软新闻"两翼齐飞，如何让"软新闻"那一翼飞起来，是"新闻照片背景故事"出炉的第二个大背景。

针对这种状况，吴谷平为"新闻照片背景故事"栏目定下规矩：拒绝会议新闻、请柬新闻、指令性新闻、应景新闻，让文字记者和摄影记者到改革开放的第一线去，到火热的生活中去，发现新闻，用画面抓取生动的瞬间，用文字讲述背后的故事。

产业结构调整，传统国企关停，大批职工下岗，是当时上海改革大潮中出现的新情况。《解放日报》接连在头版报道这个严峻沉重的"硬新闻"，而"新闻照片背景故事"栏目却一改路数，聚焦下岗后创办净菜社的庄红卫、转岗成为上海第一代地铁女司机的胡娟、中国第一个由下岗女工组成的管乐团等，在画面上展示她们的笑脸，在报道中讲述她们乐观自信自强不息的故事，图文呼应，折射出时代精神，也让人钦佩、释怀，"硬新闻"变成了"软新闻"。又比如，市长视察即将进行旧城改造的棚户区潭子湾之后，记者居然从这条工

作性"硬新闻"中挖掘出"搁板上的晚餐"这样一条"软新闻"，用画面讲述
两户老邻居在窗台之间放一块搁板共进晚餐庆祝即将搬迁的故事，生动反映依
依不舍的邻里情。事实证明，这样的"软新闻"并没有使头版变轻，而是使之
变得更活。

"新闻照片背景故事"的"软新闻"涉及社会生活的方方面面：平时多
享受社会关爱的残疾人，在这个栏目里都成了关爱社会的典型，如在病榻上为
贫困孩子缝制一百个书包的房金妹；平时清一色由阿姨当家的幼儿园，在开学
第一天有了三位"幼儿园叔叔"；风驰电掣的自行车赛，却出现了"扛着赛车
冲向终点"的一幕；电视剧《儿女情长》的演员们在生活中真实地重演了一出
"儿女情长"……这些新闻照片有一个共同的特点，那就是聚焦平民百姓，聚
焦社会底层。设法让这些新闻照片堂而皇之接二连三地登上党报的头版，与党
报常见的时政新闻照片"两翼齐飞"，是"新闻照片背景故事"栏目出炉的
第三个大背景。

中央领导总是这样对党报提出要求："把版面让给人民群众"。这是党
报党性和人民性高度统一点直观体现，能大大拉近党报和普通百姓的距离。然
而，在日常编辑工作中如何把这一要求落到实处，对于党报编辑来说却不那么
简单。我长期从事党报头版编辑工作，深深知道，时政新闻照片是必登的，而
且刊登领导人的照片要讲究规格，应该登两张的不能只登一张，应该做四栏宽
的不能只做三栏。而相比之下，新闻照片则没有那么幸运，尤其是报道百姓工
作生活的新闻照片，没有什么是"必登"的。有时候领导人活动多，版面捉襟
见肘，就只能压缩其他新闻，在重文字轻照片的习惯之下，首当其冲的就是压
缩新闻照片，要么做得咪咪小，要么干脆弃之不用。久而久之，反映百姓生活
的新闻照片数量越来越少、质量也越来越低。有人因此将党报的"要闻版"调
侃为"要人版"。

用什么办法来使报道领导活动的时政新闻照片和反映百姓生活的社会新
闻照片"两翼齐飞"呢？除了转变观念强化新闻照片的功能地位以外，我们从
《今日美国报》头版"封面故事"的做法中得到启发，打造一个内容和风格都
精准定位的常设栏目，并逐渐形成一套流程规范。随后，我们一方面在做强做

活时政新闻照片方面进行深入探索（参阅第 12 章），一方面依靠这样一个流程规范培育好"新闻照片背景故事"栏目，确保它能有版面保证、团队保证、来源保证、质量保证，使人民群众的形象和报道在头版生根。

在"新闻照片背景故事"栏目的打造过程中，一个显著的特点是报社领导亲自抓图片编辑。在时任总编辑秦绍德支持下，吴谷平副总编辑靠前指挥，既统合版面和图片，又协调文字和摄影；既策划选题，又设计编排。其实，领导重视图片在解放日报是有老传统的。当年陆炳麟副总编辑就十分看重新闻摄影，在八十年代，他常常拿着《中国日报》研究头版的图片编辑风格。记得他曾指着头版的大幅新闻照片对我说："应该好好学习他们的 our candid camera（抓拍）栏目，注意人家照片是怎么拍的，版面是怎么编的。"在他的教导下，我从那时开始搜集、学习、研究国内外报纸的新闻图片编辑案例。丁锡满总编辑也是图片编辑的老前辈，他在六十年代当国际新闻编辑时就经常为图片、漫画配诗配文，在业界颇有影响。1999 年我接棒担任副总编辑以后，一方面继续强化图片编辑工作，一方面继续加强对国内外报纸新闻图片编辑业务的研究，多次参加全国报纸总编辑新闻摄影研讨会和图片编辑研讨会，与国内一流的图片编辑们交流互动，并当选为中国新闻摄影学会副会长，受聘担任首届中国国际新闻摄影比赛（简称"华赛"）评委。

相关链接

1. 首届全国新闻图片编辑研讨会

2002 年 3 月 23 日至 26 日，中国新闻摄影学会在江苏江阴举行了首届全国新闻图片编辑研讨会。对于中国新闻摄影界来说，这是继 1990 年提出"图文并重两翼齐飞"的银川会议之后又一次重要会议，着重探讨如何让新闻摄影这一翼真正飞起来的问题，并进一步探讨如何让新闻图片编辑和新闻摄影实现两翼齐飞的问题。

当时制约"图文并重两翼齐飞"的一个重要问题是报纸图片编辑的缺失、缺位。不少报社对图片编辑的定义、图片编辑的职责等问题理解不够准确，只是设置了组版图片编辑，有些设置了专职图片编辑，但大都缺乏与分管文字报道的主编具有相同职责和权力的主管图片编辑。

在江阴会议上，人民日报华东分社和华商报设立图片总监，协助总编辑进行摄影报道策划、决定报纸所有图片使用的做法引起与会者的热议和赞赏。经过讨论，会议最后以中国新闻摄影学会执行会长许必华所作的题为"图片编辑走上历史舞台"的主题报告为基调形成共识：在读图时代，图片编辑是摄影报道过程中的一个关键岗位，图片总监或图片主管是一个实现文字和图片两翼齐飞的新岗位，而总编辑是一张报纸能不能用好新闻照片的关键人物。

与此相呼应，这次会议启动了"中国新闻图片编辑金烛奖"的评选。"金烛奖"是我国首次为新闻图片编辑设置的奖项，与此前的"中国新闻摄影记者金眼奖"同为中国新闻摄影从业人员的最高奖项。评选结果于当年5月在北京揭晓，南方日报李楠、人民日报华东版张蔚飞等十人获奖。

这里尤其值得一提的是我的老同事、老朋友张蔚飞。他曾经长期在解放日报当摄影记者，并担任摄影美术组组长、摄影部副主任，于1994年调往人民日报华东分社任摄影主管，从此在图片编辑岗位上大显身手，创办了以新闻照片为主的摄影专版"华东写真"，并在《人民日报华东新闻》版面上开设了反映社会热点和实施舆论监督的摄影栏目"今日聚焦"。经他编辑并在《人民日报华东新闻》版首发的新闻照片共获得中国新闻奖二等奖2个、三等奖2个。华东分社停办后，他又受聘担任嘉兴日报视觉总监，创新并规范了新闻摄影、视觉运行机制，使嘉兴日报在中国新闻奖新闻摄影复评中连续三年夺得金奖。在荣获"金烛奖"之前，他曾得过中国新闻摄影学会颁发的"创新奖"，2012年又荣膺中国摄影界个人最高奖"金像奖"。多年来，我一直对蔚飞兄的创新探索精神和成就十分赞赏，对人民日报华东分社的领导赋予他充分的职权十分钦佩，也对解放日报当年没有能够为他提供更好的舞台而惋惜。当然，人民日报华东版与解放日报是不同的，就像人民日报华东版与人民日报之不同。就此而言，值得探索的天地还很广。

在那次会上，我结合自己的实践和国内外报纸的图片编辑案例，以"图片编辑五问"为题作了学术报告。

2. 国外报纸图片编辑案例选

英国星期日泰晤士报总编辑哈罗德·埃文斯 1978 年出版的《版面上的新闻照片》一书是我研究新闻摄影图片编辑的启蒙教材，其中有大量的经典案例。这里只选其中的两个。

第一个案例，反映图片编辑在编排版面方面的综合能力，包括对画面意义的提炼和表达、对图文功能的区分和运用。

1945 年 4 月 25 日，摄影记者从德国易北河畔的小城托尔高发出一张新闻照片，画面上是几名美军士兵和几名苏军士兵握手。这个并不宏大的场景却揭示了一个宏大的历史事件，所以世界各大报纸都突出刊登这张照片，但方式和效果不尽相同。埃文斯选了两张英国报纸作对比。

先看《每日快报》（图 9-3），美军和苏军战士握手的新闻照片置于顶部，而头条的通栏标题却是这样的：

希特勒的帝国一分为二，垂死挣扎

盟军东西汇合，然后发起最后一击

第三帝国完蛋了

（图 9-3）

显然，这个标题没有对照片的画面进行补充，而且说"第三帝国完蛋了"也为时过早。另外，在新闻照片的上面有一个小标题："这是杨基佬""这是俄国佬"，只是现场描述，也没有点出双方握手的意义之所在。而且照片四周排满了标题，繁复重叠，均不得要领。新闻照片在版面上只有四栏宽，太小了，视觉冲击力也不够。

再看《新闻纪事报》（图9-4），新闻照片放大到六栏宽，形成绝对强势，标题只是一个单词：

会　师

（图9-4）

这个巨大的标题与大幅的新闻照片形成呼应，点出了画面的"新闻眼"：从西线打过来的美军和从东线打过来的苏军在这里会合，把德军战线拦腰截断。而且这个标题形式极简，字号极大，十分抢眼，通过版面语言毫不含糊地展示了"易北河会师"这个二战历史上的重大事件，可谓是"两翼齐飞"的典型。

两相对比，版面图片编辑的功力立见高下。

第二个案例说的是图片编辑通过对一张有缺陷的新闻照片进行剪裁，从画面中提取新闻、表达情感和观点，化腐朽为神奇。

上世纪六十年代初，曾经是比利时殖民地的刚果（金）刚刚独立，但持续动荡。1964 年 11 月 27 日，欧洲许多报纸在头版刊登一张照片，画面是比利时国王博杜安和王后法比奥拉在布鲁塞尔机场安慰从刚果（金）逃回的难民和只有八个月大的宝宝，孩子的妈妈已经被杀害了。由于拍摄角度不理想，国王和王后居于画面两侧边缘，很逼仄，中间的难民头顶却是空荡荡的，画面显得松松垮垮，而且国王身后还有几个人分散了读者的注意力。对于这张照片，两家报纸的图片编辑给出了不同的处理方法。

《卫报》对这张瑕疵多多的照片照单全收（图 9-5）。为了突出国王，在他这一侧不作任何裁剪，他身后的几个人成了画面上的冗余信息，而另一侧为了除去随同人员的身影，却裁掉了王后的半张脸，这是图片编辑的败笔之一；而对于这张照片最大的瑕疵——国王和王后分处两边形成两个焦点，编辑却束手无策，这又是一个败笔。

《北方回声报》的图片编辑则没有被摄影记者的瑕疵带进沟里（图 9-6）。他们首先是纵向一刀，把王后与国内王分离，将照片一分为二，解决了两个焦点的问题；然后在国王这一侧四面裁剪，除去冗余信息，画面成为国王和难民

（图 9-5）

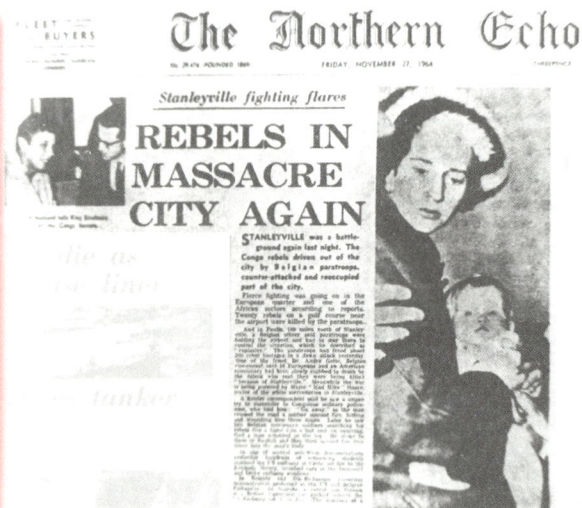

（图 9-6）

两人的特写；最后一招是图片编辑的再创作，尤其值得称赞：将王后抱着难民孩子的画面放大，尺寸数倍于国王和难民的画面，成为头版主图，把王后忧郁慈爱的面容和孩子无辜呆滞的神情清晰地展现出来，让王后紧紧把孩子抱在怀里的形象去激发读者的同情和联想。如此一来，这个头版不仅是在叙事，更是在煽情。唯一的缺憾是王后抱孩子的照片没有配上标题和文字说明，图文"两翼齐飞"不够给力。

下面一个案例发生在 2000 年。古巴儿童埃连随母亲偷渡到美国，母亲在途中遇难，他被救起并送到美国的亲戚家。但按照美国的规定，他必须被遣返。4 月 22 日，美国特工冲进埃连亲戚家将他带走，美联社播发了一组现场新闻照片，其中一张是执法人员端着枪对准埃连和亲戚，孩子一脸惊恐；其他照片的画面是女特工抱着埃连冲出亲戚家、埃连和父亲团圆等。许多西方报纸刊登了这组照片，而美国报纸的图片编辑们对如何选用这些照片、尤其是选哪一张作为头版主图颇费思量，在视觉冲击和政治导向之间反复考量，艰难抉择。

英国《星期日泰晤士报》（图9-7）把持枪夺埃连的照片以五栏的尺寸放在头版，标题是"把孩子给我，否则我要开枪"，剑拔弩张，火药味十足。

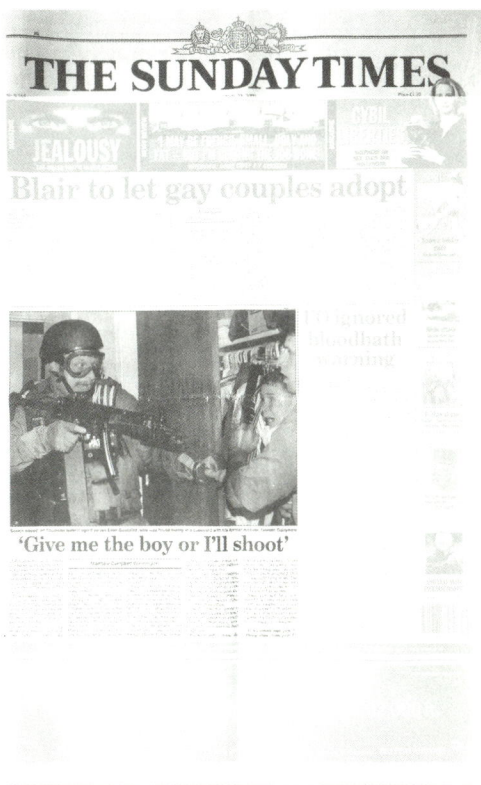

（图 9-7）

美国报纸的图片编辑则有些犯难。加州康特拉科斯塔县的《时报》（那一天是星期天，所以报头是《星期日时报》）的头版编辑对图片选择举棋不定。从新闻性和视觉效果出发，当然是把持枪夺埃连的照片通栏放在头版头条（这

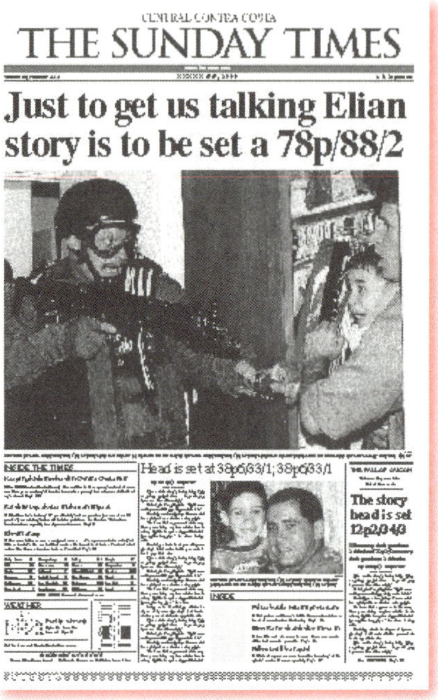
CENTRAL CONTRA COSTA
THE SUNDAY TIMES
Just to get us talking Elian story is to be set a 78p/88/2
Head is set at 38p6/33/1; 38p6/33/1
INSIDE THE TIMES
The story head is set 12p2/34/3
WEATHER

（图 9-8）

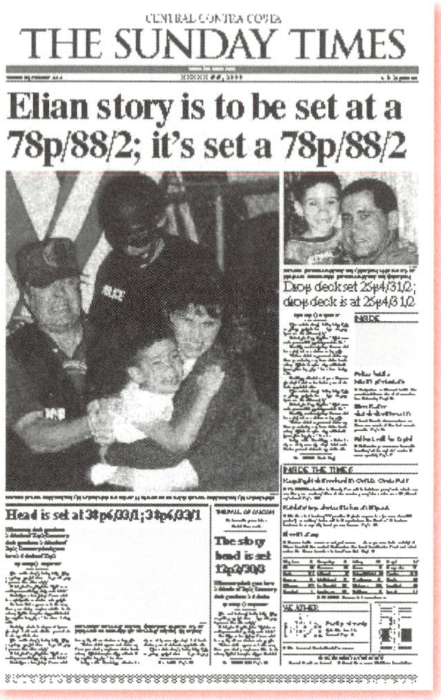
CENTRAL CONTRA COSTA
THE SUNDAY TIMES
Elian story is to be set at a 78p/88/2; it's set a 78p/88/2
Drop deck set 25p4/31/2; drop deck is at 25p4/31/2
INSIDE
Head is set at 38p6/33/1; 38p6/33/1
INSIDE THE TIMES
The story head is set 12p2/30/3
WEATHER

（图 9-9）

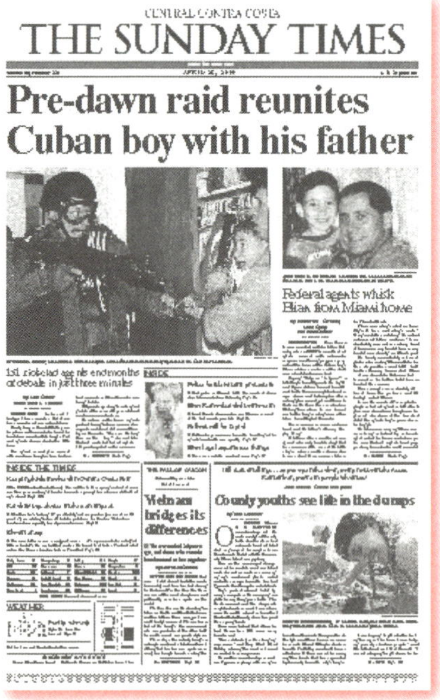
CENTRAL CONTRA COSTA
THE SUNDAY TIMES
APRIL 23, 2000
Pre-dawn raid reunites Cuban boy with his father
Federal agents whisk Elian from Miami home
INSIDE
INSIDE THE TIMES
Vietnam bridges its differences
County youths see life in the dumps
WEATHER

（图 9-10）

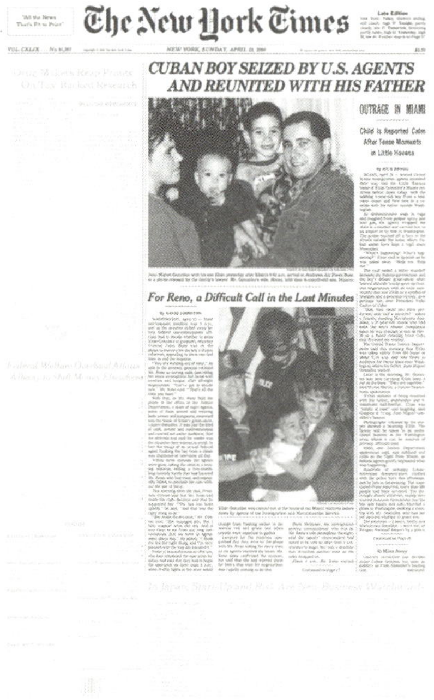
The New York Times
NEW YORK, SUNDAY, APRIL 23, 2000
CUBAN BOY SEIZED BY U.S. AGENTS AND REUNITED WITH HIS FATHER
OUTRAGE IN MIAMI
Child Is Reported Calm After Tense Moments in Little Havana
For Reno, a Difficult Call in the Last Minutes

（图 9-11）

张照片在 2001 年获得普利策奖），于是交出第一个版样（图 9-8）。但有人出于政治考虑，认为特工持枪对准孩子不符合美国的价值观，于是图片编辑拼出第二个版样（图 9-9），换上女特工抱着孩子的照片作为主图，这样可以彰显美国的价值观。总编辑斟酌再三，最后拍板作出妥协：还是把持枪夺埃连作为主图，但尺寸缩小，并将埃连父子团圆的照片移上去与之平行，使暴力和温情平衡（图 9-10）。可见整个过程煞费苦心。

那一天美国的大报也同样纠结。《迈阿密先驱报》《圣何塞信使报》《旧金山考察家报》把持枪夺埃连作为头版主图；《洛杉矶时报》和《华盛顿邮报》把持枪夺埃连和埃连父子团圆两张照片在头版并列，搞平衡；《奥克兰论坛报》耍了个滑头，头版主图是游行的人们举着印有持枪夺埃连照片的牌牌，既出现了这个画面，又不太触目惊心。最纠结的大概要属《纽约时报》了，该报第一版次把持枪夺埃连放在头版，但从第二版次到最后版次都把这张照片调整到内页去了，头版主图变成埃连父子团圆，女特工抱出埃连则是副图，整个版面妥妥地体现了美国价值观（图 9-11）。

1997

10. 邓小平逝世：
严守规格

　　1997 年 2 月 19 日，邓小平同志在北京逝世，新华社播发了中国共产党中央委员会、中华人民共和国全国人民代表大会常务委员会、中华人民共和国国务院、中国人民政治协商会议全国委员会、中国共产党和中华人民共和国中央军事委员会发布的《告全党和全国人民书》。2 月 20 日，全国报纸的头版一模一样（图 10-1、图 10-2）。

　　这看似一个"拷贝"式的版面，但编排处理的过程绝非简单的"拷贝"。对于编辑部来说，这是一次快速、缜密的突发事件应对——

　　2 月 19 日晚上，夜班编辑部开完编前会，编辑们着手处理次日见报的稿件，一切如常。

　　10 点钟左右，解放日报驻京办事处主任狄建荣打来电话：今晚北京有重要事情，"海"里的车纷纷出动……

　　值班副总编辑吴谷平立刻向秦绍德总编辑汇报，同时叫我和陈忠标（时任夜班编辑部副主任）到他的办公室。我们一面猜测，一面打开次日报纸的所

（图 10-1）

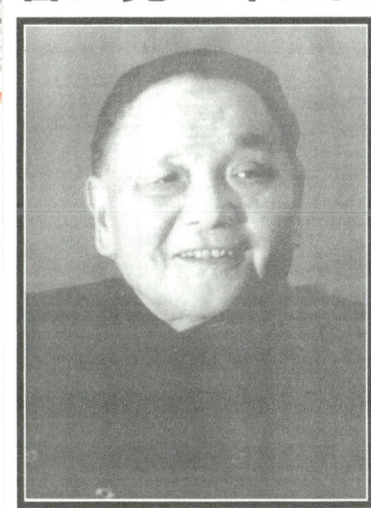

（图 10-2）

有版面安排计划，商量应对方案。

不一会儿，狄建荣的电话又来了："小平同志……"

尽管我们已经猜到几分，但听到噩耗，大家还是一片沉默，不敢相信，也不愿相信。

不敢相信，是因为此前有过好几次乌龙传言。记得早在 1986 年初，小平同志很久没有露面，香港报纸传说他病了，引起人们担忧。3 月 25 日晚，编辑部收到新华社电讯：邓小平会见丹麦首相保罗·施吕特一行。这条电讯在导语中重点报道小平同志强调"中国的现行政策得到全国绝大多数人的支持，得到广大干部的支持。干部和群众都要求改革"。报道还援引小平同志对客人说的一句话："前不久香港传说我病了，今天可以辟谣了。"当时我是解放日报头版助理编辑，在为这篇稿件草拟标题时，没有将原稿强调的"干部和群众都要求改革"这一元素放入主标题，而是将后面那个元素凸显出来：

今年以来首次会见外国朋友

邓小平轻松自如纵论天下事

对丹麦首相施吕特说，"前不久香港传说我病了，今天可以辟谣了"

这一草稿交给时任头版责任编辑金福安审核时，他将导语中的那段话补充为副题；值班副总编辑陆炳麟修改后签发。这则标题获得 1986 年度"全国好新闻作品好标题奖"。

不愿相信，是因为小平同志是中国改革开放的总设计师，国家能有今天，我们自己能有今天，都与改革开放息息相关，全国人民对小平同志都充满敬意。再过几个月，香港就要回归祖国，小平同志曾期待届时能亲自踏上那块土地……

然而，编辑部在片刻的沉默之后，立即投入紧张有序的工作。秦绍德、吴谷平两位老总紧急部署，将原已排定的所有版面计划全部推翻，深夜调动报社各方协同，全力以赴编排好记录这一重大事件的版面。

要闻版编辑将次日必发的要闻压缩调整至内页版面，腾出头版和第二版；

内页版面编辑筛查并撤掉所有娱乐性新闻和副刊稿件；

广告科撤掉所有已经排定的套红广告；

（图 10-3）　　　　　　　　　（图 10-4）　　　　　　　　　（图 10-5）

　　资料室送来毛泽东逝世、周恩来逝世、朱德逝世的报纸版面，并排放在会议室的大桌子上，供编辑部参考；

　　从午夜开始，头版编辑就不断通过电话与人民日报总编室联系，了解版面安排的情况。当时，全国各地的报社都在往人民日报打电话"对表"，人民日报的电话打爆了。我们与人民日报有特殊联系方式，但对方很忙，而且情况多变，只能一而再而三地"请问""请问"。

　　之所以要严格地与人民日报"对表"，是因为我们的报纸报道领导人逝世的版面安排极为敏感。

　　敏感之一，版面规格。头版是整版还是半个版，内页还需要几个版，刊发多少稿件和照片，占用多大篇幅……这些都直接体现对已故领导人的评价。

　　敏感之二，文体规格。最高规格是中共中央、全国人大常委会、国务院、全国政协等党和国家领导机关发布的"告全党全军全国各族人民书"，毛泽东逝世就是这一规格（图 10-3）；其次是"中共中央、人大常委会、国务院讣告"，周恩来逝世（图 10-4）、朱德逝世（图 10-5）都是这一规格，但朱德的讣告没有占据整个头版；再次是"中共中央、人大常委会、国务院、中央军委沉痛宣告"，叶剑英等是这一规格，篇幅只占头版的四分之一；再往后，就是讣闻或新闻报道文体了。

敏感之三，措辞规格。最为醒目、直接的措辞是置于主标题前的挽幅。毛泽东逝世时，中国各报的挽幅是"伟大的领袖和导师毛泽东主席永垂不朽！"，周恩来的挽幅是"中国人民伟大的无产阶级革命家、杰出的共产主义战士周恩来同志永垂不朽！"，朱德的挽幅是"中国人民伟大的无产阶级革命家朱德同志永垂不朽！"。

敏感之四，遗像规格。我国报纸在刊登领导人逝世新闻时必须使用新华社统一播发的遗像，通常为正面标准照，毛泽东、周恩来、朱德都是如此，叶剑英则是侧面标准照。但是，他们每个人遗像的大小尺寸是不同的，毛泽东遗像是通栏整版，周恩来是三栏，朱德只有两栏半。

敏感之五，字号规格。毛泽东、周恩来、朱德的挽幅和标题字号依次递减，"告全党全军全国各族人民书"和"讣告"正文的字号也分别比其他正文放大两号或一号。对于这些细节，外行人不比较是难以察觉的，但党报编辑必须严格把握。

在参考了毛泽东、周恩来、朱德逝世的版面规格之后，我们着手筹划邓小平逝世的版面格局。

初步判断，毛泽东的规格，在我党我国历史上应该是独一无二、空前绝后的；周恩来的规格显然被扭曲，因为在 1976 年初，正是"四人帮"诬陷邓小平，并把周恩来作为邓小平"后台"加以诋毁的黑暗时期，他们把持人民日报、控制舆论，在版面上刻意压低对周恩来逝世的报道规格；朱德逝世时也是如此。所以，这三位伟人逝世的版面规格都不能作为先例照搬。

下半夜，新华社陆续播发了《告全党全军全国各族人民书》和邓小平同志的遗像等，但人民日报如何安排版面，迟迟没有消息。而规格定不下来，其他步骤就难以实施。

时间在飞逝。眼看常规的交版时限过去了，开印的时限过去了……

编辑们并不坐等。大家群策群力，草拟了一个个不同的方案，试拼出一个个不同的版面。

头版编辑组的编辑们锲而不舍地拨打人民日报总编室的电话，"请问……"

"请问……"

黎明时分，人民日报告知，版样经中办审定了。

十分感激人民日报总编室的同仁，他们耐心地在电话里将版面安排的各个细节逐一向我们的编辑转达，《告全党全军全国各族人民书》中对邓小平同志的一段评价置于报眼，挽幅"敬爱的邓小平同志永垂不朽！"简洁而富有深情，连标题和正文用几号字、遗像几栏宽、黑框用几号黑线等都交待得清清楚楚。

格局一定，立马开工，头版和第二版很快制作完成。交版付印时，天已大亮。

这一天，首都和全国各省、市、自治区党报的版面都是一模一样。

据说有一家报纸的挽幅中漏掉了"敬爱的"三个字，发现以后立即收回，全部重印。

在没有互联网或互联网还不普及、信息沟通主要靠长途电话的时代，全国那么多报社在半夜三更争分夺秒地从人民日报打听版面安排"对表"，可见功夫之深。据解放日报夜班编辑部老领导邬国维回忆，当年毛主席逝世时，报社干脆专门派他到北京，通过熟人关系"潜入"人民日报夜班，整整一个月，每天晚上盯着他们如何编排版面，即时通过长途电话用"行话"将细节一一报回。解放日报一面与人民日报"对表"，一面做"二道贩子"，向华东其他省报通风报信，确保各报与人民日报保持一致。

事后，在与兄弟省、市、自治区党报的朋友交流时，谈及邓小平同志逝世那晚的"对表"过程，大家都感叹不已，但有一位省报的老总既惊讶又不以为然："费那么大的劲啊？"他们的"秘诀"是，在印厂收到代印《人民日报》的"菲林片"之后，一刀剪下《人民日报》的报头，换上自己的报头，立马开印。省时省事，还万无一失。同行们听了面面相觑哑然失笑。

相关链接

1. 国外报纸对邓小平逝世的报道

《纽约时报》在头版用将近三分之二的篇幅在头条地位*报道邓小平逝世

---

* 美国大报通常以右上角为头版头条位置。

（图 10-6）

（图 10-7）

的消息（图 10-6），还配发新闻分析等，共四篇稿件、一张照片，与 1976 年 9 月 10 日该报报道毛泽东逝世的版面格局和篇幅大致相同（图 10-7）。

这家报纸在头条主标题中对邓小平作出评价：

92 岁的现代中国缔造者邓小平逝世

这与当年毛泽东逝世时的标题异曲同工：

82 岁的红色中国革命领导者毛泽东在北京逝世

略有不同的是，毛泽东逝世的主标题多了一行：

接班人选择尚不明朗

尽管毛泽东生前曾指定华国锋接班，但《纽约时报》头版题为"中国政治之不确定性"的新闻分析还是认为当时中国会发生"难以预测的事件"。这一看法为后来的粉碎"四人帮"等一系列翻天覆地的变化所证实。

而邓小平逝世时，《纽约时报》的头版头条减少了这样一行主标题，增加了一条副题：

接班人们寻求新的授权方式

这里起码包含两层意思，一是"接班人"用复数，表明后邓小平时代的接班人是一个领导集体；二是"新的授权方式"与中国传统的 "天命"授权相对，认为后邓小平时代的领导人产生方式会不同。

《纽约时报》在报道毛泽东和邓小平逝世的头版上都没有选用标准照作为遗像。毛泽东的照片是他在鼓掌，文字说明大意是：

毛泽东在 1969 年"九大"上，宣告他领导的文化革命取得胜利。

毛泽东晚年曾经说，他一生办了两件大事，一是取得了民主革命的胜利，二是发动文化大革命。《纽约时报》在毛泽东逝世的头版上，用头条主标题标出他的第一件大事，用图片凸显他的第二件大事，不知是不是有意而为，起码实际效果是对他的一生高度概括。这是一个较为经典的版面语言案例。

在邓小平逝世的头版上，《纽约时报》别出心裁地选用了邓小平抽烟的照片作为遗像，文字说明是：

政治奇才、经济创新者邓小平在 1986 年，抽着他最喜爱的熊猫香烟。

与斯大林、丘吉尔以手持烟斗作为标志动作的时代不同，1997 年，世界已经对抽烟有害健康形成共识，在媒体和广告中一般不出现烟草的文字和画面，更不会让政治人物和明星手持香烟在主流媒体示人。但《纽约时报》却不管不顾，不惜借用哥伦比亚广播公司著名记者迈克·华莱士 1986 年电视采访邓小平的画面作为邓小平的遗像。当年，邓小平抽烟的形象和他那精辟坦率的谈锋一起，为美国受众和世界舆论所津津乐道；此时，用这样一张照片

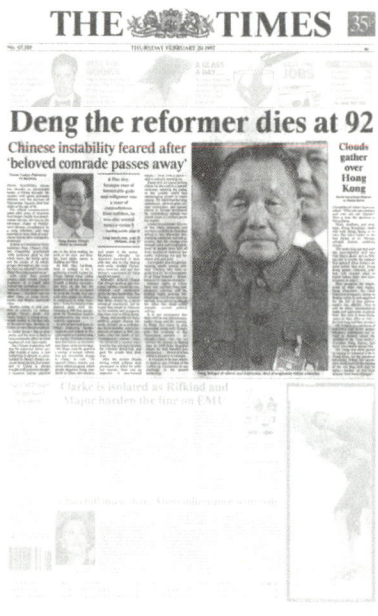

（图 10-8）

来对邓小平"盖棺定论"，不是更能入木三分地体现邓小平那不拘一格的领袖魅力吗？

英国《泰晤士报》对邓小平逝世也以头版头条通栏标题的强势进行报道（图10-8），但是这种强势并非完全基于对邓小平的高度评价。换句话说，该报对邓小平逝世的报道，更多着眼于对自身利益——香港问题的担忧。

还有不到五个月的时间，香港就要回归中国了。邓小平在这时逝世，引发《泰晤士报》对中国政局和香港前途的关注。这一点，从该报的标题中明显地体现出来：在"92岁的改革者邓小平逝世"的头条通栏标题下，安排了两篇稿件，一篇说"'敬爱的同志'去世后中国恐怕不稳定"，另一篇说"云雾笼罩香港"。该报选用的邓小平遗像，既不同于中国报纸那张亲切和蔼的标准照，也不同于《纽约时报》那张手持熊猫牌香烟侃侃而谈的历史资料照片，画面上小平同志严肃得有些忧郁。可见，编辑选稿的意图与标题的基调是相吻合的。

2. 各国报纸对斯大林逝世的报道

分析邓小平逝世时的报纸版面，除了参考毛泽东、周恩来、朱德等中国领导人逝世的版面以外，将视线前移至1953年，看看斯大林逝世时苏联《真理报》和中国《人民日报》的头版，可以发现其中的关联。

《真理报》1953年3月6日在头版（图10-9）全文刊登苏联共产党中央委员会、苏联部长会议、苏联最高苏维埃主席团发布的《告全体党员、苏联全体劳动人民的公告》。通栏标题中，三大机构用较大字号的黑体字标出，像是主标题；"告全体党员、苏联全体劳动人民的公告"用较小字号的斜体字标出，倒像是副题。由于是以公告的文体呈现，所以在大标题中没有"斯大林逝世"

的字样，只是在报眼设置了一个提要题：

苏联部长会议主席、苏联共产党中央委员会书记约瑟夫·维萨里奥诺维奇·斯大林因重病于三月五日晚上九点五十分逝世。

斯大林不朽的名字将永远活在苏维埃人民和全体进步人类的心里。

不要小看这个小小的报眼，它算得上是整个版面上唯一的新闻文体呈现——编辑将这一最为重要的信息从"公告"那文字的海洋中提取出来，使这张报纸、这个版面具有了一点新闻纸的特质：前一段传递了斯大林逝世的重要信息，后一段表达了报纸的立场。

《人民日报》1953年3月7日在头版（图10-10）全文刊登由新华社播发的苏联共产党中央委员会、苏联部长会议、苏联最高苏维埃主席团《告全体党员、苏联全体劳动人民的公告》，此外还有中央人民政府的命令、毛主

（图10-9）

（图10-10）

席的唁电、斯大林治丧委员会公告和斯大林病况和逝世情况诊断书等，全部都是以公文的文体和形式刊登的，报眼上也只是"永垂不朽"的挽幅，没有像《真理报》那样开一点"新闻窗"。

回过头来再看毛泽东、邓小平逝世的头版，便可发现"公告式"处理的一脉相承。

"公告式"作为一种特殊的版面语言表达方式，传递出文字难以表达的多种信息。首先，它具有浓烈的官方色彩，既体现内容的官方立场，也体现载体的官方属性。第二，它是一种规格象征，以形式体现内容的重要程度。第三，它具有无可替代的庄重感。所以，用"公告式"的头版报道最高领导人逝世，正是扬了它的这些特点之长。

不可否认，"公告式"用于报纸版面，也有其之所短。最为明显的短处是难以将公众关心的新闻要素凸显出来。如毛泽东、邓小平逝世的头版，连"毛泽东同志逝世""邓小平同志逝世"这一最重要的新闻要素在标题中都没有直接表达，只是以挽幅中的"永垂不朽"间接表达。这也许是一种"为尊者讳"的文化现象，但对于现代报纸来说，不无遗憾。

美国《纽约时报》虽然不采用公告体，但也是讲究规格的。该报以头版头条通栏标题报道斯大林逝世的消息，而且采用了苏联官方发布的斯大林遗像，规格显然比毛泽东、邓小平都高（图 10-11）。这是完全可以理解的，因为在二战期间斯大林是世界反法西斯阵营的三巨头之一，冷战期间又是以苏联为首的军事集团的首领，其重要地位非旁人能比。

《纽约时报》在讲究规格的同时，尤其注重新闻性。头条的三行标题就凸显了美国人关注的三个新闻点：

斯大林执政 29 年后逝世；
没有宣布谁是他的接班人；
艾森豪威尔说美国密切关注

虽然当时对美国来说，斯大林是敌国的领导人，但在这一标题和头版的其他相关标题中，都没有出现负面的词汇，也没有流露出明显的敌意。这种中

（图 10-11）

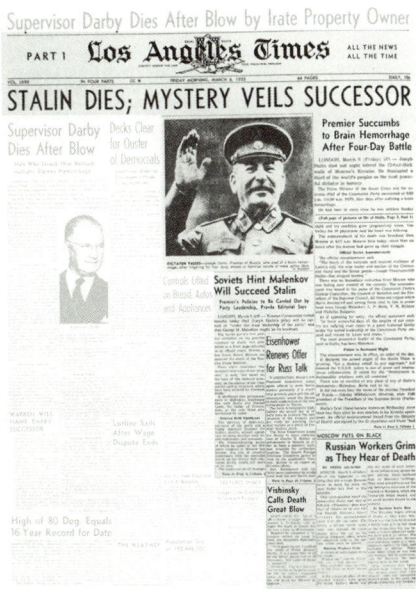

（图 10-12）

性的版面基调体现了《纽约时报》编辑的老到之处。

　　《洛杉矶时报》的头版则没有掩饰倾向性（图 10-12）。头条大标题"斯大林逝世，接班人披着神秘面纱"，与《纽约时报》的意思相同，但语气不同；遗像选用斯大林穿军装的资料照片，文字说明将斯大林称为"独裁者"，编辑意图更为直白。

3. 美国报纸对罗斯福逝世的报道

　　罗斯福也是二战时期的三巨头之一，他于 1945 年 4 月 12 日在担任美国总统的第四个任期内突然逝世。对于本国现任总统逝世，美国主要报纸都予以高规格报道，但并不统一格式，而是八仙过海。

　　还是以《纽约时报》和《洛杉矶时报》为例。

　　《洛杉矶时报》出了号外（图 10-13），其头版在视觉强势上下足了功夫：头条通栏标题"罗斯福逝世"以超大黑体字标出，还嫌不够劲，再加一个惊叹

（图 10-13）

（图 10-14）

号。两行副题用的也是黑体字，一行标出罗斯福因脑溢血而致命，另一行标出杜鲁门宣誓就任总统——这的确是普通读者最为关心的新闻点。

《纽约时报》的头版（图 10-14）也以通栏标题和居中的大幅遗像形成视觉强势，但不像《洛杉矶时报》那样只用狠劲，还用了巧劲——在标题上尤其显现编辑的功力：

罗斯福总统逝世；
杜鲁门将延续其政策；
第九军打过易北河直逼柏林

第一行是新闻的主体，加上"总统"头衔，更显得庄重得体。第二行没有停留在接班人杜鲁门宣誓就职，而是将着眼点放在"延续政策"，明显是棋高一着。第三行则是神来之笔，将战场新闻与罗斯福逝世相提并论，编辑的导向意识和娴熟技巧跃然纸上——在这个令美国民众悲痛的时刻，反法西斯战场胜利的捷报在告慰着逝者、鼓舞着来者。可见，《纽约时报》并不总是"客观""中性"的，该出手时就出手。

反观《洛杉矶时报》，头版左侧也刊登了"扬基佬兵临柏林城下"的消息，但没有与罗斯福逝世的新闻整合在一起，没有在大标题上形成呼应，尽管版面富有视觉冲击力，却缺乏《纽约时报》那样的正面鼓动效应。

4. 对戴安娜逝世的报道

1997 年 8 月 31 日凌晨，英国王妃戴安娜在巴黎遭遇车祸不幸身亡。在此后的几天里，白金汉宫和戴妃生前居住的肯辛顿宫门前成了花的海洋，世界各地的人们也自发悼念。

伴随着噩耗，迅速产生了第一波舆情：戴安娜车祸缘于"帕帕拉奇（意大利语 paparazzi 的音译，原意为"嗡嗡叫的昆虫"，引申为追逐名人的摄影记者，即"狗仔队"）"的一路追逐，舆论认为戴安娜是被他们"追"杀和"逼"死的。众所周知，"帕帕拉奇"抢拍戴妃隐私照片主要是高价卖给英国报界炒作，二者是一个共生体。所以，戴安娜车祸身亡，"帕帕拉奇"难辞其咎，英国报界也脱不了干系。

面对这样的不利舆情，英国各报头版失去了往日那种对"猎物"紧追不舍的劲头，显得有些尴尬。

车祸发生在 8 月 31 日凌晨 0 点 35 分，按常规，此时英国报纸已经过了"死线"，该交版付印了；但各报得知消息后立即倒版，已经开印的报纸全部作废，抢登这一突发新闻。

有些报纸强化突发的戴安娜之死，弱化甚至回避"帕帕拉奇"。如《星期日泰晤士报》，在第一版次的头版上，

（图 10-15）

头条大标题说"多迪死亡，戴妃重伤"；清晨4点41分获得最新消息，《星期日泰晤士报》在早晨6点钟又推出一个版次，原先的版面全部推翻，大标题改成"戴妃和情人多迪殒命巴黎车祸"，原本与多迪并排的戴安娜照片被放大到四栏宽，报道的力度猛然提升，把整个头版都给了戴安娜之死，但标题上闭口不提"帕帕拉奇"（图10-15）。

还有一些报纸则是欲说还休。《星期日苏格兰报》当天的头版只是孤单一行黑体超大号标题"戴安娜逝世"，既不用副题对那惊心动魄的事件作任何描述，也没有用提要题就"帕帕拉奇"现象作任何评论；戴妃的大幅半身照片占据了几乎整个头版，一袭黑色的晚礼服，展现一种悲剧之美；照片两边留白，营造了一种视觉的空寂感，像是用版面语言表达默哀（图10-16）。曾经因刊登"帕帕拉奇"镜头下戴安娜隐私照片而广受谴责并被判赔偿精神损失的《每日镜报》，也一改往日的猎奇和炒作，头版只是一张四面黑底衬托的戴妃大照片，标出"1961-1997"的生卒年份，便无语了。

来势汹涌的舆情中，包括各种批评和建议。有人提出应该为保护隐私而加强立法。对此，热衷于高价雇用"帕帕拉奇"的通俗小报却不以为然，如《太

（图10-16）

（图10-17）

阳报》在社评栏目中促请大家不要因此而责怪媒体，就连在严肃报纸中执牛耳的《泰晤士报》也发表不赞同引进保护隐私法例的言论。

当然，英国报纸也不是"铁板一块"。还有一些报纸，如《星期日电讯报》就旗帜鲜明地站出来，在头版头条的副题中点了"狗仔队"的名："帕帕拉奇因梅赛德斯奔驰车撞墙而遭谴责"（图10-17）。

第一波舆情未平，第二波舆情又起。

一年之前，1996年8月28日，戴安娜与王储查尔斯的婚约解除，"王妃殿下"的头衔被褫夺，只保留"威尔士王妃"的头衔，也不再属于王室成员。王室在戴安娜去世的当天发表了一个简短声明表示"极度震惊和悲伤"，此后几天便一直保持沉默，女王则滞留在苏格兰没有露面。白金汉宫不仅没有下半旗，还否决了国葬的建议，宣布将为戴安娜举行"与之身份相当的最高荣誉葬礼"，女王夫妇不会出席。

（图10-18）

白金汉宫的态度引爆了新一波舆情。谢天谢地，英国报纸立即抓住这一话题，转移目标，把原本冲着自己来的舆论矛头转向对王室的不满。

9月1日，各报头版重点报道戴妃灵柩从法国回到英国的消息，《泰晤士报》在通栏标题上用了"人民的王妃"这一提法，言下之意，戴安娜虽然被剥夺了"王妃殿下"的头衔，但人民仍然将其尊为王妃，隐含着向白金汉宫叫板的意思。

（图10-19）

英国几家发行量巨大的小报则不像《泰晤士报》那么含蓄，9月4日，它们一起向白金汉宫发飙。

《每日邮报》头版照片上，白金汉宫门前摆满献花，而旗杆上却没有国旗。黑底白字的大标题带着怨气："下半旗呀"（图10-18）。

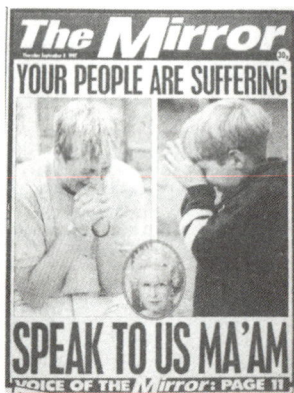
（图 10-20）

（图 10-21）

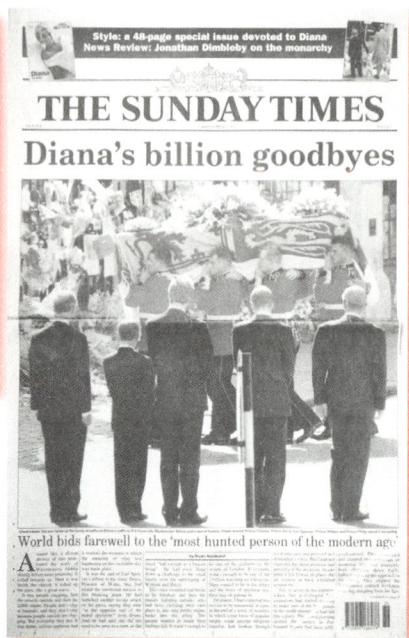
（图 10-22）

《太阳报》头版用了同一张照片，标题则把矛头直指女王："我们的女王哪儿去了？她的旗帜哪儿去了？"（图 10-19）

《镜报》头版更是咄咄逼人。左右两张民众痛哭的特写照片，一个大人，一个孩子，下面嵌入一张女王的小照片，大标题直接向女王喊话："你的子民在痛苦之中，对我们说点什么呀，夫人"（图 10-20）。

《快报》把女王冷冰冰的头像作为头版主图，大标题几近发难："秀秀你的关怀吧"（图 10-21）。

不知是不是迫于媒体和民众的压力，英国女王伊丽莎白二世 9 月 5 日身着黑色衣裙，就戴妃之死发表电视讲话，并和丈夫菲利普亲王一起来到白金汉宫门外浏览人们献给戴妃的鲜花和心意卡。而这又成了各报的头版新闻。香港《东方日报》评论说，英国小报先骂王室麻木不仁，后又表示同情，一天之内态度一百八十度大转弯，是"神经质"。其实，这是英国小报的一贯作派：王室的新闻，翻来覆去炒作，只求"卖点"。

9 月 7 日，各报突出报道戴安娜葬礼。从规格来说，女王伊丽莎白二世不出席，这不是国葬；从规模来说，伦敦万人空巷，全球电视直播，这远胜国葬；

从气氛来说，各种情感交织，这是"独一无二的人的独一无二的葬礼"。

《星期日泰晤士报》的头版充分表达了这种"独一无二"（图10-22）。头条大标题标出了国葬无法企及的规模："戴安娜与十亿人告别"，因为报道中提到，在伦敦西敏寺大教堂内葬礼现场有两千人，大教堂外的人更多，而伦敦沿街送葬的市民多达六百万人，全世界观看电视直播的人则以十亿计。编辑把这一要素提炼成主标题，力图表达葬礼无可比拟的规格，其用心昭然若揭。

占据头版四分之三的大照片，画面的色调对比暗示着戴妃与王室的关系：灵柩覆盖着王室旗帜和鲜花，由身着红色礼服的皇家卫队士兵抬进大教堂，色彩明亮；王室成员身着黑色丧服站成一排背对镜头，阴暗冷峻。读者可以通过画面语言和冷暖色调感受到编辑的态度。

头版文字稿件的写作也是独具一格的，记者在导语中描绘了葬礼中从来不曾有过的现象：

午后，一阵暴雨似的声音穿透西敏寺大教堂的石墙，向我们涌来。瞬间，那声音充满了教堂，在中殿升腾，像一排巨浪。那是掌声。

葬礼从来不鼓掌。但昨天的葬礼上，当斯宾塞为姐姐戴安娜致完悼词后，教堂外的人群先鼓起了掌，紧跟着，教堂内也掌声一片，密集而又庄严。

斯宾塞在悼词中严厉谴责报界对戴安娜的所作所为极端不道德，并声称，戴安娜无需被看作圣人，因为她已经足够伟大。

谁都看得明白，斯宾塞前一句是痛骂"帕帕拉奇"，后一句是告诉王室，戴安娜不需要你们的头衔，她魅力无限。

谁都看得明白，《星期日泰晤士报》的头版稿件突出放大葬礼掌声，分明是回应戴妃死后的两波舆情，尤其是表达对王室的不满。

（图 10-23）

　　香港当时刚刚回归祖国，当地报纸对戴妃逝世和葬礼的报道规模与英国报纸相差无几，但角度略有不同。如《南华早报》9月7日头版（图10-23），就不像《星期日泰晤士报》那样隐含火药味，而是充满人情味：在"最后的告别"的通栏大标题下是通栏大照片，画面以戴安娜灵柩为前景，站在灵前的一排人中，抨击王室和"帕帕拉奇"的斯宾塞伯爵被裁掉了，备受指责的查尔斯王储被裁掉了，和女王一起遭受诟病的菲利普亲王被裁掉了，就连不谙世事的小王子哈里也被裁掉了，总之，涉及舆情的人通通被裁掉了，只留下威廉王子一个人，低着头，默默地面对母亲的亡灵，下面一张特写照片是儿子写给戴安娜的悼念卡，"妈咪"的字迹清晰可见。这个头版仿佛在用版面语言提醒人们：此时此刻，请抛开争议，也不必拘泥于规格，静静地让无辜的孩子与母亲诀别吧。

　　戴安娜逝世对于美国读者来说也是重大新闻，许多报纸不惜版面进行报道，不讲究规格。如夏威夷《火奴鲁鲁广告报》，用整个头版报道噩耗，"戴安娜死于巴黎车祸"的标题竟放大到通栏两行（图10-24）。但相比较而言，美国的权威大报则是讲分寸的，报道规格明显在元首、首脑人物之下。如《洛杉矶时报》，虽然把噩耗新闻放在头版头条，但标题和照片的大小都遵循该报既往的规矩：1981年大婚时四栏照片，1982年产下威廉王子时三栏标题，如今车祸遇难也是四栏标题（图10-25），这一规格与此前通栏报道以色列总

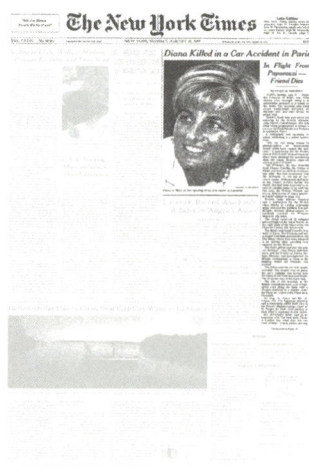

（图10-24）　　　　　（图10-25）　　　　　（图10-26）

理拉宾遇刺身亡相比还是有明显差距的。《纽约时报》
对规格尺寸把握得更紧。戴安娜逝世的消息在头版头条，
但只用三栏题（图10-26）；葬礼放大到四栏题，也只
是常规字号。

　　我国内地报纸对戴安娜逝世的报道都相对低调，《人
民日报》《解放日报》《文汇报》等都没有把新闻放在头版，
即使在内页国际版也没有置于头条。

5. 对巴金逝世的报道

　　1988年5月10日，巴金的老朋友沈从文去世，他
让女儿代他去北京吊唁。女儿回来后告诉他，自己从未
参加过这样感人的告别仪式，没有达官贵人，只有亲朋
好友，厅里播放死者生前喜爱的乐曲，没有哭泣，没有
呼唤，也没有噪音惊醒他……巴金一连几天翻阅报纸，
却找不到沈从文去世和告别的报道。直到5月18日才从
报纸的夹缝中看见短到不能再短的消息。别人告诉他说，
因为领导没表态，所以不知该用什么规格报道。

　　2005年10月17日，享誉世界的文学大师巴金逝世。
与沈从文不同，巴金的"规格"是明确的。《人民日报》
按照现任全国政协副主席的规格，将简短的消息和遗像
置于头版右下角（图10-27）。多少年来一贯讲究规格
的《解放日报》，今晚可以越"雷池"吗？我们决心破
一破"全国政协副主席"的规格。

　　我把原本打算刊登在内页画刊的一首诗和一张照片
调到头版，与新华社的消息、遗像组成一个通栏模块，
围框沉底，以压倒一切的视觉强势，以打破常规的版面语言，表达我们对巴金
的评价（图10-28）。

　　诗是本报文艺部老记者、著名诗人季振邦为巴老逝世而写的，《最后的

（图10-27）

（图10-28）

（图 10-29）

（图 10-30）

（图 10-31）

（图 10-32）

阵地》指的就是照片上巴金写作《随想录》时使用的陈旧而简陋的桌椅。如今，座椅空空的，像是在说：他刚离去……版面编排完成以后，意犹未尽，我嘱咐美工在振邦兄的诗作上添一枝花作为衬底，乃情之所至。

心有灵犀，同城兄弟《文汇报》也破了格，把巴金逝世的消息、遗像置于头版的视觉中心，不仅文稿不转版，还增加几位文学界知名人士对巴金的评价（图10-29），所占篇幅明显超过《人民日报》。

10月25日各报刊登巴金葬礼。《人民日报》依然按照规格（图10-30），将报道以四栏的篇幅刊登在头版右下角，"巴金同志遗体在沪火化"的标题三栏半，也是规格的体现。全国政协主席贾庆林与巴金家属握手表示慰问的照片，二栏规格。

《解放日报》则再次破格（图10-31），将这一组报道竖在头版中部左侧，舍弃公告式的标题，采用抒情式标题，四栏。篇幅上也继续"做加法"，将特写"巴金回到温馨的家"组合在大模块之中。

《文汇报》破格尤甚（图10-32）。一组报道大大地横在右上角，篇幅上也是"做加法"，把吊唁人流绵延不绝的新闻照片与贾庆林慰问家属的照片并列，更是大大超出了《人民日报》的规格。

贾庆林专程来上海为巴金送行，这也是一种规格。上海报纸在巴金逝世报道中一再破格，但都严格按规格刊登这张照片，否则就不是破格，而是出格。

6．对袁隆平吴孟超逝世的报道

2021年5月22日13时07分，"杂交水稻之父""共和国勋章"获得者袁隆平在长沙逝世；几分钟之前，"中国肝胆外科之父"吴孟超在上海逝世。

这两位大师级的院士造福万民，功勋卓著，深受中国人民景仰，是当代不可多得的"国宝"。双星陨落，举国同悲。

5月23日，中国各报都对此进行了报道，然而小报和大报的报道规格、报道方式却截然不同。

在袁隆平长期生活工作的湖南，《潇湘晨报》推出一个极具震撼力的黑白头版（图10-33）：袁隆平的大幅特写照片中，苍老的面容带着几分疲惫，明亮的眸子里流露出忧国忧民的神情，仿佛还在为"民以食为天"而操劳。"痛失国士"的大标题，黑底白字，把悲情推向极致。

在吴孟超长期生活工作的上海，《新闻晨报》的头版把握得轻重有度（图10-34）：袁隆平放在前面，吴孟超放在后面，并没有将新闻要素中的"接近性"置于"新闻性""重要性"之前，体现了编辑的全局意识和专业水准。

此外，《燕赵都市报》（图10-35）《西安晚报》《贵阳晚报》等许多小报都以"一稻济天下 肝胆两昆仑"的大标题，将头版几乎全部用来刊登两位国士的黑白照片。有网友将这些头版拼集起来挂到网上，起了一个标题："今天的报纸，哭了……"

与小报"泪飞顿作倾盆雨"式的哭泣不同，5月23日我国绝大多数大报为双星陨落的哭泣是含蓄的。《人民日报》在头版底部做了一个二栏的导读标题（图10-36）：

袁隆平：一稻济世 万家粮足
吴孟超：披肝沥胆 医者仁心

这个标题从字面上看并没有明确表达两位大师逝世的意思，而是像党报常见的先进人物典型报道；在第四版刊登的这两篇报道，虽以两位大师的逝世作为导语，但逝世的字样依然不上标题；这个版面上还配发"人民论坛"的评论文章，也只是在文字中缅怀两位逝世的科学家，标题"心中时刻装着国家和人民"则回避噩耗。

《光明日报》在头版下部刊登评论"袁隆平：知识报国的时代榜样"，从标题中也很难看出他逝世的新闻；倒是《经济日报》在头版右上角刊登的本报评论员文章在标题中把新闻点破了："袁隆平先生留给我们的遗产"。

省级党报对两位大师逝世的新闻在版面处理上则各不相同。如《四川日报》《南方日报》等，在头版导读栏里呈现两位大师逝世的新闻标题和他们的照片，在内页则刊登新华社播发的新闻稿和本报记者采写的人物报道；而有一批省级党报没有在头版报道这一消息，连导读也没有；《湖南日报》作为袁隆平所在

（图 10-33）

（图 10-34）

（图 10-35）

（图 10-36）

省份的党报，这一天在头版头条刊登了追忆杂交水稻之父袁隆平院士的通讯《稻田追梦的科学巨擘》，并在头版中部刊登本报采写的消息《袁隆平逝世》和长沙群众冒雨夹道送别袁隆平灵车的新闻照片（图 10-37）。相比之下，最为值得称道的是《解放日报》："江山思国士：一稻济天下　肝胆两昆仑"的大标

（图 10-37）

（图 10-38）

题以六栏的宽度横亘在头版头条，虽然没有用"逝世"两个字，但标题中袁隆平和吴孟超的名字后面都醒目地标出生卒年月日，用委婉的书面语言表达了这层意思，显得更加庄重（图 10-38）。

为什么小报与大报、首都报纸和地方党报、各地党报之间对于这条新闻的版面处理会有这么大的不同呢？我与在解放日报共事多年的老朋友、曾担任新闻编辑部主任的张天胜一起从编辑业务的角度就此进行了分析，我们共同的看法是，出现这种情况的一个重要原因恐怕就是本章探讨的问题：规格。

都市报、晚报由于受讣闻报道规格的制约相对小一些，所以他们的编辑可以大手笔表达对"双星陨落"的哀思。

对于党报来说，讣闻报道规格极其敏感讲究。一般来说，只有现任或曾任副国级以上领导人逝世，新华社才会当天发稿，次日各报头版刊登讣闻和照片；刊登的版位和标题、照片的大小必须根据逝者级别高低而定，中央和全国各地省级党报按统一规格刊登。现任或曾任正部级干部逝世，新华社发稿往往滞后，《人民日报》则会在两三个月内择机刊登在内页。

不得不提的是，对于这些规矩、规格，张天胜是业内公认的行家。他甚至对各省、市、自治区一级党委常委以上的班子成员背景和排序都了如指掌。有一次上海市委领导率团到内地省份交流学习，在前方发回的当地领导名单排列中，他发现了问题，半夜三更与对方有关部门核实，纠正了差错；还有一次，一位省报领导来做客，我向他介绍了张天胜的"把关绝技"，那位领导当即"考"他，没想到他对那个省常委班子成员的姓名、职务、年龄、分工和排序当场倒背如流，技惊四座。

正是凭着这样的功底，天胜帮我分析了那天大报版面安排的奥秘：逝世的两位科学家虽然是世界级大师，但袁隆平曾担任过的行政职务最高只是湖南省政协副主席，吴孟超则曾是第二军医大学副校长。从规格考虑，他们俩是够不上当天发讣闻并刊登在头版的。这也许就是为什么《光明日报》和《经济日报》不登新闻，而是以本报评论来表达对大师的哀思的原因，也是《人民日报》在第一时间以导读让大师含蓄地在头版露个脸的原因；那么多省级党报"欲说还休"，这大概也是顾虑之所在。

但是，中央新闻机构还是在一定程度上为袁隆平打破了惯例：新华社在5月24日即袁隆平葬礼的那一天播发正式讣闻，《人民日报》在5月25日在第四版下部刊登了这条正式宣告"袁隆平同志逝世"的讣闻，同时配发袁隆平遗像，刊登规格与正部级相同，但在刊登时效上远远高于一般的正部级。可作为参照的是2021年6月6日《人民日报》第四版刊登的五篇讣闻，三位地方领导都是正部（省）级，两位军队领导分别是大军区级和兵团级，他们逝世的时间分别是在3月和4月，新华社播发的日期分别是4月和5月。相比之下，副部级的袁隆平讣闻播发和刊登算得上是"加急"了。

然而，相比之下，《解放日报》关于袁隆平、吴孟超逝世的报道则是以极大的力度冲破了官本位规格的束缚，从实际出发，顺应民意，遵循新闻规律，不仅把两位大师逝世的新闻推上头版头条，而且将头版第二条按原来口径为"让科学家走红地毯"而写的"解放论坛"评论文章及时进行修改，以两位大师的逝世作为由头，尖锐地提出"在'鲜肉''小花'占据流量的时候，一些潜心修行的'国士'常受舆论冷遇"的问题，并在标题中旗帜鲜明地提出观点："记住那些'最该被记住'的人"。这个标题与头条报道"双星陨落"的编辑思想形成呼应，显示出很强的新闻应变能力。

写到这里，有感而发：新闻报道、版面编排，一定的规格是必不可少的；但拘泥于规格，不仅会束缚党报的手脚，还会束缚思想解放。

1997

11. 香港回归:
自选动作

1997 年 7 月 1 日,经历了百年沧桑的香港终于回归祖国。这一天,中国大陆许多报纸没有"对表",而是采取"自选动作",精心设计版面。我们《解放日报》的头版充满激情地为历史记录了这重要一页(图 11-1)。

7 月 1 日 0 点,中英两国政府香港政权交接仪式在香港隆重举行。此时此刻,中央电视台正现场直播那历史性的瞬间:英国国旗和香港旗在英国国歌声中缓缓降下,中国国旗和香港特区区旗在中华人民共和国国歌声中庄严升起。编辑部里,一律身穿胸前印有"喜庆香港回归"字样 T 恤的编辑们都激动得热泪盈眶。

欢呼过后,一片肃静——大家争分夺秒地投入这个具有历史意义的版面编辑工作中。按照总编辑秦绍德、分管副总编辑吴谷平的要求,那一夜我执行头版至第 8 版的新闻稿件调配和版面设计。

每当遇到重大新闻事件,上级领导机关对党报的报道通常会有具体部署,包括指导思想、报道基调、口径提法、版面规格等,我们习惯称之为"规定动

（图 11-1）

作"。头版是体现中央精神、上级部署的窗口，所以在一般情况下，各报都会与《人民日报》"对表"，如几个月前邓小平同志逝世，全国各地党报头版与《人民日报》一模一样。

香港回归，上级领导并没有这样要求。

在多年的夜班编辑工作中，我尝试着处理好规定、规矩、规律这"三规"的关系：有规定就按规定办，有规矩就按规矩办，既没有规定又没有规矩，就按规律办。规定就是上级的明确要求，必须及时准确地落实到位；规矩就是同类先例，参照以往处理方式和规格，一以贯之；规律则是新闻业务的一般法则和标准，是新闻工作的基本遵循。三者之间，既对立又统一。规定和规矩无疑包含着非新闻因素，而新闻因素中也不可避免地包含着政治因素。

既然上级对版面编排没有明确要求"对表"，没有"规定动作"；既然香港回归对版面呈现没有先例可循，那么我们就按规律办，做好"自选动作"。秦绍德总编辑强调：头版要做到"两大一冲"：大照片、大标题、视觉冲击。

贯彻总编辑的意图，首先要对海量的稿件和图片进行选择，将体现香港回归的最重要内容在头版强势表达。在从6月30日到7月1日凌晨这段时间内，重要信息包括：

交接仪式举行，江泽民主席宣告中国政府对香港恢复行使主权；

香港特区政府成立，行政长官董建华宣誓就职；

江泽民率中国政府代表团抵达香港，中国最高领导人首次踏上香港土地；

国务院公布香港特区行政区域图；

中国人民解放军驻港部队进驻香港；

江泽民主席会见查尔斯王子和布莱尔首相，查尔斯王子和末代港督彭定康离开香港……

此外，还有香港、北京、上海和全国各地隆重热烈的庆祝活动。

按照常规，以上每一条稿件、每一张新闻照片都应该上头版甚至头条。而要做到"两大一冲"，就必须敢于打破常规，做出取舍。下定这个决心，是我们设计头版的第一步。

伤其十指不如断其一指。用整个头版聚焦于一个瞬间、一个场景、一个主题，是做到"两大一冲"的保证。编辑团队经过反复比较得出结论：这个瞬间就是 1997 年 7 月 1 日零点，这个场景就是香港会展中心，这个主题就是——香港回归祖国。确定这个焦点，是我们设计头版的第二步。

新闻照片的价值体现在画面展示的"决定性瞬间"。所谓"决定性瞬间"，是指摄影者将形式、设想、构图、光线、事件等各种因素完美地结合在一个画面上。根据这样的标准，编辑团队在新华社即时播发的大量新闻图片中挑选出一张交接仪式会场正面全景照片。从时间因素来看，英国国旗和香港旗降下，中国国旗和香港特区区旗高高升起——这正是 7 月 1 日 0 点那历史性的瞬间。从空间因素来看，画面中间站立着中英两国领导人，背景是两面巨大的中英两国国旗；画面左侧是中国人民解放军护旗队，右侧是英军护旗队；台上台下是见证这一历史性时刻的观礼团成员和各界代表——这正是交接仪式的全景呈现。从画面揭示主题的因素来看，左面猎猎飘扬的五星红旗、香港区旗与右面降下英国国旗和香港旗后两根光秃秃的旗杆，形成鲜明对比，明明白白地传递着这样的信息：一个旧时代结束了，一个新纪元开始了。于是，这张新闻照片毫无争议地被选为头版主图。随后，我们又选定了江泽民主席站在讲台上庄严宣告中国政府对香港恢复行使主权的新闻照片，画面背景是特首董建华，具有鲜明的象征意义。这是我们设计头版的第三步。

"决定性瞬间"的画面应该得到"决定性强势"的处理。编辑团队很快形成共识：主图通栏！在我们的报纸版面上，这是罕见的。版式是体现"两大一冲"的关键，而主图则是决定版式的关键。于是，版式的雏形呼之欲出：头条标题通栏，主图沉底通栏，中间由一篇完整不转版的新闻稿作为上下两大视觉强势之间的过渡，使版面既具有冲击力，又富有节奏感。这是我们设计头版的第四步。

最后一步，画龙点睛——拟定主标题。遵循新闻规律做自选动作，我们决定不照搬新华社通稿的叙事式实题，另拟抒情式虚题。毋庸置疑，叙事性实题固然有助于全面准确地报道新闻事实，具有档案记录功能，但在电视直播已经普及的情况下，报纸第一时间报道新闻事实的作用逐步减退，在香港回归这样一个激动人心的日子里，采用抒情式虚题更能表达中国人民的心声。

在刊登新华社播发的时政要闻时，党报通常使用通稿原标题，因为这些稿件和标题都经上级机关审阅。我们另拟标题是要承担风险的，所以必须格外谨慎。从头版编辑到责任编辑，再到部主任、值班副总编辑，每一个环节都是一道严格的关口，也都是一次细腻的推敲。

要制作一个在情感和视觉上都具有冲击力的头条标题，必须言简意赅、惜墨如金。字数尽可能少，字号才能尽可能大；而更重要的是准确、充满激情。编辑草拟的标题是：

香港今回归祖国

七个字，四个词组；三个双音节，却有一个单音节夹在中间，感觉有些拗口。于是进行微调：

香港今日回归祖国

朗朗上口，但似乎还缺点什么。"缺感情，缺爱国之情！"秦绍德总编辑在"祖国"后面加了"怀抱"两个字，标题即刻因拟人化而生动起来。然而由八个字增加到十个字，标题字号就必须缩小。于是，再次删繁就简，仍旧保持八个字：

香港今回祖国怀抱

在主标题之上，我们还加了一条肩题，强调香港回归的伟大意义：

中华民族的盛事 世界和平与正义事业的胜利

两年以后澳门回归，香港回归的版面成为"规矩"。我们沿袭了"两大一冲"——这是后话。

需要补充的是，1997 年 7 月 1 日的《解放日报》还有另一个"自选动作"——1 万份加入专用香料印刷的彩报，寓意"香港回归，神州飘香"。这份"香报"成为收藏的珍品。

相关链接

1. 内地报纸 1997 年 7 月 1 日头版

　　《人民日报》的头版（图 11-2）选取了四篇重要稿件：中英香港政权交接仪式在港隆重举行，江泽民主席宣告中国政府对香港恢复行使主权；中华人民共和国香港特别行政区政府成立，行政长官董建华宣誓就职；江泽民率中国政府代表团抵达香港，中国最高领导人首次踏上香港土地；国务院公布香港特别行政区行政区域图。选择这些稿件刊登在头版，除了凸显重要的新闻价值，还体现了"以我为主"的原则。

　　《人民日报》头版没有采用抒情式虚题，四个主标题全部采用叙事式实题，体现了党中央机关报的严肃性，也彰显了权威的档案记录职责。他们也没有特别强调"视觉冲击"，虽然三个主标题套红，但宁可字号偏小，也要用全称标出第一次走上历史舞台的"香港特别行政区"，表达出一种庄重感。

　　图片的处理没有明显打破常规，尤其是主图只放四栏宽，不足以反映 7 月 1 日零点那个震撼人心的瞬间。1999 年 12 月 20 日澳门回归时，《人民日报》头版格局与香港回归时基本相同，但相同场面的主图放大至五栏宽，显然是一种改进。

（图 11-2）

（图 11-3）

　　《工人日报》的头版是破格的（图 11-3）。报头从顶部移到右下角，腾出上半版，不惜打破上下平衡，让通栏大标题和大照片形成绝对的视觉冲击力。

（图 11-4）

主标题"香港今日回归祖国"之上有两行颇具特色的肩题，展示了香港的过去和未来：

洗雪国耻 百年企盼成一瞬
一国两制 伟大构想开新篇

在头版下部，刊登江泽民主席讲话的图片和全文，而查尔斯王子讲话的图片和全文，不仅不上头版，连内页也没有登，只是在新闻稿中提及。尽管在主图中两国国旗对等，出席仪式的两国领导人在人数上对等，双方仪仗队也对等，但在版面处理上，在新闻稿表达上，不对等。"以我为主"原则体现得比《人民日报》更为鲜明，显示了版面语言传递信息和观点的特殊功效。

略显遗憾的是，与北京以外发行的《人民日报》一样，《工人日报》也没有彩色印刷，只能以套红表达喜庆。

《广州日报》在香港回归当天出了上午版、中午版、下午版，共97个版面。上午版的头版（图11-4）以"今日零时香港回归祖国"为头条主标题。将"今日零时"标出，凸显那个"决定性瞬间"，体现编辑独具匠心。主图选用广州日报摄影记者在现场拍摄的照片，通栏居于版面中央，占据大半个版面，气势宏大，但剪裁值得商榷：为了将照片尽可能放大，编辑不惜削足适履，将画面右边降下香港旗的旗杆裁掉，造成交接仪式重要内容缺失；而画面顶部大量琐碎的灯筒却保留着，冲淡了画面中央的主要内容。试想，如果摄影记者将镜头略为向下移动，舍弃台顶的灯筒，多摄入几排台下观礼的人群，则既可以增强台上台下的互动感，又可以避免编辑剪裁时尴尬。

2. 香港报纸1997年7月1日头版

《东方日报》展现了一个"一边倒"的头版（图11-5）。对交接仪式全景照片，该报编辑竟然从正中间下剪刀，只刊登会场中央的中华人民共和国国旗、中国

（图 11-5） （图 11-6） （图 11-7）

领导人、高高升起的中国国旗和香港特区区旗，右面相对应的英国国旗和领导人则全部裁掉。此外，顶部还有一张江泽民主席发表讲话的照片。而那张没有裁掉英国部分的交接仪式全景照片和查尔斯王子发表讲话的照片以及全文，均刊登在内页第三版（图 11-6）。

这样的版面调度可以如此解读：头版主图只显示半幅画面，旨在强调观点——"我们成为主人"；第三版同一场景的全幅画面和查尔斯王子的讲话图文，旨在表明事实——各项新闻要素都没有缺失，体现报纸的专业性。

《大公报》的头版处理尤为值得称道（图 11-7）。和绝大多数报纸一样，该报选择 7 月 1 日零点，在香港会展中心大会堂，中华人民共和国国旗和香港特区区旗高高升起迎风飘扬的"决定性瞬间"全景画面作为主图；但和所有选择这一瞬间作主图的报纸都不一样，《大公报》将这张照片以跨版的超大篇幅刊登，加上大标题"回归了 开新篇"横跨两版，破格之甚，气势之大，首屈一指。

《大公报》这张照片的瞬间捕捉和编辑剪裁处理都是十分恰当的：画面中央，中英两国领导人庄严肃立，身后悬挂两国国旗；右边，英国国旗和香港旗刚刚降下，在士兵手中还没有折叠，左边，中国国旗和香港特区区旗升到旗杆顶，士兵向国旗敬礼的手还没有放下；顶部没有累赘的灯筒，底部则有更多

（图 11-8）

（图 11-9）

（图 11-10）

观礼嘉宾，主席台两侧中英两国仪仗队全部进入画面——这是一个各项新闻要素周全的"决定性瞬间"。

《星岛日报》是一家覆盖全球的国际性报纸，面向华人，每天在亚洲、北美洲、欧洲、澳洲多个城市出版。香港《星岛日报》1997年7月1日的头版头条大标题只有六个字、三个词组："香港重归中国"。三个词组中，有两个与香港绝大多数报纸不同："重归"而不是"回归"，"中国"而不是"祖国"。版面下部是"中英两国元首"在交接仪式上的讲话和演词，左右平分秋色，完全对等（图11-8）。这与《东方日报》形成鲜明对照。可见，该报是站在旁观者的角度编辑头版的。

英文《南华早报》头版的视角就更值得寻味了（图11-9）。主图将英国国旗和香港旗降下、中国国旗和香港特区区旗升起的关键元素裁掉，威武的人民解放军仪仗队和全场见证历史的嘉宾也都没有了，只剩两国领导人在两国国旗下握手，原本隆重热烈的宏大场面变得稀稀疏疏。大标题既不是"重归"，更不是"回归"，甚至连一点"归"的意思也没有，只是一个中性单词：交接。肩题还加了表示强调的下划线：江泽民承诺权利与不干预。文字稿中解释说，江泽民承诺的权利是指"香港基本法规定的各项自由权利，包括言论、新闻、出版的自由，结社、集会、游行、示威的自由"；江泽民说的不干预是指"不会也不允许干预属于香港特区根据基本法自行管理的事务"。

不同于香港众多报纸头版的喜气洋洋，《南华早报》头版底部一则标题毫不掩饰英方的悲伤：

董建华及其团队宣誓就职
彭定康挥洒泪水告别香江

（图 11-11）

3. 西方报纸 1997 年 7 月 1 日头版

《泰晤士报》作为英国主流媒体的代表、高级报纸的象征，这一天的头版与中国内地和香港报纸不同，其基调不是"香港回归"，也不是中性的"中英交接"，而是主观色彩极浓的"最后告别"（图 11-10）。在充满离愁别恨的通栏大标题下，是交接仪式上英国国旗降下、中国国旗升起的瞬间，编辑裁掉了香港特区区旗和香港旗的旗杆，好像是不忍再看一眼。下面的标题更是凄迷："在泪雨交融中撤离"。

《今日美国报》是美国唯一的"全国性"报纸，立场和趣味照顾到各地各类人群，所以该报当天头版反映了各个地区、各种观点的平衡，这一基调体现在头条主标题和副题上（图 11-11）：

香港的新黎明
156 年后，英国人优雅地向中国人鞠躬

这个标题既给中国人捧场，又不贬低英国人，两面讨好，八面玲珑。

与头条标题一样，头版上发自香港的三篇报道的标题都不提"香港回归中国"或"英国告别香港"，也不提"交接仪式""宣誓就职"等重要的程序性新闻事件，而是以象征性的虚题来概括这些事件：

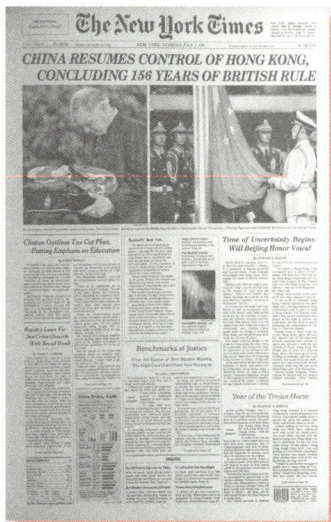

（图 11-12）

舞狮和风笛预示新纪元

这个富有诗意的标题引出一篇详细报道香港回归中国的"封面故事"，其中既有交接仪式、解放军入港等内容，也有查尔斯王子和彭定康一家撤离等内容，是一个大杂烩。

《纽约时报》的头条通栏标题没有采用《今日美国报》那样象征性的虚题，而是采用叙事性的两行实题（图11-12）：

中国恢复对香港的掌控
终结英国 156 年的统治

第一行，客观地叙述事实，在措辞上使用 "恢复掌控"这样的中性词汇，不同于中国报纸的"回归祖国"、英国报纸的"最后告别"这样带有感情色彩的字眼。

第二行，客观地点出历史意义，提到156年的英国统治，但全无中国报纸"百年雪耻"的豪情，也没有英国报纸"泪雨交加"的悲情。

《纽约时报》头版图片的使用与上述各报都不相同。虽然也是在中英两国国旗上做文章，但选取的画面不仅仅有国旗，还有人，而且人传递的信息和寓意明显超过国旗。

两幅新闻照片选择的人物都具有鲜明的身份象征，而这种身份象征不是以职务的大小和地位的高低为依据的。

在英国方面，照片中的人物不是代表国家元首的查尔斯王子，也不是作为政府首脑的布莱尔首相，而是末代港督彭定康——他的离职象征着英国对香港殖民统治的结束。画面上他捧着刚刚从港督府旗杆上降下的国旗，低着头，蹙着眉，作痛苦状。这一形象直观地揭示了英国人此时此刻的心境。

在中国方面，照片中的人物不是国家元首江泽民，也不是第一任香港特别行政区行政长官董建华，而是交接仪式上正在升国旗的中国人民解放军仪仗队礼兵——这一瞬间象征着中国开始恢复对香港行使主权。应该指出的是，《纽约时报》之所以选择中国军人的形象作为身份象征，除了在这一刻他们担负的重要使命以外，在西方媒体的话语体系中，军人、武警还常常被用来指代中国的形象。头版中部有一个内页导读栏，栏内有一幅北京天安门广场放焰火庆祝香港回归的小照片，前景是一个武警的身影，文字说明是"天安门广场的庆祝活动在严密掌控之下"。

　　《纽约时报》这个头版在标题和文字中对中国在香港、在北京的活动都使用"掌控"这个单词来表述，在两幅关于中国的照片上都选择军警的形象。"听话听声儿，锣鼓听音儿"，《纽约时报》就是这样用版面语言表达弦外之音。

1998

12. 江泽民与政协委员合影：
摆拍与抓拍

1998 年 3 月 5 日，《解放日报》头版（图 12-1）和《文汇报》头版（图 12-2）都刊登了新华社播发的全国"两会"上江泽民总书记与全国政协科技界委员合影的照片。两报刊登的照片拍摄的是同一个场景、同一个角度、同一批人，但画面细节却略有不同。

（图 12-3）

（图 12-4）

当天下午，在解放日报的编前会上，评报员对比两报刊登的照片，提出疑问：不知为什么本报要登一张"拍坏"的照片？

大家仔细一看，发现两报采用的新华社照片虽然是同一场景，但不是同一瞬间。《文汇报》上那张（图 12-3），江泽民和两边的政协委员肩并肩，都注视着前方的镜头；而《解放日报》上那张（图 12-4），江泽民两边的委员，一个

解放日报

JIEFANG DAILY

江泽民同政协科技界委员共商大计

加快发展我国科技事业
促进经济社会全面进步

李瑞环参加座谈

江泽民看望政协民主党派委员
李瑞环一起看望并参加联组会

共同的祝愿

文匯報

WENHUI BAO

江泽民与政协科技界委员座谈共商发展大计时强调

调动一切积极因素
促进科技事业发展

李瑞环长加座谈并讲话

江泽民同政协民主党派委员座谈时要求各级党委

努力为政协开展工作创造条件
保证政协切实有效地履行职能

李瑞环长加座谈

九届全国人大一次会议
主席团常务主席名单

（图 12-1）

在低头查看相机，一个伸手将相机递给他人请他帮忙拍照，画面中人们的视线都不在一个点上——也许这就是评报员所说的"拍坏"之处。

一时间，大家议论纷纷，同时把目光转向我，因为我是夜班编辑部主任，昨夜是我们选用了这张照片。

我当即谈了自己的意见。新华社昨夜同时播发两幅同一场景但不同瞬间的照片，供各报选用。我认为，我们选用的并不是一张"拍坏"的照片，而是一张抓拍的新闻照片。记者捕捉了两位委员摆弄相机争相与总书记合影的瞬间，通过各自的"小动作"，揭示了他们兴奋而又急切的心情，从一个侧面体现了当时现场的热烈气氛，不足之处是构图比较松散凌乱。而另一张照片虽然没有松散凌乱的感觉，但那是摆拍的，只能说是留念照片，算不上是新闻照片。一些同仁之所以觉得前者看着不顺眼，而后者看着顺眼，也许是因为我们的版面上平时登的时政新闻照片大多是四平八稳的摆拍照片，习惯成自然。我们之所以选用这张"不顺眼"的照片而舍弃那张"四平八稳"的照片，就是要表达一种价值取向：宁要不甚完美的抓拍新闻照片，也不要看似完美的摆拍留念照片。

时政新闻照片的一个显著特点是使用规格和审稿程序都十分严格，久而久之就形成了程式化，难以出新；而要恪守程式，难免摆拍。于是在版面上时常会看到似曾相识的照片：领导人在大会上讲话，每次画面都相同；领导人接见各界人士的照片，按座次排排坐的合影越来越多；领导人会见外宾，几乎都以同一姿势对着镜头握手，2001 年在上海举行 APEC 领导人非正式会议期间，我们在同一个版面上刊登了多张领导人握手的照片，姿势、站位、构图几乎一模一样……

话说回来。就在我们选用江泽民与政协委员的抓拍照片的那个头版上，还有一张值得一提的照片：九届人大一次会议主席团首次会议推举李鹏等九人为常务主席，八届全国人大常委会委员长乔石与李鹏拥抱。这看似一张抓拍的照片，实际上却是一张典型的摆拍照片。

曾几何时，这样的拥抱画面一再出现在人大委员长和政协主席交接前夕的党报头版：1993 年 3 月 14 日，八届全国人大一次会议主席团首次会议选出乔石等为常务主席时，卸任的七届全国人大委员长万里就是这样与乔石拥

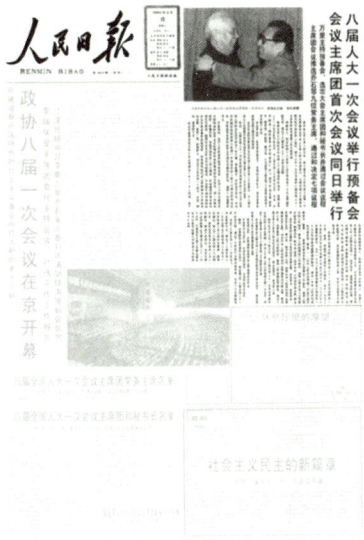

（图 12-5）　　　　　　　　　（图 12-6）

抱的（图 12-5）；再往前推，1988 年 3 月 24 日，卸任的六届全国人大委员长彭真也是这样拥抱即将接班的万里的（图 12-6）；前一天，全国政协七届一次会议主席团首次会议选出李先念等人为常务主席时，卸任的第六届全国政协主席邓颖超与李先念握手的照片也是刊登在各报的头版。可见，这已经成为"两会"换届的程式化照片，我们的报纸习以为常地刊登这样的照片，以至于成为"规矩"。

我认为，这样摆拍的图解式照片是对新闻摄影的一种误导，演化出时政新闻照片千篇一律的程式化构图，结果会扼杀新闻摄影。

我还认为，在全国人大和全国政协会议正式选举委员长和主席之前刊登这样的程式化照片，带有明显的程式化暗示，不尽合理。

转眼又过了五年。2003 年 3 月 2 日，全国政协十届一次会议主席团首次会议通过贾庆林为主席团常务主席，当晚新华社按以往的规矩播发了卸任的九届政协主席李瑞环和贾庆林握手的照片，我们正准备依葫芦画瓢，按以往的规矩在头版刊登，然而午夜时分新华社发出撤稿通知，将这张照片收回。此后，

"两会"领导人换届交接之前新华社不再播发拥抱或握手的照片。不合理的暗示终于废了，不规范的程序终于改了。

相关链接

1. 邓小平哈哈大笑上党报头版

1988年1月21日，《人民日报》头版显著地刊登了一张别开生面的时政新闻照片（图12-7）。画面上，邓小平在会见瑞典首相布伦特兰夫人时，谈到自己的年龄："今年我84岁了，该退休了。"但翻译傅莹一不留神，误将"84岁"译成"48岁"，一旁的外交部副部长周南听出错误，便告诉邓小平。老人家不但没有批评傅莹，还幽默地说："好啊，我有返老还童术，一下子和布伦特兰夫人一样年轻喽！"宾主一阵欢笑。新华社摄影记者果断地捕捉了这一瞬间。

这样一个意想不到的失误，却成就了一张珍贵的抓拍新闻照片，还成就了《人民日报》刊登这张照片的头版：版面编辑不仅选用了新华社的这张照片，而且在图片说明中还简要描述了事情经过，并配上"翻译误译引出笑声"的标题（图12-8）。这样生动的细节在文字报道中是看不到的。这张照片和这个

（图12-7）

（图12-8）

头版在很长一段时间里都为业内人士和普通读者津津乐道，因为它们突破了时政新闻和外事报道的条条框框，改变了领导人在正式场合正襟危坐的刻板形象，回归了新闻摄影的本源，展现了党报作为新闻纸的魅力。

2．肖扬哈哈大笑上党报头版

与邓小平相比，肖扬的职位不在同一个层面上。但这位最高人民法院院长仰天大笑的抓拍照片被《南方日报》作为头版主图，尺寸之大、色彩之浓、版位之重，都超乎常规，显示了该报之不拘一格，体现了编辑的独到之处（图 12-9）。

2008 年 3 月 11 日，各报都报道全国"两会"审议最高人民法院工作报告的新闻，《南方日报》将这一报道置于头版头条，并配之以最高人民法院院长肖扬仰天大笑的照片，在会场内外和业界引起热烈反响。

一般说来，党报的头版上刊登领导人照片是非常讲究规格的。尤其是近年来，在时政新闻报道中，中央级报纸的头版通常只刊登政治局常委的照片，多数

（图 12-9）

情况下只有总书记、总理、人大委员长和政协主席的照片才能上头版，地方党报的头版也是只刊登四套班子一把手的照片。在像"两会"这样的重大报道中，"规格"之中的照片不能缺一张，"规格"以外的照片不能随便登，这是规矩。

当天看到《南方日报》如此破格，为之一振。

当然，这一破格是建筑在新闻的基础上的。肖扬是从广东农村走出去的高官，也是新中国第一个具有专业背景的首席大法官；那天他参加广东代表团对两院报告的审议，而且这是担任最高人民法院院长十年的他退休前最后一次参加"两会"。对于《南方日报》来说，这些都是采用这张新闻照片的新闻由头，其中不仅具有重要性、时效性，对于广东的读者来说，更具有接近性、显著性，而画面上那开怀大笑的神情，展示了这位首席大法官此时此刻的心境和魅力，无疑颇具趣味性。这五个性正是我们常说的新闻价值"五要素"。

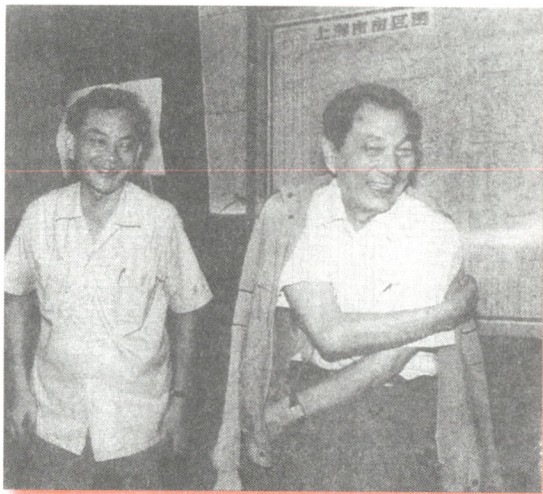

（图 12-10）

（图 12-11）

　　广东的领导也是识货的，更是开明的。省委书记汪洋对省报的大胆编排给予充分肯定，夸赞报社敢于这样刊登这样的照片是"解放思想的表现"。

3. 朱镕基疲惫的笑上党报头版

　　1989 年 8 月初，台风袭击上海。3 日晚，时任上海市市长的朱镕基和副市长倪天增紧张得无法安寝，在抗台指挥部通夜值守，直到 4 日早晨 8 时得知台风已经过去，没有对城市造成大的损失，才释怀而笑。《新民晚报》记者刘开明和习慧泽在现场抓拍了两位市长在抗台指挥部的地图前如释重负的表情：朱镕基披起外衣，一半在肩头，一半还拖着，他正用手去拉。倪天增则微躬着身子，一脸的疲态。"这下我们可以回去吃早饭了。"二人说着笑着离开指挥部（图 12-10）。中共上海市委机关报《解放日报》在 8 月 7 日将这张照片刊登在头版，并配了标题："市长笑了"（图 12-11）。

　　领导人的照片在党报头版刊登是家常便饭，但场合、角度、神态都是有讲究的。在同一个头版上，中共中央总书记江泽民在上钢一厂指挥工人们高唱《咱们工人有力量》的照片，江泽民处于右上角，居高临下，与工人们形成呼应。他的笑容灿烂，神情坚定，体现了在那特殊时期中国新一代领导人的精神面貌。

也是在同一个头版上，刊登了一则短消息：中共中央日前决定朱镕基任中共上海市委书记。按照规矩，这条消息本不必配发照片。但《解放日报》以摄影比赛参赛作品的形式，将《市长笑了》这张新闻照片置于这条消息之下，既没有破规矩，又让人眼前一亮。

这张新闻照片之所以能够让人眼前一亮，就是因为与常见的领导人照片不同，像是一张"拍坏了"的照片。画面上，两位市长既不在公开场合，也没有面对镜头的准备，那一瞬间却流露出内心的真实。试想，如果朱镕基的外衣不是只穿了一半，而是穿得整整齐齐，如果倪天增不是半躬着身子，而是挺胸抬头，如果两位领导不是倦容满面，而是精神焕发，那么照片是难以让人眼前一亮的。时任解放日报总编辑丁锡满在谈到这张照片的版面处理时说，这就是新闻图片的感染力，这种感觉是文字难以表达的。

4. 乔的笑上西方报纸头版

《乔的笑》（图 12-12）是西方记者拍摄的一张新闻照片，记录了 1971年 11 月 15 日首次出现在联合国大会会场的中国代表团团长、中国外交部长乔

（图 12-12）

冠华的风采。这个镜头不仅占据了不少西方报纸的头版，而且还获得了当年的普利策奖，成为新闻摄影的经典，成为西方报纸的一个卖点，也成为中国外交的一个亮点。

从 1950 年起，美国及其他一些西方国家就不断否决甚至阻止讨论关于恢复中华人民共和国合法权利的提案。1954 年 4 月举行的日内瓦会议是中华人民共和国首次以五大国之一的地位和身份参加讨论国际问题的重要会议，但会议之前《纽约时报》就在头版显著报道，美国拒绝承认中国五大国之一的地位和身份。周恩来总理出席会议，《纽约时报》突出报道，配发了一张精心选择的照片：周恩来处于画面的最左边，半个身子竟然在画面外；而画面的最右边则是苏联外长莫洛托夫（图 12-13）。这种刻意将"敌方"领导人边缘化的画面构图，反映了《纽约时报》当时的立场（图 12-14）。

1971 年 10 月 25 日，联合国大会终于以 76 票赞成、35 票反对、17 票弃权，通过 2758 号决议，恢复中华人民共和国在联合国的一切合法权利，并立即将国民党集团的代表从联合国及其一切所属机构驱逐出去。而直到此时，美国政府依然带领一些西方国家投否决票，只是无力回天。

值得回味的是，《纽约时报》的头版与 1954 年日内瓦会议时完全不同。对联大通过恢复中华人民共和国在联合国合法席位的决议，该报头版头条通栏

（图 12-13）

（图 12-14）

予以平衡报道，用了两张同样尺寸的新闻照片，左边是投赞成票的国家代表热烈欢呼，右边是国民党集团的代表离开会场。对中国代表团首次出席联合国大会，该报更是在头版显著位置予以连续报道，连先遣组抵达纽约的消息也上了11月9日的头版，组长高梁的级别并不高，但他居于画面中央走出纽约肯尼迪机场的新闻照片竟然以四栏宽的尺寸置于左上角，异乎寻常，十分醒目。10日，还是在头版，报道高梁一行与支持中国重返联合国的阿尔巴尼亚等国代表会面，照片依然是四栏宽。12日，头版左上角报道中国代表团抵达纽约，除了刊登乔冠华和黄华、陈楚等受到联合国礼宾官员欢迎的照片以外，还登了一张华人举着毛主席画像欢迎代表团的照片，文字说明中交代，附近还有人在举行反对北京的示威，但《纽约时报》并没有刊登这些人的照片。11月15日中国代表团在联合国大会亮相，这是"重头戏"，16日，《纽约时报》在头版头条地位报道乔冠华在大会上发言的内容，同时刊登新闻照片《乔的笑》（图12-15）。《纽约时报》的这张照片与广为流传并获得普利策奖的那张是在不同角度拍摄的，捕捉的瞬间也不及那张精彩，但画面上乔冠华和黄华居于中央，正面对着镜头，笑得欢畅而又自信，与1954年选用那张周恩来的照片形成鲜明对比。作为在美国执牛耳的主流报纸，《纽约时报》的头版处理看似与美国政府各唱各的调，却也可以理解为帮助在联大投票失败的美国政府转圜下台阶，或者可以理解为反映美国不得不顺应时代潮流。

（图 12-15）

1998

13. 克林顿访华：
以我为主

　　1998 年 6 月 27 日，江泽民主席在人民大会堂东门外广场举行仪式，欢迎美国总统克林顿访华。次日的《解放日报》将这张以天安门为背景的新闻照片以超大的尺寸刊登在头版视觉中心部位（图 13-1）；无独有偶，美国《纽约时报》也是将这一场景的新闻照片以超大尺寸刊登在头版顶部（图 13-2）。中美最大城市的最大报纸为什么都异常重视这张新闻照片？照片画面中各自暗藏着什么玄机？

　　1998 年 6 月 27 日晚，我坐在编辑台前，编辑江泽民主席欢迎美国总统克林顿访华的新闻。我们虽然仍按照老规矩与首都报纸"对表"，但 6 月 28 日我们还是推出了一个和《人民日报》等不同的头版——两国元首在天安门广场检阅仪仗队的照片以超常的规格置于头版视觉中心，而会谈和国宴的照片竟舍弃了。

　　6 月 27 日，北京为克林顿访华举行了三项重大活动：上午 9 点，在人民大会堂东门外广场举行欢迎仪式；9 点 14 分，两国元首走进人民大会堂，开

（图 13-1）

（图 13-2）

始正式会谈；晚上，在人民大会堂举行盛大国宴。这三项活动中，中美元首会谈当然是最重要的，双方都强调了改善两国关系的重大意义。国宴和欢迎仪式都是礼节性的，但国宴上双方都发表讲话，其重要程度显然排在十几分钟的检阅仪仗队之前。

当晚，新华社播发了这三项重大活动的通稿。会谈的稿件上头版头条，是毫无疑问的；国宴的稿件作为第二条，也是顺理成章；欢迎仪式嘛，老规矩，不必单独编排，与会谈的稿件合并即可。

新华社配合这三项重大活动播发了一组新闻照片，会谈、国宴、检阅，都是大全景，此外还有一张江泽民和克林顿在欢迎仪式上并排向欢迎人群挥手致意的中景照片。《人民日报》（图13-3）和其他一些大报按照规矩和规格，四张照片全都用；四张照片尺寸差不多，没有明显的主图。

在选编这些新闻照片时，我对两国元首在天安门广场检阅仪仗队的画面凝视许久，思考许久。

克林顿此行是1989年风波以后美国总统首次访华。这次访问创下美国总统访华的三个历史之最：逗留时间最长，从6月25日至7月3日，达9天之多；随行人员最多，达1200多人；访问城市最多，先后造访西安、北京、上海、桂林、香港。

（图 13-3）

克林顿此行也是对几个月前江泽民主席对美国进行国事访问的回访。在那次访问中，中美双方发表的《联合声明》确定了中美关系未来发展的目标：努力建立面向二十一世纪的建设性的战略伙伴关系。这次克林顿访华会有什么成果呢？这自然引起国际舆论广泛关注。

一个多月前，我作为夏威夷大学东西方中心的"杰佛逊学者"在美国进行学术交流期间，访问了美国国务院，与负责东亚事务的官员就即将到来的克林顿访华进行了坦率的交谈。对于能够取得什么成果，他守口如瓶，但他一再提到克林顿会重点关注中国的人权问题。他告诉我，克林顿总统此行旨在改善美中关系。但在美国有一些人表示异议，他们力图阻止克林顿访华时在天安门广场参加欢迎仪式，因为他们对中国1989年在天安门前发生的事依然"耿耿于怀"。为了能够顺利地完成访华，出于国内政治的考虑，克林顿必须顾及这些人的态度，在两端之间保持平衡：既会在天安门广场参加欢迎仪式，又会对中国人权状况提出批评。

这一番话，在当时给我留下很深的印象，在此时则有助于我深刻解读并处理好眼前的这张新闻照片。

新华社播发的这张新闻照片，鲜明而又含蓄地传递了中美关系中纠结僵持的敏感信息。说它鲜明，因为摄影记者刻意选择了镜头角度，将克林顿出席欢迎仪式的新闻主体清清楚楚地放在背景中的天安门前；说它含蓄，因为无论是文字报道还是图片说明，都按惯例用"人民大会堂东门外广场"来描述欢迎仪式的地点，并不提及"天安门"。这分明是在用画面语言说话。

画面语言是摄影记者的表达方式，报纸编辑的表达方式则是版面语言。

我们作了一个大胆的方案：会谈的照片，不用。国宴的照片，不用。腾出版面空间，将这张检阅仪仗队的新闻照片刻意放大，并为照片起了一个标题："天安门前迎贵宾"——借助文字，稍稍点破那个"新闻眼"。

在一般情况下，我国领导人为国宾举行欢迎仪式都是在人民大会堂东门外广场，克林顿访华也不应例外。但是由于美国国内有人出"幺蛾子"，所以是否在天安门前举行欢迎仪式就成了一个敏感点。而在我国，如果将天安门广场与美国人所说的"人权"联系在一起，也是一个敏感点。鉴于这一背景，我们在无法用文字语言直接表达的情况下，用版面语言这种特殊的方式，将这个画面场景强势展现在世人面前，旨在传递这样的信息：中国不理睬美国一些人的叫嚣，在天安门广场举行欢迎仪式，表现出坚定和自信；克林顿顶着国内的压力，在天安门前出席欢迎仪式，可以看作是他愿意打破1989年以来的僵局、改善美中关系的信号。

为了使读者能够更好地领悟、接受版面语言传递的这个信息，我们在头条的提要题中选择了江泽民和克林顿关于改善发展中美关系的两段话，起画龙点睛的作用——

江泽民：中美关系的改善与发展是历史的必然，是任何力量都阻挡不了的。

克林顿：美国绝大多数人都欢迎中美关系的改善和发展，希望此行有助于扩大双方合作的领域，缩小分歧。

这样的版面语言加文字语言的表达，用图、文和版面三者互补的形式体现我国的立场，体现党报"以我为主"的原则，体现舆论的政治导向。

事后，我翻阅美国《纽约时报》时发现，该报那天的头版同样以克林顿在天安门前出席欢迎仪式的新闻照片作为主图，而且与我们的照片是同一个角度，可见他们的关注点也是聚焦在天安门广场。而当我仔细对比两张照片时，又有新的发现：

新华社的这张照片（图13-4）上，居于画面正中央的是江泽民，克林顿虽然走在前面，却处于画面的右侧；在他们身后，两名身材高大的中国军人夹着一名美国军人，尤其是手持指挥刀的仪仗队指挥员，高出美国警卫半个头，大大提升了视觉重力，明显为我方增加了气势。

《纽约时报》的那张照片（图13-5）上，克林顿虽然是宾客，却处于画面正中央位置，主人江泽民却处于画面的左侧，加上克林顿的个子高于江泽民，画面效果是反客为主；他们身后的警卫是一对一，新华社照片上那个仪仗队指挥员被排除在画面之外，视觉效果大相径庭。

《解放日报》和《纽约时报》都把这个场景的照片以超大的尺寸置于头版突出部位。中国最大城市的最大报纸，与美国最大城市的最大报纸，就这一条新闻，就这一张照片，就这一天的头版，不约而同地杠上了！

我无从得知这两张照片是摄影记者原本如此取景还是后期编辑剪裁成这样，但这些细节的差异确实鲜明地反映了双方异曲同工的"以我为主"。这一

（图 13-4）　　　　　　　　　　　　（图 13-5）

理念通过摄影画面表达，通过版面编辑放大，把报纸平面视觉传达的优势彰显得淋漓尽致。

这个案例只是"以我为主"的一个典型。如果我们将克林顿访华前后中美两国的主要报纸——《人民日报》和《纽约时报》连贯起来阅读，再将双方对同一活动的报道和版面一一对比，就能看到，"以我为主"不是一个偶然现象。

先看看克林顿访华之前的预热报道。

《人民日报》从 1998 年 6 月初开始就连续刊登关于中美关系的报道。比如 6 月 1 日在国际版显著地位刊登布热津斯基的谈话"美中友好对双方有利"；6 月 3 日头版报眼突出报道江泽民会见来打前站的美国总统国家安全事务助理伯杰，强调排除各种干扰和阻碍不断发展中美关系，国际版又刊登记者对美国企业家的专访"致力美中了解与合作"；6 月 4 日国际版头条是"克林顿建议延长对华最惠国待遇"；6 月 5 日在头版高调宣布克林顿总统将于下旬访华，并刊登我外交部对克林顿关于对华最惠国待遇讲话的回应；6 月 6 日头版报眼突出报道江泽民会见基辛格，就中美关系交换意见；6月10日国际版显著刊登对美国驻华大使尚慕杰的专访"让美国了解崭新的中国"；6月12日国际版头条是克林顿谈对华政策"美中合作符合美国利益"；6月13日、15日、16日、17日、18日、19日，国际版头条都是关于美中关系的报道，包括美国学者、议员和前总统等认为克林顿访华意义重大，并驳斥少数政客的反华言论；6月18日头版头条报道江泽民接受美国记者专访，重申1997年他访美时与克林顿的共同决定：建立建设性战略伙伴关系，为面向21世纪的中美关系确立了发展方向和框架，当天《人民日报》头版还刊登评论员文章《努力建立中美建设性战略伙伴关系》；6月22日国际版头条以很大的篇幅刊登克林顿访华前接受中国记者专访，希望拓宽合作领域，中国记者还写了克林顿家乡的访问记；6月23日起进一步加码，在头版强势报道江泽民就中美关系、台湾问题、中国入世、亚洲金融危机等再一次接受美国记者专访，并在国际版头条强势刊登克林顿文章《遏制中国不可取》。《人民日报》这一系列报道清晰地展示了我国政府对于建立中美建设性战略伙伴关系的基调。

《纽约时报》在克林顿到访中国前几天就开始聚焦中国，但立足点是从美国的视角评说中国的人权。6月17日，该报头版顶部一张醒目的照片带出一篇关于中国的报道，标题是《中国的教堂：喜忧参半》，对中国的宗教自由评头论足。但值得注意的是，在那张南京圣保罗教堂教徒唱赞美诗的照片中，背景"以玛内利（神与我们同在）"四个汉字居然是反的，显然照片印反了（图

（图 13-6)

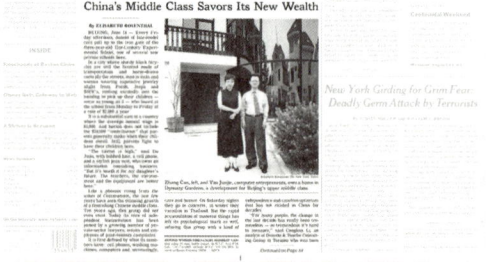

（图 13-7)

13-6）。也许编辑因不懂汉语而造成编排错误，也许编辑故意反登照片，用版面语言来暗示这是一个颠倒的事实。谁知道呢！报纸的编排是很容易让人产生多种联想的。睿智的编辑会利用这种效果巧妙地传递信息表达观点，而马虎的编辑会因此惹出麻烦；细心的读者会从中解读出潜台词，而粗心的读者往往对此木知木觉。

两天以后，6 月 19 日，该报头版又推出一篇关于中国的报道，题为"中国中产阶级尽情享受新财富"，配发的一张照片上，一对中年夫妇站在他们位于北京的豪宅门前（图 13-7）。文中不仅描述中国新出现的中产阶级与普通百姓之间的贫富差距，还特别提到他们享有的独立和自由，说这是中国过去几十年不曾有过的。

6 月 23 日，头版的主图是一张北京大学内一对青年学生在光天化日之下相拥热吻的照片，与之呼应的报道题为"中国允许私生活百花齐放"（图 13-8），文中列举了中国民众在选择职业、住地和伴侣方面享有以前从未有过的自由。

这几篇关于中国的报道可以看作是为克林顿调整对华政策、改善美中关系造势。克林顿上台以后，逐渐改变

（图 13-8）

对华的"遏制（Containment）"政策，推行"接触（Engagement）"政策，希望通过"接触"达到"遏制"达不到的目的。《纽约时报》的报道通篇没有提到政府政策的改变，更没有引用"遏制""接触"这样的官方说法，而是"以我为主"，选择典型案例设置议题，用自己的话阐释观点，与克林顿唱的是不同的词，哼的却是相同的调。

接下来再看看克林顿访华期间的报道。

6 月 28 日，报道欢迎仪式和会谈，《人民日报》和中国各大报纸都在头版头条标题中标出中美元首会谈达成广泛共识，而《纽约时报》的标题标的却是克林顿和江泽民围绕天安门事件在会谈中争论；那张两国元首检阅仪仗队照片的文字说明，短短两行字，我国报纸只标出在人民大会堂东门外广场举行欢迎仪式，而《纽约时报》则侧重天安门广场 1989 年发生的事；我国报纸在头版的文字稿中重点报道双方共识的内容，如互不将各自控制下的战略核武器对准对方、采取积极步骤促进两国经贸合作、加强中美在裁军、军控和防扩散问题上的磋商与合作等，而《纽约时报》头版的文字稿中则重点报道双方在人权问题上分歧的内容。

又比如，6 月 29 日克林顿在北京大学发表演讲，《人民日报》报道的标题是"美国希望在新世纪与中国建立一种新关系"。报道引述他高度评价中国政府对亚洲金融风波采取的政策，还引述他重申一个中国政策。而《纽约时报》报道他在北京大学演讲的稿件中却没有这些内容，头版头条标题是"克林顿在北大强调自由和普世价值"。

再比如，6 月 30 日，克林顿在上海与市民座谈时，公开重申美国不支持台湾独立、不支持"一中一台""两个中国"、不支持台湾加入任何必须由主权国家才能加入的国际组织。克林顿在北京与江泽民会谈时提到过坚持"一个中国"，但没有如此明确地重申"三不"，可见他是刻意选择在上海而不是在北京说这番话。《人民日报》《解放日报》《文汇报》等中国主流大报 7 月 1 日的头版上虽然都挤满了国内要闻，但都腾出位置醒目地刊登这一消息。而《纽约时报》头版在关于克林顿与上海市民座谈的报道中，对这段话却只字未提。

对克林顿访华成果的报道也如出一辙。

7 月 2 日，克林顿结束在上海的访问前往桂林和香港，《人民日报》在第二版头条位置发表记者述评《中美关系改善是历史的必然》，将克林顿访华看作改善两国关系的重要步骤，予以高度评价；在克林顿回到美国以后，7 月 8 日的《人民日报》在国际版头条位置刊登新华社报道，标题是"克林顿认为中国之行很成功"，文中引用克林顿的话说，此行"为美中两国进一步改善关系提供了一个很好的机会"。可见，改善两国关系是《人民日报》评价克林顿访华成果的基调，也是两国政府的共识。

《纽约时报》对克林顿访华的成果也是以称赞为主，但称赞的角度却是该报精心选择的。7月3日头版右上角一篇报道称，"共和党对克林顿访华予以不寻常的肯定"，因为他没有在人权问题上向中国让步；7月5日头版左上角一篇报道列举了美国民众对克林顿中国之行的各种评论，突出的好评是克林顿在北京"直率地批评1989年天安门广场事件"。

美国的报纸独立于政府。所以，从上述案例中可以看出，如果说《纽约时报》克林顿访华报道是"以我为主"，并不意味着以克林顿为主，更不意味着为克林顿代言，而是以报纸的立场为主，体现报纸的价值观。该报头版在报头的左边有一个方框，一百多年来天天向读者宣示该报的信条："一切适于刊登的新闻（All the News That's Fit to Print）"。究竟哪些新闻适于刊登，在克林顿访华的报道中已可见一斑了。由此也可以解读出该报的新闻观和价值观。

相关链接

1. 对中美乒乓外交的报道

1971年4月，毛泽东主席作出重大决定：邀请在日本名古屋参加第31届世界乒乓球锦标赛的美国乒乓球队访华。此举是中美建交的序幕，开启了两国交往的大门。

4月8日，《纽约时报》在头版下部出现一个爆炸性标题：

美乒乓球队
将访华一周

在二栏的标题下，跟着两篇报道，一篇发自正在举行世乒赛的日本名古屋，标题是"15人受到北京邀请"，报道说，美国乒乓球队将成为五十年代中期以来第一批访问中国的美国团体。另一篇发自华盛顿，标题是"华盛顿感到高兴"，报道说，美国国务院发言人表示中国邀请美国队访华"令人鼓舞"，并宣布美国也将邀请中国田径队访美。但查阅这一天的《人民日报》，没有找到相关的报道。

4 月 10 日，《纽约时报》在头版底部突出报道当天美国乒乓球队一行 15 人从香港入境中国的消息，并刊登队员们在日本东京登机时欢乐挥手的新闻照片（图 13-9）。记者在"英国一方"（香港）描述："这 15 名美国人走过桥去，在灿烂的阳光下，受到热情欢迎。中国官员与他们握手，中国一方的广播喇叭里播放着轻松的背景音乐。"

4 月 11 日，美国记者不必再守在边界的"英国一方"对乒乓球代表团访华进行报道了。这一天《纽约时报》头版头条刊登一则简短但令人关注的消息，主标题是：

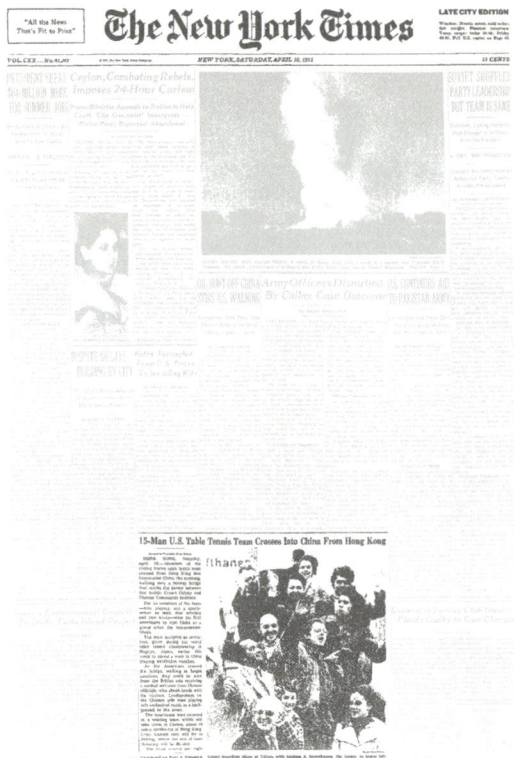

（图 13-9）

三名美国记者
进入红色中国
进行一周采访

副题指出：这是中国重大政策变化，华盛顿认为此举是北京进一步减轻孤立状态的信号。报道说，22 年前中共夺取政权以后一直拒绝美国记者，所以这次给美国记者发放签证，比五天前邀请美国乒乓球队更具有意义。

此后，从 4 月 12 日到 23 日，《纽约时报》头版每天刊登美国记者发自中国的报道，其中包括《中国人用微笑和好奇迎接美国人》《美国人登上长城》《中国人让美国队输得优雅》《周总理会见美国队：友谊重新开始》《红色中国暗示对美立场将松动》等等。16 日，《纽约时报》在头版报道，该报记者得到中国一个月的采访签证，可不局限于对美国乒乓球队访华的采访，成为自五十年代以来第一个获准在中国进行常规采访的美国记者。在接下来的几天里，《纽约时报》头版连续发表了这位记者发自上海的一组报道，包括《重访上海：一座工业城市》《中国社会正在变化，将控制生育率》《幼儿园歌中唱出中国政策》《中国医生解释断指再植技术》等，从多个视角向世界介绍神秘的中国，与乒乓球队访华不搭界。

《人民日报》对美国乒乓球代表团来访的报道与《纽约时报》的"中国热"形成鲜明对比。4月11日《人民日报》在第六版的下部刊登"哥伦比亚乒乓球代表团到京"和"美国乒乓球代表团到京"的两条消息，上下排列，标题字号和文稿长短一模一样。前一天"加拿大乒乓球代表团到京"的报道也是这一规格。在此后的几天里，美国乒乓球队在中国访问的报道全都刊登在第六版下部，与加拿大、哥伦比亚、英国、尼日利亚乒乓球代表团在华各项活动的报道规格一模一样。15日，《人民日报》在头版报道周恩来总理会见这几个国家乒乓球代表团，标题中美国排在最后。这种低调平和的版面语言旨在表达这样的意思：美国乒乓球代表团来访与其他国家代表团来访的新闻价值是一致的，没有任何特别。

令人关注的是，在同一天的《人民日报》上，第五版几乎以整版篇幅刊登痛骂美国、谴责尼克松的六篇报道，其中"越南南方民族解放阵线中央和越南南方共和临时革命政府热烈表彰溪山战场军民取得巨大胜利""越南南方解放军在昆嵩西北部战场歼敌近千""谴责尼克松顽固坚持扩大侵略印度支那战争""尼克松玩弄从越南南方'撤军'骗局"四篇报道的标题都是五栏，字号都在一号以上，十分抢眼，与第六版报道美国乒乓球队来访的小标题小字号形成鲜明对比，似乎是在用版面语言传递信息：打仗和打球，一码是一码。

《纽约时报》则不然。该报不仅在头版超规格报道乒乓球队的每一次活动，而且急不可待地接连触碰由此引发的敏感话题。4月13日，也就是美国乒乓球代表团进入中国三天后，头版显著位置报道"台湾使节就美国与北京的关系发出警告"；16日，同样是在头版显要位置，报道"美国向苏联保证，与中国发展关系不针对苏联"；17日，头版又报道正在与美国激战的越南的反应，河内认为中越关系不会改变。

如果说台北、河内和莫斯科的反应是诉诸口头，那么美国尼克松政府的反应则是付诸行动。4月15日，《纽约时报》头版头条报道，标题是"尼克松放松对华贸易禁运，允许非战略性出口"，以回应周恩来在会见美国乒乓球队时关于"中美关系翻开新的一页"的讲话。

众所周知，毛泽东主席当年决定邀请美国乒乓球代表团访华是有深谋远虑的。对于这个"小球转动大球"的战略决策，台北、莫斯科、河内的连锁反应是不可避免的，华盛顿的反应是不难预料的，《纽约时报》这样突出报道也是顺理成章的。然而，在全世界的关注之下，《人民日报》却藏而不露，引而不发，以我为主，对敏感话题不置一词，以第六版——最后一个版面底部刊登的几篇常规报道，撩起国际舆论和各攸关方的无限遐想。

不过话又说回来，在那个封闭的年代，中国报纸上是没有什么新闻可言的。

2. 对基辛格秘密访华的报道

1971年7月16日，中美两国发布重大新闻，揭开基辛格在巴基斯坦访问期间称病失踪48小时的秘密。

美国总统国家安全事务助理基辛格于1971年7月9日至11日秘密访华，与周恩来总理就尼克松访华进行会谈。两国媒体同在7月16日这天发布这条新闻，是双方的约定，但如何发布，则各行其是。

对于美国报纸来说，这绝对是特大新闻，所以都在头版头条强势报道。依然以《纽约时报》为例（图13-10）。该报头版头条用三行通栏标题，交代了三条重要信息：

尼克松明年五月前访华

将寻求"关系正常化"

基辛格上周在北京见周

这个标题是典型的"以我为主"：主语是尼克松和基辛格，周恩来虽是主人，却处于宾语地位，中国发出邀请的新闻要素也被舍弃了。标题下面配发了尼克松、基辛格和周恩来的肖像照片，并刊登了两篇报道，一篇是"国会领导人表

（图 13-10）

（图 13-11）

示高兴，台湾正式提出抗议"，另一篇是"和平之旅：总统寻求打破 21 年的敌对长城"。这个头版显示出美国对尼克松访华的高度重视，并急于掌握主动权。

中国报纸对这条新闻的处理与美国报纸完全不同。这一天中国各报的头版一模一样。在毛主席畅游长江五周年之际，头条位置刊登《人民日报》评论《到大风大浪中锻炼身体锻炼意志》；在中朝友好合作互助条约签订十周年之际，两国党政代表团互访，各报在头版中下部刊登相关的三篇报道。这两件大事几乎占满了整个头版，只是在右下角有一个小小的《公告》（图 13-11）：

新华社北京十六日电 公告

周恩来总理和尼克松总统的国家安全事务助理基辛格博士，于一九七一年七月九日至十一日在北京进行了会谈。

获悉尼克松总统曾表示希望访问中华人民共和国，周恩来总理代表中华人民共和国政府邀请尼克松总统于一九七二年五月以前的适当时间访问中国。尼克松总统愉快地接受了这一邀请。

中美两国领导人的会晤，是为了谋求两国关系的正常化，并就双方关心的问题交换意见。

《公告》包括电头在内只有 180 个字，用公告体刊登，连新闻标题都不做。这样的版面语言可以解读为：新华社只是受权发布，《人民日报》以及其他各报只是受权刊登，体现了这一公告的政府背景和权威性。

《公告》登在头版的右下角，也是值得玩味的。从理论上说，这是版面最次要的部位。把如此重要的稿件置于如此次要的部位，三篇关于中朝友谊的报道洋洋洒洒居于其上，似泰山压顶，读者同样可以从版面语言中解读出其中蕴含的微妙信息。

《公告》虽然以最小的篇幅登在最次要部位，但依然颇为引人注目，这是因为版面编辑下了功夫、做了手脚：在整版的横排文字中突然出现几行竖排文字，使阅读秩序陡然发生变化；在几行竖排文字之间刻意加大行距，使疏密关系陡然发生变化；标题区只有"公告"两个字，周围留出大片空白，使黑白节奏陡然发生变化。这些变化作用于读者的视觉，会不经意间吸引注意力。

这一案例彰显了"报屁股"的特殊功能，后来报纸编辑们用行话称之为"基辛格位置"，在版面上处理特殊稿件时常常会借鉴使用，以期达到"四两拨千斤"的特殊效果。

3. 对尼克松访华的报道

1972 年 2 月 21 日北京时间中午 11 时 30 分，美国总统尼克松走下飞机，在舷梯上就向前来迎接的周恩来总理伸出手来，二人握手的照片占据了全世界各大报纸的头版。

由于时差，此时是美国东部时间 2 月 20 日半夜，各大日报的夜班编辑很快获得尼克松到访北京的电讯稿件和传真照片。《纽约时报》将尼克松与周恩来握手的照片置于 21 日的头版头条（图 13-12）。照片上只有三个人，居于画面正中央的是客人尼克松，虽是侧面，但其面部表情清晰可见；尼克松夫人位于画面左边，为丈夫增加了视觉重力；周恩来作为主人，却孤零零地居于画面的右边，侧背面对着镜头，身后的人全都被裁掉了。这样的视角和画面安排与该报 1998 年克林顿访华时和江泽民主席一起在天安门广场检阅仪仗队的照片异曲同工，"以我为主"一点都不含糊。

毛泽东主席在尼克松总统抵达北京的当天下午就在中南海会见了他。美国 21 日的报纸没有赶上这一条新闻，中国 2 月 22 日的报纸则是将毛泽东会见尼克松的新闻和周恩来迎接尼克松的新闻一起刊登在头版上。

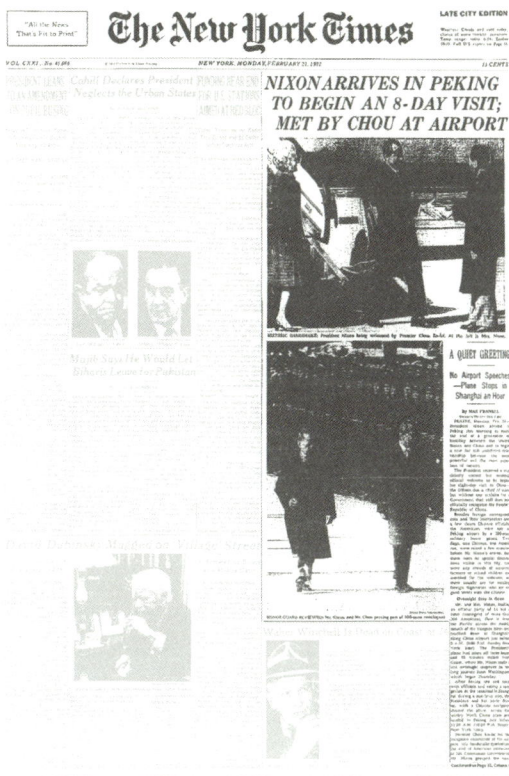

（图 13-12）

《人民日报》报道毛泽东主席会见尼克松总统，采用新华社稿件。这篇新闻稿，包括电头和标点符号在内，总共只有 127 个字，会见的内容只用"同他进行了认真、坦率的谈话"几个字一笔带过，但全文不同寻常地采用楷体字，而且字号放大到新四号，行距增加一倍以上。这样的版面语言在提醒读者，尽管稿件超短，但分量极重。

周恩来在机场与尼克松握手的历史性照片登在头版底部。这张由新华社记者拍摄的照片与《纽约时报》刊登的那张由合众国际社记者拍摄的照片记录的虽是同一瞬间，但构图和角度都不同。周恩来岿然不动地处于画面中央，尼

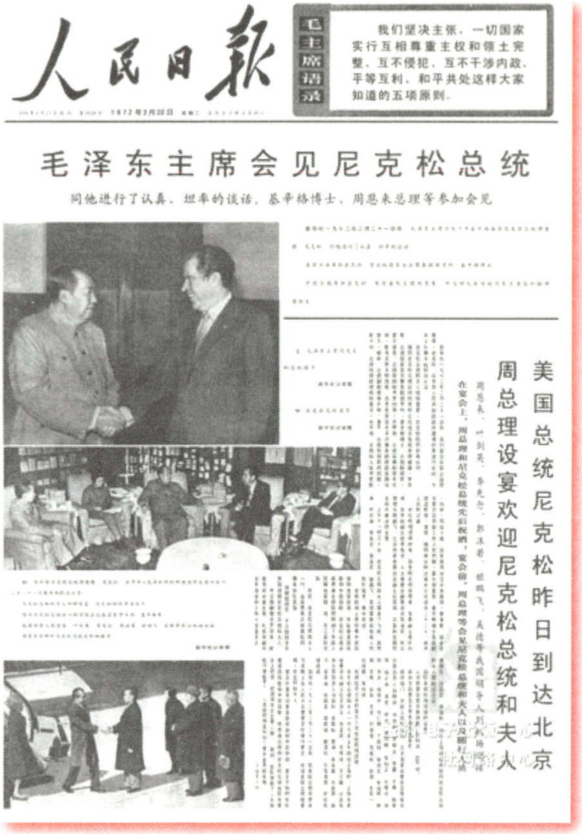
人民日报

毛主席语录

我们坚决主张，一切国家实行互相尊重主权和领土完整、互不侵犯、互不干涉内政、平等互利、和平共处这样大家知道的五项原则。

毛泽东主席会见尼克松总统

同他进行了认真、坦率的谈话，基辛格博士、周恩来总理等参加会见

美国总统尼克松昨日到达北京

周总理设宴欢迎尼克松总统和夫人

（图 13-13）

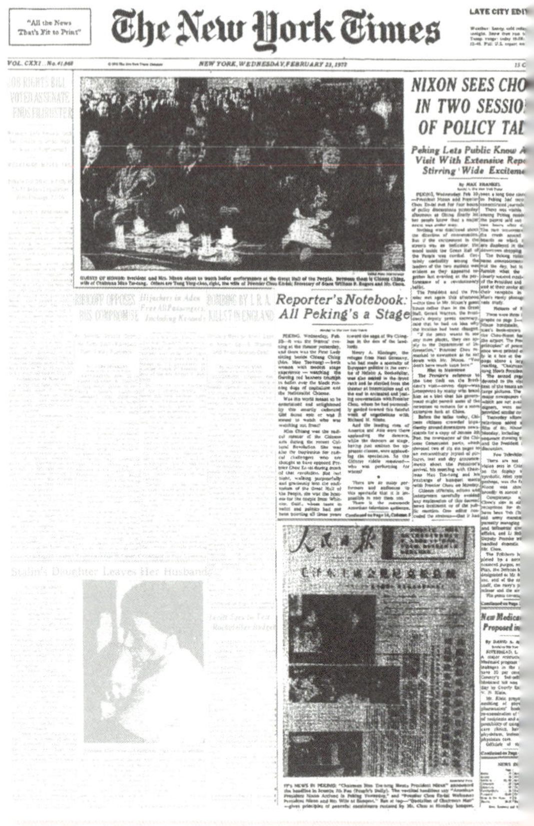
"All the News That's Fit to Print"

The New York Times

LATE CITY EDITION

NEW YORK, WEDNESDAY, FEBRUARY 23, 1972

Reporter's Notebook: All Peking's a Stage

（图 13-14）

克松在行进中伸出手，夫妇俩处于画面左侧，画面右侧则是中方的叶剑英、李先念等四人，在视觉重力上远远超过对方（图 13-13）。

2 月 23 日的《纽约时报》竟然把对中国报纸的观察和分析作为头版头条新闻，在头版上出人意料地刊登了《人民日报》22 日头版的照片（图 13-14）。头条的副题说：“北京大量报道（尼克松）访问消息，令公众兴奋”。文中逐条翻译介绍《人民日报》头版的标题、文字和图片，连报眼摘录论述“和平共处五项原则”的“毛主席语录”也进行解读。报道说，《人民日报》用头版和二版两个版的篇幅报道尼克松访华，这是罕见的；北京大街上人们围在阅报栏前阅读这一天的报纸，这是罕见的；人们在头版的照片中看到毛主席会见

尼克松，并看到他私密的书房，这也是罕见的。《纽约时报》还注意到，这一天中国各报的版面都是一模一样的。

通过展示中国报纸的头版，一方面报道北京官方和民间对尼克松访华的反应，另一方面也向美国读者打开一扇了解中国的窗口，《纽约时报》的这个头版是用心思的。

1998

14. 九八抗洪：
披露灾情

1998 年夏，我国遭受特大洪灾。长江发生自 1954 年以来最大的全流域大洪水，嫩江、松花江流域的特大洪水则为 150 年之最。

在抗洪救灾中，党中央调动了 30 多万人民解放军和武警官兵驰援长江流域灾区，我国的媒体对子弟兵抗洪救灾的丰功伟绩进行了充分的报道。我们《解放日报》1998 年 8 月 9 日的头版集中报道抗洪救灾，在突出"抗"和"救"的同时，还重点记录"洪"，大胆披露"灾"（图 14-1）。

在次年举行的第九届中国新闻奖评选中，抗洪救灾报道大面积获奖。如果仔细分析一下那一届获奖版面的内容可以发现，一、二、三等奖中多以记录"九八抗洪"的内容为主，多以歌颂子弟兵在抗洪救灾中的英雄事迹为主。

比如获得一等奖的《南方日报》1998 年 9 月 11 日头版，以"长江抗洪部队班师回营"的大标题和题为"送别"的大幅新闻照片为头条，以"千里江堤铸军魂"的大标题和题为"大苹果，送英雄"的大幅新闻照片沉底，整个版面

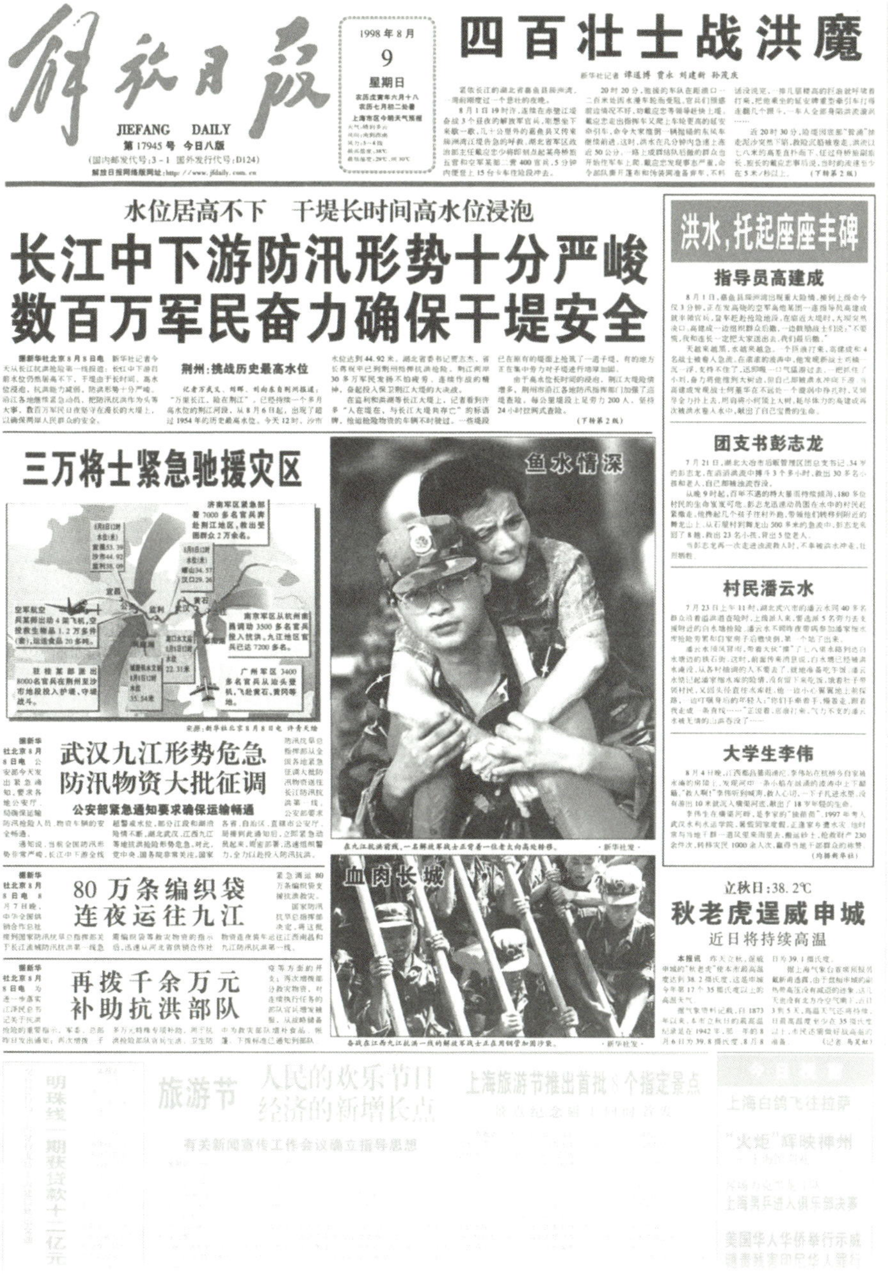
解放日报
JIEFANG DAILY
第17945号 今日八版
(国内邮发代号:3-1 国外发行代号:D124)
1998年8月9日 星期日

四百壮士战洪魔

新华社记者 谭运博 贾永 刘建新 孙茂庆

(下转第2版)

水位居高不下 干堤长时间高水位浸泡
长江中下游防汛形势十分严峻
数百万军民奋力确保干堤安全

据新华社北京8月8日电 新华社记者今天从长江抗洪抢险第一线报道：长江中下游目前水位仍然居高不下，干堤由于长时间、高水位浸泡，抗洪能力减弱，防洪形势十分严峻。沿江各地继续紧急动员，把防汛抗洪作为头等大事，数百万军民日夜坚守在漫长的大堤上，以确保两岸人民群众的安全。

荆州：挑战历史最高水位

(下转第2版)

三万将士紧急驰援灾区

武汉九江形势危急 防汛物资大批征调
公安部紧急通知要求确保运输畅通

80万条编织袋连夜运往九江

再拨千余万元补助抗洪部队

鱼水情深

血肉长城

洪水，托起座座丰碑

指导员高建成

团支书彭志龙

村民潘云水

大学生李伟

立秋日：38.2℃
秋老虎逞威申城
近日将持续高温

（图 14-1）

（图 14-2）

（图 14-3）

（图 14-4）

主题突出：向抗洪救灾的英雄——解放军致敬（图 14-2）。

  又比如获得二等奖的《解放军报》1998 年 8 月 20 日头版，以"雄师，在洪水中显威"的大标题和身穿救生衣的官兵们举拳呐喊的大幅新闻照片组合而成的"抗洪抢险风采录"为头条，以"数万官兵殊死保大庆"的大标题和题为"生命之堤"的大幅新闻照片沉底，整个版面上所有图文全部集中于一个主题：为抗洪救灾的英雄——解放军骄傲（图 14-3）。

  在那一年的全国报纸版面年赛上获得金、银、铜奖的版面中，也有不少是记录"九八抗洪"的。如获得金奖的《人民日报》1998 年 8 月 13 日头版，在"中流砥柱　钢铁长城"的头条大标题下，刊登了三篇解放军抗洪救灾的报道和一张新闻照片（图 14-4）；另一个获得金奖的《大众日报》1998 年 9 月 11 日头版，以大幅新闻照片聚焦灾区人民送别抗洪救灾的子弟兵。此外，银奖版面中的《战士报》《农民日报》《重庆日报》，铜奖版面中的《河北日报》《福建日报》等，都是以歌颂解放军抗洪救灾英雄事迹打动读者和评委的。

  我们《解放日报》8 月 9 日的头版获得版面三等奖、全国报纸版面年赛金奖。这个头版虽然也充分展现了子弟兵这抗洪救灾中舍生忘死的精神，但与上述各报略有不同：我们把关注点放在灾情上。

时任解放日报总编辑秦绍德回忆说："按照当时的规矩，地方报纸不允许自行采访报道隔省灾情。可是，武汉水灾牵动着全国人民的心，报社国内报道部的同志们早就整装待发，急得嗷嗷叫。在这当口，报社党委毅然决定把他们派到抗洪第一线。稿照写，什么时候见报，见机行事。"

其实，我们夜班编辑心里和前方记者一样憋屈，因为按照当时的规定，长江流域洪灾的报道只能采用新华社的稿件，然而——

8月1日，湖北嘉鱼县簰洲湾江堤突然决口，前往救援的解放军一车人被卷入洪流漩涡，多名官兵牺牲，境外媒体透露了消息，但新华社没有报道；

8月6日，荆江河段出现历史最高水位，威胁整个江汉平原，当晚向50万人下达分洪转移令，新华社也没有报道；

8月7日，九江大堤突然决口，洪水直扑市区，全城告急，新华社还是没有报道。

这些都是人们最为关心的新闻，那时虽然还没有微博微信，但网上和坊间的传闻还是沸沸扬扬，境外媒体更是捕风捉影，而我们却不能报道。

当时我是夜班编辑部主任，每天晚上坐在编辑台前，只能双眼死死盯着电脑屏幕，关注网上动态，翻看每一篇新华社稿……

8月8日，《中国青年报》的头版令人一惊：该报著名摄影记者贺延光8月7日在得知九江大堤决口的消息后立即赶赴现场，从下午4时许到次日凌晨0时许，连续通过电话向北京的编辑部发回八篇动态快讯和现场照片，而中青报的编辑也是大胆突破，在头版头条下面十分显著的位置刊登了溃堤照片和全部八条快讯（图14-5）。

然而，即便《中国青年报》捅出了九江决口的消息，新华社8日发自九江的报道中对此还是只字未提。我不甘心，继续在新华社稿库中搜索，终于在图片库里发现一组发自九江的官兵抗洪新闻照片，虽然文字说明中没有提及决口溃堤的内容，但起码反映了九江的严峻灾情。我毫不犹豫地将这组照片分配给头版编辑秦川和王欣之。

也是在8月8日，新华社播发了题为"四百壮士战洪魔"的通讯，稿件中"簰洲湾"三个字倏地抓住了我的视线——这是新华社以报道子弟兵舍己救人英雄壮举的方式首次披露军车落水的消息，虽然稿件中没有透露伤亡人数，但还是具体描述了两位军人为救人而牺牲的细节。我毫不犹豫地将这篇稿件分配给头版编辑秦川和王欣之。

也是在8月8日，新华社播发了一系列支援抗洪救灾的稿件，其中包括党中央紧急调集三万官兵奔赴长江流域第一线守堤护坝，是解放战争渡江战役以来我军在长江沿岸投入兵力最多的一次重大行动，也是新中国成立以来最大规模的救援用兵。稿件中提到各军兵种出动的人数和驰援的地点，另外还有大批救灾物资和救援资金正向灾区征调。我也是毫不犹豫地将这些稿件分配给头版编辑秦川和王欣之。

还是在8月8日，新华社一条长江中下游汛情的综合报道稿，一一描述了长江沿岸荆州、武汉、宜昌、岳阳、九江、安徽、南京等地段的严峻形势，数百万军民正迎接洪峰严防死守。文中重点报道各省书记省长亲临一线指挥、军民"誓与大堤共存亡"的决心和行动，同时透露：长江大堤长时间高水位浸泡，且洪峰将临，险象环生，险情不断。我不仅毫不犹豫地将这篇稿件分配给头版编辑秦川和王欣之，还因此大致形成了头版的编辑设想。

我立即和陈忠标、张文昌两位副主任一起商议，很快形成共识：在坚持军民协力抗洪救灾主旋律的前提下，在新华社稿库中"挖地三尺"，千方百计披露灾情。

首先，我们设想，将"长江中下游防汛形势十分严峻，数百万军民奋力确保干堤安全"的综合稿推上头版头条。自洪水发生以来，作为地方报纸，只有党中央、国务院、中央军委致全国抗洪救灾军民的慰问电上过头条，灾情的报道多是刊登在内页，即使上头版也只是登在下部。今天我们把灾情报道推上头条，就是用版面语言表达我们的判断：长江洪峰险情加剧，抗洪救灾已经成为压倒一切的任务。这也为整个头版定了调。顺便提一句，8月9日，也就是我们这个头版头条见报的当天，《人民日报》在头版头条发表题为"当前头等大事"的评论员文章，开宗明义地指出："当前，长江防汛形势十分严峻，中央要求要把长江抗洪抢险工作作为当前头等大事，全力以赴抓好。要坚决严防死守，确保长江大堤的安全，不能有丝毫松懈和动摇。"可见，我们的判断与中央的要求完全合拍。

头条为头版定了基调，其他要素便可依次展开。

簰洲湾溃堤，多名官兵为抢救人民生命财产遇险遇难——传递这一重要信息的新华社通讯《四百壮士战洪魔》刊登在报眼，这是头版的最高部位。

三万将士紧急驰援灾区——传递这一重要信息的新华社文字稿件，由美术编辑许青天改编成示意图，各路大军的所属部队、人数、目的地、任务等一目了然。

抗洪救灾前线英雄辈出——头版编辑们从这个弘扬主旋律的角度出发，在连日来的新华社稿库中搜寻出多篇报道英雄事迹的稿件，浓缩集纳成栏目"洪水，托起座座丰碑"，聚焦一个真实而又沉重、忌讳而又不应回避的话题：牺牲。

九江决口更是不应回避的——事后得知，温家宝副总理当时曾亲临九江指挥堵口抢险。为了及时报道决口这一重大险情，我们选择新华社当天发自九江的新闻照片作为头版主图，尽管文字说明没有提及决口，尽管画面上也看不出决口，但我们还是力图在规定许可的前提下，通过展现那一天九江抗洪救灾的现场，以强烈的视觉冲击力向读者"暗示"那里发生了"大事"，并以此作为经得起后人查阅的历史档案。

在那一组新闻照片中，有一张是战士们正在九江大堤上齐心协力用钢管加固沙袋，画面颇具力度，且动感十足，很能体现抗洪精神，选择这张作为主图是顺理成章的。但是，我却更加倾心于另一张：一位文绉绉的解放军少尉正背着一位老大娘向高处转移，老大娘的满脸愁容打动了我。这愁容也许没有体现出我们媒体常见的"正能量"，画面的力度和动感也都不及战士们加固沙袋的那一张，但我觉得，这愁容是灾民的真实写照，是灾情的真实反映，是九江决口的真实缩影，没有什么比老百姓遭受痛苦、生命安全受到威胁更能促使党中央下令将抗洪救灾作为当前头等大事，没有什么比拯救成千上万像这位老大娘一样的父老乡亲更需要紧急出动数万大军。因此我建议，打破常规，用这张题为《鱼水情深》的愁容照片作为头版的主图，将战士们在大堤上奋勇加固沙袋的照片配以《血肉长城》的标题作为副图，上下合一，相互呼应，突出"防汛形势十分严峻"的主题，彰显"千方百计披露灾情"的效果。

那天是星期六，秦绍德总编辑值夜班，亲临一线指挥，分管夜班的副总编辑吴谷平在家待不住，也赶来报社。两位老总与我们想法完全一致，当即批准了我们的头版编辑方案。

当然，这个版面也留有些许遗憾：如果我们胆子再大一点，在《四百壮士战洪魔》的标题中加入"簰洲湾"这一要素，在《鱼水情深》《血肉长城》的标题中加入"九江"这一要素，披露灾情、预告严峻形势的效果会更好些。

相关链接

1. 我国报纸关于水灾的报道

1998 年的长江洪灾是长江流域 1954 年以来最严重的一次。那么我国的报纸对 1954 年的洪灾是如何报道的呢？

以《人民日报》为例。那时的《人民日报》还是竖排，通常情况下，标题全都是二栏高，稿件按顺序排列，只有上下前后之分，视觉强势只是通过字体的变化有所表现，而且头版很少刊登新闻照片。

在 1954 年 7 月和 8 月的 62 天中，《人民日报》有 53 天刊登了关于长江流域洪灾的报道，其中有 33 天是在头版刊登的。

荆江分洪是那一年抗洪救灾的一件大事。分洪之前 11 天，7 月 11 日，《人民日报》就在头版底部刊登消息《荆江分洪指挥部成立》，以工作报道的形式公开预告了即将分洪的信息。在十多万人搬迁转移之后，7 月 22 日凌晨，荆江分洪区进洪闸开闸蓄洪，7 月 23 日《人民日报》在头版作了报道（图 14-6）。7 月 29 日第二次分洪，《人民日报》在 31 日又在头版报道。在此期间，该报头版还陆续报道了武汉市防汛指挥部负责人介绍防汛工作部署情况、武汉市水位变化情况、抢险大军加固堤防的情况以及三次洪峰通过荆江大堤的情况等。总体上来说，这一年抗洪救灾的报道中"抗""洪""救"的新闻要素都有了，而且是较为客观、充分的，只是"灾"的新闻要素缺失——没有报道人员伤亡和经济损失情况。

1969 年夏天，中国有两起山洪暴发的新闻上了报纸。这本是局部地区的洪水，规模不大，即使在今天媒体也未必会报道，那时却受到党报的高调报道，是什么原因呢？原来那并不是灾难报道，而是英雄事迹报道。换句话说，这两个抗洪救灾报道，旨在报道"抗"和"救"，"洪"和"灾"只是捎带的。

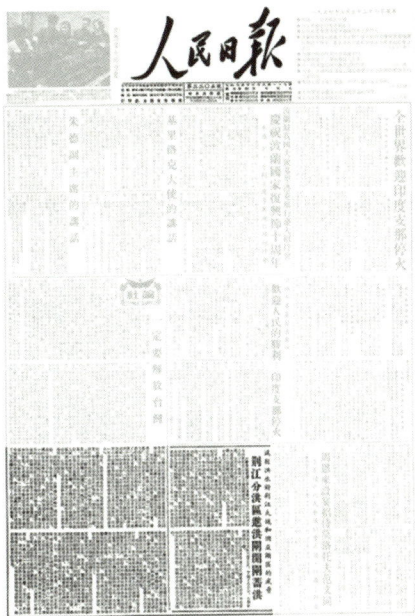

（图 14-6）

这一年的 7 月 5 日，皖南山区遭遇百年罕见的特大山洪，黄山茶林场有 11 位上海知青为了抢救集体财产被洪水卷走。8 月 18 日，《解放日报》在第二版和第三版以整整两个版的篇幅刊登通讯《黄山青松映丹心》和评论《红卫兵继续革命的光辉榜样》。人们为这些青年人的精神感动，同时也从报道中得悉山洪暴发的新闻。

这一年的 8 月 15 日，黑龙江省逊克县因连降暴雨引起山洪暴发，在那里插队落户的上海知青金训华为抢救被洪水冲走的战备电线杆而牺牲。当年 10 月 26 日，《解放日报》《文汇报》和《黑龙江日报》同时刊登报道这一英雄典型的长篇通讯《活着就要拼命干，一生献给毛主席》，28 日，《解放日报》刊登由陈逸飞等青年画家创作的宣传画《金训华》，轰动全国。12 月 4 日，《人民日报》在头版头条刊登《红旗》杂志评论员文章《革命青年的榜样》，并在第三版以整版篇幅刊登金训华日记摘抄。同样，读者在这激情澎湃的事迹报道中也读到了水灾的点点滴滴。

时间来到 1975 年,这一年的 8 月,第 3 号台风闯入我国腹地,造成特大暴雨,致使河南省驻马店的板桥水库和石漫滩水库两座大型水库及五十多座中小型水库相继发生垮坝溃决,近 60 亿立方米的洪水肆意横流。河南、安徽两省有 29 个县市 1,015 万人受灾,倒塌房屋 524 万间,冲走耕畜 30 万头。京广铁路被冲毁 102 公里,中断行车 16 天,影响运输 46 天,直接经济损失近百亿元,成为世界最大的水库垮坝惨剧之一。

然而,或许是没有出现像黄山茶林场 11 位知青和金训华那样的英雄,或许是记者们没有发现那样的英雄,我国报纸竟对"抗""洪""救""灾"均无一字报道,而且伤亡人数一直作为"国家机密"禁止对外公布。直到几十年后有关数据才陆续公开,但并不是在报纸上公开,而且口径不一。据河南省委当时的初步统计,全省死亡 85,600 多人,连同外地在灾区死亡的人数在内,最多不超过 10 万人。后来新华社内参认为,死亡最多不会超过 4 万人。二十世纪八十年代,一批全国政协委员就三峡工程进行调查后撰文披露,板桥惨案死亡人数达 23 万。1999 年出版的《中国历史大洪水》一书中记载,死难者超过 2.6 万人。这一数字后来成为"官方数字"。

1998 年,我国发生自 1954 年以来最严重的洪涝灾害,但这一次的抗洪救灾报道有了根本性改变。以《人民日报》为例。1998 年 6 月下旬,该报就在内页报道"闽赣军民奋力抗洪抢险""国家防总指出当前防汛工作已进入关键阶段"等。7 月 5 日,国家防办的第五号"汛情通报"罕见地刊登在头版,大规模的抗洪救灾报道由此拉开了序幕。纵观 7 至 8 月《人民日报》的版面可以发现,"抗""洪""救""灾"各个新闻要素的报道都各有特点。

一是大力唱响"抗""救"主旋律。从 8 月 14 日至 17 日,江泽民总书记亲临第一线慰问抗洪救灾大军并慰问灾民,《人民日报》连续四天在头版头条强势报道,江泽民在湖北视察抗洪抢险工作时的讲话全文《夺取长江抗洪抢险决战的最后胜利》更是以通栏标题刊登;朱镕基总理几次视察一线的报道也都在头版头条见报。8 月 13 日,以图片和文字集中报道解放军和武警官兵抗洪救灾的栏目《中流砥柱 钢铁长城》在头版头条顶天立地,占据了大半个版,此后半个月在内页出现了不下十次,成为该报抗洪救灾报道的主打栏目。8 月

12 日，第四版以三栏标题刊登人民日报记者和新华社记者合作采写的通讯《在洪水中永生——记为抢救战友英勇现身的连指导员高建成》，稿件近千字；26 日，该报重新刊登这两位记者外加两位通讯员的报道《大江中永生——记"抗洪英雄"高建成》，这次与上次明显不同：报道上了头版，而且是通栏沉底，十分醒目，篇幅增加到五千多字，配发高建成的照片和评论《新时期最可爱的人》，把典型人物的宣传推向高潮。在 8 月中下旬的十多天里，《人民日报》一至五版几乎全都有抗洪救灾的报道，副刊版面也刊登相关文章、作品以及宣传抗洪救灾的公益广告。

二是及时通报"洪"的信息。《人民日报》从 7 月起在头版多次刊登汛情通报。7 月 5 日的通报中透露，长江干流监利水文站水位已超过历史实测最高水位 0.01 米。7 月 25 日更是极为罕见地在头版头条报道国家防总的紧急通知，文中透露："长江已经出现继 1954 年之后的第二次全流域性洪水，中下游部分河段和洞庭湖水位将接近或超过历史最高水位，防汛形势将更加严峻。"这些重要预警虽然都只是隐藏在文字中，没有在标题中标出，但与以往相比，已经有明显的突破了。7 月 26 日，头版主图是一张滔滔洪峰顺利通过三峡坝址的新闻照片，画面中没有"抗"和"救"的要素，只是"洪"，客观报道。

三是多方披露"灾"的信息。灾情往往被看作是负面信息，多少年来，党报通常不报道。在 1998 年的抗洪救灾报道中，这种情况有了很大程度的改变。

比如，6 至 7 月持续半个多月的高强度降水在赣鄱大地泛滥成灾，江西全省倒塌民房 45 万多间，近百万公顷农田受灾——这样的灾情是借助朱镕基总理慰问灾民的报道巧妙地透露的。

又比如，7 月 21 至 22 日，百年罕见的特大暴雨袭击湖北各地，暴雨中心的武汉市两天降水量达 457 毫米，创历史最高记录。城区主要道路和楼房积水，水深处达 2 米以上，交通一度瘫痪——这样的灾情是以"武汉万众迎战特大暴雨"这样满满正能量的报道巧妙透露的。

再比如，8 月 7 日下午，九江市区以西约 4 公里处的城防大堤 4 号和 5 号闸门之间突然陷塌，出现 80 米的决口，汹涌的江水如脱缰野马，急速向城区方向涌去——这一重大灾情《人民日报》和新华社当天都没有报道，直到 8 月

10 日，经过当地军民、技术人员不分昼夜协同作战，堵口围堰合龙、险情得到控制时，新华社才发稿，《人民日报》于次日在头版报眼显著刊登，标题是这样的：

江泽民十分关注　朱镕基亲赴现场

军民奋战九江市防洪墙堵口围堰合龙

报道以"围堰合龙"的正能量新闻引出"九江决口"的灾难新闻，并且简要交代了灾情："这次决口，九江城区未受淹，没有人员伤亡，城市秩序井然，市民工作、生活一切如常。"

然而，按照堵口的抢险方案，整个过程包括 9 日铁架合龙、10 日木桩合龙和围堰合龙、11 日堤坝基本合龙、12 日实现堵口合龙。所以，围堰合龙只是阶段性胜利，但这足以使负面新闻成为正面新闻，汇入高昂的主旋律。

8 月 13 日，《人民日报》头版头条的《中流砥柱　钢铁长城》栏目中有一条题为"金戈铁马鏖战急"的通讯，报道说，"8 月 12 日下午 6 时 30 分，是一个激动人心、万众瞩目的时刻。九江长江大堤决口胜利地实现了堵口合龙，滚滚洪水被制服了。"通讯详细描述了 5,000 余名解放军和武警官兵五天五夜在长江大堤上的殊死搏斗过程，九江决口的灾难新闻以英雄颂歌的形式得到披露。

中国权威部门后来正式公布了 1998 年中国大洪水损失报告，新华社于 1999 年 4 月 25 日作了报道：29 个省、自治区、直辖市遭受了不同程度的损失。据统计，农田受灾面积达 2,229 万公顷，成灾面积 1,378 万公顷，死亡 4,150 人，倒塌房屋 685 万间，直接经济损失 2,551 亿元。

2.北美报纸对"卡特里娜"飓风的报道

2005 年 8 月 29 日，飓风"卡特里娜"在美国南部密西西比河口登陆，风暴潮给路易斯安那州、密西西比州和阿拉巴马州带来严重破坏，经济损失逾 2,000 亿美元，1,800 多人丧生，是美国历史上破坏最大的飓风。路易斯安那州最大的城市新奥尔良防洪堤决口，全市八成地方被洪水淹没，损失尤其惨重。

美国各报都对这次飓风进行了大规模的追踪报道，但通过版面语言显示出在"救"与"灾"的尺度把握上的微妙差别。

8月30日，飓风在密西西比河口登陆次日，重灾区路易斯安那州、阿拉巴马州和密西西比州三家主要报纸的头版侧重点就有所不同。

在受灾最严重的路易斯安那州新奥尔良市，当地《时代花絮报》30日头版的基调是"救"和"灾"平分秋色（图14-7）。"灾"体现在头条通栏标题上，主题只是一个单词："毁灭性灾难"，采用超大号的黑体字；副题用新闻事实补充："护城堤决口洪水威胁城市"，以最简洁的文字呈现了新奥尔良万分危急的灾情。"救"则体现在头版主图上，编辑选用了两名警察在齐胸深的水中将一位老人从家中解救出来的新闻照片，画面上一名警察紧紧抱住老人，另一名警察为老人引路前行，老人则神情镇定，呈现的是有惊无险，颇具人情味。从视觉效果来看，这个头版既凸显"灾"，又突出"救"，"坏新闻"中饱含"正能量"，编辑的用心可见一斑。

在邻近的阿拉巴马，该州最古老的报纸《莫拜尔纪事报》则不像《时代花絮报》那样在"救"和"灾"之间搞平衡，而是一边倒，以"灾"为头版的主调（图14-8）。头版头条通栏标题不用概括性的虚题，而是用最令人惊骇的新闻要素作实题："卡特里娜夺55条人命"。头条报道中不仅详细交代了已经确认的55人死亡的情况，还告诉读者，大水中有一些居民未能得救，恐怕

（图 14-7）

（图 14-8）

（图 14-9）

（图 14-10）

已经罹难，言下之意，死亡人数还会增加。与主标题突出生命损失相呼应，头版的主图突出财产损失：莫拜尔县的一名灾民在夷为废墟的家园抱头叹息。

如果说《莫拜尔纪事报》的头版是在客观地记录灾害，《密西西比报》的头版则可以说是在哀号了。头版主图中，在东倒西歪的房屋前，失去家园的灾民孤独而又无助，通栏大标题仿佛道出他们心中的悲泣："完了，我们失去了一切"（图 14-9）。

然而，由于联邦政府救灾反应迟钝，在此后的两天里灾区灾情急剧恶化，死亡人数飙升，新奥尔良一度陷入无政府状态，劫匪大肆烧杀抢掠和强奸，甚至与警方发生枪战，该市市长向外发布了"绝望的 SOS"。从 8 月 31 日到 9 月 2 日，不少报纸以"绝望的 SOS"为头版头条大标题，从不同角度记录了那黑暗悲惨的日子。

路易斯安那州《每日广告报》在巨大的 SOS 标题下抱怨救援的缺失。报道聚焦在水中受困两天半的新奥尔良市民的窘境："没有吃没有喝，什么东西也没有；没有警察没有海岸警卫队，什么救援也没有。"

堪萨斯州《劳伦斯世界日报》在 SOS 标题下抱怨灾民的无助。头版主图是一位老人在雨中等待救援的巨幅照片，画面中这位名叫亨德里克斯的 84 岁黑人老太虽然披着美国国旗遮风挡雨，但满脸愁容掩不住对国家的失望（图 14-10）。

特拉华州《新闻日报》在 SOS 标题下抱怨城

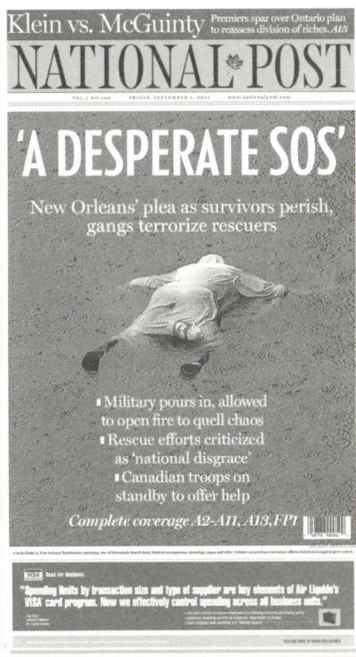

（图 14-11）　　　　　　　（图 14-12）　　　　　　　（图 14-13）

市的混乱。头条稿件是关于城市陷入无政府状态的报道：抢劫频发，警匪交火，至少两百名警察因此辞职走人，其中有两名自杀，新奥尔良居民纷纷逃离。主图显示，人们拥挤在车站争相出城，但公交车始终没来（图 14-11）。

　　加拿大《全国邮报》在 SOS 标题下直白地暴露灾民的死亡。一幅尸体漂浮在水面的特写照片占据了整个头版（图 14-12）。这原本是一张全景照片，尸体只是处于画面的一侧，《纽约时报》选用这张全景照片，旨在全面展现新奥尔良城内的惨景（图 14-13）；而《全国邮报》的编辑将全景照片剪裁成特写照片，刻意突出尸体，将 SOS 推向顶点。

　　直到大量灾民被困在洪水中的第五天，即 9 月 2 日，美军救援人员才进入新奥尔良，当天，美国总统小布什来到灾区慰问灾民，并于次日宣布再增派 7,000 名军人前往救灾。对此，各报表达了不同的态度。

　　小布什总统出场，一些报纸还是很给面子的，如密苏里州《堪萨斯城星报》，

（图 14-14）

（图 14-15）

（图 14-16）

（图 14-17）

用他拥抱安慰灾民的特写照片作为头版主图：姐妹俩哭着告诉总统，除了身上穿的衣服，她们已经一无所有；总统伸开双臂将她们抱在怀里，眉宇紧锁，亲吻着姐姐的头，画面十分煽情（图 14-14）。头版头条的报道是典型的"小骂大帮忙"：虽然文稿中描述了灾区的惨状，倾诉了灾民的抱怨，提到了地方官员对联邦政府和国会救灾措施不力的指责，但通栏大标题却是"正面"的："布什保证，救援来了"。

同样是以小布什安慰灾民姐妹俩的照片作为头版主图，纽约州《旗帜邮报》的编辑却用一个质问式的大标题把画面中的温情变成了怨情："你为何这么久才来？"（图 14-15）由于大标题和小布什与灾民的大照片编排在一起，读者难免会将标题中的"你"解读为小布什。报道集中反映了灾民对救援部队姗姗来迟的不满。

对于首批国民警卫队救援人员的到来，各报也是反应迥异。亚利桑那州《东谷论坛报》头版以一张颇具人情味的大照片温暖人心：在救援直升机上，士兵俯身微笑，他的手和获救灾民的手紧紧握在一起。大标题与大照片相呼应，虽然没有把话说满，却也不乏感激之情："终于，些许安慰"（图 14-16）。

印第安纳州《时报》的调子却与《东谷论坛报》明显不同，既不秀小布什的温情，也不给救援部队唱赞歌，而是公开叫板（图 14-17）。面对各界的批评，小布什表示联邦政府反应迟钝救灾不力的结果是"无法接受的"，他在慰问灾区时承诺尽快提供食品和医药援助、恢复供电，并严厉打击抢劫犯罪。《时报》引用小布什的表态作为头版头条大标题："无法接受"，配之以新奥尔良灾民在一片狼藉的市中心等待救援的全景俯视照片，副题中更是把攻击矛头明确指向联邦应急管理署。如此不留情面咄咄逼人的头版，在各报中也是少见的。

迫于压力，白宫和国会 9 月 6 日宣布将对联邦政府在应对飓风袭击过程中是否存在失误展开调查，9 月 9 日宣布撤换联邦应急管理署署长。

1999

15. 抗议北约炸我使馆：
把握导向

1999 年 5 月 7 日深夜（北京时间 5 月 8 日清晨），美国出动 B-2 隐形轰炸机发射三枚精确制导炸弹，击中位于贝尔格莱德的中国驻南斯拉夫大使馆，新华社记者邵云环、光明日报记者许杏虎和夫人朱颖被当场炸死，数十人受伤，馆舍严重损毁。消息传来，举国愤怒。我国政府向以美国为首的北约提出最强烈抗议，各地的大学生和民众纷纷上街游行。《解放日报》次日的头版在突出报道北约暴行的同时，显著刊登上海大学生理性抗议示威的大幅新闻照片，以表达义愤（图 15-1）。

5 月 8 日是星期六，轮到我休息。但中午醒来得到消息后，报人的本能驱使着我，立即赶往编辑部，和同事们一起带着悲愤的心情准备编排次日的版面。

编辑台的电脑屏幕上，稿件和图片铺天盖地——

我国驻南使馆被炸是新闻事件的主体。新华社播发的一组新闻照片，从多个角度展示了馆舍内外的惨景。这是北约暴行的铁证。

三位新闻工作者被炸死，是整个事件中最令人心痛的，也是最能激起全

解放日报
JIEFANG DAILY

第18218号　今日八版

（国内邮发代号：3-1　国外发行代号：D124）

解放日报网络版网址：http://www.jfdaily.com.cn

1999年5月
9日
星期日

农历己卯年三月廿四
宜西历四月初七大课
上海地区今明天气预报
天气：今天阴有阵雨
最高气温：24℃　最低气温：20℃
最低气温：17℃

北约公然侵犯中国主权
中国人民绝对不能容忍

全国人大全国政协外事委员会等分别发表声明

北约悍然轰炸我驻南使馆
中国政府提出最强烈抗议

声明指出：中国政府和人民对这一野蛮暴行表示极大愤慨和严厉谴责，以美国为首的北约必须对此承担全部责任，中国政府保留采取进一步措施的权利

强烈谴责北约野蛮侵略行径
上海数千名大学生示威游行

由上海市学联组织，向市公安局申请并获批准

市学联主席代表全市百万大中学生向美国驻沪领事馆递交抗议信

中华民族不可辱！
北京广州成都大学生示威游行
强烈抗议北约轰炸我驻南使馆

外交部副部长王英凡奉命紧急召见美驻华大使
向北约提最强烈抗议

安理会表示震惊关注
秦华孙说北约行为应当受到惩治

中国政府派小组赴南斯拉夫

强烈谴责美国为首的北约的血腥罪行
《人民日报》评论员

全国记协代表55万新闻从业人员
最强烈谴责北约加害中国记者
新华社和光明日报社负责人分别对新华社女记者邵云环和光明日报记者许杏虎及妻子朱颖表示哀悼

唁电

解放日报社新闻信息中心
1999年5月8日

（图 15-1）

世界人民的义愤的。

中国政府的严正声明，向以美国为首的北约提出最强烈抗议，措辞之严厉前所未有，表达了全体中国人民的心声。

全国各地大学生示威游行，声势浩大，与中国政府的最强烈抗议形成呼应。

该如何从上述这些纷繁的素材中理出头绪呢？

我们最初的方案是，将北约轰炸我使馆和中国政府最强烈抗议这两个要素合并作为头版头条，以被炸使馆废墟的新闻照片加上三位烈士的遗像为主图。

大学生示威游行，我们的摄影记者在上海街头、在美领馆门前拍摄了大量新闻照片，画面上群情激愤。

我们认为，面对以美国为首的北约如此令人发指的暴行，出于拥护中国政府发出的最强烈抗议，大学生涌上街头示威游行是合情合理天经地义的。

但我们知道，十年以来，学生游行一直是高度敏感话题，主流媒体从不轻易触碰，因为一旦失控，就会适得其反，出现意想不到的后果。

此时此刻，这是一个需要冷静判断、周密思考、慎重处理的问题。应该报道还是应该回避？如果报道，是如实报道还是有选择地报道？是充分报道还是低调报道？如果回避，那么怎能体现中国人民正义的呼声？

对于党报编辑来说，这无疑是一种考验。

赵凯总编辑亲自坐镇指挥，并提出要求：准确领会中央精神，牢牢把握舆论导向。

在新华社当天播发的稿件中，有大量关于各地大学生示威游行的报道，其中一条发自北京的消息，紧接着导语之后特别醒目地提到，"经公安部门批准，大学生们集队来到美国驻华大使馆门前"。我立即从这句话中引起注意，并从中悟出中央的意图。

浏览人民日报网络版，发现北京大学生抗议游行的报道非常突出，甚至美国驻华使馆门灯被砸的照片也上网了。我们从中隐约感到，央媒的尺度非同一般。

深夜，与人民日报总编室电话联系，得知他们头版的设计方案：头条是我国政府的严正声明，各地高校学生示威游行的报道置于报眼和右上角，占据很大的篇幅，在美国大使馆前抗议的新闻照片以六栏的强势横放在头版中央。从中我们悟出了央媒的导向。

心里有了底，我们立即调整原来的版面设想，新的头版编辑方案很快提交：

首先，将学生示威游行的报道提升到显著版位，将照片放大。摄影记者郭天中、金定根在现场拍摄了大量新闻照片，我们剔除了那些情绪过激、举动出格、场面混乱的，选出一张学生们排成一行行横队、手持横幅向美领馆表示强烈抗议的画面，放在头版视觉中心位置，用版面语言传递这样的信息：大学生示威游行声势浩大，义愤填膺，理性有序。将这张照片在头版突出处理，表明报社对经过批准的合法游行持支持态度。

其次，保留原来的做法，把大使馆被炸作为新闻事件的主体，将馆舍的新闻照片置于右上角突出处理，将三位烈士的遗像和全国记协对北约的谴责、本报全体同仁的唁电合编在一起，表达对三位同行的哀悼。《人民日报》只以较小的篇幅将两张馆舍的照片置于头版底部，三位烈士的遗像则被置于内页（图15-2）。我们没有参照这样的做法。

第三，我们坚持将整个头版全部用来刊登这一组报道，不再刊登其他新闻。因为"包场"也是一种版面语言的表达方式，说明报社对这一组报道的重视。

第四，这一天的报纸全部改成黑白印刷，以表示对烈士的哀悼。

（图15-2）

第二天，5月10日，各报都在头版头条显著刊登胡锦涛副主席发表电视讲话的全文。胡锦涛除了谴责以美国为首的北约的野蛮暴行、向我使馆人员表示问候、向烈士表示哀悼，还特别强调坚决支持、依法保护符合法律规定的抗议活动，相信广大人民群众一定会从国家的根本利益出发，自觉维护大局，使这些活动依法有序地进行。

这几层意思，提取哪一个作为标题呢？我们领会，维护大局、依法有序，才是胡锦涛讲话的关键词、立足点。如果把眼光再放远一点，从中美关系的未来考虑，中央显然是要为平稳解决这场危机留出余地。如果将"谴责北约暴行"和"支持抗议活动"这两个要素作为标题，就有可能令人对胡锦涛的讲话精神产生误解；而如果将"自觉维护大局，防止过激行为"作为大标题标出来，在当时的语境下也不甚合适。该如何把握拿捏分寸呢？最终我们采用了我们通常舍弃的公报式标题："胡锦涛发表电视讲话"。但在下面的提要题中，我们把"维护大局"那一段话完整地摘出，以小字号、低分贝呈现，适度地提醒，避免与群众强烈的爱国热情发生冲突（图15-3）。

中国政府派出的专门小组到达贝尔格莱德后，向三位遇难者的遗体告别，新华社播发了家属在遗体前放声痛哭的新闻照片。画面上遇难者的面容清晰可见。这样的照片应该如何处理？

5月10日，一些报纸把这三张血腥而又悲惨的照片全都放在头版，而且配上煽情的标题，夺人眼球，令人悲愤，催人泪下（图15-4）。

（图 15-3）　　　　　　　　（图 15-4）

　　然而，我们没有把这一"猛料"刊登在头版，而是放在内页。我们不在头版刊登这样的画面，理由有三。其一，有可能会使部分读者产生感官不适。其二，有可能会对死者家属造成进一步的心理伤害。其三，有可能进一步激化人们的情绪，这与胡锦涛讲话的精神不符。

　　循着这样的思路，我们为使头版的基调与胡锦涛讲话精神保持一致，以较大的篇幅刊登各界响应胡锦涛讲话的稿件，职工突出"立足岗位多做贡献"，学生突出"学好本领报效祖国"，部队突出"演兵场上士气高昂"，而且配发带有图解性质的照片：工人在工地加班，学生在校园集会声讨北约暴行。这两张照片隐含着这样的信息：抗议示威不一定要上街，可以在校园进行，而最好的抗议是好好学习好好工作。

　　如今回头审视这个头版，导向无疑是正确的，但手法有些老套，语言多是说教，画面平淡直白，整个版面显得呆板，不够吸引人。由此看来，坚持正确的舆论导向固然重要，高超的表达方式也是不可或缺的。

　　5月12日，三位烈士的骨灰回到北京，江泽民等党和国家领导人到新华社和光明日报社悼念并慰问烈士亲属，天安门广场降半旗志哀。13日的头版应该如何处理？是否还要黑白印刷？

　　综合分析当天新华社播发的主要图片之后，我们决定，设计一个用色彩"说话"的头版（图15-5）：报头和报头线不用彩色，都用黑色，这是志哀的表达方式，但图片则要用彩印，因为这些彩色新闻照片都以黑和蓝灰为主色调，与报道的气氛也相当融合，而最为有力地促使编辑下决心用彩色的因素，则是两幅照片中居于画面中央的那一点红色！按理说，志哀场合是忌讳红色的，但在这个特殊的志哀时刻，这几点红色具有极为特殊的意义，更是新闻中最重要的因素之所在：右上角天安门广场低垂的国旗是鲜红的，

（图 15-5）

右下角接回烈士骨灰专机舷梯上的地毯和覆盖在烈士骨灰盒上的国旗也是鲜红的。我们在这个志哀的版面上充分运用这几点红色，旨在传达这样一个简单而重大的信息：共和国给予三烈士最高礼遇。

与之相呼应的是头版头条主标题。我们没有采用"江泽民等沉痛悼念邵云环许杏虎朱颖烈士"这样的实题，而是将中央领导悼念、天安门广场下半旗、专机舷梯铺上红地毯、骨灰盒上覆盖国旗等这些新闻要素综合抽绎，从这些隆重规格的同时出现中提炼出一个简洁而寓意深刻的虚题："共和国向三烈士志哀"。这样的规格叠加在共和国哀悼烈士的历史上是罕见的，这是新闻眼。标题、色彩、版面设计都力求突出这样的新闻眼。

相关链接

1.《纽约时报》对 5.8 事件的报道

北约轰炸中国驻南斯拉夫大使馆，出动的是美国飞机，发射的是美国导弹，美国是地地道道的当事方。而美国报纸对此事却甚为低调，而且躲躲闪闪。

以美国报纸中执牛耳的《纽约时报》为例。一年前，美国驻肯尼亚大使馆被炸，该报头版头条用的是通栏标题。而 5 月 8 日报道美国炸中国大使馆，该报虽在头版头条报道，但只是用三行四栏标题（图 15-6）：

北约空袭击中中国使馆
北京声称是"野蛮行为"
盟国承认轰炸的是医院

尤其令人惊奇的是，从标题上看，

当事方竟然是北约、是盟国，根本没有美国的事！纽约时报编辑的"政治意识"和"把关水平"可见一斑。

更加令人惊奇的是，一向看重生命、看重人权、看重新闻自由的美国同行，对三位中国新闻从业员被炸死居然一字不提，只是在副题中隐约其词地说"据报道有人死亡"，文字稿中也不提死者是新闻记者。

头版主图也令人惊奇：中国使馆工作人员正在平静地安全撤离。画外音是：没什么大不了的。

如果把这个头版与中国报纸的头版放在一起，你会觉得说的不是一回事。

当中国的报纸编辑在精挑细选大学生示威游行抗议美国暴行的新闻照片时，美国的报纸编辑也在干同样的事，但选择照片的标准各不相同。我们选的

（图 15-7）

是队列整齐的画面，旨在表达理性有序，旨在维护中美关系大局。《纽约时报》选的是抗议者动感十足地向美国驻华大使馆扔石块的画面，画外音是：美国使馆是受害者（图 15-7）。

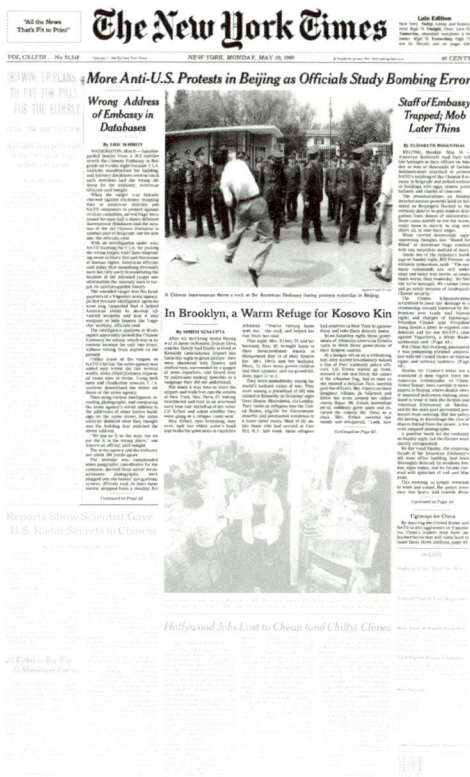

2．对 2005 年和 2012 年涉日游行的报道

2005 年，日方在对其侵略历史问题上的一系列错误表态和行动引起中国和亚洲一些遭受过日本侵略的国家人民的强烈不满。4 月，北京、上海、广州等大城市相继发生游行示威，对日方表示抗议。

对于这次反日示威，报纸导向的基调是劝阻学生上街。

通过手机短信广泛传播上街游行的信息是这次游行示威的一个新特点。4

月 12 日晚上，市委宣传部领导来电，要求立即以言论的形式在头版发声，警惕恐愚人们上街游行的手机短信。我当即把任务交给头版编辑朱爱军，不一会儿，一篇题为"切勿盲从"的"新世说"排上了头版。

4 月 16 日，在预定出现全国范围游行的当天，我们又在头版刊登标题发出劝阻：上海警方尚未批准受理过游行申请。然而游行还是发生了，而且在示威中出现过激行为。市政府发言人发布"少数危害公共秩序和安全的违法人员被公安机关抓获"的新闻标题刊登在 17 日的头版。在发言人就示威游行发表的评论中，只有对警方的努力表示肯定，继续力劝人们不要参加未经批准的游行。

4 月 23 日，为贯彻上海市委、市政府前一天召开的党政负责干部会议精神，《解放日报》在头版右下角突出刊登市民来信，尹明华总编辑三改标题，最终改定为"过激行为不是爱国"。同时发表评论《文明底线是守法》。《解放日报》头版这一组报道当天在中央电视台的午间新闻和晚间的新闻联播中滚动播出，新华社向全国播发，《光明日报》《北京日报》等 80 多家报纸转载。

此后一连几天，《解放日报》都以座谈会、专家解读等形式宣传理性爱国。在整个涉日游行发生的过程中，没有刊登一篇直接报道游行示威的新闻，更没有发表一张反映过激行为的新闻照片。

2012 年 9 月 10 日，日本政府不顾中方多次严正交涉，对我国钓鱼岛及周边附属岛屿实行所谓"国有化"。适逢 9•18 国耻日前夕，日方这一挑衅行径在我国激起了又一轮反日浪潮。

对于这一次反日浪潮，报纸导向的基调是向日宣示主权。

当然，宣示的方式不是过激行动，宣示的对象不是日系车和日资企业，而是把矛头对准日本当局，理性地对其购岛的依据予以一一反驳。从 9 月 11 日到 19 日，我们的报纸先后刊登中国政府发布钓鱼岛及附属岛屿领海基点基线和地理坐标、我将提交东海外大陆架划界案、我海监船抵钓鱼岛海域宣示主权、钓鱼岛 15 世纪初中国就已发现并纳入海疆版图、钓鱼岛及附属岛屿专题地图出版等新闻，刊登市民在国防教育日参加防空防灾演练的新闻、大学生理性纪念 9•18 的新闻、当年重庆大轰炸受害者起诉日本政府的新闻……

值得关注的是，虽然全国许多城市出现反日游行示威，但同 2005 年一样，报纸没有刊登关于学生游行示威的报道；而与 2005 年不同的是，这一次没有发布示威中过激行为受到惩处的消息。也就是说，在我们的报纸上，没有记录 2012 年的反日游行。

不刊登相关的报道，也是版面语言的一种特殊表达方式。回顾 2012 年那一段时间的报纸头版，可以感受到版面语言的矛头是一致对日，理性地对日。

2000

16. 千禧时刻：
照片打假

　　2000 年 1 月 1 日，人类进入新千年。为了纪念这激动人心的时刻，这一天的《解放日报》刊登了一张记录午夜零点黄浦江上焰火绽放的大幅照片（图 16-1），1 月 2 日又刊登了一张 1 日早晨 6 点 53 分新世纪第一缕曙光照耀申城的照片（图 16-2）。为什么要连续两天刊登这样的照片？为什么 1 月 1 日的那张只是刊登在第三版，而 1 月 2 日的那张却刊登在头版？

　　为了用画面记录新千年到来这个千载难逢的瞬间，我事先与摄影部的同事们商定，派摄影记者以海关大钟为前景，在时针和分针指向新千年零点时，抢拍黄浦江上焰火绽放的镜头。

　　之所以选择这个地点和时间，是因为这是两个独特的新闻要素：海关大钟是外滩的地标，而外滩则是上海的地标；黄浦江是上海的母亲河，每逢重要节庆浦江上空都会燃放焰火，但通常是在晚上七八点钟的黄金时间，零点放焰火实属罕见。因此，在外滩这个地点，在海关大钟敲响新千年第一声这个时刻，展现夜空中绽放的焰火，是记录上海人民喜迎新千年的理想画面。我的如意算

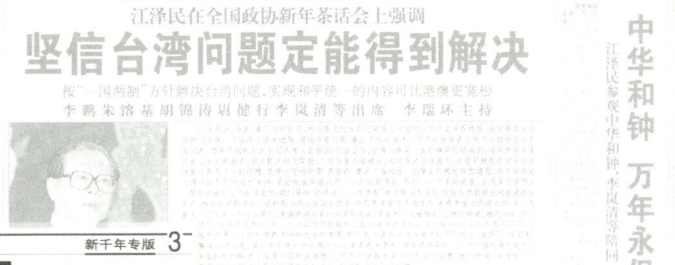

（图 16-2）

（图 16-1）

盘是将这个画面作为新千年第一个头版的主图。

然而，人算不如天算。记者在精心选定的最佳机位，在海关大钟指向零点时却没有抢拍到焰火，而抢拍到零点焰火的画面上又没有海关大钟；于是记者赶快更换机位，虽然拍到了绽放的焰火和海关大钟的"合影"，但海关大钟的分针已经不再指向零点。机不可失，时不再来。

摄影记者没能完成任务，图片编辑立即"补位"：轻而易举地借助修图软件将指向零点的海关大钟和完美绽放的焰火合成，以假乱真。

自从修饰照片几乎无所不能的修图软件问世以后，新闻摄影受到猛烈冲击，真实性的理念变得模糊不清，真实性的底线频频告破。对于这种现象，作为把守最后一道关的夜班值班副总编辑，我明白，不仅头脑要保持警醒，防范的措施也不能含糊。

当晚，我及时发现了"猫腻"，二话不说，立即"枪毙"了那张合成照片。我告诉编辑们，新闻照片作假的先例坚决不能开！我同时决定，没有海关大钟的焰火照片照登，但不上头版，而是刊登在内页第三版。虽然这张照片没有呈现新千年到来的时间要素和上海地标海关大钟的空间要素，但那毕竟是真实的视角、真实的情景。我又告诉编辑们，照片拍得不够理想可以宽容，但照片作假坚决不容。对于新闻来说，真实性原则就是生命。

天亮之前，我再次给摄影记者下达任务：抢拍新千年第一缕曙光。

根据官方预告，1月1日上海日出的时间是6时23分。我要求摄影记者仍然以海关大钟为前景，拍摄那一时刻的上海即景。这一次记者圆满完成了拍摄任务。这张照片刊登在1月2日的头版上。

发生在新千年第一天的这个案例，只是解放日报向新闻照片造假宣战的开端。此后，我持续对国内外相关案例进行跟踪观察，并以"新闻摄影面临的挑战"为题，在2001年的全国报纸总编辑新闻摄影研讨会上发言，列举了用电脑加工新闻照片的各种现象，请全国同行们一起分析：

美国《全国地理》杂志为了使骆驼穿行于金字塔前的横画面适应封面的竖画面，用电脑将金字塔的位置略加移动。当时编辑辩解说，这无异于记者将照相机镜头角度移动一下。请问，这样的做法合理吗？

美国《路易斯维尔信使日报》以夜总会舞女表演的新闻照片作为头版主图，当第一版次的报纸刚刚发出时，细心的人发现舞女上身穿着宽松的毛衣，下身却似乎一丝不挂。由于来不及更换照片，编辑就通过电脑加工，把舞女的毛衣加长，遮住下身，然后继续印刷发行后续版次的报纸。编辑辩解说，这是为了严守道德品味。请问，这样的做法合理吗？

我们自己在处理时政要闻照片时也遇到过纠结。为了有效地突出主要领导的形象，避免身边的人"喧宾夺主"，编辑将其他人的脸略加虚化。编辑辩解说，这就如同摄影记者在拍摄时放大光圈缩短景深，只聚焦于主要领导人。请问，这样的做法合理吗？

此外我们在日常编辑中还遇到过更多五花八门的疑问：删除画面背景中凌乱的电线杂物，可以吗？让画面中天空的颜色更蓝一些，可以吗？将新闻人物脸上的皱纹或光影修饰一下，可以吗？

对于这些疑问，我是持否定态度的。我认为，新闻照片不能移动画面景物，不能增删画面内容，不能克隆画面像素，更不能将多幅照片合成。

当然，我们对于电脑修图也不是一概说不，关键是要厘清合理与不合理地运用电脑加工的界线。在那次研讨会上，我和同行们分享了《解放日报》的一次尝试。2000 年 2 月 27 日，记者拍摄了一张反映原本黑臭的苏州河水质改善的照片，画面上一艘快艇在绿色的河道上飞驰，水面泛起白色的浪花。由于是逆光拍摄，苏州河两岸的建筑物都显得太黑，体现不出环境的整体风貌（图16-3），于是编辑通过电脑加工降低了画面的整体密度，两岸建筑物层次分明了，但河水的层次也随之减弱，结果绿色变浅了，白浪更是"顿失滔滔"，新闻的主体也就不复存在了（图 16-4）。为此，编辑将照片的密度分离处理，对原照片中河水部分的密度予以保留，只对两岸建筑物进行电脑处理，降低其密度。如此一来，新闻主体突出了，周边环境也清晰了（图 16-5）。我认为，这样的做法与从前胶片时代的暗房处理大致相同，犹如在放大照片曝光时对照片进行局部遮挡以调整反差，不影响新闻照片的真实性。

在那一次总编辑研讨会上，我的发言剑指电脑加工新闻照片作假问题，触及了冰山一角，表明了观点，引起诸多同行的共鸣。

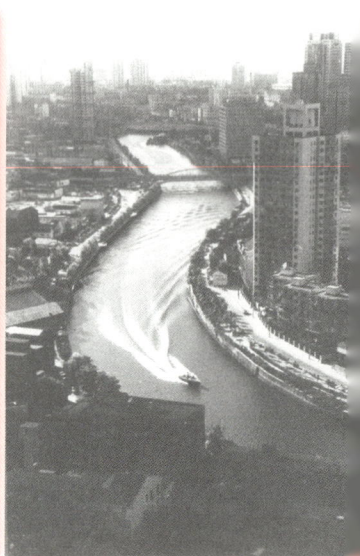

（图16-3）　　　　　　　　（图16-4）　　　　　　　　（图16-5）

　　然而令我们始料不及的是，随后几年，新闻照片造假的暗流竟变为潮流，在全国乃至世界范围内波澜迭起，愈演愈烈，防不胜防。

　　在国内，不少合成新闻照片堂而皇之地登上报纸杂志。如2004年的《广场鸽接种禽流感疫苗》，记者在画面上复制粘贴了飞翔的鸽子，使画面更加饱满而富有动感；又如2005年的《中国农村城市化改革第一爆》，记者将爆破拆除建筑的瞬间重新组合，只为使画面更加紧凑；还有2006年的《青藏铁路为野生动物开辟生命通道》，记者把野生藏羚羊的画面与青藏铁路的画面合成一体，更是明目张胆地造假。这些照片都先后在各种摄影大赛中摘金夺银，在合成骗局被质疑、揭穿以后，都引发激烈争议，造成十分恶劣的影响，最后都被取消获奖资格。国际上，修改画面强化气氛的照片也屡见不鲜。这些合成作假的案例最后都成为新闻摄影界的丑闻。

　　我虽然在新千年的第一天就毫不留情地向新闻照片合成作假宣战，而且在全国报纸总编辑的论坛上为维护新闻摄影的真实性大声疾呼，却依然免不了"中招"。2005年，我作为首届中国国际新闻摄影大赛（华赛）的评委，和当时的所有中外评委一样，没有及时发现《广场鸽接种禽流感疫苗》这幅作品中复制的鸽子，结果使之获得了金奖。更令自己汗颜的是在 2008 年，因为连续疏忽，没有把好关，竟使作假新闻照片"蹬鼻子上脸"。那一年 5 月 7 日，我国领导人访日会见日本明仁天皇夫妇。深夜，《解放日报》5 月 8 日的头版早已编排妥当，新闻照片却几近天亮才来。由于照片发自权威部门，我没有仔细审阅就急着签发付印，编辑部随后熄灯走人。没想到，那幅姗姗来迟的新闻照片竟然在右下角多出两只脚来，显然，那是修图遗漏的。祸不单行。两个多月后，7 月 21 日，领导人视察青岛奥帆基地的新闻照片见报后，人们发现陪同人员中竟有一对"双胞胎"——又是照片合成留下的"坑"。没有拦住这两幅问题照片，令党报蒙羞，成了我编辑生涯中难以释怀的痛。

从那以后，中国新闻摄影界痛定思痛，加大了对新闻照片作假的打击力度，"华赛"等各级摄影比赛都把拒绝合成作为天条，一些作假的新闻照片不仅被取消奖项，连摄影记者也被报社除名。

如今，全民拍照，P 图成风，新闻摄影打假依然未有穷期。

相关链接

1. 美国报刊照片作假引发的争议

早在 20 世纪后期，美国就频频曝出电脑合成新闻照片的丑闻，一些报纸公然对新闻人物照片作假。1996 年，《纽约新闻日报》将两名不择手段竞争的溜冰运动员哈丁和克里根在不同场合的两张照片通过电脑合成，变为同场演练，并将这幅假照片以整版的篇幅放在头版（图 16-6）。更有甚者，有的电脑修改的照片涉及了法律领域：前黑人橄榄球

（图 16-6）

（图 16-7）

明星 O.J. 辛普森涉嫌谋杀前妻妮科尔及其情人一案一度轰动全美，《国民问询》周刊根据妮科尔姐姐的口头描述，在妮科尔的照片上用电脑加工绘制了被辛普森打的伤痕，并将这幅假照片放在封面。虽然照片上注明是电脑重新制作的，但由于这份刊物在全国大街小巷的报摊上到处显示，其影响实难低估。对于辛普森本人的图片处理更有争议：全美乃至世界影响最大的两份新闻刊物——《新闻周刊》和《时代》周刊在同一周的封面上均刊登了警方提供的同一幅辛普森头像照片，但是《时代》周刊的照片经过电脑处理，加强了黑白反差，在辛普森的脸上加深了黑色，使他看上去更像一个囚犯（图 16-7）。这无疑会对读者对案情的理解和审判的前景产生一种微妙的暗示作用。当人们在报摊上看到并排陈列的这两份杂志封面时，强烈的对比使他们惊愕，光是"美国在线"网上就有 7 万条读者反应。

2. 西方报纸对西班牙 3·11 事件的报道

2004 年 3 月 11 日，西班牙首都马德里发生系列恐怖袭击案。这一天正好距美国 9·11 事件 911 天，恐怖分子在西班牙的 4 列火车上安放了 13 个炸弹，有 10 个被引爆，造成 201 人死亡，2,050 多人受伤。

在对这一恐怖事件的报道中，最令世人关注的是一幅现场新闻照片，而最令新闻业内人士关注的是各报对这幅新闻照片的处理。

西班牙《国家报》在头版以通栏的篇幅刊登了这幅照片（图 16-8）。画面上，一列驶入阿托查火车站的火车被炸得面目全非，铁道上满是伤者，一块血红的死者肢体（圈中）尤为刺眼。显然，这突破了西方报界所谓"早餐测试"的底线。

在纸媒仍是主流的时代，人们习惯于吃早餐时阅读当天的报纸，如果在版面上看到血淋淋的照片，必定会感到恶心而吃不下早餐。为此，各报不同程度地设限，避免这类暴力、血腥、不雅的画面呈现在版面上。所以，在以下展示的西方报纸头版上可以发现，编辑们对这幅照片采取了自我新闻检查的措施。

英国的一些大报根据这样的标准，在选用这幅照片时作了技术处理：英国《卫报》的编辑通过修图软件将这块血红的肢体改成了灰色，使人以为是一块石头（图 16-9）。《每日电讯报》的编辑干脆将这块肢体抹掉了（图 16-

（图 16-8）　　　　　　　　　　（图 16-9）

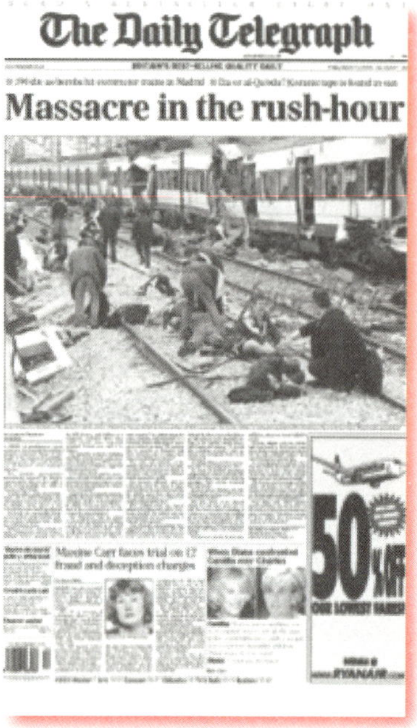
The Daily Telegraph

BRITAIN'S BEST-SELLING QUALITY DAILY

Massacre in the rush-hour

Maxine Carr faces trial on 12 fraud and deception charges

When Diana confronted Camilla over Charles

50% OFF OUR LOWEST FARES

RYANAIR.com

（图 16-10）

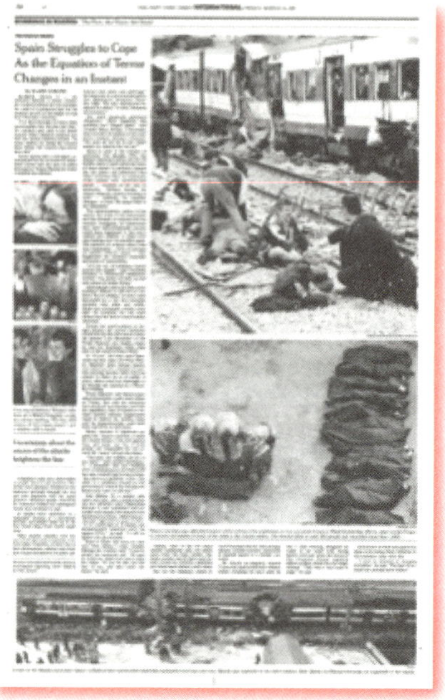
Spain Struggles to Cope As the Equation of Terror Changes in an Instant

（图 16-12）

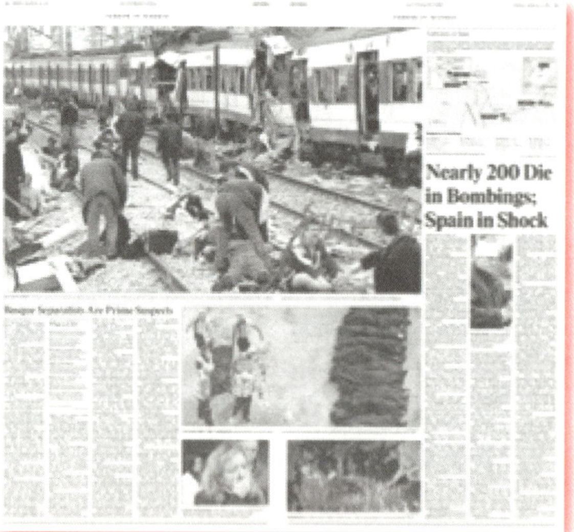
Nearly 200 Die in Bombings; Spain in Shock

Basque Separatists Are Prime Suspects

（图 16-11）

10）。但这种做法在业界引发争论，批评者认为这无异于造假，违反新闻真实性的铁律。

　　美国的一些报纸编辑们则采取了另一种处理方式。他们不惜破坏画面的整体感，对图片进行一刀切的裁剪，比如《洛杉矶时报》（图 16-11）和《今日美国报》都将肢体连同整张照片的下部一起裁掉，《纽约时报》则将肢体连同整张照片的左边一起裁掉（图 16-12），而且《洛杉矶时报》和《纽约时报》都没有把这幅经过裁剪仍颇具视觉冲击力的新闻照片刊登在头版，而是安排在内页。

2001

17. 9•11 事件：
应上头条

在美国首都华盛顿的新闻博物馆大厅里，展示着世界许多国家记录 9•11 事件的报纸头版。其他国家的报纸都是以整版的篇幅，极具视觉冲击力地报道这一震惊世界的重大突发事件，而中国大陆的报纸却没有将这条新闻登在头条。那一天，《解放日报》把这条消息和新闻照片一起，组成一个五栏宽的模块，用粗黑线围框，置于头版右上角第二条的位置（图 17-1）。

2001 年 9 月 11 日晚上 8 点半光景，我开完编前会，回到编辑台前，打开电脑浏览当天的稿件，身边两台电视机都开着，一台播放央视新闻，一台接收美国有线新闻网（CNN）的新闻节目。

当我全神贯注于电脑屏幕上的国内新闻时，CNN 突然中断正常播出，跳出短促的乐曲声——这是突发新闻的提醒信号。直觉促使我转过身来，将注意力从电脑屏幕转移到电视屏幕，听到CNN 的口头播报：一架飞机撞上纽约世贸中心大楼！

我多次去过纽约，看到城市上空各种飞机来来往往，尤其是小飞机和直升机更是穿梭不断，偶尔发生事故也可以理解……

但是，随着 CNN 的滚动播报，我开始震惊：撞楼的竟然是一架民航客机！

我转身查看电脑屏幕，不一会儿，新华社发出了快讯。同时我桌上的电话铃响起，是解放日报原总编辑、时任复旦大学党委书记秦绍德打来的："振平，快看电视，客机撞了纽约世贸中心！"他告诉我，他在看凤凰卫视直播。他的新闻敏感令我钦佩，也令我更加关注这条新闻。

这时，编辑部里，懂英文的看 CNN，不懂英文的看凤凰卫视，一直看到双子塔一先一后相继崩塌。

接近午夜，该回过头来编排版面了。

可是，这版面该怎么编排呢？留给我们的时间只有两三个小时。

首先要考虑的是版面位置和形式，这体现一家报纸对舆论导向的把握、对新闻价值的判断、对自身特性的彰显。

直觉告诉我，世界各报都会将这条新闻作为头版头条。此前我曾两次参观过纽约的世贸中心双子塔。它地处曼哈顿中心地带，曾经是世界上最高的摩天大楼，是纽约的地标，也是美国的骄傲。每天有数千人在这里办公、游览，它的影响力和业务范围覆盖全世界。所以，如果客机撞击世贸中心属于恐怖袭击，那么目标就绝不仅是这两幢楼，也不仅是纽约，而是攻击美国，乃至威胁世界和平。何况除了世贸中心以外，五角大楼也受到攻击，另有一架客机在宾夕法尼亚州坠毁。这样的系列恐怖袭击是史无前例的，当天估计数千人死亡（最终确定的是 2,996 人）。

我的第一个反应是，我们应该把这条新闻搬上头版头条。长期以来，我们的报纸头版上很少有国际新闻。早年延安时期的《解放日报》曾以较大的篇幅刊登外国通讯社的消息，1942 年报纸改版时改变了这一做法，明确提出要把解放区新闻放在第一位，其次是敌占区和其他地区的新闻，把国际新闻推到最后。在当时情况下，这种做法有一定的必要性，因为那时延安报道国际新闻主要依靠外国通讯社，而在战争时期外国通讯社报道的客观程度是大打折扣的。然而在改革开放二十多年后，情况已经发生巨变，新华社的报道范围早已覆盖全世界，我们的报纸虽然是地方党报，却也向欧美派驻了记者。作为国际大都市上海的第一大报，在全球一体化的今天，应该与时俱进，对重大国际新闻事件予以充分的报道。

然而，规矩告诉我，这条新闻在当天我们的报纸上难以登上头版头条。与往常一样，每当遇到重大事件，我们都会和《人民日报》"对表"。当晚得知，"江泽民主席就美国纽约华盛顿地区受到严重袭击事件致电布什总统表明中方立场并表示慰问"的新闻，《人民日报》不上头条，而是以"九运会火炬传递点火起跑仪式在京隆重举行，江泽民点燃主火炬"的新闻作为头版头条。原则上与中央党报保持一致，是市委和上级有关部门对我们的要求。我们的党报这些年来已经形成了这样的规矩：总书记出席重要会议和活动的稿件上头版头条。虽然向美国总统致电慰问的也是江泽民主席，但国内时政要闻通常先于国际突发新闻。

按照这样的要求，我将这条新闻安置在头版的第二条。但经验告诉我，我们可以将这条新闻处理成为视觉上的头版头条。在遵守规矩的前提下，我和编辑部同仁运用模块式的版面语言进行谋划：将头条以三栏狭长的形式向下延伸；纽约华盛顿遭袭的消息和江泽民致电布什、外交部发表谈话的消息则集纳成一组，用粗黑线围成一个模块，以五栏的篇幅横在右上角，在版面上形成视觉强势。黑底白字制作的标题和大幅的新闻现场照片进一步加强了这一模块的视觉重量。这样的处理，不仅是为了能够吸引读者视线的第一落点，也表明编辑对新闻事件重要性的判断。当然，这只不过是一种技术处理，现在看来是远远不够的。我认为，从9•11事件给全世界带来的震撼、对新世纪世界格局造成的影响以及此后若干年大国关系随之出现的变化着眼，这条新闻无论如何是应该上头版头条的，历史早已作出了回答。

接下来再看看当时是如何提炼主标题的。如果说版面位置体现对新闻事件重要性的评价，主标题则是要以简短的语言点出新闻事件的实质、表明编辑的态度。

根据新华社稿件的口径，我们拟出两行主标题：

纽约华盛顿受到严重袭击
江泽民致电布什深切慰问

第一行旨在点出新闻事件的实质，第二行表达我国的立场。但是，平心而论，现在回过头来用历史的眼光重新审视，这两行标题都不够好。如果允许"事后诸葛亮"，可以提炼得更加到位：

美国遭受恐怖袭击
中国谴责恐怖主义

用"美国"取代"纽约华盛顿"，是一种高度的抽绎，能更准确地点出事件的实质。世贸中心是美国经济的象征，五角大楼是美国军事的中枢，劫匪还计划冲撞国会大厦，因遭到机组人员和乘客反抗，客机在宾夕法尼亚坠毁。可见，这一系列的恐怖袭击，目标都是美国政治、经济、军事的核心，意味着向美国宣战。而"纽约华盛顿"的概念不明确，既不能代表世贸中心和五角大楼这两个具体地点，也不能完全代表美国。

"严重袭击"只能说明袭击的程度，是量的表达；"恐怖袭击"是对袭击的定性，是质的表达。将9•11事件定性为"恐怖袭击"是至关重要的，因为以此为重要节点，打击国际恐怖主义由此成为国际关系的一个突出主题。如果我们的标题当时能够敏感地及时地提炼出这一关键词，相信历史老人会对我们颔首示意。

顺着这样的逻辑，把"江泽民致电布什深切慰问"改为"中国谴责恐怖主义"，更能准确地反映中国政府的立场，更符合中国人民的利益。在20世纪90年代，国际恐怖主义就开始威胁中国，反恐和打恐成为中国国家安全的一项重要内容。在9•11之后，中国从道义上和行动上支持美国打恐，成为世界反恐联盟的一个重要组成部分。历史证明，由于我国是9•11之后最早向美国表明共同反恐立场的大国之一，不仅在一定程度上扭转了当时美国遏制中国的态势，还为我国后来的发展赢得了一段宝贵的战略机遇期。所以，"中国谴责恐怖主义"这样一个关键要素在"美国遭受恐怖袭击"这一新闻的主标题中没有得到呈现，是令人遗憾的。

报纸新闻编辑是一门遗憾的艺术。为了赶在出版时间的"死线"之前交版，在短短的两三个小时里，要从新闻堆里寻找新闻、发现新闻、提炼新闻、呈现新闻，每一个环节都需要全面细致的考量，修改稿件、制作标题、选择图片、组织版面等每一个编辑程序都很吃功夫，拼版、制版、传版等技术步骤也需要足够的时间，于是，留给编辑推敲完善的时间就更加有限，一分一秒都是宝贵的。一旦签字交版，那一夜的努力就交给历史评判了。黎明之前印刷机开动、晨曦之中邮车开动，带走的除了编辑的心血、编辑的成就感，往往还有编辑的遗憾。

相关链接

1. 我国报纸对 9•11 的报道

  《人民日报》将国内时政要闻"九运会火炬传递起跑仪式举行，江泽民点燃主火炬"横居头条位置，而且文字和图片集纳成一个宽度超过五栏的模块，形成绝对的视觉强势。相比之下，9•11 事件的一组报道则化整为零，不与头条争夺读者视线。在这一组报道的次序排列上，将我国领导人对事件作出的反应置于顶部，报眼和右上角的主标题都以"江主席"为主语，用黑体字强化。随后是我国外交部发言人发表谈话，但主标题并不标出我国的立场和态度。"美国纽约华盛顿受到严重袭击"的主体新闻被置于这一组稿件的最下部，三栏竖题，且不配发新闻照片（图

（图 17-2）

17-2）。首都其他中央级大报的版面对 9•11 事件的报道也基本如此低调。

  广东的报纸体现了广东的特点。《南方日报》"江泽民点燃主火炬"的一组报道以通栏的强势置于头条，显然是出于九运会东道主的考虑。作为广东省委机关报，九运会重大节点必须在头版上突出报道。编辑在完成了这一"规定动作"后，不惜犯忌，在通栏的头条下面再设一个通栏，以黑底白字的通栏标题和五栏半的大幅照片组成 9•11 新闻模块，形成头版上的第二个视觉强势。

（图 17-3）

（图 17-4）

从视觉效果来说，两个通栏模块叠加，强势会相互抵消。但编辑显然不顾忌这些了（图 17-3）。

《广州日报》碰到的是同样的问题，但处理的方式略有不同（图 17-4）。他们没有将两个模块平分秋色，而是将九运会新闻以二栏半宽的小模块置于头条，赋予它道义上的强势，将9•11新闻以五栏半宽的图文模块置于二条，以黑底白字的形式形成视觉上的强势。编辑提炼了一组标题，试图反映事件的各个侧面，但有失准确，比如"多架飞机空袭美国"，就有歧义："多架"可以理解成"机群"，"飞机"容易解读为"战斗机、轰炸机"，尤其是"空袭"，一般意味着"轰炸"。又比如"保守估计死伤五万"，也是草率的，因为当天不可能统计伤亡人数，而事后公布的死亡人数是 2,996 人；虽然伤者人数没有权威发布，但"五万"显然是缺乏根据的。

2. 美欧报纸对 9•11 的报道

9•11事件对于美国来说是一场大灾难，对于美国报纸来说是一场大比拼。

当时智能手机、网络社交媒体还没有走上前台，电视和广播的冲击已经使报纸难以招架。面对电视和广播对9•11事件的直播报道，报纸使出浑身解数与之竞争。坐落在美国首都华盛顿的新闻博物馆，报道9•11事件的头版版面铺天盖地陈列于大厅中央。那是全世界的报人给历史交出的答卷。

纵观这些版面，大概有这么几个特点。

一是当天抢发号外。9•11当天，许多美国报纸抢发号外，力争在第一时间抢占读者市场。《亚利桑那共和国报》的号外就是这种"短平快"的典型（图17-5），整个版面只有大幅照片和短促的标题，没有文字稿。三张新闻照片组成连续画面，定格了三个"决定性瞬间"：被劫客机冲向世贸中心南塔，被撞击的南塔楼爆炸形成巨大火球，双子塔崩塌后浓烟滚滚的曼哈顿天际线。超大字号的主标题点出事件的要害：美国遭袭。五个小标题试图点出最核心的问题：喷气机撞入世贸中心和五角大楼，布什直奔军事基地，全国飞机停飞，关闭领空和空港，本·拉丹为嫌犯。

二是编排打破常规。国外报纸纠结的不是要不要上头版头条，而是如何超越头版头条，因为9•11事件的重要性异乎寻常，所以版面表达也必须异乎寻常。平日里格守"主打照片三栏宽、头题字号七十磅"固定版面格局的《今日美国报》破格了（图17-6）：世贸中心爆炸起火的照片占据了整个头版的五分之四，连报

（图 17-5）

（图 17-6）

(图 17-7)

(图 17-8)

头也衬在浓烟中。两百多年来一直以高级严肃报纸著称的英国《泰晤士报》破格了（图17-7）：它将头版和末版打通，以跨版的强势刊登世贸中心南塔楼崩塌瞬间烟尘吞没曼哈顿的巨幅照片，标题是那一幕发生的具体时间。

　　三是图片彰显价值观。国外报纸在9•11次日的头版上刊登的新闻照片尤其值得玩味。

　　绝大多数报纸都选用了客机撞击世贸中心的照片，因为这是最能直观反映9•11恐怖袭击的。将这一"决定性瞬间"凝固在头版上，是报纸作为平面媒体的优势所在，也是纸质媒体记录历史的职责所在。《纽约时报》选用了一组照片来记录这个系列恐怖袭击事件：世贸中心南塔被撞爆炸的照片作为主打，另几张照片分别显示消防员在现场救援、五角大楼遭袭后浓烟滚滚、满身是血的伤员得到救助……

　　有些报纸选用客机撞击世贸中心的连续画面，试图以动态的形式与电视一争高下。但也有些报纸避开电视的锋芒另辟蹊径，通过独特的视角打动人心，选用富含寓意的画面体现报纸的态度和品味。如美国密歇根州《卡拉玛祖公报》的头版主打照片是恐袭现场两位女士的特写（图17-8），这是该报编辑将一张中景照片剪裁而成的，它不仅凸显了她们惊恐万状的表情，还通过年轻女子的太阳眼镜折射出现场的纷乱。这样的细节表达是可以与电视画面抗衡的。美国华盛顿州布雷默顿《太阳报》将一张消防员在世贸中心崩塌的废墟上升起美国国旗的照片统领头版（图17-9），这个画面与那幅二战期间美军攻占硫磺岛后竖起美国国旗的经典照片有异曲同工之妙，反映了该报编辑的政治导向意识。更能体现美国价值观的是弗吉尼亚州《罗阿诺克时报》，该报头版选用一张纽约天际线的全景照片（图17-10）：画面上，世贸中心遭袭后的浓烟笼罩全城，但自由女神像稳稳地屹立在前面，象征意义昭然若揭。这张照片以通栏的篇幅强化处理，且置于版面顶部，将袭击、流血、惊恐的照片和报道都压在下面，该报编辑的意图也昭然若揭。

　　纽约出版的《犹太新闻》则通过头版的图片选择和编排表达了观点（图17-11）：在美国遭受袭击之后，一些巴勒斯坦人竟上街庆祝。一群巴勒斯坦孩子举着V手势的照片镶嵌在双子塔爆炸的主图边，形成强烈的视觉对比。在西方报道9•11事件的报纸头版上，这样的处理是极为罕见的，因为在尚无明显证据证明谁是袭击者的情况下，这个头版一来能起暗示作用，二来会引发民

（图17-9）　　　　　　　（图17-10）　　　　　　　（图17-11）

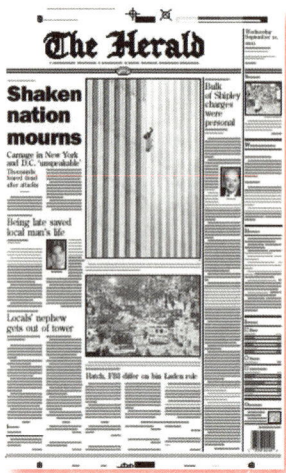

（图 17-12）

族和宗教纷争。

在选用图片时，西方报纸编辑还要遵循业内的道德标准，并非所有极富震撼力的现场新闻照片都能够选用或适合在头版刊登。例如世贸中心遇难者从摩天大楼跳下的惊悚画面，虽然真实直观地反映了恐袭事件的残酷，但也会对死者亲人造成第二次心理伤害。所以，纵观各国当天的报纸，像《先驱报》这样在头版突出刊登这张照片的很少（图 17-12）。《纽约时报》选用了这张照片，但刊登在第 7 版。

四是标题各显其能。纵观各报头版的主标题，大致可以分为以下几种样式。

惊叹式——

佛罗里达州《奥兰多哨兵报》：恐怖

佐治亚州《亚特兰大宪法报》：暴行

堪萨斯州《世界日报》：邪恶

加利福尼亚州《旧金山纪事报》：噩梦

这种形式的标题一般只用一个单词，强烈表达情感，通常见于小报。但不少严肃大报在9•11次日的头版上破格采用了这种标题，与图片相互呼应，浑然一体，使头版兼具海报功能。这也是报纸与电视广播竞争的一个优势。

叙述式——

《华盛顿邮报》：恐怖分子劫持四架客机，撞毁世界贸易中心，撞击五角大楼；数百人死亡

《洛杉矶时报》：恐怖分子袭击纽约、五角大楼

《华尔街日报》：恐怖分子用劫持的喷气客机进行袭击，摧毁世界贸易中心，撞击五角大楼

上述三家报纸都是美国传统、权威的严肃大报，它们的头版主标题延续了一贯的叙述风格，与采用惊叹式标题的报纸不同，力图体现客观严肃的格调。但是，《华盛顿邮报》标题说"数百人死亡"，显然过于谨慎；《洛杉矶时报》

将纽约与五角大楼并列，也不够严谨。

概括式——

英国《卫报》的主标题将恐怖袭击概括为：宣战

《今日美国报》：战争行为

《纽约时报》：美国遭袭

概括式从形式上看与惊叹式相似，但从功能上来说，则显示编辑对新闻事件性质的判断，更富有理性的成分，不像惊叹式那样感性成分居多。而且，对新闻事件的定性也不像惊叹那样满足一时之快，必须经受历史的检验。

《纽约时报》9•11的头版主标题一改往日档案记录式的叙述风格，用"美国"和"遭袭"这两个关键词高度概括事件的性质，是尤其值得称道的（图17-13）。美国在历史上只有在珍珠港遭日本袭击，本土遭袭这是头一次；把世贸中心、五角大楼等概括为"美国"，因为那是美国政治经济的心脏和实力的象征，这显然比《华盛顿邮报》和《洛杉矶时报》棋高一着；特别值得指出的是，9•11以来的历史证明，这一事件除了造成巨大人员伤亡和财产损失，还对美国造成严重的"内伤"：美国不再是安全的乐土，美国的唯一超级大国地位进一步被削弱。由此可见，《纽约时报》这个标题对事件的概括是到位的。

（图 17-13）

如果与其他报纸的头版标题进行对比，还能进一步发现《纽约时报》编辑之老练。比如伤亡人数，这本应是人人都关心的新闻要素，有的报纸标出"数百人死亡"，也有的标出"伤亡数万计"，但实际上权威部门当天并没有给出具体数据。小布什总统发表讲话时笼统地说"数千人（thousands）失去生命"，《纽约时报》也没有因总统如是说就将这一说法放入标题，显示出严谨的办报风格。此外，究竟谁是9•11袭击的幕后黑手，也是一个热门话题。《纽约时报》在内页的一篇报道中援引美国情报部门官员的话说，他们相信本·拉丹的恐怖组织与此有关。有的报纸将这一信息在头版标出，但《纽约时报》却不这么做，因为当时并没有确凿的证据。可见编辑十分慎重。

五是专辑深入报道。美国报纸本来就是厚报。在9•11后的几天中，各报集中版面资源，纷纷出版专辑，全方位地进行报道。以纽约出版的三家小报为例。《纽约邮报》9月12日104版的"袭击美国"专辑，每个版面都以夺人眼球的大照片和大标题多角度地报道9•11袭击；《新闻日报》9月13日68版的"恐怖袭击"专辑异曲同工，而"悲剧双塔"专辑则聚焦倒塌的世贸中心，别具一格；《每日新闻》9月13日112版的"一天之后"专辑，将视线延伸到纽约市民救援、悼念和生活的各个侧面，还包括双子塔1993年爆炸案的背景回顾，内容更加丰富。

3. 美国报纸对珍珠港事件的报道

9•11是首次针对美国本土的袭击，却是第二次针对美国的袭击。第一次便是1941年12月7日日本偷袭珍珠港。

这一天，珍珠港连续四次遭到日本军机的轰炸。而在珍珠港所在地夏威夷檀香山，《檀香山明星公报》连续出版三个号外。值得关注的是，这一天乃至此后很长一段时间，报纸都是在严格的战时军事新闻检查之下出版的。

第一个号外（图17-14），头版以几乎半个版的篇幅刊登超大的标题：

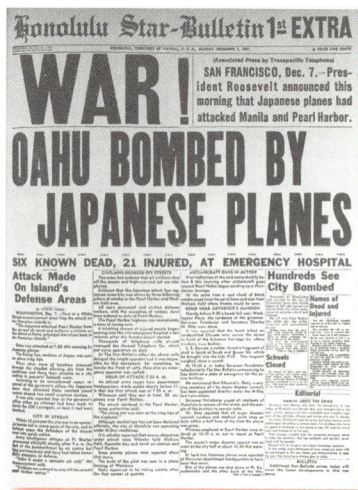

战争！
瓦胡遭日本飞机轰炸

副题标出初步给出的伤亡信息：

已知六人死亡，21人受伤，正在医院急救
袭击针对岛上的防御区域

此外，头版上还有几条短稿：

数百人看到城市被炸
伤亡人员名单
学校关闭

（图 17-14）

第二个号外（图 17-15），头版通栏主标题标出伤亡统计：

最新报告：瓦胡死亡人数逾 400

副题也作了更新：

东京宣布与美国进入"战争状态"

有报道说日本还袭击关岛和巴拿马

瓦胡今晚灯火管制，舰队转移至外海

在这个头版上有两张被炸现场的新闻照片，其中一张是夏威夷州州长官邸，被炸出一个五英尺深的大坑。另外还有几个小标题：

已知的瓦胡伤亡者

进出岛船只飞机停航

两名日本飞行员被俘

所有讯息须经军事新闻检查

（图 17-15）

第三个号外（图 17-16），头版通栏主标题再次更新：

宣布戒严，死亡人数在攀升

这次在伤亡名单的标题前加了一个单词——平民。

纵观这三个号外头版可以发现，面对严厉的战时军方新闻检查，编辑在内容选择和形式表达上都各有亮点，体现了他们的良苦用心和职业水准。

首先，配合新闻检查，但尽可能报道真实情况。标题中没有出现过"珍珠港"，遭受袭击的主体始终是"瓦胡"。瓦胡岛是夏威夷政治、经济、文化中心，檀香山、珍珠港等都在这个岛上。而日军袭击的目标是美国海军太平洋舰

（图 17-16）

队基地——珍珠港。用地理名称"瓦胡"取代敏感的"珍珠港"，显然是刻意回避军港遭袭，是军方新闻检查的明显痕迹。当然也不排除政治上的考虑——太平洋舰队的重创会使人民沮丧。

同样的道理，头版和内页都没有刊登后人熟知的珍珠港被炸、军舰浓烟滚滚的新闻照片，标题中虽然不回避死亡人数，却并没有点出军人的伤亡（美国军方后来就隐瞒珍珠港舰艇损失和人员伤亡情况解释说，这是为了不向日本人提供如此重要的情报）。但是编辑们还是在第一时间刊登了两幅民用建筑遭袭现场照片，在新闻检查许可的范围内着力强调城市受到破坏、平民遭到杀戮。

第二，在新闻检查的缝隙间打"擦边球"。在《檀香山明星公报》当天的第二个号外头版上，底部的消息"所有讯息须经军事新闻检查"十分值得玩味。向读者明示报纸接受了新闻检查，等于提醒读者在阅读时予以理解。此外，这篇报道中说，州长收到了总统的指示，但拒绝透露具体内容；珍珠港有许多官兵伤亡，但军方没有提供具体数据。这显然是应对新闻检查的一个"擦边球"，试图将美军的惨重损失以含糊的内容、明确的方式告诉读者。

这个头版上另一个"擦边球"是"公告"栏目。栏内包括三条简讯，第一条引用白宫当天宣布：夏威夷有重大人员伤亡；第二条引用全国广播公司（NBC）的报道：瓦胡岛希卡姆阵地有350名官兵阵亡；第三条也是引用全国广播公司的报道："俄克拉荷马"号战列舰在珍珠港遇袭时中弹起火。白宫和NBC，一个是最有权力的政府部门，一个是最具影响力的新闻机构，引用他们的报道，能够有效规避新闻检查。版面编辑还特意将"公告"栏目和"接受新闻检查"的报道编排在一起，细心的读者马上能够领悟为什么这几条关于军人伤亡情况的消息都语焉不详欲言又止。

第三，没有虚张声势的"正面报道"。如今世人皆知，日军偷袭时，美军毫无防备，反击无力，遂造成惨重的人员伤亡和舰艇损失。《檀香山明星公报》的记者编辑当时身在现场，当然能够观察感受到这一点。接受新闻检查，不报道部队的伤亡损失，是合情合理的；为尊者讳，不报道军港的狼狈不堪，也是可以理解的；但在这样的情况下能够做到客观真实，不粉饰、不拔高、不虚夸，则是难能可贵的。在这三个号外头版上，只有一次在文字报道中提了一句："珍珠港四周的高射机枪形成雷鸣般的火力网"，除此之外没有强调珍珠港守军"浴血奋战"的内容，更没有"丧事当喜事办"，树两个"英雄"来"鼓舞士气"。在这方面，首都华盛顿特区的《时代先驱报》相形见绌。在该报次日（12月8日）的头版上（图17-17），显著地刊登一幅题为"珍珠港迎击敌寇"的照片，画面上是一门大炮，炮弹出膛，好不威风。但那显然是一张资料照片，虚张声势罢了。它留下的不是真实的历史记录，只是一个笑柄。

一年以后，这个笑柄让人哭笑不得。1942年12月5日，美国海军部首次公布了珍珠港事件的伤亡情况，并向新闻界提供了八艘战列舰被炸沉炸毁的照片。《洛杉矶考察家报》（图17-18）用了整整八个版来报道，其中五个版刊登那些触目惊心的照片。

（图 17-17）　　　　　　　　　（图 17-18）

2002

18. 世界杯特刊：
题图设计

　　2002 年 5 月 31 日到 6 月 30 日，第 17 届世界杯足球赛在韩国和日本举行，中国男足历史上第一次、也是迄今为止唯一一次跻身其间，引起全国人民前所未有的关注，全国媒体也投入重兵报道。《解放日报》连续 32 天每天精心出版 4 个版的《世界杯特刊》，长期从事新闻版编辑的我，和体育部同仁一起，客串特刊的头版编辑。

　　《世界杯特刊》全部是当天的新闻，所以不同于副刊；但这个特刊也完全不同于新闻版，尤其是它的头版，像是一张海报（图 18-1）。这是我们引入欧美报纸当时流行的题图设计。

　　"题图"的英文原意是"插图"（illustration）。对于报纸来说，这并不是什么新式武器。早在 15 世纪，西方在书籍上就开始运用插图，因而它的历史和书籍出版的历史一样悠久。随着读图时代的到来，报刊杂志越来越重视这种形式，频频在封面或头版使用，使之成为吸引读者的重要手段，功能也不断扩展，从原来以讲故事为主发展到揭示主题、传达观念，从反映文中片断

五冠王·巴西

精彩夺金

圆满鸣金

本报特派记者 王仁华

本报德国 6 月 30 日专电（特派记者 王仁华）德国 17 届世界杯的世界今晚在横滨体育场落幕，巴西队以 2 比 0 击败德国队，获得世界杯冠军。

巴西战绩

● 世界杯冠军
1958、1962、1970、1994、2002

● 世界杯亚军
1950、1998

● 美洲杯冠军
1919、1922、1949、1989、1997
1999

● 奥运会亚军
1976、1988

● U-20 世界杯冠军
1983、1985、1993

● U-17 世界杯冠军
1997、1999

最终统计

比赛场次：64
进球总数：161
单场平均进球：2.52
"金球"：2
点球决赛场次：2
最快进球：第 11 秒，韩国
进球最多球队：德国队（18 球）
进球最少球队：中国、沙特、法国
失球最多球队：沙特（12 球）
失球最少球队：时场比赛 2 球
射门最多球队：德国队 100 次
射门最少球队：中国队 19 次
犯规最多球队：日本队战罗马尼亚（62 次）
犯规最多球队：韩国队战意大利（133 次）
犯规最少球队：日本队（19 次）
铲球犯规最多球员：乌拉圭 31 次
犯规最少比赛：巴西对英国队战乌拉圭 19 次

红牌：17 次
得红牌最多球队：意大利、葡萄牙

黄牌：257 次
世界最多比赛：喀麦隆 对德国 14 张（红牌 2 次，黄牌 12 次）
出现最多比赛：巴西对英国队 18 次
得黄牌最多球员：意大利 18 次
明黄最少球队：中国队（12 张）
点球判罚：18 次
罚中点球：13 次
互罚点球：13 次
踢失点球：6 次
跑失点球：6 次
比分最悬殊比赛：德国对 8-0 沙特

西郊的——

圆　步　源

虹桥路1881号 电话:62626262

（图 18-1）

发展到提纲挈领。所以，在这个意义上，译为"插图"已不甚确切，故译之为"题图"。

要编排设计这样一个题图式的特刊头版，我们还借鉴了美国报纸设计家马里奥·加西亚提出的WEDitor这个新概念。2001年我在美国西北大学麦迪尔新闻学院短期进修期间，专门飞到佛罗里达州的波因特媒体研究所拜访加西亚教授。

加西亚教授花了一个多小时给我介绍他的观点。WEDitor是他拼造的一个新词。WED是三个单词的缩写：W即写作（Writing），E即编辑（Editing），D即设计（Design），三者合一，WED可以译作"总体设计"，Editor是编辑的意思，所以WEDitor便可解释为"总体设计编辑"。对于传统的报纸新闻编辑来说，在WED这三个方面，写作和编辑是老本行，设计则是新课题。所以，要成为一个WEDitor，除了要具有新闻编辑的各种能力和素质以外，还要掌握视觉传达设计的相关知识。然而，设计与写作、编辑并不是各自独立、相互割裂的，而是融为一体的，换句话说，写作和编辑都是设计的一个部分，总体设计中要体现写作和编辑的功能，而设计则要通过视觉元素体现编辑的思想。从美国回来以后，我着手在报纸版面编辑工作中进行尝试。

2002年5月31日出版的第一期世界杯特刊（图18-2）就力图展现题图的功能，体现总体设计的理念。

不同于日常新闻版的多内容组合，特刊的海报式头版只聚焦一个主题，第一期的主题是：中国首次出战世界杯，文稿、标题、图片、色彩、布局等等，都服务于这一主题。编辑为这一个头版制定的基调是：兴奋而又谨慎。

特派记者王仁唯的两篇"汉城专电"体现了这样的基调，一篇阐释中国队此次出师的意义："世界杯，中国来了！"兴

（图18-2）

奋之情溢于言表；"英雄或者天才的第一声啼哭，也不会是完美的，更何况我们不是英雄也不是天才。"这分明是给狂热的中国球迷"打预防针"。另一篇分析中国队小组赛的三场硬仗：对阵哥斯达黎加，两军相遇勇者胜，记者估计首战中国队有得一拼；对阵巴西，中国队胜算不大，拿一分就是胜利；对阵土耳其，一切要随机应变，"光脚的不怕穿鞋的"，可放手一搏。总之一句话，记者对中国队小组赛的预测是谨慎乐观。

稿件到了编辑手里，兴奋而又谨慎的基调在标题制作上得到进一步的显现。大标题的把握很注意分寸感，将兴奋之情寓于客观平实之中：

2002 年 5 月 31 日：历史性的一天
中国亮相世界杯

分析中国队小组赛的稿件，编辑拟定的标题把原稿的调子又降低了几分：

少谈十六强，多谋破敌策

这个标题的潜台词是，不必奢望小组出线，力求能够破门得分。虽然显得有些"煞风景"，但我们觉得这是比较现实的态度。吹牛皮不管用，鼓劲也要守个度。

总体设计的特刊头版不囿于传统报纸版面头条、二条等排序规则和报眼、边栏、视觉中心等强势分配，整个版面以题图为中心，而题图由新闻照片、资料照片、电脑制图和标题等多元素组合而成：以五星红旗为衬底，"中国亮相世界杯"七个大字用五星红旗的红黄两色呈现，23 名队员的头像整齐排列，出征前主教练米卢和中国足协掌门人阎世铎互致军礼作为主画面。不同于几个月前中国队在沈阳五里河体育场打进世界杯决赛后的万众欢腾，这样仪式般的、有些凝重的设计旨在传递一个信息：中国队正走上考场；表达一个态度：中国队将迎接挑战。

6 月 4 日，中国队首战哥斯达黎加，在三场小组赛中期望值最高、胜算最大的一场比赛以 0 比 2 败北。头版的题图应该如何制定基调？场上球员的状态应该如何呈现？场外球迷的激情应该怎样表达？我们的设计思想是：平衡（图

（图 18-3）   （图 18-4）

18-3）。也就是说，既不能一片哀鸿，也不该盲目冲动。主图采用终场时范志毅掩面离场、身后哥斯达黎加队员相拥欢庆的画面，配之以黑色的大标题"中国足球'入世'第一课 0:2"，如实反映输球的现实；但是在主图上方，我们增加了一个李玮锋带球突破的剪影画面，而且上半身冲破报头线，形成强烈的视觉张力，这也是如实反映球员们不服输的现实，潜台词是：球员们尽力了，与范志毅沮丧的画面形成平衡。在李玮锋"为你拼搏"的剪影两侧，分别是永不放弃的球迷"为你呐喊"和赛后掩面克制的球迷"为你流泪"，彼此之间也形成平衡。

　　小组赛第二场对阵巴西，设计头版时的心情和场上球员的心情一样，输球是情理之中的，输球多少也不重要，享受这场难得的比赛才是关键。尽管中国队吃了四个"鸭蛋"，但版面设计不需要像对阵哥斯达黎加队那样，搞什么气氛的平衡，甚至不需要有一丝沮丧。我们用热辣辣的红色制作了大标题："与世界巨星放手一搏，无憾！"还刻意选择了一张中国队员曲波在两名巴西队员夹击下突入对方禁区的照片作为主图，与大标题遥相呼应（图 18-4）。

　　两战皆负，已遭淘汰；一球未进，心有不甘。6 月 13 日中国队迎来小组赛最后一场对阵土耳其队的比赛，这一天的头版题图该表达怎样的分寸？拼命赢一场？打平拿一分？都不敢奢望。前方特派摄影记者周先铎发来的一张新闻照片让我眼前一亮：一群中国球迷，有的挥舞着五星红旗，有的脸上涂着五星红旗，在中国队驻地前为球员们加油，他们手中高举着大牌牌，构成六个大字："中国队进一个"。我立刻选中这张照片，通栏置于特刊头版，借用画面中的六个大字作为主题，并增加了一条肩题："球员的决心　球迷的心愿"，一个题图设计就完成了（图 18-5）。大家认为，这样的诉求似乎现实一点，靠谱一点。当然，画面上球迷个个是嘻嘻哈哈的，自娱自乐而已，最终能否"进一个""进一个"还是"进两个"，都不当真。体育特刊的编排与新闻版的编排还是有明显不同的，宽容度大得多，大到可以调侃。

　　结果，对土耳其队的比赛以 0 比 3 告负，"进一个"的愿望最终未能实现，国足带着没赢一场、没得一分、没进一球的"战绩"完成了世界杯首秀，米卢蒂诺维奇也将结束在中国两年五个月的执教生涯。

（图 18-5）

沮丧过了，拼搏过了，激情过了，祈愿过了，这一次头版题图就调侃一把吧。主图选用了米卢迷惘地将手举起的画面，体育部编辑黄罕奭信手拈来徐志摩的诗句作标题：

轻轻地我走了，正如我轻轻地来

挥一挥手，不带走一片云彩

再见，中国

　　这一个挥手，这一声再见，既是米卢的告别，也是中国队的谢幕，用调侃的语气，最多令人一丝苦笑，不至于凄凄惨惨戚戚（图18-6）。

除了对中国队的牵肠挂肚、爱恨交加，列强球队的精彩碰撞更为总体设计理念的尝试和发挥提供了广阔的舞台。

卫冕冠军法国队的结局与中国队大致相似——一场没赢，一球未进，值得"五十步笑百步"的是，好歹0比0平了一场得了一分。世界杯、欧洲杯和联合会杯"三冠王"首轮如此尴尬地出局，是本届杯赛的第一个大冷门。

法国队首场比赛就以0比1败在和中国队一样首次亮相世界杯的塞内加尔队脚下，我们的特刊头版以"黑马撞翻三冠王"为题，将主图留给打入本届杯赛首粒进球的塞内加尔队"致命杀手"迪奥普，因为他是无可争议的新闻人物。他倒地将法国队门将扑出的球顺势捅入球门，这一过程在法国队门前的混乱中一晃而过，有人说那是法国队的"半个乌龙球"。我们虽然选用了现场照片，但照片反映不出"半个乌龙球"的发生经过。为此，总体设计编辑就调动另一种手段：图解。参考摄影记者的现场图片和文字记者的报道，请美工将现场信息转换成图像，显示皮球传递的每一个步骤及最后入门的路线，让读者能一目了然（图18-7）。

（图18-6）　　　　　　　　　　　　　　（图18-7）

（图 18-8）

（图 18-9）

　　法国队第二场比赛对阵乌拉圭队，灵魂人物亨利在开赛 24 分钟就被红牌罚下，在如此不利的情况下，多亏了门将巴特兹多次化解危机力保城池不失，但法国队已被逼到悬崖边。特刊头版是突出巴特兹的神勇还是亨利的无奈？基调是展现法国队的残酷现实还是期待"高卢雄鸡"下一场比赛"雄起"？这既体现编辑的着眼点，也考验编辑的判断力。我们当时设计这个头版时把"赌注"押在"悲观"一侧，选用"急了""哭了""呆了""哑了"四张特写照片烘托气氛，将裁判高举红牌、亨利跪地懵圈的照片作为题图，"冠军就这样出局？！"大标题一语双关，像是在奚落法国队，又像是在激励法国队。让读者去品味，去补充（图 18-8）。

　　我们的"宝"押对了吗？法国队小组赛最后一场，竟然 0 比 2 负于丹麦队，成为世界杯历史上最惨的卫冕冠军。谁的表情最能表达法国人此刻的悲伤？主帅勒梅尔？巨星齐达内？事实上整个法国都在悲伤！循着这样的思路，我们选了一张法国球迷极度失望的特写照片作为头版的题图，既有现场感，又有象征意义；标题，真不知道该说什么好了——"天啊！"（图 18-9）

（图 18-10）

与"倒霉蛋"法国队形成鲜明对比的是东道主韩国队和日本队。赛程过半，十六强产生，世界杯历史上第一次有两支亚洲球队从小组赛中突围。文字编辑抓住这个新闻眼，为头版海报拟了主标题"亚洲首次占两席"，图片编辑则选择了日本队员张臂"飞翔"和韩国球迷欢呼"梦想成真"的两幅照片与之呼应。但是总体设计编辑认为，为了更好地突出主题，题文之间的呼应还应该更加紧密些，于是对标题作了改动：将"亚洲首次占两席"改为肩题，借画面中日本队员的"飞翔"动作，将主标题定为"亚洲起飞"。同时在色彩上也作了呼应，将肩题和主题分别套上红色和蓝色，使之与画面中的韩国球迷"红海洋"和日本球员蓝球衣相一致（图 18-10）。这样，亚洲这两支球队的视觉冲击力更加强烈，感情色彩也更浓了。

韩国队战胜西班牙队闯入四强，实现了历史性的突破，但西班牙队对裁判将两个进球判为无效表示了强烈愤怒。对于这一争议各报看法不同，并在版面设计上恣意表达。例如西班牙报纸《马卡报》的大标题是"抢劫！"，要将裁判钉在世界杯的耻辱柱上；我国《南方体育》的世界杯特刊《越位》在总体设计中运用韩国国旗中的阴阳太极标志作为题图，分别将韩国选手和西班牙选手置于阴阳两边，标题是"这球不算！"，在调侃中显示出对这场比赛结果的不满。我们则认定比赛结果是一个既成事实，在战况图表中毫不含糊地给韩国国旗打上胜出的符号，用韩国球员在点球获胜后手拉手向全场观众欢呼致意的照片作为题图，以通栏的篇幅刊登，通过视觉冲击力表明态度，"改写历史"四个大字像铁板钉钉一样肯定了韩国队的胜利（图 18-11）。但为了平衡，我们在头版还是将西班牙队主教练卡马乔抗议裁判不公的图片和文字报道作为第二主题，并在内页对"裁判激怒西班牙"予以多侧面的详细呈现。

（图 18-11）

（图 18-12）

　　两天之后，韩国队将在半决赛中迎战德国队。对这场比赛的预测，各报的观点也是大相径庭，这些观点集中体现在头版的题图上。《南方体育》的特刊《越位》在设计构思上真的有点越位：以一个虚构的被打得流着鼻血的欧洲少年形象为主图，标题是"谁欺负了我的欧盟表弟"。显然，这家报纸的编辑以此为暗喻，为葡萄牙、意大利、西班牙等几支欧洲强队先后被韩国队淘汰而鸣不平，同时期望德国队能为之"复仇"。无独有偶，我们以一个漂亮的韩国女球迷形象为题图，目的却不在于选边站队，而是通过视觉设计制造吸引人的悬念和恰如其分的暗喻：女球迷的双眼充满期待，嘴巴情不自禁张开，双手十指紧扣放在嘴边，分明是在默默地祈祷，额头上压着疑问式的大标题："还有奇迹吗？"（图 18-12）"奇迹"两个字套红，含蓄隐晦地表态：很难想象奇迹能连续多次发生，否则就不是奇迹。果然，韩国队的"奇迹"在德国队脚下终结。

　　四分之一决赛首场比赛由英格兰对阵巴西，这注定是一场令全世界球迷疯狂的对决，不仅仅因为一方是欧洲足球的鼻祖，一方是南美足球的霸主，还

（图 18-13）

（图 18-14）

因为英格兰有着"万人迷"贝克汉姆，巴西有着"外星人"罗纳尔多。

6月21日比赛当天，我们的头版设计思想是把决斗的气氛推高。"英巴对决"的大标题居中，咄咄逼人，两侧是英格兰队主帅埃里克松和巴西队主帅斯科拉里的侧面像，前者紧咬牙关，后者张口咆哮，刻意营造战前剑拔弩张的效果，把读者的胃口吊起来（图18-13）。

比赛结果，巴西队2比1击败英格兰队。我们题图设计延续前一天的思路，仍然是让英巴双方核心人物面对面，但设计思想却是一百八十度大转弯，从渲染决斗气氛变成"友谊第一"：主图画面中，罗纳尔多在赛后把手搭在贝克汉姆肩上轻声细语地安慰他，全然不见赛场上厮杀决斗的英雄气概，"英雄惜英雄"的大标题点出了赛场外超级巨星尊重对手惺惺相惜的英雄气概，体现一种人文精神的升华（图18-14）。这个版面的设计获得了当年度中国新闻奖报纸版面复评暨全国报纸版面年赛铜奖。

相关链接

1. 欧美报纸的题图设计

新闻题图作为一种特殊的非语言符号，在新闻类期刊杂志上使用非常普遍，报纸专副刊上也屡见不鲜，甚至还常常出现在新闻版上。

新闻题图虽然起着新闻标题的作用，但与新闻标题有着明显的不同。两者最直观的区别就是前者诉诸形象，而后者仅仅是文字。但这样理解还过于笼统。实际上，新闻题图应该是图像式标题。它首先以图像吸引读者视线，进而揭示新闻报道的主题，然后以文字标题点睛或补充，图文合一，相得益彰，比单纯的文字标题更具有视觉冲击力和感染力。或者可以说，新闻题图是"图文并重，两翼齐飞"的缩影。

新闻题图的图像构成主要来自三个方面：新闻摄影、设计制作和模特表演。

首先分析由新闻照片构成的新闻题图。新闻题图虽然最多是由新闻摄影图片构成的，但与新闻摄影有着明显的不同。它们在图像的现实性上具有根本的区别。新闻摄影是通过对现实的写真，尽可能准确地还原新闻事件的场景和过程，不容许作假；而新闻题图则是刻意制作非现实甚至违背现实的形象，形成一种表达概念的幻象。所以，要将新闻摄影变成题图摄影，需要有以下几个步骤或方法。

一是精选。从新闻照片中精选一幅作为题图，这是报纸新闻版面较为常见的一种手段。这种手段对新闻照片的要求很高，画面中不仅要有鲜明体现主题的场景、人物等视觉要素，要有强烈的视觉冲击力和感染力，更要具备象征意义，在立足事实性的基础上体现思想性。

在美国纪念9•11十周年的活动中，一位父亲沉痛地跪在纽约世界贸易中心遗址"零地带"纪念瀑布池边，触摸着铭刻于池边的儿子的名字……这幅新闻照片在9月12日出现在许多美国报纸的头版，但其中一些报纸，如纽约的《每日新闻》，并不是仅仅将它当作一幅新闻照片，而是配之以主标题"铭记的一天"，形成一幅统领12个版面的封面题图（图18-15）。这幅新闻照片之所以被用作题图，就是因为它不仅聚焦"零地带"的那一刻，而且那

（图18-15）

（图 18-16）　　　　　　　　　　（图 18-17）

位父亲具有鲜明的代表性，他的形体和情绪是所有美国人的一个缩影，能够唤起人们的共鸣。

在纪念日本 3•11 大地震半周年专题报道中，《解放日报》选用了特派记者拍摄的一幅新闻照片作为题图。画面上，一棵松树孤零零地矗立在满是废墟的福岛海边，工人们正在为它修剪枝条。这是日本大海啸过后这片海滩上剩下的唯一一棵松树。版面编辑配之以"福岛不言败"的主标题，通过简单的文字说明，简洁的画面便产生了深厚的象征意义，形成统领特稿的题图，可谓画龙点睛（图 18-16）。

二是借代。借助照片中的一个画面，通过标题的配合使之产生双关寓意，进而表达一个并非与画面事实完全一致的观念或主题。这种借代的做法看似信手拈来，却往往是神来之笔，使题图既抓人眼又抓人心。

用于借代的多数是资料照片，而且并非一定要有文字说明，因为它所强调的是意义而不是具体事实。乔布斯逝世的消息在许多美国报纸的头版上以题图的形式醒目报道，其中不少题图借用他生前在苹果品牌发布会上的资料照片。肯塔基州的《独立纪事报》别出心裁地用了一个贴切的标题："苹果失去了核"，而题图照片中乔布斯正好处于苹果商标背景的中心——双关手法运用得恰到好处（图 18-17）。

新闻照片有时也被借代用于题图。由于新闻照片重在展示事实，所以用于表达观念时就需要把握好分寸。美国《萨克拉门托蜜蜂报》在报道 2003 年西方八国峰会时在头版制作了这样一个耐人寻味的题图：用布什和希拉克各面向一方的头部特写照片，点题一个词——对峙（图 18-18）。其实，这幅新闻照片所记录的场面是两位总统在为是否应该发动伊拉克战争而公开争执半年多后首次见面，并在记者的镜头前握手。记者捕捉到的这个镜头显然不是两位总统刻意所为，却成为编辑大做文章的材料。这种主观性的表达是否牵强，见仁见智。

在借代使用图片的过程中，也常常会出现一些偏向。

缺乏图片资源的编辑有时会随意从网络上下载。这种做法也许能解一时之需，却也隐藏后患。首先是有违知识产权保护的法规，有可能因此而引起诉讼，而且也有违职业基本道德规范，客观上对报纸的形象造成负面影响。

（图 18-18）

更危险的是罔顾画面中的事实而随意赋予相左的寓意，这是借代的大忌。明明是多名男女同学在一起合拍的毕业照，却被用作学生早恋的题图；老人独自小憩的画面，标题则是"孤老"；镜头中一个小孩被车撞到，文章讲的竟是乱穿马路的不文明现象……这些题图都遭到了画面中人物的投诉甚至控告，但这类现象并没有在报纸杂志上消失。

通过篡改画面来赋予相左的寓意，更容易引发争议。2010 年 5 月出版的一期《经济学人》杂志封面采用了路透社播发的一张奥巴马在墨西哥湾漏油事故现场海边视察的照片，但编辑抹掉了陪同的两位官员，只剩下奥巴马孤零零低着头。在"奥巴马对英国石油公司"的标题下，画面上的奥巴马显得孤独、无助（图 18-19）。这显然与原画面的真实情景相悖，因此遭致业内外人士的抗议。

三是改造。《今日美国报》2000 年 9 月 11 日头版报道悉尼奥运会电视转播的这幅画面就是一个典型：这是短跑女明星琼斯飞奔的照片，它曾经是新闻照片，但在这里只是被用作设计制作的素材，用来表达一个概念，即标题所标出的："NBC 使用延时战术"（图 18-20）。照片被纵向一分为二，左边一半的说明是：9 月 23 日东部时间早晨 5 时 05 分比赛在悉尼举行；右边一半的说明是：9 月 23 日东部时间晚上 7 时至半夜比赛在美国播出。两半照片中间的说明则点出了"延时战术"的概念：由于时差达 18 小时，为了增强人们观看比赛的直接感受，NBC 决定所有比赛都事后在黄金时间播放录像。

有的新闻题图是以合成新闻照片或资料照片的手法制作的。2011 年 6 月，在英国王妃戴安娜 50 诞辰之际，美国《新闻周刊》刊登了由其主编蒂娜·布朗撰写的报道《如果她还活着》，该刊封面别出心裁地将已故王妃戴安娜与现

（图 18-19）　　　　　　　　　　　　　　　　　　　　　　　　（图 18-20）

（图 18-21）

（图 18-22）

王妃凯特的照片通过电脑合成，与虚拟的标题相呼应（图 18-21）。这幅题图颇为抢眼，却也引发热议。其主要问题在于缺乏明显的幻象性，却似有几分现实性，容易误导读者。

　　接下来，再列举几个绘制设计新闻题图的案例。美国加州《圣何塞信使新闻》家庭版的一篇报道以"修复家庭关系"为题，重点讲了如何在成年后与兄弟姐妹保持亲情往来的问题（图 18-22）。编辑通过题图重点表现这样几个抽象概念：兄弟姐妹、修复、关系。用以图解"兄弟姐妹"这一概念的是两个完全一样但呈镜像对称的面具。面具是形象的，但具有抽象性，可以起泛指的作用，不局限于某一个具体的人；镜相对称则暗示血缘亲情。用以显示"修复"的手段直观且巧妙：几根铁丝绕在一起，将两个面具连起来，就足以说明问题了。"关系"是一个抽象名词，编辑用 TIES 这个英语单词横在两个面具中间，一来表达这个抽象概念，二来借助这几个字母的线条走向与下面的铁丝异曲同工，仿佛也在起着修复牵拉的作用。

　　又如美国佐治亚州《奥古斯塔记事报》的"合并"，这幅题图所报道的是当地三个县的选民将投票表决是否要合并成一个县政府，画面中包括多幅照

（图 18-23）

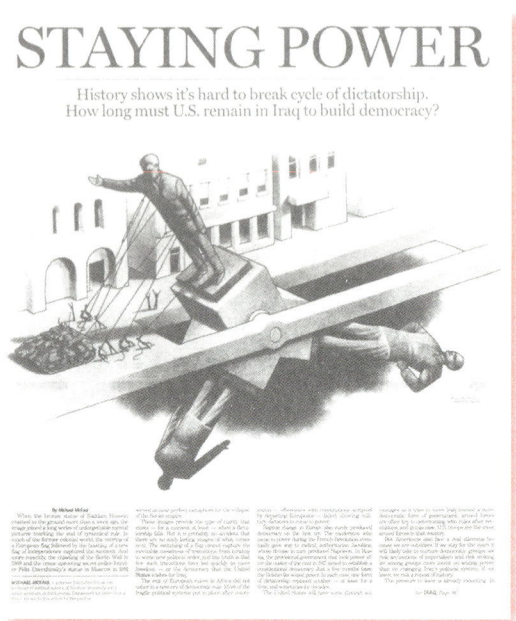

（图 18-24）

片，经电脑合成并加工制作成拼图游戏，从而集中展示了以下几个概念：警车、政府大厦和官员等，代表县政府国家机器；"里士满县""欢迎来奥古斯塔花园城"等招牌，显示互相拉票；将整个画面设计成一幅拼图，说明画面上这一切原本都是一盘散沙；将拼图中间的一块取出，让整个画面中心成为空白，显然是给人一个悬念：合并与否，将由投票决定；最后，被取出的一块拼图被放置在文中，其画面正是一个特写镜头：投票的手，它醒目地提醒人们，这块拼图是否能成为一个整体，投票将是关键（图 18-23）。这不仅是点睛之笔，而且耐人寻味，其创意效果绝不在一篇深度文字报道之下。

　　国际政治性的严肃话题也常常以题图这种形式加以展现。美国加州《圣何塞信使新闻》的副刊《观点》2003 年 4 月 20 日发表一篇关于萨达姆倒台以后伊拉克政局的分析文章，在"耐力"的通栏大标题下是一幅绘制的题图：人们用绳索将萨达姆的塑像拽倒，但塑像建立在一个循环装置之上，拽倒了萨达姆，紧接着会有另一尊塑像升起来，同时地下还有一尊塑像等着升起……两行副题诠释了这个题图的观点：历史证明很难打破独裁的循环；美国需要在伊拉克待多久才能在那里建立民主？这个题图通过独裁者塑像的循环暗示，美国拽倒萨达姆是徒劳的（图 18-24）。

以上三幅题图作品都在美国报纸设计学会的年度最佳设计评比中获奖。

最后来看看演员摆拍的题图设计。摆拍是新闻摄影的大忌，但在题图摄影中却司空见惯甚至顺理成章。为了用形象准确反映、图解抽象的事物，版面设计师可将能够体现概念的视觉元素人为排列组合，用夸张的手法清晰展现。例如硅谷出版的美国《圣何塞信使报》在头版报道"高技术工场员工多元化"这一主题时，不是派摄影记者到现场抓拍，而是挑选了三只不同肤色、不同性别和不同年龄的手一同操作鼠标，以概念性的图像鲜明直白地表达观点，给读者视觉上的冲击；同时以数据制成图示进行补充，避免摆拍给读者造成主观片面印象（图 18-25）。

一些报纸还别出心裁地借助演员的表演来设计题图。例如英国《星期日泰晤士报》一篇揭示官僚政治危害的报道，用人体在红色胶带（red tapes，直译为"红带子"，意思是"繁文缛节"）缠绕之下痛苦挣扎的表演，让人们切身感受隐藏在官场深处的官僚主义对自己的束缚（图 18-26）。

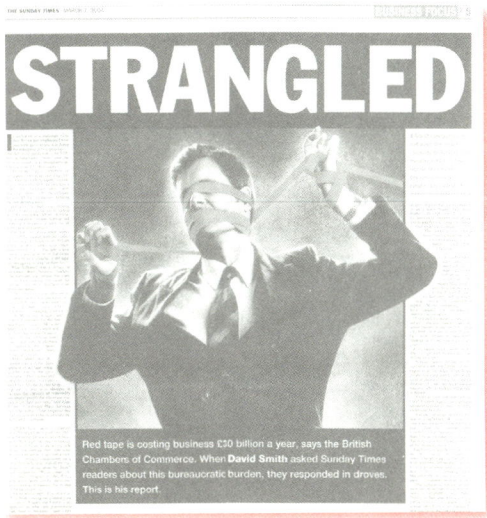

（图 18-25）　　　　　　　　　　　　　（图 18-26）

2. 国外报纸对英国脱欧的题图设计

2016 年 6 月 23 日，英国就是否脱离欧盟举行全民公投。与国民形成对立的脱欧派和留欧派一样，英国报刊也毫不掩饰地就此表达各自的倾向性，小报和杂志表态的一个鲜明手段就是头版或封面的题图。

在公投的前一天，媒体的鼓动达到高潮。

（图 18-27）

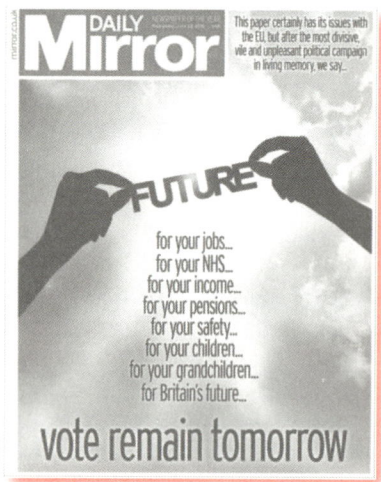

（图 18-28）

英国东北部的地方报纸《日报》头版题图用英国国旗和欧盟旗帜的组合作为衬底，形象地表达其留欧的立场（图 18-27），在画面上列出六行肩题，玩了一把文字游戏：

今天请用你的投票

为了年轻人

为了经济

为了我们在世界上的地位

为了你孩子们的工作

为了东北地区

从横向排列的六行肩题每一行中选出一个字母，纵向组成"REMAIN"这个单词，题图的主标题就跳出来了：

留 欧

另一家留欧派报纸《每日镜报》设计了一个简洁而直白的题图：蓝天白云下，一双手举起"未来"这个单词，让太阳的光芒照射其间，含义非常明确：我们的未来是充满阳光的（图 18-28）。那么怎样实现光明的未来呢？紧接着是多行标题：

为了你的饭碗

为了你的医保

为了你的薪水

为了你的退休金

为了你的安全

为了你的儿女

为了你的孙辈

为了英国的未来

在这一连串的铺垫之后，推出大标题：

明天，投票留欧

脱欧派报纸《每日邮报》异曲同工，设计了一个更加简洁的题图：以英国的象征大本钟作为视觉元素，也许是暗示决定命运的时刻到来，也许是隐喻脱欧的钟声已经敲响；标题也拿"未来"说事，显然是与《每日镜报》针锋相对：

选择撒谎贪婪的精英

还是选择逃离破碎垂死的欧洲，拥抱伟大的未来

如你相信英国，投票脱欧

另一家脱欧派小报《每日快报》的题图没那么多啰嗦的文字，一幅英国国旗作为衬底，足以表达脱欧的意愿，一行肩题和超大的主题更是字字千钧（图 18-29）：

（图 18-29）

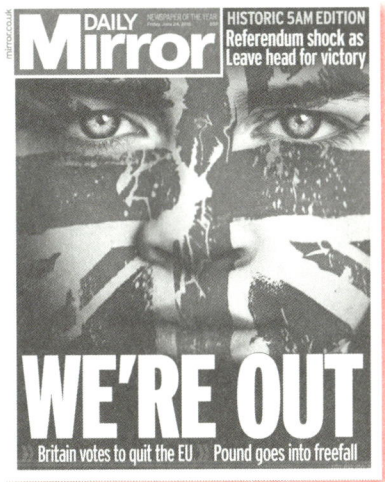

（图 18-30）

你的国家需要你
投票脱欧

公投结果公布后，脱欧成为定局。6 月 24 日，《每日镜报》以一张忧伤的英国面孔占满头版，大标题无可奈何："我们出局了"（图 18-30）。与之

（图 18-31）

（图 18-32）

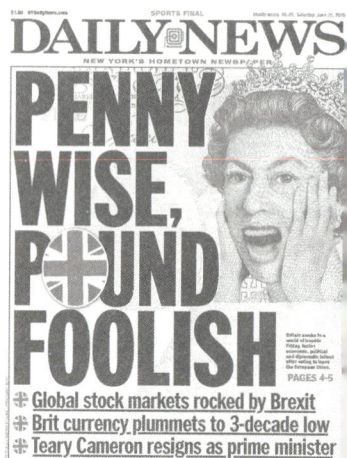

（图 18-33）

形成强烈对比的是《太阳报》，脱欧派民众欢天喜地庆祝胜利："再见啦，欧盟！"（图 18-31）《经济学人》杂志的封面设计则是简洁而内敛，却蕴含着对国家前途命运的深深忧患：一面英国国旗被生生撕裂，裂口露出一行小字："悲剧性的分裂"（图 18-32）。

世界各国不少报刊也充分运用头版题图这种形式，直观而又巧妙地对英国脱欧表态。

美国纽约《每日新闻报》用了一个嘲笑式的大标题，直译是"便士小聪明，英镑大傻瓜"，用中国人的说法，似可译为"捡了芝麻，丢了西瓜"；与标题呼应，主图拿英镑钞票上英国女王的肖像来调侃，给她换成一副惊恐的表情：双手扶面，双目圆睁，张大嘴巴……这模样，似曾相识（图 18-33）。

哦，这大概是借用挪威画家蒙克的名画《呐喊》中的形象吧？没错。荷兰《共同日报》异曲同工，更是明明白白地借用《呐喊》中那个人物形象，让德国总理默克尔、英国首相卡梅伦、荷兰首相吕特都以双手扶面，双目圆睁，张大嘴巴的表情，为英国人投票脱欧而惊呼。标题中除了标出"英国脱欧（Brexit）"的新闻，还担忧会有"荷兰脱欧（Nexit）"接踵而来，怪不得欧洲的政要们惊得眼珠子几乎要跳出来（图 18-34）。

　　比利时《晨报》则是充分利用了报纸版面可以在手中把玩的特点，在"英国脱欧公投选票已清点完毕"的大标题下，设计了一个既能正着看又能倒着读的题图（图 18-35）。将版面正着看，体现了报纸的支持态度："留（IN）"的选项压在欧盟的旗帜上，标题提醒人们，如果英国选择留欧，所有经济危险都可以"储存在冰箱里"；将版面倒着读，体现了报纸的反对态度："脱（OUT）"的选项压在英国国旗上，标题告诫读者，如果英国背弃我们，随之而来的可能是经济困难。

　　对英国脱欧公投结果，法国《解放报》的头版题图连题带图都是嘲讽（图 18-36）。这张法文报纸用英文"祝你好运"作为大标题，显然是在向决定脱欧的英国佬喊话。画面中的英国佬双手拿着英国国旗，吊在绳索上，双脚腾空，上不着天下不着地，命悬一线似地滑过英吉利海峡退回海岛，分明是在暗示英国脱欧以后的窘境。所以"祝你好运"的大标题，揶揄感十足。

　　从上述案例中可以看到，题图在重大新闻的报道上具有独特的优势，它融合了文字语言、画面语言、版面语言等多种表达方式，既能慷慨陈词，又可嬉笑怒骂；既能抓读者的眼球，又可适应不同文化，跨越不同族群，消解阅读障碍。所以，这不失为现代报纸设计的一枚利器。

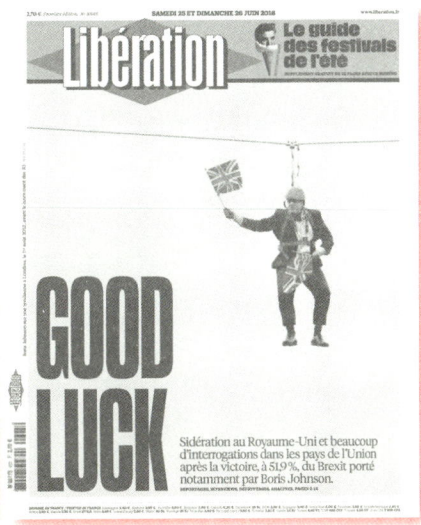

（图 18-34）　　　　　　　　　　（图 18-35）　　　　　　　　　　（图 18-36）

2003

19. 伊拉克战争：
开战与反战

开战，还是反战？ 2003 年 3 月 20 日，伊拉克战争打响的那天晚上，在确定次日头版新闻的基调时，编辑部的同仁们都等着我的决断，就像 12 年前海湾战争开打前夜，大家都等着陆炳麟老总就如何在头版处理"海湾战争可能在 24 小时内爆发"的新闻一锤定音，因为此时我坐在老陆当年的位置上。

我毫不犹豫地作出选择："伊拉克战争，不！" 3 月 21 日《解放日报》头版的这个大标题，引领了我们当天乃至后来的战事报道，鲜明地表达了报纸的立场（图 19-1）。

伊拉克战争是在北京时间 3 月 20 日上午 10 点 35 分开打的。与海湾战争不同，中央电视台对战事进行全方位直播，这在我国是第一次；当天出版的晚报充分利用对其有利的时间窗口强势报道，一些日报甚至出了号外，21 日出版的报纸大多在头版集中"猛料"报道"开战"。

然而，与 12 年前不同的，除了我们媒体的报道，还有眼前的这场战争本身。伊拉克战争虽然也是以美国为首的多国部队向伊拉克发动袭击，但就其性质来

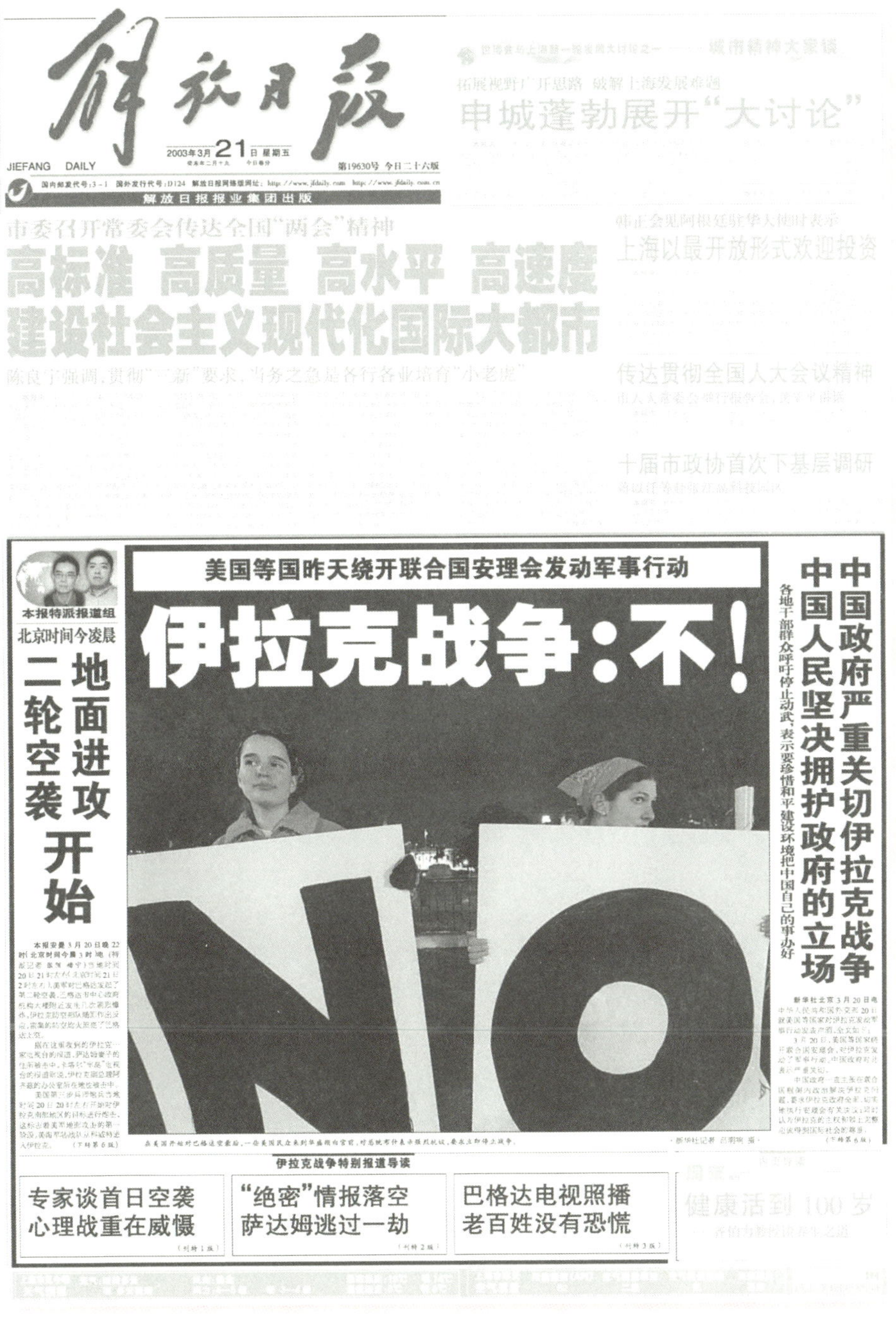

解放日报
JIEFANG DAILY
2003年3月21日 星期五
第19630号 今日二十六版
解放日报报业集团出版

世博会与上海新一轮发展大讨论之一——城市精神大家谈
拓展视野广开思路 破解上海发展难题
申城蓬勃展开"大讨论"

市委召开常委会传达全国"两会"精神
高标准 高质量 高水平 高速度
建设社会主义现代化国际大都市
陈良宇强调，贯彻"一新"要求，当务之急是各行各业培育"小老虎"

上海以最开放形式欢迎投资
传达贯彻全国人大会议精神
十届市政协首次下基层调研

美国等国昨天绕开联合国安理会发动军事行动
伊拉克战争：不！

本报特派报道组
北京时间今凌晨
地面进攻
二轮空袭
开始

本报安曼3月20日晚22时（北京时间今晨3时）电……（下转第6版）

中国政府严重关切伊拉克战争
中国人民坚决拥护政府的立场
各地干部群众呼吁停止动武，表示要珍惜和平建设环境把中国自己的事办好

新华社北京3月20日电……（下转第6版）

伊拉克战争特别报道导读
专家谈首日空袭 心理战重在威慑（刊特1版）
"绝密"情报落空 萨达姆逃过一劫（刊特2版）
巴格达电视照播 老百姓没有恐慌（刊特3版）

健康活到100岁

（图 19-1）

说，不能与 12 年前海湾战争相提并论。

首先，开战的依据不同。海湾战争的依据是伊拉克公然践踏国际法，入侵科威特并宣布它为伊拉克的一个省，而且无视国际舆论的一致反对，不顾各方力量的外交努力，拒不撤军。而伊拉克战争的依据则是美国指控伊拉克与"基地"组织有勾结并参与策划 9·11 恐怖袭击，却拿不出确凿的证据；美国还认定伊拉克发展大规模杀伤性武器，国务卿鲍威尔在安理会信誓旦旦地展示所谓"证据"，但联合国检查团在伊拉克境内经过几个月的核查，也没有发现确凿的证据。

第二，开战的合法性不同。海湾战争得到联合国的批准，安理会通过的 687 号决议授权会员国"使用一切必要手段……恢复该地区的国际和平与安全"；而伊拉克战争则没有得到联合国授权，美国等国家遂绕开联合国对伊拉克发动袭击，公然破坏二战以来以联合国为代表的全球集体安全机制和国际法秩序，因而是一场非法的战争。

第三，国际社会反应不同。当初萨达姆吞并科威特遭到全世界的谴责，舆论几乎是一边倒。而对于伊拉克战争，鉴于美国指控伊拉克制造并拥有大规模杀伤性武器证据不足，中国、俄罗斯、法国、德国等国家明确表示反对；全世界掀起了一浪又一浪的反战示威，即便是在出兵参战的美英等国，反战游行也声势浩大、持续不断，甚至引发冲突，有上千人被捕。

基于伊拉克战争的这些特点，我们决定，头版报道的基调，不是"开战"，而是"反战"。

如何用版面语言来表达这一基调呢？

版位的选择是第一步。当年"海湾战争可能在 24 小时内爆发"的预测，我们冒着风险登上头条；这次伊拉克战争爆发，国内不少报纸上头条或置于上半版显著位置，以客观报道"伊拉克战争开战"为主调。我们则反其道而行之——沉底。整个下半版用粗黑线围框，组成一个醒目的模块，以"倒头条"的形式表达我们的立场：这的确是重大新闻，但我们对这一事件持批评和谴责的态度。新闻的重要性通过视觉冲击力显示出来，批评和谴责的态度则通过沉底的版位表达出来。

拟定主标题和选择主图是体现"反战"基调的关键一步。我们毫不犹豫地舍弃了许多报纸强势刊登的美国军舰发射巡航导弹、巴格达市内发生大爆炸的新闻照片,另辟蹊径,选择新华社播发的美国民众在白宫前手持大标语牌"NO"对战争表示抗议的新闻照片,独树一帜,且旗帜鲜明。主标题"伊拉克战争,不"与主图相呼应,既可看成是图片的标题,又可作为这一组报道的标题,也是我们当天关于伊拉克战争报道的总标题。

但是,表达了反战的观点并不意味着对战事视而不见。由于在伊拉克战争开战的当天,晚报和众多新闻网站已经在第一时间充分报道了首日的战况,我们的报纸在第二天方与读者见面,所以必须精心选好"第二落点",在开战的后续报道中提炼出最重要的信息。

"第二落点"之一,是对美军对巴格达的第二轮空袭和地面进攻的开始。我们把特派记者张陌和褚宁从约旦首都安曼发回的这一则最新战场信息醒目地置于头版,因为从战事一开始便出动大规模地面部队,在美军近年来的历次战争中还是第一次。我们判断,12年前海湾战争期间美军是以空袭为主,把伊拉克打痛打烂,目的是逼迫萨达姆撤军、解放科威特;这次伊拉克战争,美军在空袭之下,冒着伤亡的危险出动地面部队,彰显其明确的战略意图:出兵占

(图 19-2)

领巴格达，推翻萨达姆政权。后来的事实证明，我们的判断是正确的，将开始地面进攻的消息显著地置于头版是合理的。

"第二落点"之二，是以视觉化的方式展现伊拉克战争开战首日态势。在无法像晚报、广播、电视、网络那样抢在第一时间报道的不利情况下，我们后发制人，除了头版做强，还拿出第二、三版，力争做全、做深、做实、做出特色。文字编辑夏俊、罗飞和美术编辑许青天、张莉、朱伟充分利用日报出版的时间窗口，从当天下午到次日凌晨，综合纷繁的信息，梳理零散的脉络，将战事通过图示和图表的形态，在第二和第三版以跨版的形式展现出来，力图使读者一目了然（图19-2）。这个"图说"版面后来在第十四届中国新闻奖评选中获得版面二等奖，并在当年全国报纸版面年赛上获得金奖。

"第二落点"之三，是充分反映世界各方反战的呼声，与头版的基调形成呼应和支撑。在分管国际新闻的陈大维副总编辑指挥下，当天的国际新闻版一方面以大半个版的篇幅综合报道俄罗斯、法国、德国、阿盟等国家和国际组织的反战立场，以及美国反战人士在白宫门前的抗议活动；另一方面，在"本报专论"栏目发表题为"解读四'权'"评论文章，由国际部主任杨健执笔，抓住伊拉克战争中"授权、主权、人权、强权"这几个关键词，指出：美国这一次动武，对现有的国际秩序、国际法和国际关系基本准则造成了巨大冲击，开了一个危险的先例。

在此后十多天里，我们的"伊拉克战争特别报道"栏目坚守反战基调。

如今，伊拉克战争的结局早已为世人所知：

美军攻入伊拉克后，搜遍全国也没有找到大规模杀伤性武器，更没有证据显示萨达姆与基地组织勾结，所以美国发动伊拉克战争的理由是站不住脚的；

伊拉克战争使数十万伊拉克平民死亡，并使数百万人沦为难民；

萨达姆政权被推翻后，伊拉克出现持续多年的教派之争，暴力事件不断，又使无辜百姓成为牺牲品；

美军撤出伊拉克后，扔下烂摊子，"伊斯兰国"乘机崛起，至今不消停，遭殃的还是平民百姓……

由此可见，我们伊拉克战争报道的反战基调是经得住事实和时间检验的。

相关链接

　　伊拉克战争在前期经历了核查、争论阶段，在战争期间经历了开战、僵持、转折和收尾阶段，战后又经历了驻军、撤军阶段，前后长达 7 年。而在此过程中，全世界主战和反战的斗争未曾平息，各大报纸则以版面上的白纸黑字加图片，记录了历史，也被历史所记录。转眼十多年过去了，现在回顾、审视西方报纸的这些头版，看看历史如何评判吧。

1. 对鲍威尔举证的报道

　　2003 年 2 月 5 日，美国国务卿科林·鲍威尔在联合国安理会展示美国搜集的所谓"伊拉克拥有、隐藏、转移大规模杀伤性武器"的证据，宣称"萨达姆·侯赛因对世界构成的危险迫在眉睫"，以此作为向伊拉克发动战争的依据。西方报纸次日几乎都在头版突出报道，但态度各不相同。

　　对于鲍威尔的强硬举证，美国的主流报纸大多是一边倒的。例如纽约几家发行量颇高的通俗小报，都在头版毫不含糊地表明"挺鲍"立场——

　　《每日新闻》用半个版的篇幅刊登鲍威尔手持小药瓶的特写照片，大标题言之凿凿："科林举证"。图中的小标题说："鲍威尔说这样一小瓶炭疽就能使参议院瘫痪。"（图 19-3）该报在内页用四个版面对鲍威尔的讲话和联合国安理会的反应作了详细报道。

　　《新闻日报》的头版更显强势，用整版篇幅刊登鲍威尔的特写照片，肩题说："鲍威尔用间谍照片和秘密录音揭露伊拉克无视全世界的意愿"，主标题的矛头所指非常明确："萨达姆的罪证"（图 19-4）。

（图 19-3）

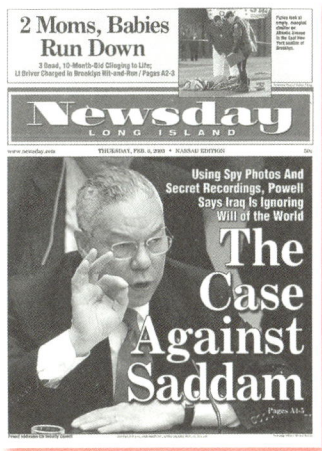

（图 19-4）

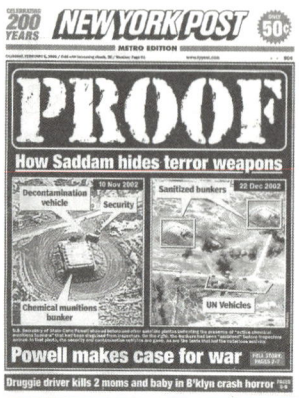

（图 19-5）

（图 19-6）

《纽约邮报》的头版比前两家报纸的火药味更浓。它直接把美方提供的卫星照片展现出来，左边一张是2002年11月10日拍摄的，鲍威尔解释说，画面上的掩体中有储存化学武器的痕迹；右边一张是2002年12月22日拍摄的，鲍威尔指证，当联合国核查人员的车辆到达时，这里已经被清理得干干净净。该报采用了一个简洁有力的超大主标题："证据"（图19-5）。值得玩味的是，组成这个单词的五个字母经过美术设计，像一个图章那样猛然敲在头版顶部，犹如结案的卷宗，被打上"铁证"的烙印。这个头版在政治上凸显了主战的立场，当时对于小布什政府来说是很给力的，但没有经得住历史的检验；在业务上强化了立场的表达，标题写作、图文编排、平面设计都很见功力，十分典型地体现了WED（写作Writing、编辑Editing、设计Design一体）的编排理念。

《纽约时报》不像上述通俗小报那样声嘶力竭，其"挺鲍"的立场是通过头版图文的选择、篇幅的安排和标题的拿捏，以严肃的版面语言表达出来的（图19-6）。一般来说，西方传统主流大报在报道争论性事件时会顾及各种不同的声音，有时甚至会彰显分歧。但在《纽约时报》的这个头版上，三篇关于鲍威尔在安理会作证的报道和两张照片，观点都是一边倒的。大量不同声音，如法

国和德国要求进一步核查、欧洲民众提出异议、伊拉克否认指控等报道在头版
一点也没有，全都刊登在内页。这样的版面调度是一种无声的态度，体现了头
版的"阵地意识"。

但是，有些美国报纸就不像《纽约时报》那样表态，而是在头版上玩了一
把"平衡术"。比如《底特律自由报》，把萨达姆的高级顾问在巴格达反驳指
控的报道和图片与鲍威尔在安理会作证的报道和照片一起放在头版，虽然是上
下排列，但照片的尺寸规格是一模一样的，大标题是"口水战"，并不明确表
示支持哪一方（图19-7）。同时表达两种对立的声音，在美国报纸上是家常便饭，
但在那么多知名大报一边倒"挺鲍"的情况下，《底特律自由报》在头版给对
手让出一块"阵地"，使双方"平分秋色"，说明美国报纸并非"铁板一块"。

持反战立场的英国《每日镜报》则在鲍威尔手持小药瓶的照片上毫不客
气地贴上标签："闪烁其词的磁带，粗糙模糊的视频，花言巧语的说辞"，然
后用超大的主标题直接向鲍威尔叫板："证据不足"（图19-8）！毋庸置疑，
这算得上是一个无愧于历史的头版，因为历史已经证明，鲍威尔向安理会提供
的关于伊拉克制造并拥有大规模杀伤性武器的所谓证据都是虚假的。当时虽然
尚不能证实其假，但更不足以证实其真。《每日镜报》将质疑的根据用标签标

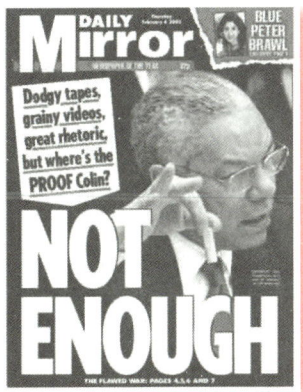

（图 19-8）

（图 19-7）

题的形式逐条列出，为历史记下了负责任的一笔。

2. 对反战示威的报道

2003 年 2 月 15 日，全世界 60 多个国家和地区的 600 多座城市爆发反战大示威，共有 1,000 多万人参加，反对美国等国可能发动伊拉克战争。这是有史以来规模最大的全球反战活动。国外的报纸都对这次示威作了报道，各报的观点在头版的编排中通过版面语言微妙地表达出来。

美国康涅狄格州《哈特福德新闻报》头版在“数百万人呼唤和平”的通栏大标题下，以三张全景照片，突出报道世界不同城市举行的反战示威（图 19-9）。编辑选用的三张照片，构图相同，且都是竖片，刻意以重复的形式渲染这次大示威全球同步的特点，而在版面呈现上则是一张为主，两张为辅，具有节奏感，避免呆板。

法国《解放报》鲜明地反映了法国人的反战立场。这一天它的头版不仅突出呈现大示威的事实，而且通过大标题突出表达编辑的愿望：“和平的机会”（图 19-10）。两张照片上下排列，上面是反战游行，下面是安理会的谈判桌，副题说，“联合国似乎正在达成妥协”。这样的版面语言试图传递这样的信息：

Hartford Courant.

MILLIONS CRY 'PEACE'

FEARS: Americans Feeling An Acute Sense Of Vulnerability

GLOBAL RALLIES: Protesters Pack Cities Across U.S., Europe

A Neighborhood Awaits Its Goliath

（图 19-9）

Libération

Une chance pour la paix

Alors que des manifestations antiguerre sont prévues samedi dans le monde entier, un compromis semblait s'esquisser vendredi à l'ONU pour la poursuite des inspections. Page 2

（图 19-10）

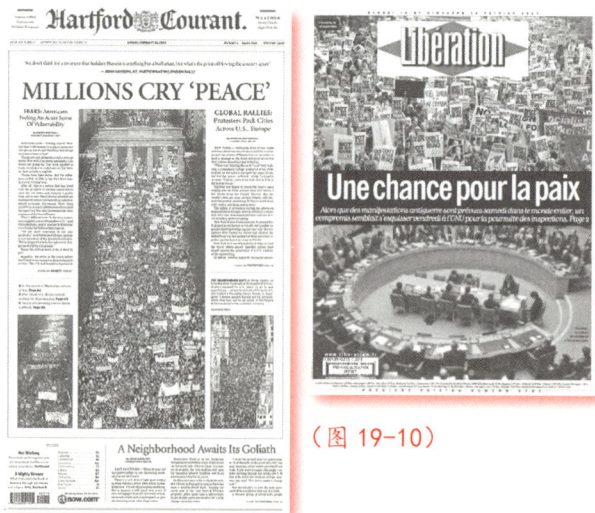

全世界反战的呼声将把伊拉克问题拉回谈判桌。不过这多少有些一厢情愿，过于乐观了。

与上述两家报纸只表达"反战"这一个呼声不同，不少西方报纸擅长于同时表达两种声音，并通过版面语言的强弱对比和轻重拿捏，在两种声音之间微妙含蓄地显示倾向。

美国《弗吉尼亚先驱报》这一天在头版不是重点报道反战示威，而是将当地民众的不同意见针锋相对地展现出来，用四张照片带出四个人对战争的观点（图19-11）。两位女士是反战的，其中一位年轻越南裔女士痛陈战争给越南留下的创伤。另一位老年妇女说："我们没有权利屠杀妇女和儿童。"两位男士是主战的，其中一个认为："不应该过于在意平民的伤亡，当年对日本的轰炸就没想那么多吧。"这像是对老年妇女的回应。编辑虽然将四个人的照片以同样的尺寸组合在一起，但把主战的声音置于上面，反战的声音置于下面，这显然不是随机的，而是精心设计的。

如果说《弗吉尼亚先驱报》是在主战和反战之间"走钢丝"，那么英国《星期日电讯报》则是用调侃和强硬的"两手"向反战示威叫板（图19-12）。该报头版虽然选用示威的大幅照片，但标题却充满嘲弄的口气："时髦女郎、花花公子、大胡须汉子……为萨达姆游行。"在头版的左上角，大标题十分强硬："布莱尔警告示威者'你们手上沾着血'。"

3. 对开战的报道

2003年3月20日当地时间清晨5点35分，游弋在红海和海湾的美国军舰和潜艇向伊拉克首都巴格达

（图 19-11）

（图 19-12）

（图 19-13）　　　　　　　（图 19-14）　　　　　　　（图 19-15）

发射"战斧"巡航导弹，并出动 F-117 隐形战斗机实施"斩首行动"，对萨达姆所在目标发射精确制导导弹。随后，美国总统小布什宣布，美军开始对伊拉克实施军事打击。然而，尽管美国宣称当时情报部门已经确定了萨达姆所在的位置，但在当天的空袭中萨达姆不仅毫发无损，居然事后还在电视上露面并发表讲话。

对这第一波打击及其尴尬的"战果"如何报道？

像美国《费城问询报》这样的处理是最拙劣的（图 19-13）。大标题"巴格达挨炸"，副题只是说"导弹和精确制导炸弹射向侯赛因"，却不提是否命中目标，藏着掖着。头版一张炸弹在巴格达上空炸开的通栏照片和一张小布什宣布开战的中景照片，虽然在视觉上很有气势，但内容上却是空炮、哑炮。

美国《辛辛那提邮报》的头版则有些微妙（图 19-14）。当时明明知道萨达姆躲过了首轮"斩首行动"，头条大标题竟然还煞有介事地标出"萨达姆是目标"，这不是"哪壶不开提哪壶"吗？读者也许能从中解读出调侃的意味吧？视线往下移，读者会注意到特写照片中这位妇女忧郁的神情，标题则道出了忧郁的原因："儿子在前线，家人夜不眠"，这与小布什总统信誓旦旦宣布开战、多国部队大举进攻的气氛极不协调。由此看来，这个头版的编排耐人寻味：分明是在用曲笔隐晦地传递一种反战的情绪。

《纽约时报》没有回避"斩首行动"掉链子的尴尬（图19-15）。头版头条通栏两行主标题："布什下令伊拉克战争开始；导弹显然没有击中侯赛因"。不仅如此，头版还将萨达姆在空袭几小时后在电视台发表讲话的照片与小布什宣布开战的照片编排在一起。头版右上角发自华盛顿的报道，标题引用小布什的话，强调"战斗将比预期的艰难"；左上角则是在发自巴格达的报道，题为"蔑视的回应"，其中引用萨达姆的话，要求伊拉克民众"拿起武器抵抗入侵者"。这样的平衡式版面看似客观，其实是给美军当天无功的"斩首行动"搭了一个下台的台阶。《纽约时报》的政治和业务水准由此可见一斑。

欧洲一些报纸在伊拉克战争开战这一天用耐人寻味的版面语言表达了反战的立场。比如瑞士《巴塞尔报》，头版主图是空空如也的安理会会议桌，通栏标题"外交终结，战争开始"，使人们感觉到无奈中包含着愤怒（图19-16）。又比如德国的《南德意志报》，头条以"美军攻入伊拉克"为大标题，选用的主图却是伊拉克妇女儿童逃亡避难的画面，编辑的意图也是不言自明的了（图19-17）。英国《每日镜报》倒是没有像上述两报那样采用迂回含蓄的版面语言，而是选用了美军战斗机投入空袭的照片，与超大字号标题"黎明攻击"融为一体，把战争气氛造得浓浓的，最后在版面底部蹦出一句话：

（图 19-16）

（图 19-17）

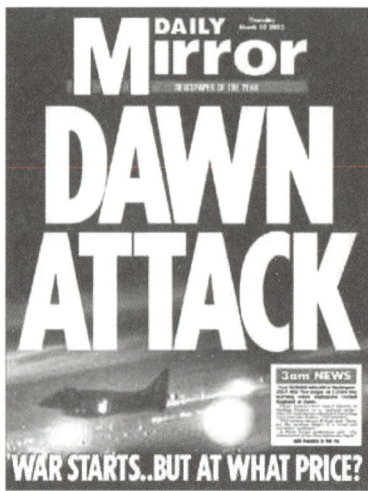
（图 19-18）

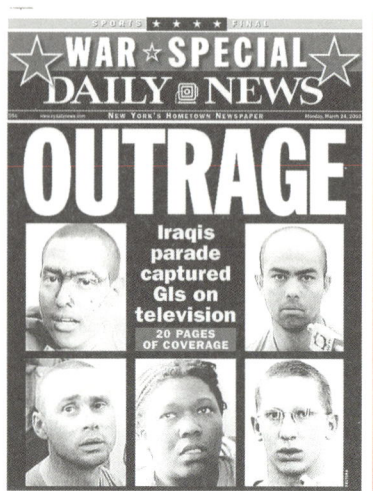
（图 19-19）

"战争开始了，但代价是什么？"（图 19-18）咄咄逼问，真是"图穷匕见"。

4. 对美军士兵被俘的报道

2003 年 3 月 23 日，伊拉克电视台播出五名美军俘虏的画面。这些士兵均从属于美军第 507 机修连，他们遭伊拉克军队伏击而被俘。时时刻刻关注伊拉克战争前线战况的美国媒体对此反应各异。

多数美国电视台因顾忌民众不能接受，也担心布什政府会找茬，都没有在第一时间转播这些镜头。当晚，哥伦比亚广播公司在就此采访国防部长拉姆斯菲尔德后播放了这个录像的简短片段，拉姆斯菲尔德大骂这是对美军的侮辱，扬言要严惩播放录像的媒体。

惯于在头版展示"猛料"的小报对国防部长的警告并不在乎。纽约《每日新闻》将五名战俘的头像大大地刊登在头版，标题浓缩为一个单词："愤怒"（图 19-19），好像是在向拉姆斯菲尔德争辩：这不是对美军的侮辱，而是对伊拉克在电视上将美军战俘示众表达义愤。这家小报在内页推出了整整 20 个版面的详细报道。

　　《时代记者报》是美国俄亥俄州小城新费城出版的一家地方报纸。这家报纸的编辑显然被美军战俘的新闻整晕了，编了一个伤心而又悲观的头版。五名战俘的头像排列在顶部，虽然照片很小，但非常醒目；版面上的主图与之呼应，一位战俘的家属捧着亲人的照片掩面而泣，使整个版面形成悲伤的基调（图19-20）。编辑选择三篇稿件登在头版，头两篇是美国上下都不愿意明说的真话："伊拉克电视台播放美军战俘影片""纳西里耶战斗遭受最严重伤亡"，后一篇是让人发笑的假话："疑似化学武器工厂查获，证据在握"。最不可思议的是，在这一组报道的顶端，横亘着通栏大标题："苦日子还在后头"。也许编辑是想用这样的笔调表达反战的态度。读者的反响如何，不得而知；但如果拉姆斯菲尔德看到这个头版，不拍桌子骂娘才怪呢。

　　与上述两家报纸完全相反，这一天《波士顿环球报》的头版上，关于美军被俘的新闻一个字也没有（图19-21）。事实上，该报的头条报道的正是美军机修连在纳西里耶的那场战斗，但编辑通过图片的选择以及标题的措辞，刻意

（图 19-20）

（图 19-21）

（图 19-22）

回避了士兵伤亡和被俘的消息。明明是遭遇伏击，通栏标题却说"美军小部队抵抗伊军"；明明是多名士兵伤亡或被俘，头版的主图却是两名美军士兵从战场上救出一名伤员。这套把戏虽然不能说完全是"贾雨村"，但无疑是"甄士隐"。

英国《每日镜报》延续一贯的视觉风格和反战立场，将一张满脸伤痕的美军战俘照片和一张满脸血迹的伊拉克女孩照片并排置于头版，对比强烈，寓意鲜明（图19-22）：这场战争害人也害己。图片上下分置两行大标题自问自答："依然反战？是的，没错！"

5．对"女英雄林奇"的报道

连续多日，美军机修连遭伏击的消息使美国政府和民众十分沮丧，国内反战呼声再度高涨，连续爆发示威游行，有两千多人被捕。正当小布什政府面对各方重重压力的时候，4月1日，前方突然传来一条"鼓舞人心"的消息：十天前"浴血奋战，打光了子弹后受伤被俘"的美军机修连女兵林奇，被"海豹突击队"从伊拉克军队手中救出！美国官方在宣布这一消息时说："林奇在战斗中打中了好几个敌人，直到打光了子弹才被俘。她是宁愿死也不愿被俘的。"

这么感人的英雄事迹，怎能不使媒体激奋冲动！许多小报4月2日的头版被这个19岁女英雄的玉照"霸屏"（图19-23至图19-26）：照片上，她用天真无邪的目光注视着读者，露齿而笑，身后是美国国旗，大标题是"安全了""得救了"。从编排上看，这些小报的头版确实有煽情效果和导向作用。不是吗？大照片突出了阳光少女林奇的美丽，塑造了一个飒爽英姿人见人爱的女英雄形象；身后的美国国旗衬映着她的笑容，更为这女英雄赋予了美国精神，

（图 19-23）

（图 19-24）

（图 19-25）

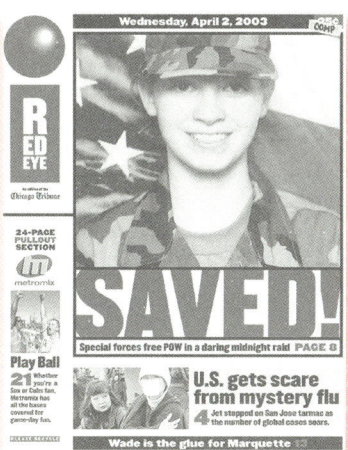

（图 19-26）

使得头版的立意更高，令人肃然起敬。

这一组头版果然大大提振了美国民众的士气——这个效果从一个"反面典型"中得到体现。

那天的美国报纸中出了一个另类的头版。《俄勒冈人报》把林奇的故事和那张光彩照人的照片压缩在次要的左上角，而且标题和照片篇幅都很小，很难引起读者的注意。更令读者惊讶的是，该报头版的主图竟然是一个伊拉克男子在两个棺材前痛哭，报道说，他的六个孩子以及妻子、两个兄弟和父母亲都在美军的空袭中丧命。这一天该报头条大标题全无感情色彩："巴格达战斗开始"（图19-27）。

这个头版一出笼，就在当地引起轩然大波。数十个读者打电话或发邮件给报社表示抗议："为什么把伊拉克人痛哭的照片放得那么大，而把美国女兵获救的照片缩得那么小？你们是不是美国人？"一些读者抱怨这个版面"令人恶心"，指责编辑部"不公平"，提出要退订这张俄勒冈州最大的日报。

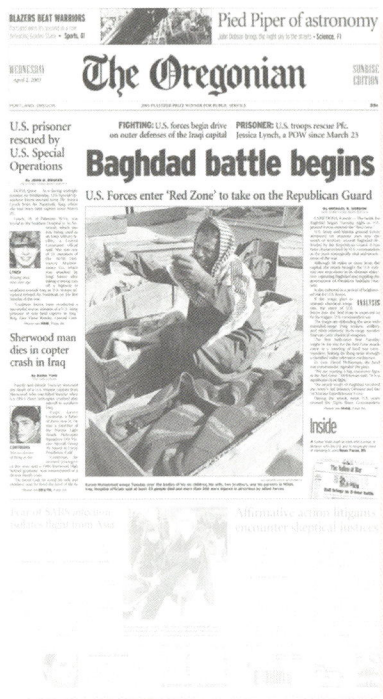

然而不久"剧情"就出现了反转。"女英雄林奇"的故事由于漏洞百出而受到调查，结果发现，林奇所在的机修连是由于在沙漠中迷路才遭到伊拉克军队伏击，林奇是因撞车而受伤，她在被俘前并没有发射一枪一弹。五角大楼甚至承认，林奇能存活，主要"归功于伊拉克人的救治"。林奇伤愈回国后接受媒体采访时说："我不是英雄，只是个幸存者。"

原来"女英雄林奇"是一个地地道道的"贾雨村"，是美国政府、军方一些媒体默契配合拙劣炒作的产物。那些仅仅风光了几天的头版只能留给历史去嘲笑了。

（图19-27）

6. 对萨达姆塑像倒塌的报道

4月9日，美军攻入巴格达，控制了整座城市，但未能立即抓住萨达姆。也许是为了避免"斩首行动"一再落空的尴尬，美军当天导演了一场象征性的"倒萨"闹剧——在市中心天堂广场将矗立在那里的萨达姆塑像推倒，并以此作为萨达姆政权倒台的标志。

（图 19-28）　　　　　　　　　（图 19-29）

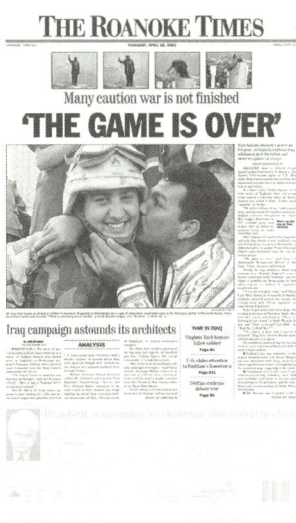

（图 19-30）

　　对于如此重大的历史性胜利，美国报纸在头版高调呈现，是不足为奇的。纽约小报《每日新闻》以整版的篇幅刊登大照片：萨达姆塑像被一根拴住脖子的绳索拽倒，大标题"垮台"压图，盖住了画面上稀稀拉拉的几个人（图19-28）。《芝加哥论坛报》旗下的小报《红眼报》异曲同工，在"他完蛋了"的压图大标题下，刻意显示一些人在举手欢呼（图19-29）。弗吉尼亚州《罗阿诺克时报》则另辟蹊径，将塑像被拽倒的四张连续照片排列在顶部，选择一张伊拉克男子亲吻美军士兵的照片作为头版主图（图19-30），上下图片相互呼应，宣传痕迹再明显不过了。

　　细心的读者也许会发现，美国各报当天在头版使用的几乎都是这几张中景、近景照片。美军实现推翻萨达姆的宏伟目标，为什么在头版上看不见全景的宏伟场面？事后有知情者在网上晒出一张从高处拍摄的天堂广场全景图，从而揭开内幕：拽倒萨达姆塑像只不过是一场精心策划的媒体秀。

　　从全景图中可以看到，偌大的广场上其实只有百来人，他们集中在萨达姆塑像周围，摄影记者的镜头只对准这些人，而如果换个角度拍全景就会穿帮，因为空荡荡的广场四周只有美军装甲车在警戒。

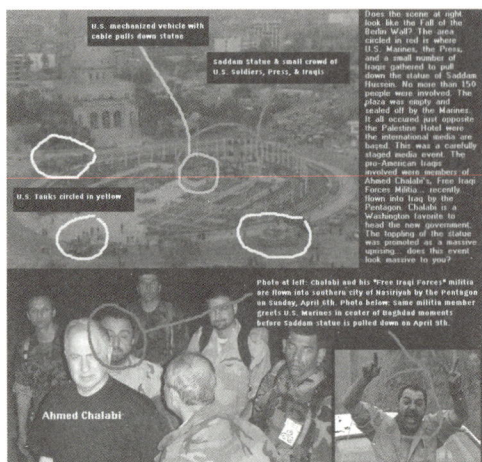

（图 19-31）

那么这些为拽倒萨达姆塑像欢呼的是什么人呢？爆料者在上传的照片中圈出在两个不同场合分别出现的同一张面孔，此人是"自由伊拉克力量"的头儿，名叫查拉比，几天前奉五角大楼之命带领手下到纳西里耶迎接美军，这一天又在巴格达欢迎美国海军陆战队。可见，他是这场媒体秀中的"托儿"（图 19-31）。

这一爆料是否属实，不得而知。但美国报纸上那几张中景、近景照片总免不了令人产生作秀的感觉。

7. 对萨达姆结局的报道

萨达姆于 2003 年 12 月 13 日在他的家乡提克里克被美军从一个 8 英尺深的藏身洞里抓出来，2006 年 11 月 5 日被伊拉克法庭以谋杀和反人类罪判处死刑，于 12 月 30 日被送上绞刑架。

在不少西方人眼中，萨达姆是恶魔。不少报纸直接反映了这种意识，对这个被捉拿归案的伊拉克前总统，或是进行羞辱，或是妖魔化。

"像耗子一样被捉"
美军发现萨达姆躲在"蜘蛛洞"里

这是美国首都华盛顿的《发言人评论报》头版头条报道萨达姆被捕的大标题，引自驻伊美军少将雷蒙向新闻界通报抓捕萨达姆过程的原话；萨达姆被捕时蓬头垢面的特写照片几乎是通栏置于头版，极力展示他那副狼狈相（图 19-32）。这样的图文处理，在大报上是不多见的，颇有点小报的味道。

英国《太阳报》则是通俗味道十足的小报。该报通过行贿美国军方买

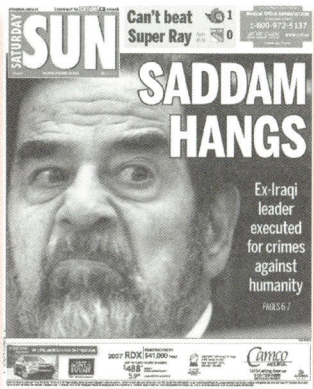

（图 19-33）　　　　　（图 19-34）

（图 19-32）

来萨达姆在狱中的一组照片，并将一张萨达姆半裸的照片在 2005 年 5 月 20 日的头版以整版篇幅刊登（图 19-33）。这既是对萨达姆的羞辱，也是对穆斯林的冒犯。萨达姆律师团和国际红十字会都发表声明，谴责《太阳报》违反《日内瓦公约》中保障战俘权益的有关规定。新闻界因此引发争论，半岛电视台和许多阿拉伯报纸都没有转载这些照片，认为这是侵犯隐私，违反新闻道德。而一些伊拉克什叶派和库尔德人则兴高采烈地拿着《太阳报》上街庆祝。

2006 年 12 月 30 日清晨，萨达姆被绞死。美国和欧洲各报都抢在当天将消息发在头版头条，但几乎都没有获得行刑的新闻照片，于是纷纷选择萨达姆的资料照片与新闻一起刊登。《太阳报》和美国不少报纸选用了一个多月前萨达姆在法庭上的面部特写：斜着眼，咬着牙，撅着嘴，一脸恶相（图 19-34）。《芝加哥论坛报》等报纸选用了萨达姆在法庭上的另一张面部特写：锁着眉，张着嘴，双眼无神，一脸苦相（图 19-35）。总之，编辑们都让萨达姆用那张表情复杂瞬息万变的嘴脸来"自我埋汰"，也借此完成对这个"暴君"的妖魔化。

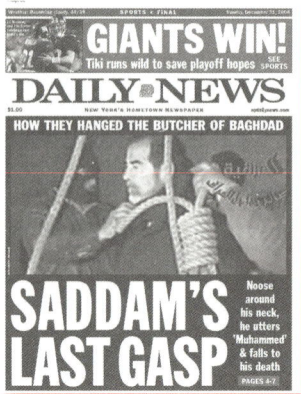

（图 19-36）

（图 19-35）

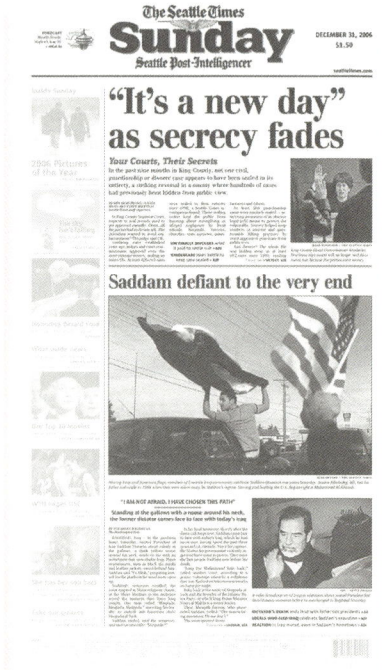

（图 19-37）　　　　　（图 19-38）

12 月 31 日出版的报纸大都补登了萨达姆在绞刑台上套上绞索的照片，画面相同，但登法不一。纽约《每日新闻》将这张照片占据整个头版，标题绘声绘色（图 19-36）：

看看他们如何绞死巴格达的屠夫

萨达姆最后一口气

绞索绕住他的脖子，他呼唤着"穆罕默德"，倒下死去

佛罗里达州《圣彼得堡时报》也以这张绞死萨达姆的照片作为头版主图，但在它下面加了一张副图：伊拉克什叶派在庆祝（图 19-37）。《西雅图时报》则将萨达姆上绞架前的照片作为副图，将伊拉克人举着美国国旗欢呼的照片作为主图（图 19-38）——编辑的意图通过这一组合无声却清晰地表达出来了。

然而值得一提的是，与上述各报"倒萨"报道的格调不同，《纽约时报》在萨达姆结局几个环节的头版报道中，都显示了专业严谨的独特风格。

萨达姆被捕，《纽约时报》不像一些报纸用"耗子""蜘蛛洞"等词汇来比喻和描绘，它的头版头条主标题说"萨达姆在临时藏身洞中被捕"，显得更加客观。至于临时藏身洞是什么样的，像不像"耗子洞""蜘蛛洞"，该报在头版以详细的图解进行展示（图 19-39），读者可以凭自己的理解来对萨达姆被捕的状况作出判断。

萨达姆受审，《纽约时报》不像一些报纸以萨达姆一脸狰狞的特写照片作为头版主图，而是选用萨达姆在法庭上高声抗议受到制止的画面（图 19-40）。在这张新闻照片中，萨达姆似乎不是被告，而是在向法官发起挑战，一副义正词严的神态；他紧握拳头高呼"人民万岁！民族万岁！打倒入侵者！"时，高举的手臂被法警伸手抓住，这一瞬间更加直观、典型地反映了他的桀骜不驯。毫无疑问，这样的图文处

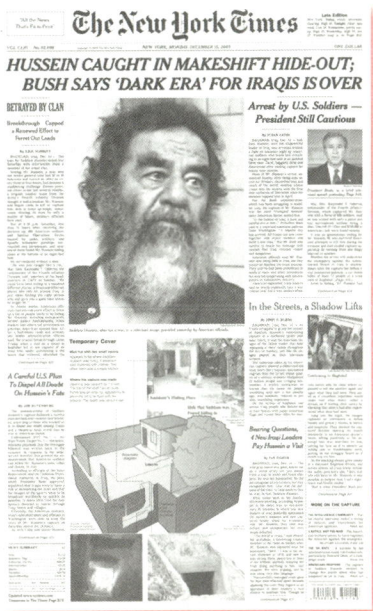

（图 19-39）

理会使读者产生多种解读，而且不排除有人会认为这是"长萨达姆威风"。但《纽约时报》恪守这种客观报道的风格，让读者看到萨达姆在法庭上的真实面目，从而解读出"倒萨"之不易。

萨达姆绞刑的当天，《纽约时报》与各报一样，只能以资料照片作为头版主图。尽管在头版头条的副题中，该报引用绞刑目击者的话说萨达姆临刑前已经"放弃反抗"，但编辑并没有简单地"以图配文"，没有顺着目击者的说法或当局的意愿，像其他报纸那样选择萨达姆恶相或苦相的照片，而是用了他在法庭宣布判处其绞刑时举手抗议的照片（图 19-41），似乎是提醒读者：萨达姆其实从未放弃反抗。

更加微妙的是，在执行绞刑的第二天，各报都获得并突出刊登萨达姆上绞架的照片，《纽约时报》却再次特立独行，只是将这幅照片作为头版的副图，主图则选用了一幅伊拉克家庭沉默地观看萨达姆被绞死的电视报道的照片，而图片说明中并不交代这个家庭对此作何反应（图 19-42）。与这一组照片并排的是头版头条的报道：

（图 19-40）　　　　　　（图 19-41）　　　　　　（图 19-42）

伊拉克人关注侯赛因电视新闻，攻击在持续

　　显然，在这个头版上，编辑使用的是"以图配文"的手法，图片含蓄而直观地配合文字报道，暗示在萨达姆死后伊拉克什叶派和逊尼派的矛盾加深，将使国家分裂愈演愈烈，以此表达对伊拉克战争的不同看法。

2003

20. 中国人上太空：
随机应变

2003 年 10 月 15 日上午 9 时 09 分 50 秒，杨利伟搭乘"神舟"五号飞船从酒泉卫星发射中心升空，在太空飞行 21 个小时后，于 16 日清晨 6 时 23 分在内蒙古主着陆场成功着陆，成就了中国人千年的飞天梦想。10 月 16 日的《解放日报》头版头条大标题"杨利伟乘'神舟'五号凯旋"，抢发了飞船成功着陆的最后消息（图 20-1）。

抢发清晨消息的代价是报纸严重脱班，但这并不是我们有意为之，而是我们的随机应变之举。

"神五"飞天的各个技术环节都精确到毫秒，但关于"神五"飞天的新闻报道却是"计划赶不上变化"。这对报纸版面编辑的应变能力是严峻挑战。在这个过程中，我和解放日报新闻编辑部的同事们频频面对这样的挑战，其中最难忘的是两次应变挑战。

一次是号外版面的应变挑战。当时报社决定，在"神五"成功发射之际立即在北京天安门广场、王府井大街和上海南京路步行街、外滩、人民广场等

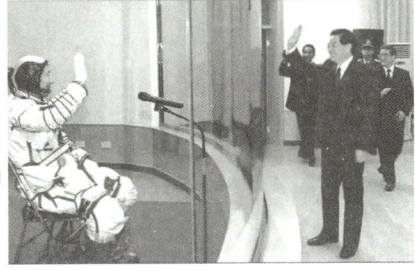

挥手送行

千年飞天梦，成真！

杨利伟乘"神舟"五号凯旋

出发前胡锦涛到现场观看并发表重要讲话，黄菊吴官正一同观看
吴邦国温家宝贾庆林曾庆红李长春罗干等在北京观看发射实况

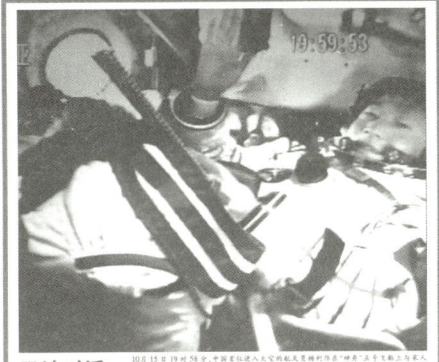

天地对话

杨利伟的 10月15日

太空之旅   太空之音

浦江，为国人飞天而沸腾
——上海各界人士庆贺"神舟"五号载人飞船发射

地散发号外。我们在设计号外版面的时候，正在酒泉卫星发射中心采访的解放日报驻京办主任、中国新闻界唯一参加过首次南极考察和首次北极考察的资深记者李文祺透露重要信息：执行首飞任务的航天员是杨利伟。于是我们决定，让中国第一个太空人杨利伟的名字登上号外版面，以最快的速度用报纸版面记录历史。然而就在我们编排的过程中，又传来不同的声音，顿时动摇了我的决心：万一出错，将是重大政治差错，会造成难以估量的负面影响。此时号外版面正等着传到北京和上海的印厂付印，时间紧急，不容犹豫，我无可奈何地作出应变决定：放弃原计划，标题只是虚指："中国人今上太空"。

15 日早晨看到杨利伟乘"神五"飞向太空，我深深地为自己应对变化的"昏招"而懊闷痛。清醒过来仔细想想，其实我们可以用两种办法规避风险的：第一种办法是等到确认航天员信息后再编排付印，但这样就必须推迟号外散发时间；第二种办法是，设计并付印"实指"和"虚指"两个版本，一旦证实是杨利伟上太空，就命令发行人员立即散发所有号外；万一情况变化，就命令发行人员只散发"虚指"版本。号外散发量并不很大，经济损失是有限的，政治风险则可避免。

由于 10 月 15 日中央电视台没有对"神舟"五号飞船发射进行现场直播，而《解放日报》的号外在"神五"9 时 09 分升空后第一时间在街头散发，所以仍然受到京沪群众的热烈追捧。但是我心里却没有放下那份自责，并带着这样的心情投入到当晚的夜班编辑工作之中，筹划 10 月 16 日报道中国成功进行首次载人航天飞行的特大新闻。

那一夜，新闻编辑部的工作量是平时的一倍多。不仅关于"神五"的报道占了整整三个版面，而且增加了四个版的特刊，所有关于"神五"的稿件几乎都是当天采写的新闻，有的记者连续写了多篇稿件，如特派记者李文祺就从酒泉发来六篇，本报各路记者最后一批稿件发到夜班编辑部主任陈忠标手里，已经过了午夜。长期以来，忠标兄以对文字把关一丝不苟著称，是解放日报夜班把关的"定海神针"，曾被评为全国劳模，经他之手改定、审定的稿件，是"放心产品"。那一夜，他认认真真地审阅完前方发来的稿件之后，再分配给不同的版面编辑，待到各个版面编排停当，已经过了正常的交版时间，要想避免报纸脱班，接下来的传版、印刷和发行环节看来要拼命了。

然而出人意料的是，导致那天全国报纸大面积脱班晚点的原因，是新华社的要闻照片迟迟没有播发。

那一天新华社关于"神舟"五号的新闻照片很多，各报头版编辑大都选用这么几个画面：胡锦涛总书记向即将出征的宇航员杨利伟挥手致意、身着宇航服的杨利伟出征、长征火箭发射升空、杨利伟在太空与地面对话……这些都是最为令人关注的新闻。但是，在这些画面中选哪一个作为头版的主图，则是见仁见智。

我们决定，16日头版以中国第一位太空人杨利伟的新闻照片作为主图。新华社播发了杨利伟出发前身着宇航服向人们挥手致意的照片，神态很好，画面品质也很高；后来又陆续播发了他进入太空后与地面对话的照片，但由于是从屏幕上翻拍的，所以画面不很清晰。尽管如此，我们还是选用了后者——杨利伟在太空向家人致意的瞬间，这不仅是由于在号外版面上错失杨利伟这一新闻要素，更因为这是中国人第一次从太空发回的影像，标志着中国人实现了千年的飞天梦想，具有极高的新闻价值和历史意义。至于火箭升空的照片，我们在头版舍弃了，只是将它刊登在内页特刊的封面，因为类似的画面国人已经见过多次了。

"神舟"五号出发前胡锦涛总书记向杨利伟挥手致意的新闻照片，是党报必须在头版突出刊登的。但令人匪夷所思的是，这张在15日清晨5点20分由新华社记者拍摄的照片，直到16日凌晨还没有播发，全国党报的夜班编辑都在苦等。陈忠标主任一遍又一遍地给新华社打电话催问，对方一遍又一遍地耐心回答：再等一会儿、再等一会儿……新华社发稿组不断给各报发公鉴：即将播发、即将播发……

凌晨两点，三点，四点……不仅各路记者早就把稿件全都写好了，各版编辑早就把稿件全都编好了，而且新闻版和特刊也已全都拼好了，可是那张要闻照片依然没有播发。头版的大样虚位以待，静静地放在我的面前。

终于，那张要闻照片在拍摄将近24小时之后，凌晨五点钟左右，由新华社播发给各报。我们立即将照片放上头版报眼预留的位置。

这时，中央电视台已经在直播"神舟"五号返回的实况，返回舱预计一个小时之后着陆。

这个重大新闻，抢？还是不抢？

抢，意味着我们的报纸还要继续晚点一个多小时。这是我那时面临的又一次应变挑战。

第一次应变挑战以"懊闷痛"收场，这一次呢？

我和陈忠标主任等各位同事紧急商量决定：抢！

我们认为，抢这条新闻的意义绝不仅仅在于信息量的增加，更在于报道品质的升华、在于报纸价值的体现。"神舟"五号飞船发射升空、船箭分离、进入轨道、完成变轨……这一系列环节固然十分重要，但只有完成最后一搏——重返大气层、安全着陆这些环节，才能实现载人太空飞行过程的闭环。我们抢登这条新闻，就是用白纸黑字抢在第一时间宣告中国首次载人航天飞行的圆满成功；用 10 月 16 日当天的头版记载当天完成的壮举，也是要让《解放日报》响当当地做一个又快又准又有担当的历史记录者。

同时，我们吸取号外的教训，做两手准备，实施两套方案：一是立足于抢，前提是"神舟"五号按预定计划准时成功着陆；二是防备万一，如果有变，即刻把已经编排好的版面送上印刷机。

我们立即分头行动。

陈忠标给印厂负责人打电话，请他们作好一切准备，一俟收到编辑部传版，就抓紧时间确保尽快开印；他同时给发行部门的负责人打电话，请他们与邮局密切配合，做好一切准备，一俟印厂开机，就抓紧时间确保尽快投递。

副主任徐蓓蓓和张天胜组织各版编辑并协调拼版房的员工，随时准备将最新消息拼到版面上，确保快速无误。

在观看直播等待飞船着陆的时候，我拿起刚刚完成的头版大样，做了第一次改动，将原先拟定的头条大标题"千年飞天梦，成真！"这一欢呼式的虚题改作肩题，取而代之的是一个叙述式的实题：

"神舟"五号飞船胜利返回

同时，把第三行副题"绕地球飞行 14 圈后，航天员杨利伟今日乘飞船返回舱在内蒙古中部着陆"转换成大字新闻，着陆的具体时间为空格，待着陆之后填入（图20-2）。这样改动的目的是强调我们抢到了飞船返回的最后消息，即使投递脱班不幸成了《解放"晚"报》，也要把属于晚报时段的新闻抢过来，用通栏标题强势地登出来，总之，不能让晚报"专美"。

（图 20-2）

新的大样一会儿就打出来了，我不满意，马上做了第二次改动，将头条大标题压缩了两个字，标题字号可以再放大（图20-3）：

"神舟"五号飞船凯旋

第二个修改大样又打出来了，我还是不满意。尽管杨利伟在太空致意的照片非常具有视觉冲击力，但"杨利伟"这个名字在版面上不够醒目，于是作了第三次改动，把"杨利伟"搬上主标题（图20-4）：

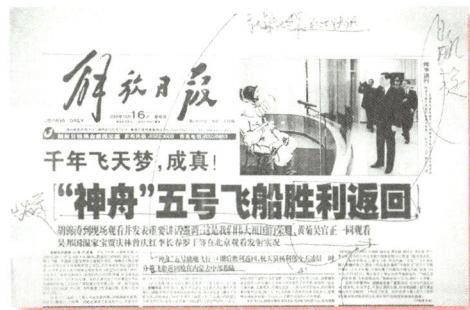

（图 20-3）

杨利伟乘"神舟"五号凯旋

我坚信，就像世人永远记住加加林，杨利伟这个名字也将载入史册。我们的报纸应该在头版主图和主标题上同时强化这一新闻要素，旗帜鲜明地记录历史。

清晨五点半过后，新华社每隔几分钟就发出一条快讯：

（图 20-4）

5时38分，"神舟"五号载人飞船制动火箭点火，飞船返回舱飞行速度减缓，向预定着陆场降落。

5时56分，返回舱与推进舱成功分离，成功进入返回轨道。

6时许，布设在新疆和田的活动测量站报告，飞船进入中国国境上空。杨利伟报告身体状况良好。

……

兵贵神速。这一条条快讯立即被编辑签发到第二版预留位置，随后，在短短几分钟内，打出第二版大样、清样。

新华社的快讯还在接踵而来：

6时23分，飞船在内蒙古主着陆场成功着陆，实际着陆点与理论着陆点相差4.8公里。

6时36分，搜索人员找到飞船返回舱。

6时38分，搜索人员报告，杨利伟身体状况良好。稍后，杨利伟向人群挥手，正在出舱。

6时54分，李继耐宣布，我国首次载人航天飞行圆满成功。温家宝总理与杨利伟通话，祝贺他顺利返航。

（图20-5）

争分夺秒。这一组快讯立即被编辑签发到头版预留位置，又是短短几分钟，最后一张大样飞也似地送到我手上。我认真审读之后，庄重地签字画押："付印"，并写上时间：7时10分（图20-5）。

事后，我们的编辑团队总结分析认为，我们当机立断作出这一应变决策是值得的。

很多年以后，谈及这一应变决策，已经晋升为解放日报副总编辑的时任头版编辑朱爱军说，利用等待新华社照片的时间抢新闻，那是"搂草打兔子"，言下之意，是"捎带的"，这只"兔子"不打白不打。

两年以后，"神舟"六号载着两名宇航员——费俊龙和聂海胜在太空飞行

115 小时 32 分钟后，于 2005 年 10 月 17 日凌晨 4 时 33 分在内蒙古草原顺利着陆。

这一次，全国的日报都大大推迟了截稿时间：抢。各报不仅抢发了飞船着陆的消息，而且等到两名宇航员自主出舱、等到总指挥正式宣布"神六"飞行圆满成功、等到中央领导宣读中央贺电并与参试人员亲切握手共庆胜利。新华社播发完这些稿件和照片，天已大亮。

这一次，《解放日报》不再"专美"。

相关链接

1. 苏联和美国报纸对加加林太空飞行的报道

1961 年 4 月 12 日上午 9 时 07 分，苏联发射了人类历史上第一艘载人宇宙飞船"东方"一号，宇航员尤里·加加林搭乘飞船，用时 1 小时 48 分绕地球飞行一圈，于 10 时 55 分安全返回地球。

由于苏联此前已于 1957 年向太空发射过卫星，所以苏联报纸的头版不再强调"发射成功"，而是聚焦加加林。4 月 13 日的苏联《共青团真理报》在"人类进入太空"的大标题下，刊登了一张加加林的大幅肖像照片（图 20-6）。这一天的《消息报》头版也只刊登一张加加林身穿宇航服的资料照片，但套红大标题与《共青团真理报》略有不同："苏联人进入太空"（图 20-7）。

（图 20-6）　　　　　　　（图 20-7）

在当时美苏太空竞赛白热化的情况下，编辑刻意在大标题中突出"苏联人"，用意不言自明。这个版面上的另一个大标题则进一步强调苏联在太空竞赛中的成就：

最伟大的胜利

我们的制造，我们的科学，我们的技术，我们的勇气

苏共中央机关报《真理报》的头版设计则另辟蹊径。在"人类历史上一个伟大事件"的套红通栏标题下，版面中央最醒目的不是加加林，而是一幅宣传画，一个勇士高举红旗从地球上标着"苏联"字样的大地上起飞，用象征的方法揭示苏联人进入太空这一主题，红旗上的列宁头像更强化了意识形态色彩；佩戴少校军衔的加加林肖像照片作为新闻要素，只是刊登在右下角（图 20-8）。这种虚实结合、以虚为主的视觉呈现方式，体现了以宣传引领新闻的办报思想，政治意义的诠释和表达重于新闻事实的传递。

（图 20-8）

美国的主要报纸都以头版头条通栏标题的规格对此进行报道，但仔细品味一下，就能读出其政治导向。这些标题多采用实题，只讲发生在苏联的事实，不采用虚题，避谈这一成就对于全人类的意义。例如《洛杉矶时报》的标题是"俄国首次把人送上太空"，配发了一张苏联官方通讯社播发的宇航员资料照片，但画面中的显然不是加加林。《纽约时报》的标题是"苏联把人送入轨道并回收"，干巴巴的，看似客观叙述，连"首次"也不提。

2. 美国和苏联报纸对"阿波罗 11 号"登月的报道

如果把几年以后《洛杉矶时报》和《纽约时报》报道美国人登月的头版拿出来对比一下，就能更加清晰地看出编辑的态度了。

1969年7月21日，美国"阿波罗11号"宇宙飞船载着三名宇航员登上月球，《洛杉矶时报》当天出版的号外（图20-9）用了通栏超大标题：

月球行走
"这是个人的一小步，人类的一大步"

编辑并没有像报道苏联飞船那样就事论事，采用"美国人登上月球"之类的叙述式标题。他们不标"美国人"，仅仅是为了使标题更简洁、使字号更大吗？还是因为作为美国报纸而省略"美国人"这个新闻要素呢？也许兼而有之，但也不尽然。副题中引用了宇航员阿姆斯特朗的话，人们可以从中悟出弦外之音：这一成就的意义超出了美国，属于全人类，或者说，美国人代表了人类。

《纽约时报》的头版尤其经典（图20-10）。它的头条大标题比《洛杉矶时报》多了一个"人"这一个单词，把这个弦外之音挑明了：

（图20-9）

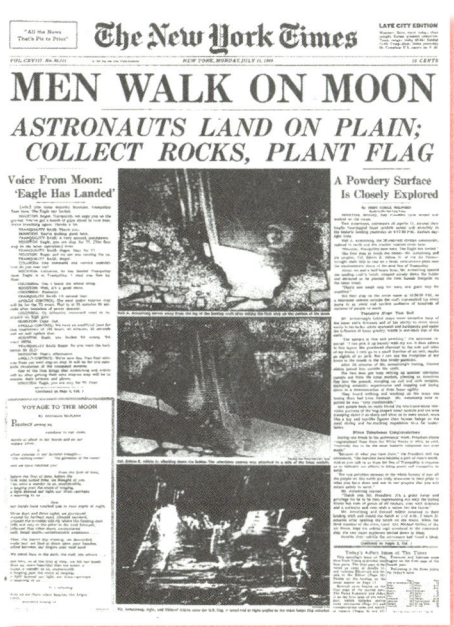

（图20-10）

人在月球行走

宇航员登陆月球平原；
收集石块，插上旗帜

副题中没有标明插上什么旗帜。依然是为了使标题更简洁、使字号更大吗？抑或是作为美国报纸而省略"美国国旗"这个新闻要素？

其实，美国报纸并非要淡化"美国"这个概念。在美国各报刊登的照片中，除了显示宇航员踏上月球地面以外，都有宇航员在月球上竖立起美国国旗的照片，《华盛顿邮报》还把这张照片作为头版主图放到六栏宽。生怕由于画面模糊世人看不清，宇航员刻意在旗杆旁加了一根金属棒，确保星条旗能够平平整整地面对镜头展开。由此可见，无论是美国宇航员还是美国媒体，美国意识都是十分鲜明而强烈的。标题和照片在头版上如此这般组合在一起，一加一大于二，"美国人代表了人类"这个概念便昭然若揭了。

如果把"阿波罗11号"登月孤立地看，报纸揭示的意义也许仅此而已；如果结合当时美苏太空竞赛来看，则还能通过标题和版面语言发现美苏报纸编辑斗心眼儿的痕迹。

在"阿波罗11号"发射之前三天，苏联抢先发射了"月球15号"无人探测器，除了显示在太空竞赛中不输给美国，更试图领先一步采集月球土壤样本。但是当"月球15号"仍在绕月飞行时，"阿波罗11号"却已经登陆月球。

那一天，一些美国报纸在头版头条用通栏大标题报道"阿波罗11号"成功登月的同时，在头版下方报道苏联的"神秘探测器"在附近飞行的消息。而《纽约时报》《洛杉矶时报》《华盛顿邮报》等大报头版却都是单一主题——"阿波罗"登月，苏联探测器绕月飞行的消息根本不着一字。这样的版面编排传递的意思是，苏联人的行动不配上我们的头版，不值一提。而如果再细细咀嚼一下《纽约时报》的大标题在《洛杉矶时报》的基础上增加了一个单词"人"，也许能悟出该报编辑的用心：突出"阿波罗"登月之"有人"，恰恰是在奚落苏联探测器之"无人"。二者显然不可同日而语。

那一天的苏联报纸则遭遇了尴尬。原本想在登月竞赛上先拔头筹，结果却让美国人出尽风头，《消息报》的头版编辑想了个妙招：把这两条新闻拆开编排，"月球15号绕月飞行"的报道放在报眼，高高在上；美国登月的新闻采用了一个虚标题："第一步"，沉在底部。两条新闻相隔八丈远，不"相形"也就不"见绌"了（图20-11）。相比之下，《真理报》把两条消息隔得更远，"阿波罗11号"登月的新闻干脆被扔到内页第五版去了。

我国报纸对"阿波罗11号"登月和"月球15号"绕月的新闻连登都不登。在《"挑战者"号爆炸》那一章中已经提及，不再赘述。

（图 20-11）

2005

21. "乌龙指" 出错：
检讨整改

　　2005 年 10 月 19 日早晨，下了夜班正在酣睡的我被电话惊醒。多少年来，所有亲戚朋友和同事都知道，早晨切勿给我打电话，以免影响我休息。所以，此时来电话，必是出大事了。

　　"对不起，振平，我不得不叫醒你，" 总编室主任王仁礼兄的声音令我心中一紧，"今天见报的《中共中央关于十一五规划的建议》漏了一段文字，必须立即向市委报告并查清原因写出检讨……"

　　中央文件出错！闯大祸了！

　　放下电话，我飞车前往报社。编辑、校对、检查、拼版、传版……夜班 "一条龙" 各个环节的责任人都和我一样，纷纷从被窝里被拎起来，如惊弓之鸟，惶恐不安地来到编辑部。

　　"查！" 从新华社原稿查到大样、清样，从校对的一校查到二校、三校，从检查的初检查到复检，从编辑的一审查到终审，再查操作员的每一道操作记录，谁签的字，谁盖的章……大家三头六面，将每一个环节查了个遍，很快发现了问题：组版车间操作员在大样存盘时，"乌龙指"不小心触碰键盘，造成文中 135 个字被删除，他自己没有发现；由于此前在大样上编辑没有作任何改动，所以随后校对、检查和编辑都没有将全文再读一遍，一路放行，我作为值班副总编辑，最终签字画押。

这虽然只是一个低级的误操作，属于技术事故，但对于党报来说，却是十分严重的政治事故，其负面影响不可低估。

平常碰到差错，王仁礼主任会十分到位妥帖地代我拟定情况说明和检讨书，但这一次差错非同小可，我不能再请他捉刀。在查明了原因、分清了责任、提出了整改措施之后，我于当天诚惶诚恐地向上级递交了我的检讨报告，总结事故教训：

我的检查

2005 年 10 月 19 日，解放日报在刊登《中共中央关于国民经济和社会发展第十一个五年规划的建议》这篇重要文件时出现重大政治性差错：组版车间操作员误操作造成文中 135 字删除，而我和我分管的新闻编辑部校对组、检查组、编辑组的有关人员均未能将这一重大差错排除，给党的事业造成损失，使党报的声誉受到影响，我深感沉痛。

总结这次事故的教训，问题主要在以下几个方面。

第一，政治意识不强。这么重要的文件，我没有加强编辑和检校力量，也没有过问各个流程的操作执行情况，将其作为一般日常报道看待。

第二，责任心不强。只是在签发前在电脑屏幕上仔细阅读并制作提要，大样出来后仅看看版面效果就签字，没有再认真读一遍。

第三，规章制度执行不严。在整个流程中，校对员没有认真核对大样，清样也没有进一步复核；分管部主任、检查组和编辑组也没有按照规定阅读大样和清样。我作为值班副总编，应对此负责。

事故发生后，在总编辑指导下，我和新闻编辑部各个环节的负责人立即开会查找问题、分析原因，并制定整改措施。

1 进一步完善规章制度。针对薄弱环节查找漏洞，发动各个部门对照检查，对已不适应的规章进行重新修订，对原来不完备的部分进行补充。

2 整顿作风，加强责任感。当晚召开全部门大会，通报情况，各责任人作检查，并分析原因；就完善规章落实责任人；在部门竖立警示牌。

3 进一步查找隐患。除了规章制度的完善以外，在技术条件、岗位职责、人员配备、专业培训等方面列出问题，逐一解决。

4 举一反三，在新闻来源搜寻、稿件管理、内外协调、改进技术等多方面查找问题、解决问题，进一步加强出版流程管理。

这份检讨报告十多年来我一直收藏着。在我的电脑中有一个文件夹，里面收藏了许多份这样的检讨书。多年来这样的检讨书一路伴随，比奖状多得多。

除了大量这类技术失误引发的差错，更为令我刻骨铭心的是把关失误造成报道失实，甚至使报社面临法律诉讼。

那是 1999 年 9 月 3 日凌晨，我签发了当天各个新闻版面的大样，其中包括体育新闻版。在这个版面上，有一篇本报记者引述英国《每日电讯报》和香港《东方日报》的报道，说我国一位足球运动员"被牵扯进赌球集团操纵比赛的案件中，尽管他大呼冤枉，但仍被法庭传召协助调查，在警方调查清楚之前，他只能交出 3 万英镑保释候审"。

这篇稿件由体育部副主任签发上版面。我在审阅版面时，只是认为这条消息有权威的来源——英国最畅销的高级报纸《每日电讯报》和香港发行量最大的报纸《东方日报》，一时没有意识到应该令记者去追溯更为重要的来源——足球运动员本人，请他对此事作出澄清。于是，这条报道滑过了我笔下的最后一道关。

见报以后，一连串麻烦接踵而至。

全国多家媒体一面转载这篇报道一面质疑。权威的《解放日报》为失实报道背书，使党报的声誉受到极大损毁。

一些媒体向那位足球运动员求证，他公开声明"绝无此事"，并表明"将追究有关媒体的法律责任"。

一周以后，本报收到律师函，函中说，据查，那位足球运动员"从未被英国警方传召，亦从未接受过任何与涉嫌假球有关的调查，更未交出过分文保释候审金"。律师事务所称，将处理那篇报道引起的侵权纠纷相关法律事宜。

对于这起报道失实事故，总编辑赵凯召集报社党委副书记张止静和我与本报常务律师一起讨论拟定了处理及善后意见。

——9 月 5 日，本报援引新华社稿件，澄清那位足球运动员涉嫌赌球是虚假传闻。

——由张止静副书记和我代表报社上门当面致歉。

——9 月 21 日，本报体育新闻版在同一地位刊登"本报启事"，正式就失实报道向那位足球运动员及读者表示歉意。

——党委会和编委会对违纪造成失实的体育记者进行纪律处分，停止其记者职务，在报社内通报批评。

——以此为鉴，在全报社开展新闻纪律和法制教育。

这起报道失实事故最后经过调解得到解决，但它给我的教训是极为深刻的。记者完全使用二手信息，没有自己进行采访，没有得到第一手的人证物证支持，尤其是没有直接采访当事人，没有给他解释的机会，等于剥夺了他澄清的权利；而我作为把关人，对这些问题却没有引起足够的重视，只是以报道中注明了消息来源为依据，没有对这两家境外报纸的做法和记者违反纪律直接引述境外报纸内容的做法打一个问号就轻率地放行，铸成大错。这份检讨书久久地储存在电脑的文件夹里，我偶尔会打开看看，不是怀旧，而是敲钟，敲警钟。

在我三十年编辑生涯中教训最为深刻的事发生在 1989 年春夏。当时我是国际新闻版责任编辑，在那段动荡而敏感的日子里，我和同事们虽然全部选用新华社和央视的稿件，但编排到版面上以后，客观上使得一些读者跳出新闻事件的情境和新闻标题的语境，解读、联想出稿件之外的信息。这些信息被批评为舆论导向出现偏差，这是我们始料未及的。

随后，我被要求停职检查，原定当年秋天公派赴英国留学也因此而搁置。

在接下来的几个月中，我一边作深刻的检查，一边围绕这个案例学习和反思，开始对版面语言的特殊作用和客观效果进行研究。

使我永生难忘的是，在那段日子里，报社的领导和同事们给予我充分的信任和热情的帮助。老前辈许寅心直口快："小陈，不要泄气，好好总结教训，把批评当补药吃！"理论部主任金维新和科教部资深记者徐成滋夫妇以及老画家施明德、国内部记者郑正恕等甚至到我家里来给我"上课"，指导我认清问题，鼓励我振作精神。尤为令我感动的是夜班值班领导贾安坤，一面直接向上级表明"大样是我签的，责任在我"，一面帮我梳理思路，为我尽快复职创造条件。两年以后，1991 年，时任报社党委书记周瑞金批准放行，我重新考取英国 FCO 高级奖学金，于 1992 年赴英留学。按当时规定，公派留学生出国须有单位领导担保，贾安坤就和我一起来到公证处签下公证书，代表报社担保我学成之后一定按期归国。

在英国留学期间，我把报纸运用版面语言传递重大新闻和观点作为研究的重点。在布莱恩·温斯顿教授的指导下，我除了对新闻学和大众传播学理论进行深入研究，还针对自己的案例，涉猎了格式塔心理学关于"整体大于部分之和"的理论、符号学关于"能指"和"所指"的理论、信息论和普通语义学中关于"编码"与"解码"的理论等等，开阔了眼界和思路，对平面设计、版面编排何以能够衍生、解读出其自身之外的信息和观点有了更深的认识，对于报纸版面编辑设计这门学问有了更加专业的理解，对于如何有效地在版面上把握好舆论导向有了更多的办法。

吃一堑长一智。深刻的教训促使我学习、批判、思考，从而使自己那笔造成舆论导向偏差的"负资产"逐渐转变为宝贵的财富。我以"重大事件报纸设计"为题完成了我的学位论文，带着英国威尔士大学卡迪夫学院新闻研究中心授予的硕士学位按期归国，继续担任解放日报国际新闻版责任编辑。

1995 年，我被聘为解放日报夜班编辑部主任。

相关链接

1. 操作失误引发重大冤案

1964 年 10 月 15 日，《解放日报》头版刊登的一篇报道配发了一幅天安门插图，不可思议的是，插图旁边竟然出现一只皮鞋影痕。读者纷纷来电来信，指责这是"脚踢天安门"，是严重政治错误，绘制这幅插图的美术编辑李义生因此蒙受了不白之冤。

经查，事故是制版工人将另一幅有皮鞋的插图与这幅插图放在一起腐蚀制版所致，纯属操作失误。但在那个年代，一些人总是带着阶级斗争的观念读报的，他们不仅认定这是李义生故意所为，而且顺藤摸瓜，"发现"了李义生许多作品中都有"反动"的内容，致使李义生惨遭牢狱之灾。（这一案例在下一章《舆论监督：漫画助阵》中详细叙述）

2. 编辑处理不当被误认为"影射周总理"

1976 年 3 月 5 日，正值"文革"后期"四人帮"疯狂攻击邓小平同志，并将污水泼向周恩来同志的时候，《文汇报》刊登的新华社电讯稿《沈阳部队指战员坚持向雷锋同志学习》引发风波。

据《文汇报八十年》一书记载,在3月4日夜里,由于稿挤,文汇报要闻部负责人经请示领导同意,将新华社这篇稿件放在第四版刊登,并指示编辑,如果太长,可以删掉一些。

这篇电讯原稿中有这样一段文字:"不少部队还培训了雷锋故事讲解员,结合各项政治和部队工作,向干部和战士介绍雷锋同志爱憎分明的阶级立场,言行一致的革命精神,公而忘私的共产主义风格,奋不顾身的无产阶级斗志,引导大家走雷锋成长的道路,作雷锋式的共产主义新人。"这段文字中"爱憎分明的阶级立场,言行一致的革命精神,公而忘私的共产主义风格,奋不顾身的无产阶级斗志"是引用周恩来同志为雷锋作的题词,但电讯稿既没有标明出处,又没有加引号,编辑在匆忙中未及检核就将它删掉了。稿件见报后,许多群众打电话到文汇报编辑部,指责文汇报故意删去周恩来总理关于学习雷锋的题词。

20天以后,3月25日,《文汇报》头版显著位置刊登上海市仪表局党委中心学习组的一篇报道再度引发风波。

这篇题为"走资派还在走,我们就要同他斗"的报道中,引用了与会者发言的话:"党内那个不肯改悔的走资派是孔孟之道的忠实信徒……他效法孔老二克己复礼,迫不及待地刮起右倾翻案风……""党内那个走资派要把被打倒的至今不肯改悔的走资派扶上台……"

其实,所谓"党内那个不肯改悔的走资派",在中心组发言中是指名道姓说邓小平同志的,只是因为当时"四人帮"还不敢公开点邓小平同志的名,所以见报时就用这个代名词;至于"党内那个走资派要把被打倒的至今不肯改悔的走资派扶上台"的字句中,前者"那个走资派"实际上也是指邓小平同志,后者"至今不肯改悔的走资派"是指当时国务院副秘书长周荣鑫等老干部。

然而,人民群众当时对"四人帮"攻击周恩来同志和邓小平同志早已义愤填膺,而那时《文汇报》又受到"四人帮"一伙严密控制,成为他们阴谋篡党夺权的舆论工具,所以"3.5"和"3.25"的两篇报道被解读成《文汇报》恶毒攻击周恩来,有人还强烈要求予以清查。直到"四人帮"被粉碎以后,经过查实,才弄清事实真相。

从这个案例可以看出,读者往往是带着主观意志解读信息的;新闻与发布新闻的环境、语境、读者心境等因素交融在一起,整体会大于部分之和,解读出新的含义;而如果"能指"和"所指"界限不清、指代含混,更会被解读出意想不到的信息。

2007

22. 舆论监督：
漫画助阵

舆论监督是一大难题，新闻漫画是一大风险。

2007 年 4 月 12 日，《解放日报》在头版底部开出一个新的特色栏目——《解放监督》。12 日、13 日、14 日，连续三天，这个栏目聚焦群众对银行公共服务的批评和银行接受批评并整改，夜班编辑团队在编排这个栏目时，特地配了讽刺性漫画，尝试着将这一大难题和一大风险叠加在一起（图 22-1）。

《解放监督》是时任总编辑裘新带领报社领导班子共同策划并主持的"解放"系列特色栏目之一，由时任副总编辑王富荣领衔。裘新要求这个栏目做到针砭时弊，解决群众关心的实际问题。王富荣则一再强调将监督的重点放在公权力的使用上。

《解放监督》的第一篇报道就将锋芒指向公共服务机构——银行，反映群众对取款存款排长队、咨询服务不到位、繁简业务不分类等多方面的抱怨。第二天，栏目紧接着刊登中国银行率先正面回应批评的报道，推出了多项整改措施；第三天，刊登上海市金融党委召开银行行长会议，八家银行当场公布整改

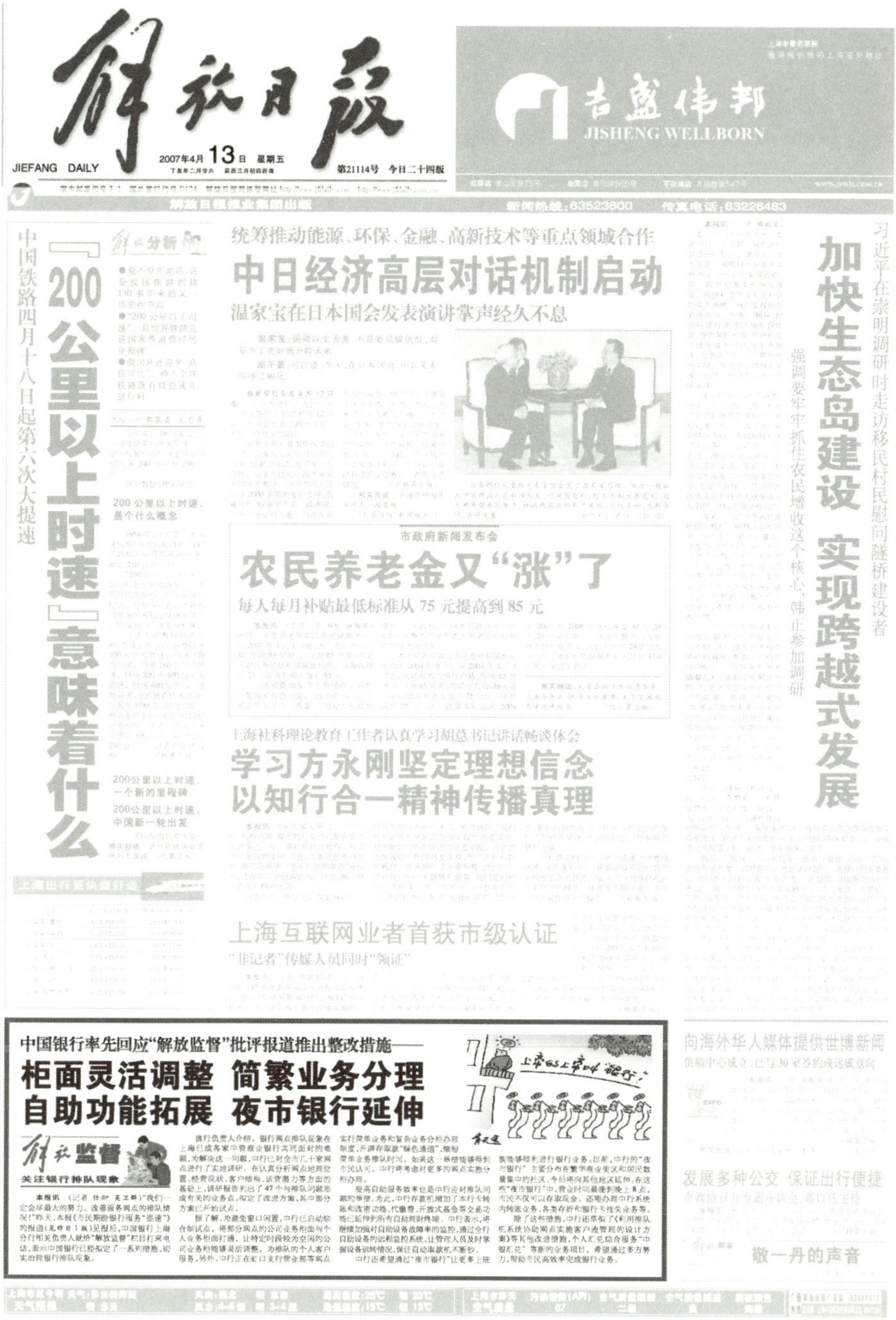

解放日报
JIEFANG DAILY
2007年4月13日 星期五
第21114号 今日二十四版
解放日报报业集团出版
新闻热线：63523600 传真电话：63226483

吉盛伟邦
JISHENG WELLBORN

中国铁路四月十八日起第六次大提速

『200公里以上时速』意味着什么

200公里以上时速，是个什么概念

200公里以上时速，一个新的里程碑

200公里以上时速，中国新一轮出发

统筹推动能源、环保、金融、高新技术等重点领域合作

中日经济高层对话机制启动

温家宝在日本国会发表演讲掌声经久不息

市政府新闻发布会

农民养老金又“涨”了

每人每月补贴最低标准从75元提高到85元

上海社科理论教育工作者认真学习胡总书记讲话畅谈体会

学习方永刚坚定理想信念 以知行合一精神传播真理

上海互联网业者首获市级认证

“非记者”传媒人员同时“领证”

习近平在崇明调研时走访移民村民慰问隧桥建设者

加快生态岛建设 实现跨越式发展

强调要牢牢抓住农民增收这个核心，韩正参加调研

中国银行率先回应“解放监督”批评报道推出整改措施——

柜面灵活调整 简繁业务分理 自助功能拓展 夜市银行延伸

解放监督
关注银行排队现象

向海外华人媒体提供世博新闻

发展多种公交 保证出行便捷

敬一丹的声音

（图 22-1）

（图 22-2）

（图 22-3）

措施的报道。之后，经过实地追踪调查，又发表《银行排队顽症有所缓解》的报道，并加配评论《有改善，路还长》。至此，这个提出批评—解决问题的系列连续报道告一段落。

在这一组监督报道中，夜班编辑团队的美术编辑许青天绘制了两幅漫画。第一幅，《"上帝"的"上帝"叫银行》，借用"顾客就是上帝"的通俗说法，画面中，排着长队的"顾客上帝"无可奈何地膜拜着趾高气扬的"银行上帝"（图22-2）。第二幅，与八家银行提出整改相呼应，但并不是文字报道的图解（图22-3）。

青天兄是解放日报老编辑、大记者许寅的儿子。许寅外号"许大官人"，才华横溢，杂文出手倚马可待，而且热情豪爽，人还在楼下，笑声已经传上来了；青天则腼腆内秀，独自坐在编辑大厅一角的工作台前，面对电脑，悄无声息，但他的漫画作品文思敏锐，画风幽默犀利，颇有乃父之风。

青天的这两幅漫画要和报道一起刊登在头版，对于我这个把关人来说是一个挑战，因为那一组舆论监督的文字稿不仅经过周密策划、层层审定，而且与被批评的银行乃至金融管理部门沟通协调，以期达到积极、合理、有效的监督目的；而漫画的设计和绘制则没有这一流程，况且漫画作为另一种表达方式，必须具备讽刺、幽默的特征，否则就成了图解——这个度如何把握，取决于多方面的因素，比如画家的出发点、编辑的把关意识，比如题材是否敏感、是否会令人产生意料不到的联想、社会环境的宽松程度和被批评者的心理承受能力，等等。万一其中任何一方面的因素"豁边"，就难免发生不测。

漫画应该带刺儿、有锋芒。细细品味这两幅漫画，可以感受到好几个"刺儿头"：第一，"银行上帝"是讽刺的对象，其形象是明显被"丑化"的；第二，"顾客上帝"虽然头顶光环，但都是苍白的，而"银行上帝"头顶的光环却是金色的，还闪闪发光，也可以理解成是金币；第三，"银行上帝"接受批评提出整改，虽然和"顾客上帝"一样插上了象征"天使"的翅膀，虽然换了一副面孔，换了一个角度，拿着整改书对顾客笑脸相迎，以"仆人"自居，却仍然是头顶金色光环，居高临下。这就与积极纠错圆满收场的文字报道拉开了些许距离，通过讽刺和幽默给人留下悬念："银行上帝"真的会那么爽快地转变成"仆人"吗？

面对漫画中这些锋芒犀利的"刺儿头"，我在把关时反复权衡，斟酌再三。面向大众提供公共服务的这些商业银行虽然是市金融党委领导下的体制内重要机构，但不能等同于党和政府，将其作为漫画讽刺的主体进行一定程度的"丑化"，还不至于"出格"，这是从政治上考虑；用调侃的笔调对银行承诺整改提出一点质疑，可以说是在用漫画语言表达评论《有改善，路还长》的主题，体现了漫画的规律。反之，如果仅仅是一味地唱赞歌，或是不痛不痒地直白图解，就会减弱甚至丧失漫画的功能，这是从业务上考虑。经过翻来覆去的考量，我最终签发了青天的漫画——它们堂而皇之地登上了党报的头版。

也许上上下下的读者并没有那么苛刻地揣摩这两幅漫画的意味，也许他们并不认为这两幅漫画之"促狭"、之尖锐是不能接受的，也许他们相信对"银行上帝"之类的"仆人"提出质疑是题中应有之义……总之，见报以后，风平浪静。

青天的带刺儿且带有思考的漫画在党报头版立足，不是灵光一现，更非贸然一蹴而就，而是经过一段循序渐进、投石问路的过程的。在这个长达十多年的过程中，我们对讽刺性漫画在党报的运用分阶段地进行了可行性探索。

我认为，对于报纸来说，新闻漫画是不可或缺的一个表达手段，是体现编辑部观点的利器,是读者喜闻乐见的形式;对于社会来说,报纸上是否刊登新闻漫画,人们是否能够接受、理解新闻漫画,尤其是那些讽刺性的漫画,则在一定程度上反映出政治开明、社会进步和稳定与否。在青天担任解放日报夜班美术编辑的岁月里,他抓住了大环境宽松的机遇,创作了大量既具有独特幽默风格又颇具犀利锋芒的漫画作品;而我在担任国际版责任编辑、新闻编辑部主任、副总编辑的岁月里,通过和青天以及整个编辑团队一起策划,通过严格谨慎的审读把关,力求把宽松的大环境具体化为能通过漫画进行讽刺和批评的大环境。

我们的尝试是分多步走的。

第一步,批评讽刺性的漫画全都刊登在内页。早期青天的漫画没有上过头版,都是刊登在内页,而且篇幅不大,只是作为一种版面上的"调味品",主题轻松,不涉及时事。久而久之,读者逐渐适应这种"口味",司空见惯。于是我们开始把漫画的笔触伸向新闻深处。

第二步,聚焦国际人物和事件。有一段时间,域外人物和事件相对较为超脱,不那么敏感,讽刺的焦点可以实一点、力度可以大一点,而且可以涉及一些国际政治问题,甚至丑化国际政要。如在 1993 年,为讽刺西方七国首脑会议上意见分歧,青天夸张地勾画出与会的七国领导人——美国总统克林顿、日本首相宫泽喜一、德国总理科尔、法国总统密特朗、英国首相梅杰、加拿大总理坎贝尔和意大利总理钱皮的头像,并让他们像《天鹅湖》中的小天鹅一样携手跳舞,但舞步却杂乱不堪,标题是"各跳各的",既有尖锐的讽刺,又不乏戏谑幽默(图 22-4)。又如 1994 年,巴解执委会主席阿拉法特与以色列总理拉宾、外长佩雷斯因携手推动中东和平而获颁诺贝尔和平奖,三位获奖者虽然不是批评讽刺的对象,但青天还是把他们的头像画得比例变形而神态逼真,三人合作弹奏钢琴曲,标题为"和声",象征意义十分明确,充分体现了新闻漫画的魅力(图 22-5)。然而,对国际政要尤其是友好国家政要进行如此这般的漫画处理后来还是被叫停了。"投石问路"的结果,使我们对青天漫画讽刺的对象作出调整:这条路一时走不通,就另辟蹊径。

第三步,讽刺不文明行为、打"苍蝇"。上海申博成功以后,为了以文

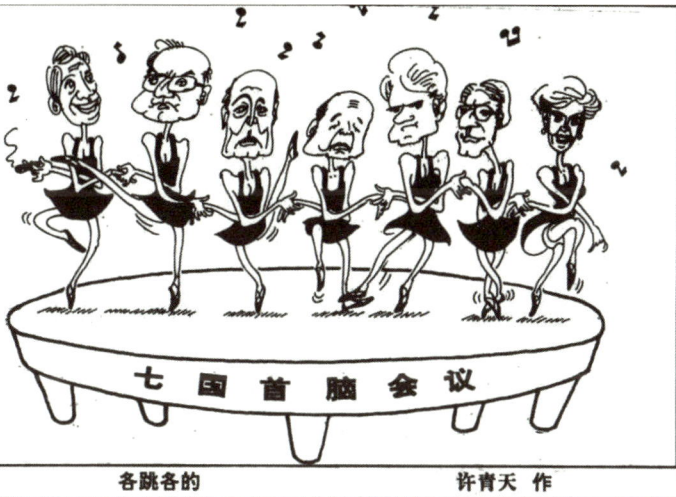

（图 22-4）

诺贝尔和平奖正式颁发

巴以三位获奖人愿意继续促和平

约以互设使馆走向睦邻友好

据新华社斯德哥尔摩12月10日电 诺贝尔和平奖颁奖仪式今天下午在挪威首都奥斯陆举行。

今年的和平奖获得者是巴解组织执委会主席亚西尔·阿拉法特、以色列外长希蒙·佩雷斯和以色列总理伊扎克·拉宾，他们因推动中东和平进程所作的努力而受到表彰。今年的奖金额为700万瑞典克朗（约合93万美元），由三人平分。授奖后，三位获奖者先后发表讲话，他们都表示要为实现中东和平进一步作出努力。

人们注意到，中东和平进程目前遇到挫折，巴以1993年9月签署的《奥斯陆协议》并未得到认真贯彻和执行。因此，三位获奖人利用到奥斯陆领取诺贝尔奖之机，今天同挪威外交大臣戈达尔一道，就中东和平进程问题举行了新的会谈。

据新华社安曼12月11日电 以色列驻约旦大使馆今天在约旦首都安曼正式开馆。

以色列和约旦于今天在两国首都安曼和特拉维夫同时宣布开馆。约以使馆的同时开设标志着两国从此结束了长达46年的战争状态，开始走向睦邻友好和共同发展。

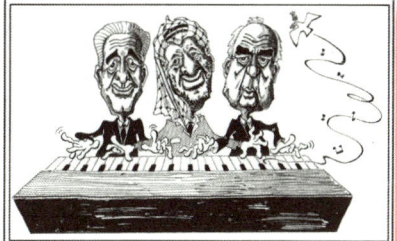

（图 22-5）

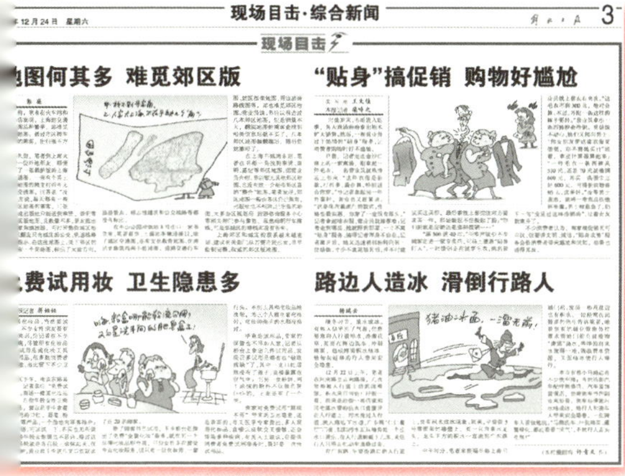

（图 22-6）

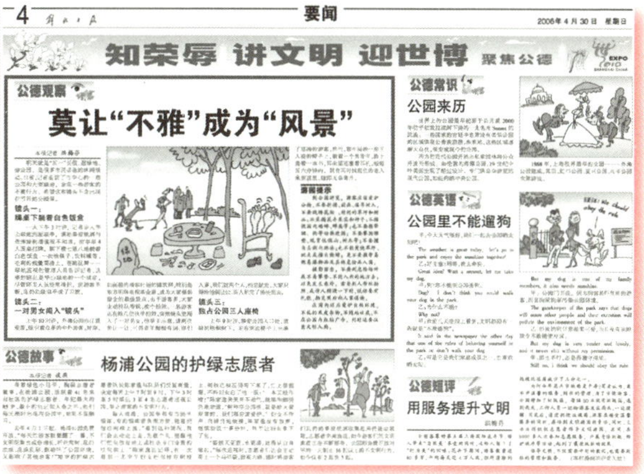

（图 22-7）

明进步的社会形象迎接世博会，全市上下开展“讲文明树新风”活动，《解放日报》从2005年起就推出《现场目击》栏目（图22-6），2006年又推出《知荣辱 讲文明 迎世博》栏目（图22-7），对乱扔垃圾、遛狗毁绿、商家宰客、公共场所抽烟等民间的各种不文明不道德社会现象进行曝光批评，每一篇稿件都配发一张许青天的漫画，这种图文并茂的形式成为栏目的一大特色，而青天的漫画也找到了与那一时期中心工作、主旋律相一致的契合点，"安全系数"明显提高。

第四步，刊登不再局限于内页，打"苍蝇"不再局限于草根。随着对民间不文明行为的批评报道频频见报，方方面面的认可度、接受度渐渐提高，从2006年下半年起，这些文字和漫画走出内页的固定栏目，开始向头版挺进，而且成为头版的"看点"——用解放蓝粗线围框，以六栏的宽度横在版面底部，文字和漫画组合在同一个模块内，形成一定的视觉冲击力。尤其值得一提的是，这些登上头版的批评报道和漫画，不完全是打民间草根层面的"苍蝇"，还剑指各大剧场的高价节目单、医院为营利而对病人实施过度医疗、新建成的铁路上海南站导向标志缺失、夜宵公交车时常误点脱班、两区接合部管理混乱等问题，都涉及公共服务机构与民争利、政府有关部门管理监督不到位，而青天的漫画更是将批评的对象作为讽刺的主体，不仅毫不掩饰，而且敢于鞭挞不负责任的公务人员。如报道横跨闸北区和静安区的普济桥一半人车分道秩序井然，

（图 22-8）

一半人车混行杂乱不堪，漫画讽刺的主角竟是睁一只眼闭一只眼、身穿制服的派出所治安人员（图22-8）。这虽然也是"苍蝇"，但不是贩夫走卒之类底层的"苍蝇"。这反映出党报舆论监督的力度在加强。

第五步，成为党报舆论监督常设栏目《解放监督》的组成部分，瓜熟蒂落水到渠成，在党报的头版站稳脚跟。

青天漫画经过十多年的曲折探索走到这一步，离不开天时、地利、人和各方面的因素。所谓天时，体现在漫画家不再像前辈那样动辄得咎命运多舛，因画获罪的时代已经翻篇；所谓地利，既可以从上海新闻漫画界人才济济源远流长中找到依据，又可以从《解放日报》自改革开放以来解放思想大胆创新，

包括在刊登新闻漫画方面的大胆尝试中得到印证；所谓人和，是因为当时解放日报领导继承了敢作为有担当的传统，也是因为报社有一支百折不挠善于创新的采编团队、一个代代相传的美术、漫画家群体。尤其值得一提的是长期担任解放日报摄影美术部主任的张安朴，他不仅大胆而热心地在解放日报扶植推广漫画，自己更是全国闻名的画家，他绘制的宣传画、招贴画和他设计的邮票、首日封等多次在全国获奖，他的作品也多次登上《解放日报》的版面，他的个人画展在业界和社会上都有着很大的吸引力和号召力。与青天同时在解放日报创作新闻漫画的还有另一位漫画家谢振强，他的作品也时常见诸报端，特色栏目《新闻视点》多以他的漫画作为题图，他当时主编的漫画专版《麻栗子》凝聚了全国一批知名的漫画家，这个专版和其中的漫画作品更是屡屡在全国或本地的新闻奖评比中摘金夺银，至今仍然有着很高的声誉和影响力。因此可以说，作为漫画家，青天在解放日报不是孤独的；青天漫画在解放日报成长、成熟、发展也不是偶然的。

总之，有了这样的天时、地利、人和，作为新闻漫画家，青天是幸运的；作为新闻编辑，我也是幸运的。如果您继续阅读下面的相关链接，或许更能理解我们的这份幸运，也能分享我们的这份幸运。

相关链接

解放日报对新闻漫画的探索历程

解放日报创刊初期，头版频繁刊登漫画。报社的漫画由著名漫画家米谷领衔。

米谷早在抗日战争爆发时就奔赴延安，与华君武一起创办鲁迅艺术学院漫画研究班，创作了大量讽刺敌人的漫画。解放战争时期，他尖锐犀利的漫画常常刊登在上海和香港的进步报刊上，并于1948年出任香港《文汇报》漫画双周刊主编。上海解放后，他立即加入新创刊的《解放日报》并担任编委兼艺术组长。

当时在《解放日报》的头版上，由于技术条件的限制，新闻照片并不多，但时常可以看到米谷的漫画，其中有不少是批评讽刺性的漫画。

（图 22-9）

1950 年 5 月，党中央发布《关于在报纸刊物上展开批评与自我批评的决定》，上海市人民政府根据中央《决定》精神发布指示："本市各公私营报纸刊物的通讯员、记者和编辑，均可独立负责地在其报纸刊物上公开批评市人民政府的工作和工作人员，不必一定要征得各该机关及负责人的同意。受批评的机关则必须针对其批评实行严格检讨，并在报纸刊物上进行公开的自我批评。"1951 年 6 月，米谷在《解放日报》推出了系列漫画《新社会中的老现象》，其中第一幅画就直截了当地对一些干部的不良作风进行讽刺批评。画面上，通知牌写着"铁定时间九时开会"，可时针指到九时四十分，会议桌前还只有一个人（图 22-9）。这幅漫画发表后，社会反响强烈，意见不一。有的表示支持肯定，有的认为这是对干部的污蔑。报社为此提请读者就正确贯彻中央关于批评和自我批评的决定展开讨论。据《解放日报五十年大事记》记载，当时共收到来信来稿 859 件，其中对米谷这幅漫画表示支持的 605 件，基本同意的 91 件，反对的 163 件。随后报社发表对漫画讨论的初步总结，文章强调对积极的、建设性的、与人为善的讽刺应当发扬，对消极的、破坏性的、恶意冷嘲热讽的应当纠正。文章肯定米谷的《新社会中的老现象之一》属于前者，而对于米谷的另一幅漫画《日出而作，日没不息》则提出批评，认为属于"乱用讽刺"。这幅漫画表现一个领导干部袒胸飞帽，与地主恶霸形象的人物同桌吃喝烂醉如泥。后来，米谷竟然在报纸上公开为这幅漫画检讨。

解放日报另一位著名漫画家是火了半个多世纪的"三毛之父"张乐平。1923 年，他只有 13 岁，就创作了第一幅漫画讽刺北洋军阀，19 岁时开始在《申报》《新闻报》发表作品，很快成名。1935 年创作中国第一部儿童连环漫画《三毛》，1946 年在《申报》连载的《三毛从军记》和 1947 年在《大公报》连载的《三毛流浪记》，以三毛这一生动鲜活的儿童形象，深刻揭露了当时社会的丑恶。

解放以后，张乐平于1951年5月开始在《解放日报》连载《三毛翻身记》，漫画的主题从揭露批判旧社会变成了歌颂新社会。然而，对于这样的转变，社会上有不同的议论，张乐平一度感到茫然。 他后来在《三毛何辜》一文中写道：有人说："三毛是流浪儿，就是流氓无产阶级，不值得画"；另外有人说："三毛太瘦了，他的形象只适合于表现旧社会的儿童，而且他只有三根毛，显得营养不良，即使值得再画，也应该让他的头发长多起来，胖起来，这才是新面目。"又有人说："你画三毛到现在已是十多年了，计算年龄已该长大成人了，当青年团员恐怕还要超龄呢。你还不给他长大起来，未免违反自然。"更有甚者，1952年文艺界整风时，有人批评"《三毛流浪记》等于《武训传》"。这一系列的指责使得张乐平在思想上缩手缩脚，而且当时报社又在题材上提出种种约束，要他结合每一个政治运动来画，如土地改革、反对美帝武装日本，以及镇压反革命等……张乐平感叹："教条主义的清规戒律阻碍了创作。尤其像我这样政治水平较低的人，实在弄得无所适从，结果只觉得很自卑。久而久之，自己也给自己加上了一套清规戒律，更大大削弱了创作的勇气。"

面对如此这般的求全责备，张乐平虽然感到无所适从，但并没有停止创作，1959年到1962年，他的《三毛今昔》和《三毛迎解放》先后在《解放日报》连载。在十年内乱结束之后，他更是不断出新，锋芒不减。1991年4月4日，《解放日报》发表了他最后一幅漫画《猫哺鼠》（图22-10），时任解放日报

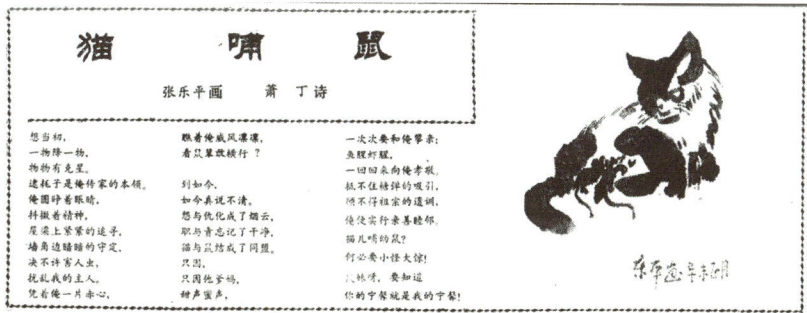

总编辑丁锡满（萧丁）配诗，用天敌结盟绝妙地鞭挞讽刺了贪腐现象，不仅幽默有趣，而且尖锐泼辣。

解放日报美术编辑李义生的"名气"也不小，但他的"出名"是由于1964年的一个冤案。那一年10月15日，他绘制的一幅天安门插图在《解放日报》头版见报，但令人匪夷所思的是，天安门旁边竟出现一只皮鞋的影痕，读者纷纷来电来信，指责这是"脚踢天安门"，是严重政治错误。经查，原来是制版工人将另一幅有皮鞋的插图与这幅插图放在一起腐蚀制版所致，纯属操作失误。为了澄清事实并为李义生撇清责任，报社领导让他再画一幅插图见报并署名，这样，关于他"被捕"的谣言就不攻自破了。可谁知道，他新绘制的插图《木工修船》又被"火眼金睛"找出"罪证"，说画中有"中正"字样，公安机关居然顺藤摸瓜，竟从李义生发表的一百多幅插图中找出五十多幅"有问题"，李义生因此被关押了四年半，出狱后也只能在报社打杂。直到1978年，当年的报社领导、重返报社担任党委书记兼总编辑的王维在大会主席台上看见下面坐着的李义生，立即打断会议议程，郑重地拿过话筒："李义生同志，你那个案子是典型的冤案，那时候报社领导班子没能顶住上面的压力，让你受苦了，蒙冤了，我王维在这里当着全报社同志的面，向你正式道歉。"当即，李义生泪如泉涌，全场唏嘘。

还有，在夜班编辑部与我共事多年的漫画家施明德，1957年因画致祸，事业和生活几经磨难，直到60岁退休才初为人父。

与漫画家们的经历相对应，解放日报的一代代漫画编辑也是迎着风雨和风险一路探索前行。1957年8月，报社编委会就"鸣放"以来的编排问题作检讨，其中特别提到"漫画作品过分强调幽默有趣而放松了政治标准"。1959年11月，解放日报由于转载苏联《鳄鱼》画报题为"裁军以后"的漫画而受到市委领导的严厉批评，认为是宣扬"和平主义"。

但是，除了十年内乱时期，解放日报的编辑们一直没有放弃对新闻漫画的探索耕耘，尤其是在党的十一届三中全会以后，更是大胆解放思想，敢为天下先。1986年8月，上海举行漫画大赛展，其中有两幅领袖漫画颇为令人注目，一幅是表现邓小平同志打建设中国特色社会主义"桥牌"的《中国牌》，另一

幅是胡耀邦同志挥手指挥大家
唱歌的《耀邦同志领着我们唱
新歌》。时任解放日报副总编
辑周瑞金得知后，马上调来这
两幅漫画。他认为，进入改革
开放历史新时期，用漫画的幽
默来表现领袖，体现领袖贴近
人民群众的民主精神，是一种
可贵的创新，于是决定在8月
15日的漫画专刊上刊登这两幅
领袖漫画（图22-11）。

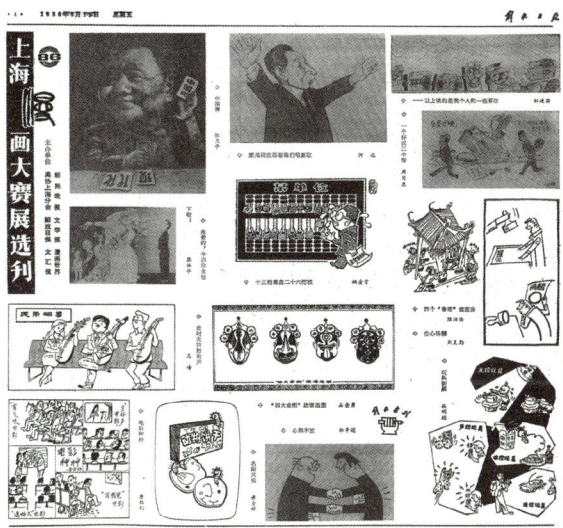

（图22-11）

当时我是头版编辑，这一
天我们在《解放日报》头版刊
登了全国省报总编辑座谈会的报道，中宣部副部长滕藤在会上说：新闻改革
的天地是很广阔的。新闻界应解放思想，勇于创新。今后报纸登什么，不登什么，
应当由报社自己决定，"报社有权按新闻规律办报"。我们把这句话搬上标题，
并将这条新闻破格刊登在头版右上角，十分醒目，与第四版的漫画专刊形成
呼应。

将领袖漫画刊登到报纸上，而且还是党报，在我国是第一次，立即受到
国内外舆论高度关注，并引发争论。有的读者来信称赞，也有的读者则指责这
是"丑化领袖"，"官司"一直打到北京，中央领导要求漫画界讨论并拿出意
见。结果，首都漫画界多数人对《解放日报》刊登领袖漫画表示肯定，但不主
张各报效仿。解放日报在漫画探索的道路上又独树一帜地建了一功、有惊无险
地闯了一关。

解放日报对新闻漫画的探索，可以说是我国报纸新闻漫画探索的缩影。

2008

23. 汶川地震：
"死亡数据"

2008 年 5 月 12 日下午 2 点 28 分，四川省汶川县发生强烈地震。

多少年来，党报对地震之类的灾难报道是极为严肃谨慎的。记得 1984 年 5 月 21 日南黄海地震，虽然上海没有出现建筑物倒塌等现象，但竟然有人因为恐慌而跳楼，造成三人死亡、数十人受伤。当时的报纸在头版下部较为醒目地刊登了地震的消息和各方的反应，但对伤亡情况都没有提及。二十多年过去了，我国发生了很大变化，汶川地震当天就举行新闻发布会，通报伤亡情况；而我们《解放日报》将权威部门截至 5 月 13 日零点统计的"死亡人数已近万人"，以黑底白字醒目处理，置于头版头条主标题之上（图 23-1）。在此后的一个月里，我们每天都在头版这样刊登"死亡数据"，雷打不动。

报纸版面作为一种通过视觉平面进行传播的载体，头版作为一张报纸的面孔、灵魂，必须通过对新闻要素的筛选和提炼，将最重要信息和思想以最合适的形式呈现出来。

在汶川大地震的首日，灾情牵动整个中国，各种信息纷至沓来，前方情

解放日报

JIEFANG DAILY

2008年5月13日 星期二　第21510号　今日十二版

胡锦涛要求部队迅速出动
全军和武警全力以赴救灾

震中：汶川　震级：7.8级　震感：16省区市

截至今日零点统计，地震灾区死亡人数已近万人

四川大地震　全国大救援

胡锦涛作出重要指示：尽快抢救伤员保证灾区人民生命安全
中央政治局常委会当晚开会全面部署抗震救灾工作，胡锦涛主持

人员财产损失严重

全国紧急抗震救灾

温家宝飞抵都江堰在临时帐篷内连夜部署

不惜一切连夜打通道路
多争一分一秒多救一人

新华社记者今晨4时43分获悉
汶川三分之一房屋倒塌

市地震局：汶川地震不会对沪造成危害
监测分析：上海目前不会发生有感地震

震级3次变化

4月CPI涨8.5%

包起帆团队再摘3金

况不甚明了，中央反应果敢迅速……这么多新闻要素，不仅考验编辑的提炼能力，更是考验编辑的基调把握能力，即在头版和头条位置重点突出哪些新闻要素。

在我国，党报与都市报的读者对象和所承担的责任各有不同，编辑的着眼点和思维惯性各有不同，版面处理的发挥空间各有不同，这两类报纸报道大地震新闻的方式有着明显的差异，这种差异尤其体现在头版和头条上：都市报主要以灾情为基调，党报则更多以政情为基调。这里所说的政情，就是从中央到地方各级党委和政府关于抗震救灾的指示和工作。

《人民日报》以中央政治局常委会议的新华社电讯稿作为头版头条：

中共中央政治局常务委员会召开会议
全面部署当前抗震救灾工作

全国许多省级党报与《人民日报》"对表"后采取了同样的处理方法。显然，这样的编排旨在突出党中央迅速行动这一基调，体现了党报的特点。

作为地方党报，《解放日报》与《人民日报》的基调保持一致，责无旁贷地要把中央的部署作为头版的基调。同时，考虑到此时此刻关于灾情的重要信息也是读者最渴望了解的，应该尽可能兼顾。曾经担任解放日报总编辑的丁锡满写过一篇文章，题目是"党报姓党名报"，认为"党"是党报的个性，"报"是其共性。换句话说，党报必须站在党的立场发声，但也必须以新闻的规律发声。我十分赞同他的观点，并不时将这一观点运用到办报实践中。这一次也不例外。

首先，头条立足灾难新闻。我们将这一理念体现在头版头条的主标题上。我们与中央和各地党报一样，以中央政治局常委会议的新华社稿作为头版头条，但重拟主标题：

四川大地震　全国大救援

两个"大"字，一个突出四川强烈地震这个重大事件，把它作为新闻的主体；另一个突出全国按照中央政治局部署立即展开救援这个重大行动，它是对"大地震"这个新闻主体的反应。二者融于一体，使这个引领整张新闻纸的头版头条大标题更加具有新闻性、政治性。

第二，连续公布伤亡数据。除了将政治局常委会议的内容标在副题中以外，我们还尽可能利用头条的地位，以肩题和提要题的形式，把最为引人关注的灾情信息一一标出，其中尤为突出的是将权威部门零点发布的死亡人数，以黑底白字的形式，置于主标题之上。

在我的印象中，以往在灾难发生后，权威部门当天举行新闻发布会通报灾情、公布死亡人数，这种情况是不多见的。因此，从汶川地震的第一天起我就下决心，并且与分管头版的时任新闻编辑部主任徐蓓蓓商量，如果权威部门每天发布这些数据，我们就应该每天在头版突出地刊登。蓓蓓女士比我晚几年进报社，一进报社就当夜班编辑，十分能吃苦，也十分能干，我们共事多年，一起经历了许多重大事件的报道，理念相同，配合默契，这一次我们也是立即形成共识。

果然，从5月13日起，四川省人民政府每天举行新闻发布会，不仅通报灾情和救灾信息，还公布截至当天的死亡、受伤、被埋、失踪人数和从废墟中救出的人数，精确到个位数。这些数据让人揪心，却也让人看到中国政府在巨大灾难面前的那一份自信，看到我们的政府在严峻挑战面前的那一份成熟、那一份责任感。这体现了我国社会的进步、政治文明的进步。报纸作为社会的窗口、党和人民的喉舌，理应成为这种社会进步、政治文明的载体，成为其中的一部分。

编辑部的同仁全都赞同这一观点。在总编辑裘新的指挥下，《解放日报》从5月13日到6月12日，整整一个月，不管是哪位编辑当班操刀，无论是哪位老总签字画押，每天在头版用固定而醒目的形式刊登新闻发布会公布的这一组数据，一以贯之。其中从5月13日到5月22日这十天，是在头条上方用黑底白字的形式标出；从5月23日到6月12日，改用灰底白字在头版显要位置刊登。

5月17、18、19日三天，头版头条接连以通栏的标题和图片报道胡锦涛总书记到灾区慰问并召开抗震救灾会议的新闻。在总书记的"头顶"是否还要压上那一组阴沉沉的"死亡数据"？这样的担心不是完全没有道理的，曾几何时，在领袖像的背面出现负面的词汇，都会被当作"政治事件"。解放日报夜班编辑部的老主任、百岁高龄的金尚俭曾经告诉我，"文革"期间，头版编辑在审读时要将版面拿起来对着灯光查看。如果头版登毛主席的照片，二版同一位置有'打倒'的字样，"那么要死哉！"老前辈那一口吴侬软语至今仍回响在我耳边，我知道，那不是笑话，那是历史。

"照登！"在二十一世纪的今天，我不仅不信那个邪，还将"死亡数据"与头条标题一起扩展至通栏。5月19日是全国哀悼日，5月20日，全国的报纸都刊登中央政治局常委为死难同胞默哀的照片。再一次，我们把那一组沉甸甸的数据横亘在中央领导低垂的头顶（图23-2）。我们正是试图以这样的版面语言表达尊重人、尊重生命的理念：老百姓是天！

第三，刻意回避死亡画面。新闻照片在有些方面是其他手段不可替代的，但在有些方面也不可替代其他手段。对地震死难同胞，用文字和数据真实报道，体现了文明和进步，但用新闻照片报道却必须慎之又慎，否则会造成对死者的不尊重、对其家属亲友的伤害，也会使读者不适。在抗震救灾的那段日子里，我们的头版选用了多幅救援人员抢救幸存者的现场照片。这些画面具有惊

（图 23-2）

（图 23-3）

心动魄的现场感，但并不渲染血腥的惨象，更避免流露任何死亡的气息。如 5 月 14 日头版的主图是一张特写照片：一个被压在废墟中的学生正在接受输液和输氧，他的头下枕着武警的军帽，身边放着救援的铁锹，一双求生的眼睛直视镜头，直视那些正在争分夺秒为他施救的人们。头版编辑陶峰以"叶伴"的笔名（"夜班"的谐音）为这张新闻照片配诗《孩子，不要阖上你的眼睛》，像是和孩子互动，共同表达生的希望（图 23-3）。

诚然，汶川地震和抗震救灾期间的版面编辑也有不尽如人意之处，留下遗憾。尤其是在地震发生的头一天，5 月 13 日的头版头条没有通栏，一方面是出于同首都报纸保持一致，另一方面也是出于对灾难报道的过分小心。直到 5 月 17 日胡锦涛总书记到灾区慰问，才开始连续以通栏标题进行报道，流露出时政新闻中常见的"官本位"味道——职位高低决定规格高低。

相关链接

1. 中外报纸对唐山大地震的报道

也许有些读者不以为然：在汶川抗震救灾的报道中，我们看到了党中央、国务院的坚强领导，看到了万众一心同舟共济的民族精神，看到了灾区人民守望相助重建家园的自强不息，《解放日报》何必要在"死亡数据"上大做文章呢？

不了解历史，不回顾历史，就无法回答这个问题。

1976 年 7 月 28 日凌晨 3 时 42 分，唐山市发生强烈地震，当天我国宣布为 7.5 级，几天后改为 7.8 级，而其他国家测定都在 8 级或 8 级以上。

如今人们说起唐山大地震，最为揪心的是 242,769 人死亡，435,556 人受伤。这在有记录的世界地震史上是数一数二的。

但看看当时国内报纸，最为匪夷所思的是，竟然不见一丁点儿地震伤亡情况的报道！

唐山大地震发生在"文革"末期，那是黎明前最黑暗的时候，那是新中国报纸在"四人帮"把持下最耻辱的时期。

7 月 29 日，《人民日报》头版头条是党中央的慰问电，对灾情只是一句话带过："人民生命财产遭受很大损失，尤其是唐山市遭到的破坏和损失极其严重。"慰问电的主要内容概括在令人哭笑不得的副题中：

党中央号召灾区人民认真学习毛主席的一系列重要指示，以阶级斗争为纲，深入批邓，团结起来，向严重的自然灾害进行斗争，下定决心，不怕牺牲，排除万难，去争取胜利

在头版的下部，是上海和甘肃"批邓"的经验报道，篇幅与唐山地震的报道旗鼓相当（图23-4）。《解放日报》也如法炮制，在头版底部通栏刊登"批邓"经验报道。

第二天，7月30日，《人民日报》和《解放日报》的头版上居然都没有任何关于唐山地震的报道。

7月31日，《人民日报》和《解放日报》都在头版头条报道北京人民"团结战斗英勇抗震革命生产形势大好"；直到8月2日才报道"唐山灾区人民团结战斗英勇抗震救灾"。荒唐的是，无论是北京还是唐山，都是"在批邓、反击右倾翻案风的斗争中"抗震救灾。不难看出，这样的版面语言直接体现了"四人帮"所谓"不能以抗震救灾压批邓"的论调。

（图23-4）

在强奸民意的同时，那时的报纸肆意剥夺人民的知情权，隐瞒事实，扭曲事实。

唐山大地震最关键的事实——伤亡人数，是在1979年11月召开的我国地震学会成立大会上正式披露的，瞒了三年多！

更有甚者，1970年1月5日发生的云南海通大地震，直到2000年1月5

日举行 30 年祭的时候，才正式披露死亡 15,621 人，瞒了 30 年！

　　重温这段历史，对比唐山地震和汶川地震的报纸，《解放日报》连续一个月每天坚持在头版标出汶川地震伤亡数据的意义便不言自明了。它折射出 32 年间中国发生的翻天覆地变化，反映我党"以人为本"执政理念的逐渐形成，也是我们的报纸承担其职责、回归其属性的一次尝试。

　　当时中国的报纸对唐山地震灾情和伤亡人数三缄其口，西方报纸则挖空心思寻找相关的只言片语，以至于无所不用其极。

　　仅以《纽约时报》为例。在 1976 年 7 月 29 日，也就是唐山地震的次日，该报在头版头条用四栏题作了报道（图 23-5），援引中共中央慰问电中仅有的一句灾情表述"损失严重"作为标题，并刊登了两张美联社发自北京的新闻照片，一张是市民在雨中避震，另一张是街头临时救助站。第二天，该报头版刊登中国军队和民众大规模救援唐山的报道，仍然是发自北京。第三天，在中国官方仍然没有具体灾情报道的情况下，《纽约时报》憋不住了，在头版头条登了一个篇幅很小、措辞谨慎但石破天惊的标题（图 23-6）：

（图 23-5）　　　　　　　　　　　　　　　　（图 23-6）

外交官认为，中国地震损失极大

一些外国人估计死亡人数可能超过 10 万

10 万？这个数据从何而来？《纽约时报》说，这条新闻的来源是在北京的外国外交官的推断。他们的依据是，唐山震中地区方圆 25 英里的范围内居住着 200 万人，那么按照以往地震关于人口密度、烈度的记录和伤亡人数的统计，就可以换算出大概的数值。可惜，他们的推断太保守了。

（图 23-7）

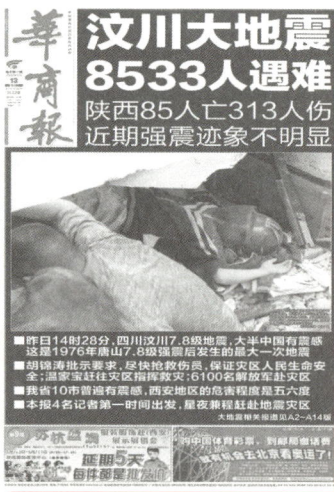

（图 23-8）

2. 我国报纸对汶川地震的报道

从唐山地震到汶川地震，相距 32 年。在历史的长河中这只是白驹过隙，但对中国报业来说，却是变化万千。

这种变化在汶川地震报道的体现，就是再不像当年那样"铁板一块"，而是呈现出多样化的特点。具体来说，大地震后第一天（5 月 13 日）的头版大概有以下几个类型，体现了不同的关注点。

大部分都市报和晚报以灾情为主体，而灾情的重点是死亡人数，或者说，这些报纸的关注点是人。这与唐山地震时的报纸形成天壤之别。如《东方早报》以截至发稿时四川省的统计数据"8533 人死亡"作为主标题，以超大字号标出，黑底白字，既表达哀思，又具有视觉冲击力（图 23-7）。《华商报》也将"8533 人死亡"搬上主标题，只是没有像《东方早报》那样注明截止时间，缺少动态感，但该报通栏刊登了灾区现场的近景照片，具有强烈的震撼力（图 23-8）。

一些报纸以救灾为主体，或者说，这些报纸的

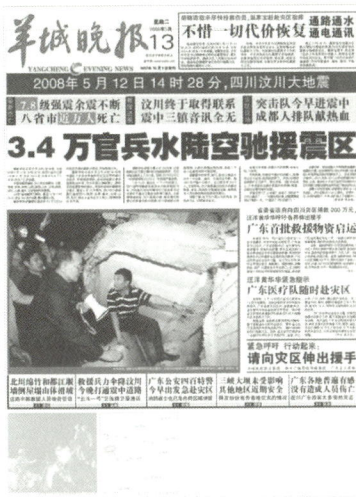
（图 23-9）

（图 23-10）

关注点是事。如《羊城晚报》以"3.4万官兵水陆空驰援灾区"为通栏主标题（图23-9），《文汇报》以救援人员整装待发的新闻照片作为版面的视觉冲击中心（图23-10）。这些大标题和大图片决定了头版的基调。

一些报纸则是用报道时政新闻的方法报道灾难新闻。如一个省的一家党报头版的标题是这样的：某某领导指示"尽快抢救伤员，确保灾区人民群众生命安全"，某某领导要求"抗震救灾要科学有序统一进行"，某某领导提出"最重要的是镇定信心勇气和强有力指挥"，某某领导要求灾区各级干部"在第一线组织抗震救灾工作"，省抗震救灾指挥部紧急通知"要把救人放在第一位"……另一个省的一家党报只是在报眼刊登中央政治局部署抗震救灾的消息，整个头版几乎都是本地领导出席本地的活动和在各种会议上提出的"要求"，与汶川大地震毫无关系，版面位置按领导人级别高低排序，而不是按新闻的内在关系组合。

3．国外报纸对汶川地震的报道

汶川地震引起国外报纸高度关注。手头搜集到的报纸全都在头版显著位

（图 23-11）

（图 23-12）

置进行报道，焦点集中在以下几个方面。

一是在标题中标出我国发布的死亡人数。在报道重大灾难时突出死亡人数，对于国外尤其是西方报纸来说，是司空见惯的，在 5 月 13 日对汶川地震的报道中，大多数报纸都在第一时间直接引用中国官方发布的死亡人数，这在以前是难以想象的。美国康涅狄格州的《日报》在头条标题中特别标出数据的官方来源："中国说，约万人在地震中丧生"。

二是突出报道中国全力救人。他们一改以往对中国报道以负面为主的套路，代之以客观正面的基调，努力挖掘中国人民迅速抗击灾害的新闻要素。如英国的《卫报》在"中国数千人死于地震"的通栏主标题之下，用了三个副题，其中之一为"强大的救援力量正奔赴灾区"。美国洛杉矶的《橙县纪事报》更是将正面要素搬上主题："中国奋力解救幸存者"。还有一些报纸则是通过大幅新闻照片展示惊心动魄的救援场景。

三是委婉展现地震现场惨景。在选用图片时，不同于中国报纸侧重全力救援的画面，一些西方报纸更加突出惨景悲情。《纽约时报》5 月 13 日头版的主图是一对夫妇为孩子罹难相拥痛哭，孩子的遗体就在他们的身边，但用被单包裹着，没有直接暴露在镜头面前（图 23-11）；美国加州《圣何塞信使新闻报》头版主图中，废墟前两具遗体露出双脚，副图中，母亲哭号着扑向孩子的遗体，而遗体的面容依稀可见（图 23-12）。显然，在分寸把握上，《纽约时报》的尺度更为严格些。

尽管中国的摄影记者当时拍摄了许多惨烈的镜头，但在中国报纸的头版上很少看到这样的画面。

四是关注中国政府如何应对。由于北京奥运会开幕在即，中国却遭受严重灾害，世界舆论自然会将二者联系起来。如《今日美国报》的标题是这样的：

大地震检验中国对大危机的反应
近万人死亡，在夏季奥运会临近时如何应对令人关注

《华尔街日报亚洲版》的标题则更为直白：

大地震袭击中国，考验领导人
死亡人数已达数千，在奥运之前新危机又起

《纽约时报》的着眼点则不同，它是立足于历史对比，从中发掘新闻。5月14日头版有一则题为"紧急救援，公开报道"的新闻分析，提到中国以前隐瞒灾情的先例，从而凸显这次中国媒体全覆盖式投入救灾报道的意义。5月16日头版一篇"中国一改惯例，邀请外国救援"的报道也是这样，将从前拒绝外国救援作为背景，揭示这次中国邀请外国救援的意义。5月20日头版重点报道中国的民间救援，进而借题发挥，将话题延伸到中国的民间团体和非政府组织活动。

4. 凌晨抢发苏南地震消息

1990年2月10日凌晨，快两点了，头版大样已经大体完成，只有右下角开着一个"天窗"，等候记者发回《佘山顶上观月食》的现场通讯。那时我是头版责任编辑，正和当班老总贾安坤在一起审读大样。编辑室里静得出奇。

突然，地板、办公桌和头顶的日光灯都晃动起来，轻微的响声打破了深夜的宁静。"地震！"我和老贾同时惊呼。

出于职业习惯，老贾第一反应是看手表：1点57分，这是新闻要素之一；我的第一反应是抓起电话，接通上海市地震局。

地震局的反应没那么快，只是回答："我们也感觉到地震了。"详情则

一问三不知。

"马上派人去采访!"老贾果断命令。当即挑选两位夜班编辑驱车直奔地震局,比副市长倪天增早到半小时。

留在编辑部里的我继续通过电话采访。那时给周边地区打电话要通过长途台转接。南通、海门、太仓、嘉善、崇明……都接通了,我在第一时间了解到许多情况。然而电话转到常熟,竟然没有人接。我向老贾报告。他先是一愣,即刻一拍桌子:"电话接通了不是新闻,怎么也接不通才是新闻!"

凌晨三点多,采写《佘山顶上观月食》的记者顾许胜回来发稿,无意中提到,地震发生时,佘山天文台的专家说这可能与月全食和正值正月十五有关。于是一个电话追到天文台。

不一会儿,地震局的统发稿传来了,只有150字,仅仅交代一些基本的新闻要素:地震发生的时间是1时57分27秒,震中位置的经纬度,震级为5级左右,对上海没有产生大的影响。

不一会儿,到地震局采访的编辑带回第一手信息,加上我通过电话采访的周边县市地震情况的描述和佘山天文台专家的分析,一篇多信源多角度的突发新闻稿火热"出炉"了。老贾和我精心拟定标题,尽可能突出新闻要素:

今天凌晨发生五级地震
震中在南通以南的长江边
上海有震感,但未产生大的影响

同时,老贾还要求配制一幅地震示意地图,让读者对震中——南通南面长江边的地理位置一目了然。

老贾亲自谋划版面,天亮之前拼

(图 23-14)

好了大样：在头版右下方，地震的消息、地图和佘山观月食的通讯组成一个模块，六栏宽 38 行高，用双直线围框，在版面上形成视觉强势（图 23-13）。

在那个没有新闻发布会、没有互联网，甚至连打长途电话都要人工转接的年代，在老贾带领下，我们几个夜班编辑硬是在黎明之前完成了突发新闻的采写、编排。

当我们完成大样时，文汇报同行来电话"对表"：

"有采访地震局的消息吗？"

老贾告知："有的，不会超过 200 字。"

"版面怎么处理？"

老贾回答："放在第一版右下方。"

"一言既出，驷马难追。"对方放心了，因为地震局给他们的"料"确实不多。而老贾则像小孩一样露出一丝"坏笑"：我们的兄弟今天要"中计"了。

结果《文汇报》虽然也在头版右下方刊登这一消息，但只有地震局干巴巴一百多字的通稿，既没有周边县市的报道，更没有天文台专家的分析，标题也没有标出"今天凌晨"这一关键的新闻要素。第二天对方在电话里责怪老贾"不仗义"。老贾哈哈一笑：谁不仗义啦？不是放在头版右下方吗？来自地震局的信息不是不足 200 字吗？对方也只好一笑了之。"假话全不说，真话不全说"，老贾平时就爱这么调侃，却也是实话。

事后，贾安坤在《夜班甘苦录》一书中详细记述了整个过程，还插入了一个有趣的细节。

有人告诉老贾，当天在公共汽车上听乘客议论：

"今朝早上地震，大概把常熟震平了！"

"不要瞎讲！"

"今朝的《解放日报》看过吗？上面讲常熟的电话怎么也接不通，地图上又画出地震就在常熟，像煞是震平了！"

老贾听后一喜一惊。喜的是报纸传播如此之好，惊的是，如果是重大政治新闻的传播引起读者胡乱猜想，岂不糟糕。以后运用版面语言可千万要当心啊！

2008

24. 刘翔退赛：
宽容失败

2008 年 8 月 18 日，一连三个 8，是中国人心中的"黄道吉日"。这一天，正在北京举行的第二十九届奥运会有一场中国人最为关注的比赛——男子 110 米栏预赛，中国人心目中的英雄刘翔出场。然而，出人意料的是，刘翔退赛了，因伤。

我国各级党报和晚报、都市报一样，在奥运报道中都是把中国选手夺金的新闻登在头版的。对于这条"退赛"的新闻，头版要不要登？怎么登？8 月 19 日国内的各大报纸给出了截然不同的回答。我们《解放日报》旗帜鲜明：头版不仅突出地客观报道"刘翔因伤退赛"，还通过评论和读者抽样调查表达报社和广大读者的主观态度：理解刘翔，宽容失败（图 24-1）。

刘翔因伤退赛其实早有预兆。他的右脚跟腱有一处老伤，起因是磨破皮肤后结茧，再磨破，再结茧，伤到骨膜。长年累月大强度训练，疼痛愈发频繁。出征奥运前夕，我们在与孙海平教练交谈时都特别关心刘翔恢复得如何。开赛以来，我们的特派记者张玮不断从北京奥运第一线发回信息，报道刘翔备战的

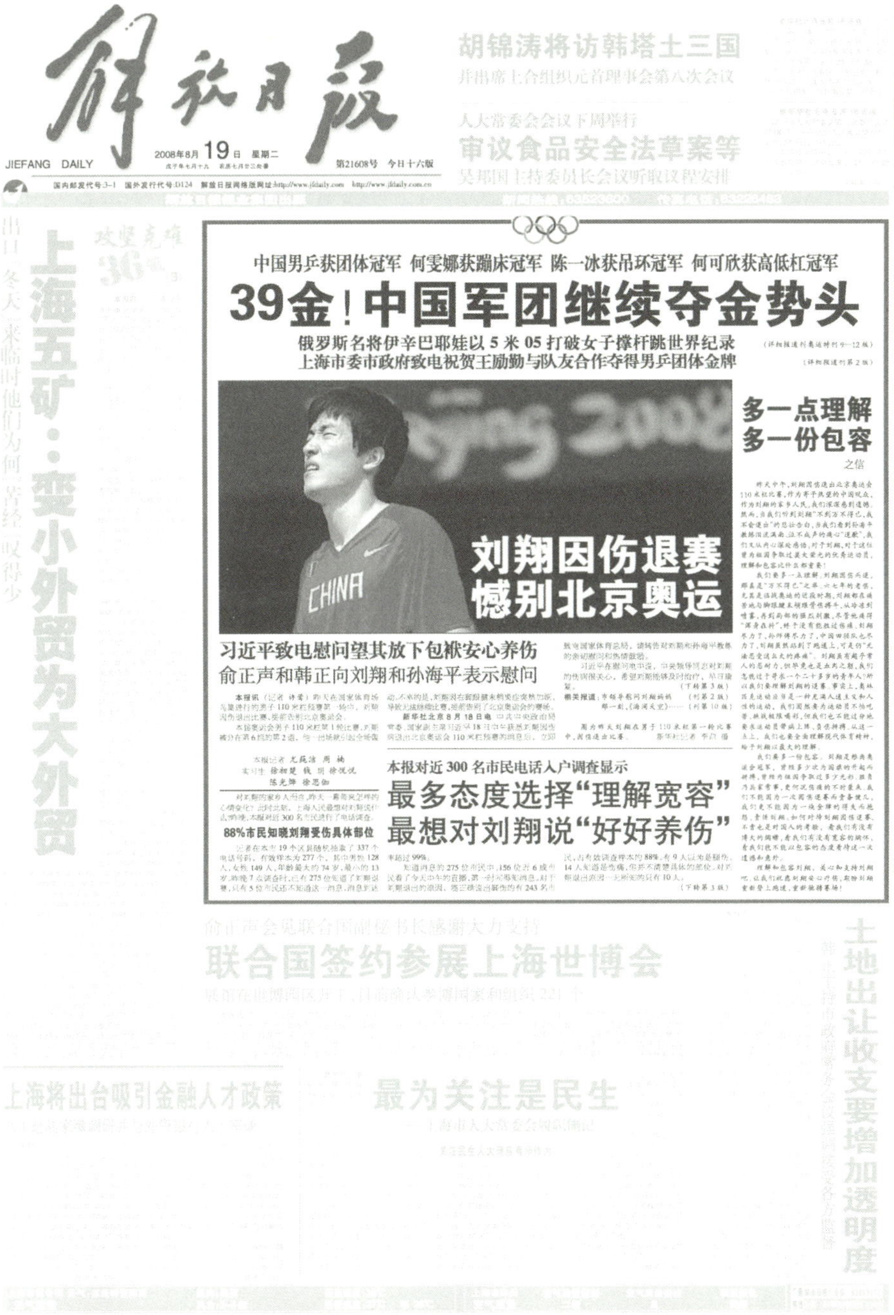

解放日报
JIEFANG DAILY
2008年8月19日 星期二
第21608号 今日十六版

胡锦涛将访韩塔土三国
人大常委会会议下周举行
审议食品安全法草案等

中国男乒获团体冠军 何雯娜获蹦床冠军 陈一冰获吊环冠军 何可欣获高低杠冠军

39金！中国军团继续夺金势头

俄罗斯名将伊辛巴耶娃以5米05打破女子撑杆跳世界纪录

上海市委市政府致电祝贺王励勤与队友合作夺得男乒团体金牌

刘翔因伤退赛
憾别北京奥运

习近平致电慰问望其放下包袱安心养伤
俞正声和韩正向刘翔和孙海平表示慰问

本报对近300名市民电话入户调查显示
最多态度选择“理解宽容”
最想对刘翔说“好好养伤”

88%市民知晓刘翔受伤具体部位

多一点理解
多一份包容

昨天中午，刘翔因伤退出北京奥运会110米栏比赛，作为寄予热望的中国观众，作为刘翔的家乡人民，我们深深感到遗憾。然而，当我们听到刘翔“不到万不得已，我不会退出”的悲壮告白，当我们看到孙海平教练泪流满面、泣不成声的痛心“道歉”，我们又从内心深处感悟：对于刘翔，对于这位曾为祖国争取过莫大荣光的优秀运动员，理解和包容比什么都重要！

我们要多一点理解。刘翔因伤而退，那真是“万不得已”之举。六七年的老伤，尤其是临战奥运的迎战时期，刘翔都在痛苦地与脚跟腱末端跟骨伤搏斗，从冷冻到喷雾，再到局部的强烈刺激，尽管他拼得“浑身是伤”，终于没有能战胜伤痛。刘翔尽力了，孙师傅尽力了，中国田径队也尽力了，刘翔虽然站到了跑道上，可是仍“无法忍受这么大的疼痛”。刘翔虽有超乎常人的忍耐力，但毕竟也是血肉之躯，我们怎能过于苛求一个二十多岁的青年人？所以我们要理解刘翔的退赛。事实上，奥林匹克运动应当是一种充满人道主义和人性的运动。我们固然要为运动员不怕吃苦、挑战极限喝彩，但我们也不能过分地要求运动员带病上阵、负伤拼搏。从这一点上，我们也要全面理解现代体育精神，给予刘翔以最大的理解。

我们要多一份包容。刘翔是雅典奥运会冠军，曾经多少次为国旗的升起而拼搏，曾经为祖国争取过多少光彩。胜负乃兵家常事，更何况伤痛的不时袭来。我们不能因为一次因伤退赛而责备健儿，我们更不能因为一块金牌的得失而抱怨、责怪刘翔。如何对待刘翔因伤退赛，不啻也是对国人的考验，看我们有没有博大的胸襟，看我们有没有宽容的胸怀，看我们能不能以包容的态度看待这一次遗憾和意外。

理解和包容刘翔，关心和支持刘翔吧，让我们祝愿刘翔安心疗伤，期盼刘翔重新登上跑道，重新驰骋赛场！

俞正声会见联合国副秘书长感谢大力支持
联合国签约参展上海世博会

上海将出台吸引金融人才政策

最为关注是民生

土地出让收支要增加透明度

上海五矿：变小外贸为大外贸

（图 24-1）

状况，同时私下里向编辑部同仁透露他的伤情。出战前一天晚上，孙海平告诉张玮："刘翔跟腱的伤很严重，走路都困难。"

比赛日一早，刘翔师徒来到"鸟巢"时，状况还算正常。虽然跟腱隐隐作痛，但他们认为跑预赛应该没有问题。但是做完准备活动后，情况突变：刘翔痛得不能走路了！教练组立即采取一切可以采取的紧急办法——冰敷、喷雾、穴位挤压……刘翔的疼痛部位一度麻木。

时间到了，刘翔必须上场。因为他头上戴着"卫冕冠军""世锦赛冠军""世界纪录保持者""第一个在直道上夺冠的黄种人"等一个个光环；因为他四年前在雅典奥运会夺冠时曾毫不掩饰地憧憬北京奥运会："亚洲有我！中国有我！我会在自己的家门口抓住机会！"还因为他此刻面对着现场九万山呼海啸的热情观众，场外更有亿万国民聚集在电视机前激情澎湃地为他加油鼓劲，他胸前的号码 1356 甚至被解读成"13 亿人民 56 个民族"！

看着刘翔一瘸一拐地走出赛场，现场的山呼海啸顿时变得鸦雀无声。紧接着，互联网上的评论像潮水一般，绝大多数网民对刘翔表示慰问、鼓励，有的感到惋惜、失望、沮丧，有的认为刘翔精神压力太大，有的甚至说他"装伤"……

面对众说纷纭、沸反盈天的舆论场，党报应该如何表态？这绝不仅仅是对一项赛事的评价，更是媒体价值观的表达。当天下午，裘新总编辑主持解放日报编前会，与会的各位部主任好像都成了体育部主任，滔滔不绝地对如何报道刘翔退赛提出建议。大家最后形成共识：关心刘翔，理解刘翔，支持刘翔，宽容失败。

纲举目张。各路记者编辑立即投入工作。

前方特派记者张玮发回现场报道，通过感人的细节描写诠释着对刘翔的理解、对失败的宽容：

偌大的"鸟巢"体育场，大屏幕上反复出现先前刘翔在跑道上的镜头。几个女志愿者站在跑道边，悄悄流下了眼泪。此时，"鸟巢"体育场响起了 Beyond 的《海阔天空》……

刘翔哭了。下午 1 点 30 分左右，刘翔在教练陪同下回到奥运村。志愿者前几天看见他都一拥而上，但今天，每个人都默默地站在原地，目送他经过。当刘翔已经远去，人群中忽然传来几句叫喊："刘翔，好好养伤！""刘翔，我们永远支持你！"

小小的新闻发布厅拥进了 300 多名记者。说到一半，孙海平教练失声痛哭，几个平日里叫孙海平"师傅"的上海记者都流下热泪，有的女记者更是边流泪边打字，任凭泪水滴在键盘上。

机动部记者尤莼洁和周楠带领一群实习生通过电话对上海市民进行了抽样调查采访，用定量分析的方法，让数据说话。他们在全市 19 个区县随机抽取了 337 个电话号码，有效样本为 277 个。其中 249 人对刘翔退赛表示"完全可以理解"，占有效样本的 89.8%。一位女士说，从一个母亲的角度将心比心，如果是自己的孩子遇到这样的情景，一定很心疼，一定不愿意刘翔冒险。有 23 人"理智上可以理解，感情上接受不了"；选择"难以接受"的只有 5 人，不到 2%。另外，对于"你现在最想对刘翔说的话"这样一个开放性问题，70%的回答是："祝你早日恢复健康！"

民调的结果支持了我们编前会的观点，我们自己也要把这样的观点鲜明地亮出来。为此，编辑部起草了题为"多一点理解，多一份包容"的短评。文中提出："奥林匹克运动应该是一种充满人道主义和人性的运动。我们固然要为运动员不怕吃苦、挑战极限喝彩，但也不能过分地要求运动员带病上阵、负伤拼搏。从这一点上，我们也要全面理解现代体育精神，给予刘翔以最大的理解。"文章还认为："如何看待刘翔因伤退赛，不啻也是对国人的考验，看我们有没有博大的胸襟，看我们有没有宽容的胸怀，看我们能不能以包容的态度看待这一次遗憾和意外。"这篇短评准确地体现了编前会的精神，旨在代表报社表态。

晚上，各路稿件陆续发到夜班编辑手中。在第二天的报纸版面上，应该如何客观得体地刊登刘翔因伤退赛的新闻？应该如何鲜明地体现社会舆论和报社同仁对刘翔因伤退赛的理解和宽容？夜班的编前会也是热烈而开放,国内版、本市版编辑和国际部编辑好像都成了体育编辑，列席夜班编前会的体育部编辑更是反客为主，客串头版编辑，大家从各个角度设想了几种不同的方案。一时间，似乎人人都成了总编辑。

许多人提出，刘翔因伤退赛必须在头版突出报道。四年前刘翔在雅典奥运会夺金，我们头版头条报道；两年前刘翔在洛桑国际田联超级大奖赛上打破世界纪录的消息，我们在凌晨第一时间得到消息，立即刊登于当天的头版，在全国独一无二；此后不久刘翔在大阪举行的田径世锦赛上夺魁，实现"大满贯"，我们又是在头版突出报道。这次刘翔因伤退赛如此牵动人心，如果不上头版，反映的是"以成败论英雄"的价值观，不仅不能体现对刘翔的理解支持，还会被读者解读为对他的责备，不仗义。

有人进而提出，明天头版的奥运报道应该聚焦于刘翔因伤退赛。自北京奥运会开赛以来，每天头版的奥运报道都是以中国运动员夺得金牌为主要看点的，每一场夺金的比赛都会在头版报道，每一个夺金运动员或运动队的名字都会在头版标题上出现，他们的照片也都会在头版刊登。当天中国夺得四枚金牌，如果明天我们的头版不作改变，难免会冲淡刘翔的报道。

还有人更大胆地建议，明天可以考虑把刘翔因伤退赛的报道推上头条。这不仅是一条亿万国人关注的重大新闻，它还在舆论场上引发了轩然大波。我们作为党报，作为刘翔家乡的报纸，应该旗帜鲜明地表达态度。何况当天下午出版的《新民晚报》已经将这一消息作为头版头条。《解放日报》次日如果没有非登不可、非上头条不可的要闻，不妨把这一位置留给刘翔，这是党报突破的一个好机会。

对于头版应该选择哪些稿件，大家是有分歧的。有的主张以生动的现场新闻为主，有的认为选好图片最重要，有的提出应该彰显我们的观点。

听了大家的意见，我的思路大开。与新闻编辑部和体育部的主任们商量之后，很快拿出了头版方案，报裘新总编辑审定。

图片是展现版面编辑思想的重要元素。以往头版的刘翔照片都是欢呼胜利激情四射的瞬间，而这次我们毫不犹豫地选择了刘翔痛苦表情的特写照片作为头版的主图，一来是如实呈现因伤退赛这个新闻事实，二来是表明我们的态度：即使退赛了，你还是英雄！

标题起着提纲挈领的作用。我们用"刘翔因伤退赛，憾别北京奥运"作为主标题，与主图中的人物表情和背景中的"2008 Beijing"形成呼应："刘翔因伤退赛"是客观报道事实，而一个"憾"字则是传递了难以言状的主观感受。副题更是体现领导的关怀："习近平致电慰问望其放下包袱安心养伤 俞正声和韩正向刘翔和孙海平表示慰问。"

当然，我们的主观感受并不只是"憾"。短评《多一点理解 多一份包容》被安排在头版突出位置，而且完完整整地刊登，不转版——这也是编辑在用版面语言表态。

评论上头版，是我国报纸引导舆论的常用手段。面对社会议论纷纷、网上各抒己见，党报尤其需要站出来说话。但我们认为，在表明党报观点的同时，如何更加直接、更加全面、更加公正地反映读者的观点，并证明报社的观点与大多数读者的观点相吻合，这更有利于体现党报的舆论导向，体现党报所坚持的党性与人民性的一致性。于是我们把机动部独自策划、独自实施的读者抽样调查报道放在头版显著刊登，力求用客观报道的方式表达主观意图。在西方，民调是媒体常用的手段，有着成熟的运作机制，可以看作是当今盛行的"大数据"的前身或雏形，但在我们的新闻报道中很少采用这种手段，媒体和社会上也鲜有专门的运作机构。当时我们将这个读者抽样调查报道推上头版，除了要全面反映读者意见，还希望借此机会推动这种报道方式更多更广泛地运用。事后我还专门拜访复旦大学新闻学院正在筹建民意调查教学实验室的团队，寻求合作和进一步探索。

对于前方记者发回的刘翔退赛现场报道，我们的头版毫不犹豫地忍痛割爱，退回体育部编排的奥运专版刊登，道理很简单：在电视和网络直播的时代，报纸在描述具体过程和现场感方面不占优势。

对于报纸来说，版面语言最强的元素是头版头条。而对于党报来说，头版头条不仅是当天最重要的新闻，也是其编辑方针和舆论导向的集中体现。刘翔因伤退赛固然是舆论关注的焦点，但我们觉得没有必要将其推上舆论关注的顶点，所以在版面处理上留出一定的余地更为合适。于是我们把刘翔的报道置于头版视觉中心部位，形成强烈的视觉冲击力，同时选择一篇关于企业"攻坚克难"的日常报道稿件作头条竖在前面，将其他中国运动员夺冠的新闻以大标题的形式压在上面，在调门儿上起一定的缓冲作用，以体现分寸的拿捏、尺度的把握。

费思量的是，头版要不要像往常一样刊登当天中国运动员夺取金牌的消息和照片。如果全然不登，那么就有失公允；如果全登，则有可能与刘翔的报道相抵，而且版面篇幅也会捉襟见肘。考虑再三，我们采取折中的办法，以醒目的大标题标出所有夺冠项目和运动员、运动队，消息和照片则移到内页奥运专版。这样既可突出刘翔的报道，也可周全其他报道。

最后提一句，那一天美国《纽约时报》也把刘翔在全场观众注目下走出赛场的全景照片以四栏的尺寸十分醒目地置于头版左上角（图24-2），但令我感到有些诧异的是，该报的态度与我们截然不同，没有什么"理解"，更没有"宽容"，照片的标题带着揶揄的口气："一瘸一拐离开金矿"，文字说明中补充说："他的脚伤将使他暴富的梦想破碎。"而在这张照片的上面——头版报头左侧的一个小方框里，赫然登载着该报一百多年来天天登载的信条："刊登一切适合刊登的新闻"。

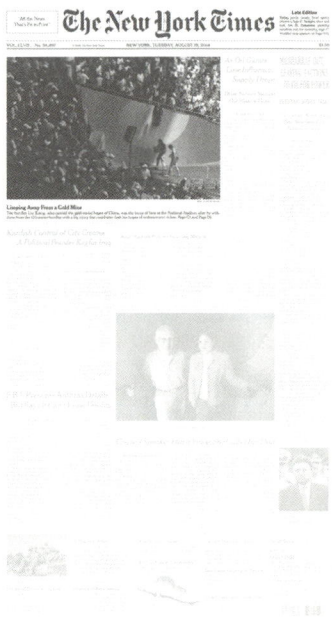

（图24-2）

相关链接

历届奥运会上名将失手的报道

1984年在洛杉矶举行的第二十三届奥运会，中华人民共和国第一次派出体育代表团参加比赛，举国关注。代表团中尤其令人关注的是那些成绩突出的名将，其中包括上海跳高运动员朱建华。

在赛前一年的时间里，朱建华曾接连以2.37米、2.38米和2.39米的成绩三次打破世界纪录，《解放日报》都在头版强势报道。在洛杉矶奥运会上，他作为当时的世界纪录保持者，被国人和媒体寄予厚望。一些乐观的人们甚至相信，为中国代表团夺得第一枚田径金牌，非他莫属。

当时解放日报未能获得赴洛杉矶采访奥运会的记者名额，但我们还是想方设法开辟信息渠道。比如，聘请赴洛杉矶采访的人民日报体育部记者为本报特约记者；比如，将本报体育记者杨仁杰派到深圳，每天通过香港电视直播的奥运赛况编写快讯；又比如，与香港《大公报》建立电话热线，每天半夜由对方口授各大通讯社的即时奥运新闻。这样我们几乎每天都能够抢在新华社发稿之前刊登一些最新赛况。

男子跳高决赛定于当地时间8月11日下午举行。北京时间8月11日凌晨，我们通过与香港《大公报》的热线电话，"转手"获得"最后消息"：朱建华在10日举行的资格赛中轻松过关。于是我们在头版头条的奥运会报道中抢先刊登了一条"花边新闻"："朱建华在奥运会正式出场，轻松地取得决赛资格"。

可惜的是，朱建华在决赛中没有发挥出应有的水平，冲击2.33米和2.35米连续失败，最终以2.31米的成绩获得铜牌。但这毕竟是中国田径队在本届奥运会上获得的唯一一枚奖牌，所以许多报纸还是将这一消息刊登在头版，只是标题小，版位低，有的报纸在标题中标出"朱建华屈居第三名"，表露出些许遗憾。

《解放日报》则不然（图24-3）。我们跳出以胜负论英雄的框框，在头版以较大的篇幅对朱建华冲金失败进行了充分的报道，不仅仅是因为中国田径获得一枚铜牌，而是因为全国读者对朱建华发挥失常十分关心，我们必须回应人们的关切。基于这样的想法，我们请特约记者在前方专门采访朱建华的教练胡鸿飞，分析朱建华冲金失败的原因；采访冠军获得者德国运动员的教练，请他从技术上对朱建华的表现予以评判。这一组报道在头版中下部集纳成一个模块，突出刊登，"教练胡鸿飞答记者问"和"朱建华没有发挥好，很可惜！"这两条标题很醒目，既客观地报道背景和内幕，也力求体现对朱建华的安慰。

（图24-3）

当时朱建华在我国 1983 年度的十佳运动员中排在首位，还被美联社评为 1983 年度的十佳运动员，红遍全球，知名度和追捧度绝不亚于后来的刘翔。由于连破世界纪录，国内媒体连篇累牍地报道，人们从中看到的朱建华似乎是一个战无不胜的英雄。所以，对朱建华在奥运会未能如愿夺冠，有些读者颇感失望，有的人甚至在言辞间乃至行动上都表现得缺乏理性。我们的报纸虽然破例在头版作了较为详尽的解释性报道，强调了运动员在大赛中需要减轻心理压力，却没有意识到观众、读者的心理也需要疏导。

1988 年汉城奥运会上，面对中国运动员连遭滑铁卢，媒体的报道遇到同样的问题。预定为中国代表团在本届奥运会夺首金的举重选手何灼强失手了，中国奥运史上首金得主许海峰失手了，志在必得的射击老将王义夫失手了……最令人不可思议的是"体操王子"李宁居然也失手了。早在 1982 年，18 岁的李宁就在第六届世界杯体操比赛中独揽六枚金牌，轰动国际体坛；在四年前的洛杉矶奥运会上，他又夺得自由体操、吊环和鞍马金牌，跳马获得银牌，全能获得铜牌，还和队友一起获得团体银牌，成为那届奥运会获得奖牌最多的运动员。在汉城奥运会前，国内体育界和舆论界都乐观地预测李宁领军的中国男子体操队能够"坐三望二"，甚至可能向实力最强的苏联队"咬上一口"。然而令人大跌眼镜的是，李宁失误连连颗粒无收，赛后当即宣布"结束体操生涯"。

当时国内报纸一片"兵败汉城"的哀叹，名将失手的报道都悄悄地放在内页草草了事，有的报纸用"嘴啃地"描述李宁跳马的失手，有的报纸还画了李宁"落马"的漫画。当时社会反应失度更是始料未及的。李宁一行回国时，没有往日接受献花欢呼的场面，只能灰溜溜地走灰色通道，还伴随着一些人的埋怨揶揄。据说后来竟有人给他寄来一根"上吊绳"，称他"体操'亡'子"。

就在报道李宁失手的当天，《人民日报》发表评论《失手不失风度》。文章联想起上届奥运会朱建华的命运，认为名将失手还是心理素质问题：

我们的运动员，特别是一些优秀选手，在世界大赛中是不是压力太重了？十亿人的厚望，十亿人的忧乐，如果在心中摆不正位置，导致心理的天平失衡，容易使他们不敢直面失败的预兆，也就特别容易失常。

文章还对读者进行了心理疏导：

人们对体育比赛胜负的关切包含了对民族自强、民族振兴的渴望，把金牌同五星红旗联系在一起就变成很自然的事了。然而，我们还是应该学得超脱一点。体育比赛中，此消彼长、金牌易手的现象标志着人类竞技水平的提高，冠军的得失也并不意味着国力的盛衰。胜，固然光荣；败，也要败得潇洒。让我们帮助运动员卸下沉重的心理负担，为他们创造一个更宽松的、易于正常发挥水平的外部环境，使他们获得一颗宝贵的宠辱不惊的"平常心"。当然，我们这样讲，绝不意味着在重大比赛中容忍满不在乎的不负责任的比赛态度。我们期望中国奥运健儿在今后的比赛中赛出水平，也赛出风采。

毋庸置疑，这篇评论的立意和说理都是切中肯綮的，只可惜被编排在内页，虽然口气适度，但缺乏传播力度。而在那一段时间里，各报的头版依然是以金牌为导向，"成王败寇"成了"平常心"。

2012 年伦敦奥运会，刘翔再次背着 1356 号出现在赛道上，却再次没能完成比赛——在首轮预赛跨越第一个栏时打栏摔倒，再次发生跟腱受伤，再次在场上网上引发轩然大波，《解放日报》也是再次把这一条新闻十分突出地刊登在头版，虽然没有配发评论，但标题的感情色彩十足：

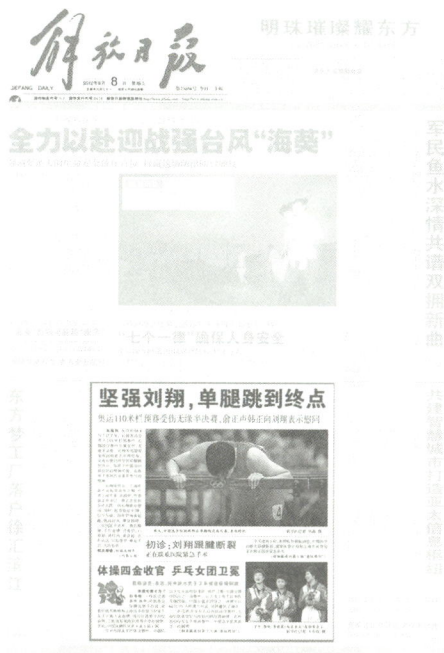

坚强刘翔，单腿跳到终点
奥运 110 米栏预赛受伤无缘半决赛，俞正声韩正向刘翔表示慰问

刘翔摔倒后轻吻栏架告别赛场，这一瞬间被媒体镜头捕捉，成了人们议论的焦点。许多人看了动情流泪，也有人指责他"作秀"。《解放日报》把刘翔轻吻栏架的近景照片大大方方地登在头版，用版面语言表达了态度（图 24-4）。

2009

25. 文件中提炼新闻标题：
稿中"淘金"

2009 年 3 月 10 日下午，我听说中央办公厅上午曾就当天《解放日报》头版头条的标题专门打电话给报社驻北京办事处，具体内容不清楚。我的心骤然一紧！

当时我脑子里立刻"过电影"：那一天头版头条是吴邦国委员长在第十一届全国人大二次会议上受常委会委托作工作报告的新闻，我们废弃了新华社原稿公报式的标题，引用吴邦国的报告中明确表达我国立场的话作为标题（图 25-1）：

形成中国特色社会主义法律体系迈出决定性步伐
深化政治体制改革绝不照搬西方
十一届人大二次会议举行二次全会，吴邦国向大会作工作报告

这个标题是由头版编辑陶峰、朱爱军等拟定，部主任徐蓓蓓审核，我自己经过反复推敲才落笔签发的。在那一段时期，学术界对我国和西方政治制度

解放日报
JIEFANG DAILY

2009年3月10日 星期二

胡锦涛在西藏代表团参加审议展开热烈讨论

建设新西藏要迈新步伐

吴邦国温家宝李克强贺国强周永康也分别参加审议

国务院根据代表审议意见

政府工作报告
共作17处修改

吴邦国主持人大主席团会议提请审议决议草案

深化政治体制改革绝不照搬西方

形成中国特色社会主义法律体系迈出决定性步伐

胡锦涛温家宝贾庆林李长春习近平李克强贺国强周永康等出席十一届人大二次会议举行二次全会，吴邦国向大会作工作报告

党中央明确提出，到2010年形成中国特色社会主义法律体系。今年是实现这个目标的关键一年。全国人大常委会要在提高立法质量的前提下，一手抓法律制定，一手抓法律清理

构建海峡经济区 提高财政透明度

全国政协举行第四次全会，贾庆林出席，15位委员发言

立法监督更近民生更具实效

世博会将有 40 个国家自建馆

文化产业站到了聚光灯下

劳动合同法不因危机修改

放贷人条例正在研究制定

密织安全网 托底保民生

（图 25-1）

的争论又起。吴邦国在这个报告中提到了深化政治体制改革问题，强调指出："要积极借鉴人类社会创造的文明成果包括政治文明的有益成果，但绝不照搬西方那一套，绝不搞多党轮流执政、'三权分立'、两院制。"显然，这段话具有很强的针对性，也是我签发这条标题的思想依据。我在脑子里再审核一遍，对标题和原文逐字逐句对照，觉得引述也没有毛病。

我干夜班编辑二十多年了，当副总编辑每晚签大样也已十年，因改新华社原稿标题而"吃牌头"的事也曾碰到过——这可是惊动"朝廷"啊！我知道，遇到这种情况，马上要做的就是书面汇报"事情"经过、分析原因、深刻检讨、接受批评、立即整改、听候"发落"……

我放心不下，赶紧打电话给总编室老主任王仁礼。

仁礼是我十分敬重而又十分依赖的同仁加兄长，外号"王八代"，因他作为解放日报总编室主任连续"服侍"了八任总编辑，可见业务能力和协调能力何等了得。当时他已过了退休的年限，但还接受返聘，协助处理各种棘手难题，很多次本该由我写的检讨都由他捉刀代笔了。

"没问题。中办来电话表扬我们标题做得好！"仁礼兄在电话中告诉我，我心中石头落了地。

事后我们了解到，吴邦国在常委会工作报告中强调这一点，果然具有很强的指向性，但多数党报在编发这条新闻时都沿用新华社原稿的公报式主标题："十一届全国人大二次会议举行第二次全体会议"，副题则全是出席会议的中央领导人名单。《解放日报》另拟标题，将十分有针对性的这句话从洋洋洒洒的报告中提取出来，作为头版头条主标题强势处理；在第二版全文刊登吴邦国讲话的报道，以"绝不搞多党轮流执政"为主标题，与头版形成呼应。这样做的结果是抓住了要害，"挠到了痒处"，所以中办以电话的方式口头表扬。

"挠不到痒处"是早年上海市委领导批评报纸"隔靴搔痒"的一句口头禅，解放日报的老前辈们对此记忆犹新并代代相传。八十年代初我刚来报社夜班编辑部工作时，看到老编辑们为了能使稿件"挠到痒处"，更突出新闻性、更有针对性，都特别注重在标题上下功夫。他们常常对新华社稿件的原标题进行修改，几经推敲反复斟酌，"吟安一个字，捻断数茎须"，非要提炼出一条能够彰显新闻要点的好标题不可。

我从一开始就学着师傅们的样，在编辑时政稿时，先将"某某同志的讲话""某某会议隆重举行"等公报式标题划掉，从稿件里挖出有新意有锋芒的"干货"来作标题，即陆炳麟等老一辈新闻人常说的突出"新闻眼"。

诗有"诗眼"，禅句有"禅眼"，新闻也有"新闻眼"。古人认为"文贵眼"，文中的"眼"就像人们脸上的眸子那般豁然，"朗而异，突以警"，"耐人讨索探寻"。根据这样的解释，窃以为，所谓"新闻眼"，是指新闻中的关键、要害、核心部分，是一篇新闻稿中的特点、精华和力量所在，通常是最有新意、最耐人寻味的内容。将"新闻眼"提炼出来，用尽可能少的字数制做成标题，使之尽可能准确鲜明地传递信息，是最能体现版面编辑洞察力、判断力和文字概括能力的。

1986 年 8 月 31 日，新华社播发长篇报道《胡耀邦总书记第二次视察青海省，勉励大家同心同德，深入实际，坚持改革，奋发进取，为开拓青海建功立业》，解放日报夜班值班总编助理贾安坤读完长达 3,500 字的全文后，甚感遗憾：题材十分重大，内容十分重要，但从文章结构到标题制作，都将"黄金"埋在"沙漠"里了。他把自己的看法与一同值夜班的副总编辑陆炳麟、负责头版的编辑金福安一一道来：胡耀邦在视察期间透露了许多世人欲知又鲜为人知的重大信息，阐述了他对国内某些重大问题的看法，但新华社稿件中大部分篇幅是胡耀邦对青海工作的指示，这对全国和各地报纸来说没有多大关系。为此他提出了解决这些问题的思路。他认为，这篇稿件可拆分成四篇新闻稿。第一篇，透露党的十二届六中全会即将召开，议题之一是审议通过中央关于精神文明建设的指导方针的决议；第二篇，关于我国城市改革中存在的问题；第三篇，邓小平《党和国家领导制度的改革》一文是解决改革中存在的问题的金钥匙；第四篇，针对青海实际提出具体要求。

三位大编辑意见一致，便按照"一拆四"的思路着手对这篇稿件"动大手术"，结构重新调整，并将"胡耀邦总书记第二次视察青海省"的公报式标题改成新闻标题，凸显人们关心的重大信息（图 25-2）。

首先，以"本报讯"的形式，将新华社稿件分解成短消息，把原稿中最后部分二百多字的一段话摘出，单独成篇，以一行肩题和双行主标题置于 9 月 1 日的头版头条：

胡耀邦同志在视察青海时说

党的十二届六中全会即将召开
决定精神文明建设的指导方针

其次，将原稿中关于城市改革的一段话摘出，标题直指问题之所在：

对城市改革成果不可估计过高
当前突出的问题是一些地方和部门的领导同志思想跟不上形势，行动迟缓

第三篇指出了解决这些问题的办法：

（图 25-2）   （图 25-3）

政治体制改革的纲领性文件

邓小平同志《党和国家领导制度的改革》一文，各级领导要重新学习

最后一篇才是原稿的主体部分：

跋涉高原数千里 深入农牧工矿区

胡耀邦再度视察青海

勉励大家为开拓青海建功立业

当天，《文汇报》也对新华社这篇稿件进行了改造，一分为二，将胡耀邦透露的重要信息、改革思路与对青海工作的要求分列编排，以前者作为头版头条（图25-3）：

胡耀邦说过于集中统得太死是一个严重弊端

不简政放权经济改革难以深入

各级领导要重新学习邓小平重要讲话，结合实际推进改革
即将召开的六中全会将审议通过党中央关于精神文明建设指导方针的决议

《人民日报》在头版头条十分醒目地刊登新华社这篇稿件，对原稿的结构没有改动，但在稿中安插了四个小插题，新华社原稿的公报式标题则作了改动，成为新闻标题（图25-4）：

（图 25-4）

胡耀邦第二次视察青海省对党政军干部发表讲话

改革已成为不可逆转的历史潮流

勉励大家同心同德深入实际坚持改革奋发进取为开拓青海建功立业

业内人士和读者当天对各报的编排处理很敏感，甚至对照各报的头版评头论足。贾安坤在《夜班甘苦录》一书中记载，当时有人对《解放日报》头版的评价是：鲜明而生动，突出而准确，弹跳而不失庄重，美观而不嫌花哨。老贾说，不知此种评价是否恰到好处。

读者当天对报纸新闻及其编排的评价固然是一个重要标准，但历史则是检验报纸新闻写作和编排是否站得住脚的更重要标准。当时贾安坤说"不知此种评价是否恰到好处"，我认为也是基于这样的认识。三十多年过去了，当今的读者一定能够作出更为恰如其分的评价。

然而，挖掘呈现"新闻眼"依靠的并不只是新闻敏感性和文字功夫，更重要的是政治敏感性和大局意识。常年坐在编辑部里，对每一篇稿件的背景都了如指掌是不可能的，而夜班编辑在深更半夜是难以向各级领导部门一一核实咨询的。所以改动新华社原稿的标题必然要承担巨大的政治风险。我们不止一次地因此受到严厉批评。记得在编发一篇新华社统发的敏感稿件时，发现原稿的标题和正文的表述不一致，正文说"九名涉案党员干部受到开除党籍、开除公职处分"，标题说"部分涉案党员干部受到开除党籍、开除公职处分"，正文实，标题虚，于是编辑按正文的表述改动了标题。这一改，闯了大祸。因为新华社原稿送审时领导亲自将标题中的"九名"改为"部分"，却没有改正文，而新华社对领导审定稿也没有进一步作技术处理。结果，因为没有一个报纸编辑知道这个标题是领导人改定的，所以那一天全国不少报纸都按正文改动标题。《解放日报》影响大，我"板子"也挨得重。事后冷静想来，这"板子"挨得还是有价值的，它时时刻刻提醒我，落笔前要三思。

但是，这并没有改变我和解放日报同仁一见公报式标题就"技痒"的习惯。原因很简单，那就是为了让读者阅读方便，把"新闻眼"有效地呈现出来传递给读者。

公报式标题往往出现在时政新闻中。时政新闻应该是党报的目标读者想读、必读的，但实际上时政新闻往往是难读的，因为多年来形成的程式化，公报式就是这种程式化的一个显著特征。

我认为，公报式编排虽然能够体现庄重严谨，且有利于档案记录和查询，但不完全适应现代读者的阅读习惯。党报的时政新闻应尽量避免以公报的方式板着脸，而应该遵循新闻规律，使报纸有别于文件，有别于公告，这与党报的性质不矛盾。

例如，2010 年 10 月 25 日，新华社播发时政新闻稿，标题是"纪念中国人民志愿军抗美援朝出国作战 60 周年座谈会在京举行"，标了会议的全称，总共 27 个字。如果这个标题在报纸版面上呈现为六栏，最大只能用一号字，不仅缺乏视觉力度，而且过于冗长拥挤，不易读。这是就形式而言。从内容上来说，这条公报式的标题没有点出纪念座谈会的重要意义，没有抓住"新闻眼"。

我们在编发这一条稿件时舍弃了新华社的原题，从胡锦涛总书记的讲话中提取"中国人民始终不忘志愿军历史功勋"这句话作为主标题（图 25-5）。那时，随着朝鲜不顾中国和国际社会反对一意孤行进行核试验，中朝关系出现波折，有人因此对当年我国派志愿军抗美援朝提出异议。在这种情况下，胡锦涛这句话显然有着很强的针对性，表明了中央的态度。由此可见，新闻标题与公报式标题相比具有明显的优势。这条标题 15 个字，字号可放大到初号以上，形式上也就更富有视觉冲击力。

在同一天的头版上，另一条时政新闻的新华社原稿仍然是公报式标题："人大常委会第十七次会议举行"。我们在编发

（图 25-5）

这条稿件时发现，在这次会议上二审的代表法修正案草案新增规定，由选民直接选举的代表应当以多种形式向原选区选民报告履职情况。我们认为这会是读者关心的内容，于是把这一信息凝炼成"直选代表应向选民报告履职"12 个字作为主标题，公报就这样成了新闻。

在三十年的夜班编辑工作中，上述那样的案例不计其数，我和同事们几乎每夜都在这样"走钢丝"，虽然处处有风险，但是，夜未央，乐未央。

相关链接

1. 文汇报为重要文章作提要挨批

（图 25-6）

1949 年 6 月 30 日，新华社播发毛泽东的《论人民民主专政》，供各报刊登。文汇报总编辑徐铸成是个老报人，对于报纸编辑很有研究，十分注重在稿件中提取新闻。他把这篇重要文章交给头版编辑郑心永，要求精心编排。郑心永认真读完全文后，为每一段落都作了提要，以小标题的字号醒目标出（图25-6）。这样，读者即使不读全文也能知道大意。徐铸成总编辑对这样的编排表示赞赏。

不料，7 月 1 日文章见报后，新闻出版局立即来电话：

"主席的文章，你们怎么能编得这么支离破碎？"

徐铸成哑口无言，郑心永不服气，接过电话说：

"那么长的文章，不作提要，让读者怎么看下去？"

对方反问："你怎么知道毛主席的文章哪里重要哪里不重要？"

郑心永解释说："我们没有加一个字，也没有减一个字，只作了提要。"

对方强调："《论人民民主专政》是纲领性的文件，字字重要！"

郑心永不再申辩了。结果总编辑徐铸成作检讨。

郑心永回忆说，听得出来，那个电话是张春桥打来的[*]。

---

[*] 郑重《张春桥：1949 及其后》第 15 页。

2. 将隐藏在公报中的重大新闻挖出来

1978 年 11 月 15 日，《北京日报》头版头条刊登了北京市委举行常委扩大会议的消息。通栏大标题由一行主题和多行副题组成：

中共北京市委召开常委扩大会议
全市人民紧张动员起来，深入揭批林彪、"四人帮"
为加快实现首都社会主义现代化建设作出更大贡献
会议着重研究了贯彻执行华主席、党中央对北京市的重要指示
市委第一书记林乎加同志主持会议，并作了重要讲话，
第三书记贾庭三同志对揭批查运动作了部署
会议指出，文化大革命前北京市的十七年，
同样是毛主席的革命路线一直占主导地位，北京市委的工作，
成绩是主要的，北京市绝大多数干部是好的和比较好的

在这篇数千字的公报体报道中，隐藏着这样一段文字：

一九七六年清明节，广大群众到天安门广场悼念我们敬爱的周总理，完全是出于对周总理的无限爱戴、无限怀念和深切哀悼的心情，完全是出于对"四人帮"祸国殃民滔天罪行的深切痛恨，它反映了全国人民的心愿，完全是革命的行动，对于因此而受到迫害的同志一律平反，恢复名誉。

《北京日报》刻意将这段举世关注却极为敏感的信息埋在长文中，显然是一种既冒风险又求谨慎的方式。风险在于当时中央对这个重大问题还没有正式公开表态，谨慎则在于不用"天安门事件"的提法，而且不入导语，不上标题，更不单发。地方报纸以这种方式把重要动向信息捅出去，可以说是试探性的"投石问路"，是一种报道上的突破，体现了当时新闻工作者的勇气和智慧。

当天，新华社敏锐地把这一信息从数千字的长文中抽取出来，将公报体变为新闻体，向外界单独播发。这条电讯稿以《北京日报》刊登的北京市委举行常委扩大会议的消息为来源，严格按照《北京日报》的口径，但是为电讯稿

添加标题则在新华社的权限之内。新华社稿在标题中使用了"天安门事件"这一提法，可以说是在《北京日报》试探性突破的基础上的第二次突破：

中共北京市委宣布

天安门事件完全是革命行动

新华社北京十一月十五日电　中共北京市委在最近举行的常委扩大会议上宣布，一九七六年清明节广大群众到天安门广场沉痛悼念敬爱的周总理，愤怒声讨"四人帮"，完全是革命行动。

会上宣布：一九七六年清明节，广大群众到天安门广场悼念我们敬爱的周总理，完全是出于对周总理的无限爱戴、无限怀念和深切哀悼的心情；完全是出于对"四人帮"祸国殃民滔天罪行的深切痛恨，它反映了全国人民的心愿，广大群众沉痛悼念敬爱的周总理，愤怒声讨"四人帮"，完全是革命的行动。对于因悼念周总理、反对"四人帮"而受到迫害的同志要一律平反，恢复名誉。

《人民日报》在刊登这条新华社电讯时，为了表明报纸的态度，进一步增加这一信息的强度，采用了超常规的编辑手段，在传播效果上实现了第三波突破：置于头版头条位置，五栏标题，围框处理，文字稿件的字号也由通常的老五号放大到新四号（图25-7）。

在这一波突破中，《解放日报》运用编辑手段的力度更是在《人民日报》之上（图25-8）。短短250字的消息，不仅字号放大到新四号，而且增加下划线以增加视觉强势；报道竖立在头版头条位置，"天安门广场事件是革命行动"的大标题高度相当于七栏，用双线围成一个四栏宽的大模块；模块内，编辑还选用了一幅1976年清明节天安门广场人民英雄纪念碑前人们悼念周总理的资料照片，下面是新华社播发的《天安门诗抄即将出版》的消息，与北京市委常委扩大会议宣布对于因悼念周总理、反对"四人帮"而受到迫害的同志一律平反恢复名誉的消息相呼应。在这个头版的底部，还通栏转载人民日报评论员文章《实事求是　有错必纠》，与"天安门广场事件是革命行动"的报道形成呼应。

这个由公报变新闻的步步突破不仅仅体现在报道形式上，更是当年解放

（图 25-7）   （图 25-8）

思想、拨乱反正的真实写照。

3. 大胆为十一届三中全会公报制作提要

1978 年 12 月 18 日至 22 日举行的党的十一届三中全会，是我国改革开放的里程碑。12 月 23 日，新华社全文播发全会公报。

解放日报夜班编辑部的编辑们仔细阅读公报，发现其中有党中央作出的一系列重要决定，有许多非常重要的新提法，几乎条条都可以作为头版头条的新闻，比如：

结束全国范围的大规模揭批林彪、"四人帮"的群众运动，把全党工作的着重点转移到社会主义现代化建设上来；

华国锋同志强调党中央和各级党委的集体领导，提议多歌颂工农兵群众，多歌颂党和老一辈革命家，少宣传个人；

一九七五年邓小平同志主持中央工作取得了很大成绩。撤销中央发出的

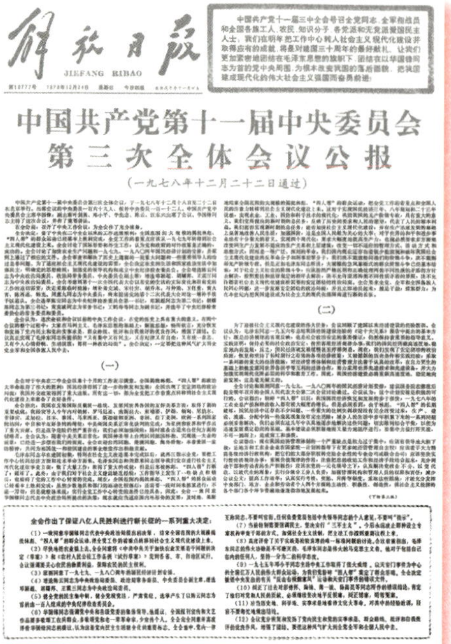

解放日报

JIEFANG RIBAO

中国共产党十一届三中全会号召全党同志、全军指战员和全国各族工人、农民、知识分子、各党派和无党派爱国民主人士，我们在明年把工作中心转入社会主义现代化建设并取得应有的成就，将是对建国三十周年的最好献礼。让我们更加紧密地团结在毛泽东思想的旗帜下，团结在以华国锋同志为首的党中央周围，为根本改变我国的落后面貌，把我国建成现代化的伟大社会主义强国而奋勇前进！

中国共产党第十一届中央委员会第三次全体会议公报

（一九七八年十二月二十二日通过）

全会作出了保证八亿人民胜利进行新长征的一系列重大决定：

（图 25-9）

有关“反击右倾翻案风”运动和天安门事件的错误文件；

健全党的民主集中制，健全党规党法，严肃党纪。选举产生以陈云同志为首的由一百人组成的中央纪律检查委员会；

纠正过去对彭德怀、陶铸、薄一波、杨尚昆等同志所作的错误结论，继续坚决地平反假案，纠正错案，昭雪冤案；

当前特别需要强调民主，坚决实行“三不主义”。永远废止那种设立专案机构审查干部的方式；

应当历史地、科学地、实事求是地看待文化大革命；

……

然而，这一系列重大决定都分散在 7,000 多字的长文中，读者不耐心阅读是难以一一获取这些信息的。

于是，当时解放日报主持夜班工作的陆炳麟和头版编辑金福安等以新闻人的担当、新闻人的敏感、新闻人的智慧，大胆地对“神圣的”全会公报进行了新闻处理，从中提炼出十二个要点，用提要题的形式醒目地置于头版底部，将公报式的头版点化成新闻纸的头版（图 25-9）。这成为解放思想、按新闻规律办报的一个成功案例。

4. 不拘一格把“新闻眼”搬上主标题

1989 年 12 月 11 日，我国报纸都刊登了江泽民总书记、李鹏总理和一个月前已经宣布退休的邓小平分别会见来访的美国总统布什特使斯考克罗夫特的新闻，引起世界关注。

领导人会见外宾的报道在党报头版是司空见惯的，而且斯考克罗夫特又算不上是国宾，这一组外事新闻何以如此非同寻常呢？这与当时的国内外大环境有直接关系。"八九风波"之后，西方国家"制裁"中国，美国宣布停止两国高官互访；但才几个月，布什就派他的心腹来中国访问，而且我国最高领导人——一会见。这显然不是一般的礼节性迎来送往，而是涉及中美关系未来走向的重大敏感问题。

新华社播发的《江泽民会见美国特使》和《李鹏会见美国特使》两篇电讯稿在内容结构上有一点特别之处：一般的"新华体"外事稿，通常是以我为主，先引述我国领导人的讲话，后报道客人的讲话；而这两篇稿件却都是先引述斯考克罗夫特的话，然后才是我国领导人的回应。比如《江泽民会见美国特使》一稿就是这样的：

新华社北京 12 月 10 日电　中共中央总书记江泽民今天上午在中南海会见了美国总统特使、总统国家安全事务助理布伦特·斯考克罗夫特。

斯考克罗夫特对认识江泽民表示十分高兴。他说："布什总统十分重视美中关系，他希望把美中关系放在积极的轨道上，而脱离过去几个月来的消极轨道。"

江泽民对斯考克罗夫特的来访表示欢迎，江泽民指出："我们都是为各自国家的利益工作的。中美两国应该寻求共同点，在和平共处五项原则的基础上发展友好合作关系，只要双方都真诚地这样做，我们的合作前景是广阔的。"

文稿中把客人的话放在主人的话之前，显然是暗示，在恢复中美关系的问题上，美方处于主动地位，正所谓"解铃还须系铃人"。

新华社播发的《邓小平会见美国特使》一稿也是含有玄机的。其中引述了几段邓小平意味深长的话：

邓小平说："我已经退休了，本来这样的事不是我分内的事。但是我的朋友布什总统派来特使，我不见就不礼貌，也不太合乎情理了。"

邓小平说，斯考克罗夫特将军这次来访，是通报美苏马耳他首脑会晤，实际上是我们双方的一个共同愿望，能够尽快地解决今年六月以来中美之间在一些问题上存在的纠葛，早点解决，使中美关系能够得到新的发展，这是我们的共同愿望。

他请斯考克罗夫特转告布什总统，在东方的中国有一个退休的老人关心中美两国关系的改善和发展。

这几段话鲜明地反映了邓小平对此时此刻改善发展中美关系重要性的看法，也点出了布什派特使访华的重要意义。

《人民日报》没有将这一组报道放在头版头条，而是分别置于右上角和报眼位置，做了两个公报式的主标题："江泽民李鹏会见美国总统特使""邓小平会见美国总统特使"；在副题中，我国领导人谈话的内容用稍大的字号标出，美国特使谈话的内容则用稍小的字号标出，没有刻意体现新华社稿件中的微妙之处。

对于敏感时期的敏感问题，地方报纸通常会与首都报纸"对表"。但《解放日报》的版面处理与首都报纸明显不同。夜班值班老总贾安坤在这一组"新华体"的外事报道中挖出了"新闻眼"：邓小平说"中美关系终归要好起来"，斯考克罗夫特说"我完全赞成你的看法"。他后来在《夜班甘苦录》一书中记述了当时的想法："在西方世界一些国家反华喧闹'黑云压城城欲摧'的情势下，邓小平这十个字的一句话，体现了这位世界伟人的远见卓识。令人欣喜的是，邓小平关于中美关系的论断，又得到了来访者的认同。作为报纸的夜班编辑，在版面的安排和标题的制作上，无疑应将它突出出来。"他还特别注意到邓小

平"我已经退休了，本来这样的事不是我分内的事"那段话，于是亲自划定了
版样，并拟定了标题（图 25-10），肩题中把已经退休的邓小平排列在现任领
导人江泽民、李鹏之后，以体现政治原则；主题上选择邓小平和斯考克罗夫特
的对话，以体现新闻规律：

江泽民、李鹏、邓小平会见美国总统特使

邓小平：中美关系终将好起来

斯考克罗夫特：我完全赞成你的看法

这一天《解放日报》的头版处理在三个方面打破了常规。一是将这一组
级别不及国宾、意义非同一般的外事稿件破格置于头版头条位置；二是将已经
退休的邓小平标在主标题上，而现任最高领导人江泽民和李鹏只标在肩题上；
三是将够不上国宾级别的客人斯考克罗夫特标上主标题，与邓小平并列，与新
华社电讯稿刻意突出美国特使谈话内容的手法异曲同工，或者说，从版面编辑
的角度与新华社稿件形成默契，有效地突出了中美高层都十分重视恢复两国关
系这个"新闻眼"。

那么，《解放日报》这样的版面处理是否准确地揭示了我国领导人尤其
是邓小平破格接待斯考克罗夫特来访的意义？这样的标题是否站得住脚呢？

《纽约时报》的报道或许能够为此提供佐证。在我国领导人会见斯考克
罗夫特前一天，该报就在头版头条以"布什高级助手访华修补关系"为题作了
报道，文中透露，斯考克罗夫特宣布为了两国共同利益，解除对中国的孤立。
12 月 13 日，该报又在头版刊登新闻分析，认为布什一面低调面对国内一些人
的指责，一面大胆地向北京派出特使，是一场"精确算计的赌博"，因为如果
不能尽快与中国和好，布什政府在军备控制和地区安全等一系列重大国际问题
上将无法得到中国的合作；而一贯谨慎的布什之所以敢于冒风险主动向中国迈
出和解的一步，是因为他预料中国也会出于两国共同利益考虑而迅速作出回应。

由此可见，邓小平和布什都具有政治家的战略眼光。

（图 26-1）

2010

26. 上海世博会：
　　图示报道

上海世博会园区

2010 年 5 月 1 日，上海世博会开幕。展示 "城市，让生活更美好" 主题的上百个展览场馆，其中包括各国的国家馆、主题馆、国际组织馆、企业馆等等，吸引着来自全世界的参观人流，也是各大媒体争相报道的焦点。

早在世博会开幕一个多月之前，《解放日报》就推出了一个 "四联版"（四个版面打通编排印刷），以超宽的版面刊登本报制作的上海世博会园区图（图26-1）。这个 "四联版" 既不是地图，也不是图饰；既不是照片，也不是稿件。它是图示（information graphics）。

这幅图示是美术编辑在新闻编辑部的统筹下，根据文字记者、摄影记者

（图 26-2）

多方采集的图文信息，借助电脑三维制图技术绘制而成的，图中不仅显著标出"一轴四馆"等地标建筑，还用不同颜色标注了五个片区和分布在各个片区中各个场馆的具体位置，并以三维形式展示了各个场馆的外形；此外，园区周围的公交车站、地铁车站和轮渡码头等设施也都一一呈现。

这个"四联版"图示有这么几个特点。首先，它看似一幅地图，但不同于一般的地图，因图中所有建筑、设施都是三维呈现，显示出具体的外貌特征；其次，它也有别于以往报纸上常见的图饰——装饰性的风俗画，因图中的布局和位置都是按实际比例缩小的，能够让读者直观地鸟瞰整个 5.28 平方公里的世博园区；第三，它像是一幅在空中用照相机拍摄的照片，但事实上摄影是难以避开空气透视等因素，毫无干扰地拍出如此精确的全图的；第四，一些难以用图像直观表达的内容，如园区场馆的面积、开放服务的时间、各类活动的场次等，则在版面一角用文字表格的形式予以报道。由此可见，这个图示综合了地图、图饰、摄影和文字的功能，取其所长，补其所短，有效地展示了世博园区的全貌，方便读者阅读使用。

世博会期间，我们持续以图示的形式对一些在诠释绿色理念、节能环保实践方面颇具特点的场馆进行报道，成为《解放日报》世博报道的一大特色。例如开幕次日，我们就在跨版的"聚焦世博"专版上以大幅的图示《零碳馆：自给自足的循环系统》作为主打产品（图26-2），展示以伦敦贝丁顿"零碳村"为原型的"零碳馆"运作原理，其中包括"会发电的屋顶""会发电的窗户""会换气的风帽""能吃的绿化""能蓄热的地板""能制冷的墙"等等细节及其流程，都用三维全景图和特写图的组合形式展现出来，配之以简短的文字说明，令人一目了然。

这样一幅新闻图示，绝不是一个美工或一个什么能人单打独斗所能完成的。当时我们尝试了三个"融合"。

一是团队融合。作为分管版面编辑、新闻摄影和视觉设计的副总编辑，我和编辑团队、美工团队与在世博现场采访的文字记者、摄影记者团队一起，在世博会开幕之前就多次到场馆采访，从选题到取材，从绘制到编排，来自不同部门、不同行当的记者编辑为了这幅图示而融为一体。对于报纸来说，文字记者一直是主力军，而在图示报道中，文字记者则必须按照团队的报道意图，在采访时尽可能搜集美术编辑制图所需的信息和数据，而这些信息和数据未必会在自己的稿件中出现，只是"为人作嫁"。比如在"零碳馆：自给自足的循环系统"这幅图示中，大量素材来自经济部记者王志彦的采访，但他采写的稿件《伦敦零碳馆：唱响"减碳歌"》在版面上只是居于图示的从属地位。摄影记者也面临同样的角色转换。他们在现场拍摄大量场馆和流程的照片，其中绝大部分是供美术编辑绘制图示使用或作为参考，也是"为人作嫁"。比如5月6日刊登的图示《园区喷雾系统：吹面不湿散清凉》（图26-3），以摄影记者提

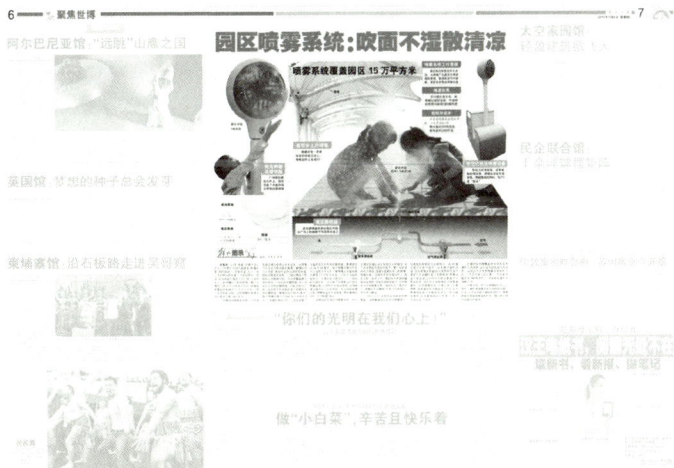

供的几幅照片作为"原材料",美术编辑进行加工处理,将水和空气分别经过液体调压阀和空气调压阀混合之后在雾化喷嘴喷出的过程在照片画面上呈现出来,一幅图示就完成了,而摄影记者并不署名。版面编辑在图示制作过程中更是不露痕迹。编审文字稿件时,要将适合制作图示的素材分解出来,将文字符号转换成图像符号,将抽象思维转换成形象思维,向美术编辑阐述图示的构思,依然是"为人作嫁"。最后一道工序——美术编辑则并不是一个"来料加工"的工匠,他必须在前面几道工序的基础上,按照视觉传达的规律,以特殊的手段完成二次创作,这种由照片、图画和图表等合成的图示称为混合图示(miscellaneous)。值得一提的是,绘制《零碳馆:自给自足的循环系统》这幅图示的赵亮是来报社实习的应届大学毕业生,虽然他完成了"临门一脚",而且作品署了他的名,但没有团队的合力,他是不可能完成任务的。

二是手段融合。文字采写、图片编排、视觉设计等手段熔于一炉,形成一个整体,而整体大于部分之和。在当时尤其具有挑战性的是传统绘图和电脑制图的融合。报社原本没有电脑制图的人才。五十好几即将退休的老美编许青天以惊人的毅力,自学电脑建模,把世博场馆中的精华转换成一个个视觉模型,制图时可根据需要从任意角度调用选取任意的细部;同时我们招聘了几位学有专长的大学毕业生,为解放日报视觉编辑团队跟上时代的步伐创造了条件。

三是创意和技术、设备的融合。当时解放日报印刷厂引进了"四联版"印刷设备,这使得超宽幅的世博园区图版面印刷成为可能。

有团队融合的机制和手段融合、技术设备融合的能力作为支撑,我们"聚焦世博"专版的新闻图示成为世博报道的一个亮点,也打造并完善了"解放图示"这个品牌栏目,使之发育成长为解放日报在国内报纸中独具特色且颇有竞争力的栏目,后来又继续与新媒体融合,与多种新技术和新观念融合,成为解放日报新闻客户端"上观"的特色栏目。

相关链接

1. 《解放日报》图示:"鸟枪换炮"

1983 年我进解放日报当夜班编辑时,报社里是有一些知名画家担任美

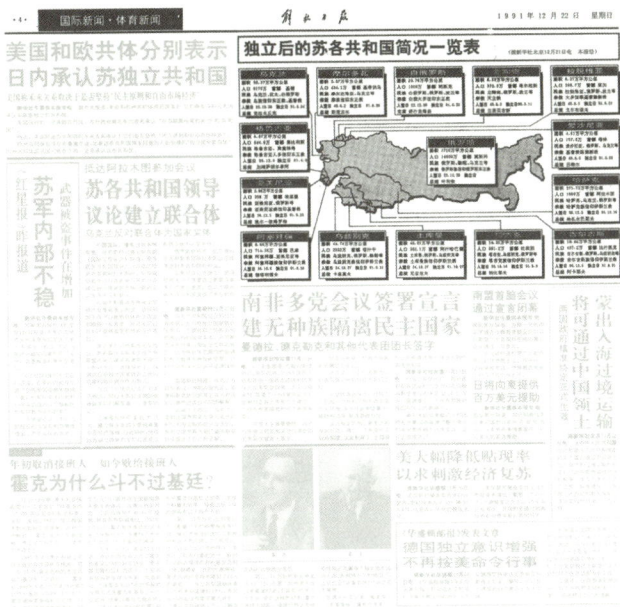

（图 26-4）

术编辑的，如老前辈李义生，曾经因画获罪，遭受四年牢狱之灾，直到"文革"结束之后才重返美术编辑岗位；又如老前辈施明德，"反右"时遭受不公正对待，晚年作为解放日报夜班编辑部的美术编辑，经常在国内报刊发表漫画作品；还有我十分敬重的张安朴兄，当年和陈逸飞等一批青年画家一起"出道"，他设计绘制的许多邮票、海报获得大奖，在业内是响当当的人物……然而，当需要为版面作一些装饰时、当新闻报道需要配发地图或示意图时，这些"大腕儿"从不以善小而不为，经常帮我这个刚出校园的小编辑"打下手"。

二十世纪八十年代后期，我开始注意到国外报纸广泛采用的图示，便自己用墨水笔和一把直尺默默试着绘制柱状图、曲线图、饼分图和地图等等，1991年底苏联解体时我们刊登的苏联地图，就是我用最原始的办法绘制的（图26-4）。夜班美术编辑施明德发现后埋怨我：

"小陈，这应该是我的工作，为什么不让我来做？"

"画画线条、标标数字，这么没有技术和艺术含量的事，怎么好意思麻烦您。再说，图表应该怎么设计，我自己也没底，不晓得该怎样跟您讲。"我是实话实说。

老施一点儿也不生气，一点儿也没有大画家的架子。他和我一起探讨如何用图示表达新闻，后来帮我画了不少图表，直到他退休。

1989年初，我应美国新闻署的邀请访问美国，在《今日美国报》编辑部里和"美国快照（USA Snapshots）"栏目的编辑聊了很长时间。这是一个图示栏目，设在头版的左下角，每天一个新闻主题，用柱状图、曲线图、饼分图等形式表达，不间断刊登。我兴趣十足地了解了这一新闻式样的采编理念和制作流程，此后多年一直保持对这一栏目和形式的关注和研究。

1992年至1993年在英国攻读研究生期间，我的硕士论文就是以报纸编排设计为题，包括新闻图示设计，为此我较深入地研究了当时世界上在这一领域一些有影响的教授学者的著作，如英国《星期日泰晤士报》著名编辑哈罗德·埃文斯的《报纸设计》、美国密苏里新闻学院达里尔·莫恩教授的《报纸组版和设计》和美国波因特媒体研究所马里奥·加西亚教授的《当代报纸设计》等，对新闻图示的认识逐渐上升到理论层面。1998年，在美国夏威夷大学东西方中心作为"杰弗逊学者"进行学术交流期间，我专门到密苏里新闻学院拜访达里尔·莫恩教授，就报纸设计和新闻图示当面向他请教。在他的办公室里，我们两人谈了整整一个下午，意犹未尽，他起身给太太打了个电话，让她到餐厅订座，晚上，他们夫妇二人请我共进晚餐，一边吃一边聊，话题还是图示。

莫恩教授曾经主持过十八家报纸的重新设计，长期担任美国新闻设计协会（SND）的领导职务。他认为，图示的长处在于能够在最短的时间内用最少的笔墨和最小的篇幅给读者以最多的信息。具体地说，作为一种视觉报道形式，图示的优势在于把抽象的东西具象化，把平面的东西立体化，把实体的东西透视化，能够比文字报道更直观地反映数字对比、新闻事件发生和发展的过程以及事物发展的趋势，它通过图像诉诸人的视觉思维，比用文字诉诸人的抽象思维更加易读、易懂。与新闻摄影相比，它又能够弥补摄影记者有时无法赶到新闻现场、镜头无法穿透现场障碍等缺陷。因而可以说，图示是现代报纸适应现代社会需要的一个"新式武器"。他1984年出版《报纸组版和设计》一书中曾对图示作了简要介绍，我当年在英国读的就是那个版本。后来这本在美国报纸设计方面具有权威性的著作一再重版，莫恩特地增加了《图示》这一章节，对这个新课题进行了详细的论述。他赠送给我一本新版的大作。

此后，我对图示又进行了深入研究，解放日报的图示应用也更加频繁，更加多样。1999年5月，上海各报集中推出纪念上海解放50周年的报道。在赵凯总编辑的指挥下，我们开辟了"50年前的今天"

（图26-5）

图示栏目，全面反映当年解放军分三路攻入上海市区的总体态势，从5月12日到5月27日，连续16天，每天绘制一幅解放上海战役的动态地图，直观还原50年前这一天的战斗进展情况，各部队打到哪里，红旗就插到哪里。5月27日的头版荣膺第十届中国新闻奖版面三等奖（图26-5）。

进入新世纪后，解放日报的图示报道迈上了一个新台阶。2003年3月20日，伊拉克战争爆发，我们利用内页第二版和第三版，编辑制作了一个巨幅跨版新闻图示。这是一个运用了多种形式的复合型新闻图示：一是将新华社当天播发的文字和图片新闻稿件转换成图示素材，把开战首日的战场态势，包括美军舰艇向巴格达发射巡航导弹、美军从科威特向巴士拉炮击、伊拉克向科威特还击、伊拉克难民出逃、美伊地面部队交战、美军第二轮空袭开始等重大事件，以动态地图的形式按时间节点直观展现出来；二是把美军出动的F-117隐形战斗机、美军发射的"战斧"式巡航导弹和智能型炸弹以三维图解的形式直观展现出来；三是把从3月20日北京时间早晨8点30分最后

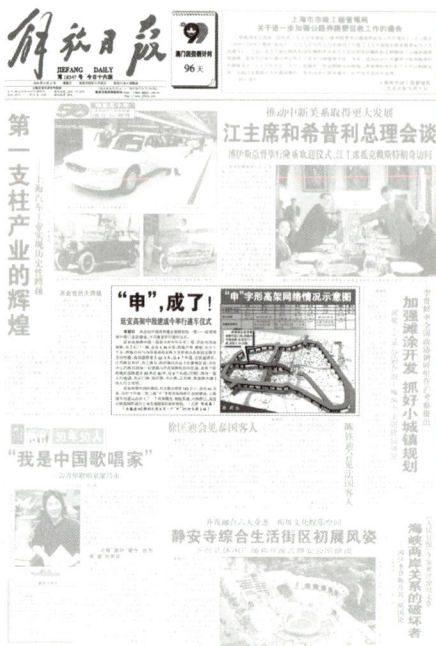

（图 26-6）

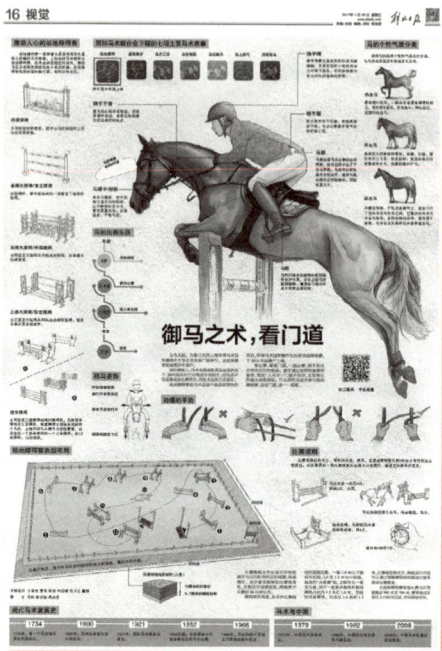

（图 26-7）

通牒截止时刻将至、布什考虑开战时机开始，一直到 3 月 21 日凌晨 2 点 40 分——也就是我们的报纸夜班编辑工作截止的时刻，美国海军陆战队和英国军队分别攻入伊拉克境内为止，共 18 个小时 10 分钟之内战场内外发生的节点事件，以表格的形式直观展现出来。如此复杂精确的新闻图示，在夜班编辑部、国际部编辑的共同筹划之下，由许青天、张莉、朱伟三位美术编辑争分夺秒地精心制作，赶在截稿时间之前完成，推上了当天（3 月 21 日）的版面（图 19-7）。这个图示在第十四届中国新闻奖评选中获得版面二等奖，并在当年全国报纸版面年赛上获得金奖。

在上海城市发展建设的报道中，《解放日报》的图示更是在各类媒体中独树一帜。如上海南北高架路、延安高架路和内环高架路建设全部完成，这个"十字加环"的高架系统从空中俯瞰，会呈现一个大大的"申"字（申是上海的简称）。在竣工的当天，我们用新闻图示展现了这条高架路"申"字形全貌（图 26-6），而这是新闻摄影在一般情况下无法做到的。又如外滩地下通道建设中盾构穿越管线纵横的复杂地段，我们的新闻图示用视觉呈现，效果远远胜于文字描述。还有，2005 年 12 月 10 日，洋山深水港开港的当天，我们以"四联版"的形式制作了气势恢宏的洋山港全景图示，除了一期工程的码头，还有全长 32.5 公里的东海大桥，由摄影记者张春海、张海峰在空中摄影提供照片，由文字记者张奕、刘颖、王志彦提供文字素材，由美术编辑朱伟、许青天进行图示加工——这又是一个团队融合、手段融合、技术设备融合的典型案例。

近年来，随着媒体融合的深入推进，纸媒《解放日报》和新媒体"上观"齐头并进，两栖的视觉团队随之发展壮大，目前已经拥有几十位采编和设计制作人员，图示作品不仅频频获得上海新闻奖、中国新闻奖，还走向世界，2017年 4 月 28 日报道上海环球马术冠军赛的"御马之术，看门道"图示版面以丰富的知识性、趣味性和精致的制作摘取了有全世界报纸参加的美国新闻设计协会（SND）年度比赛优秀奖（Award of Excellence）（图 26-7）。

解放日报从当年一支墨水笔、一把直尺的手绘图示，到如今具有国际竞争力的图示，何止是"鸟枪换炮"。在图示的探索实践中，除了几代采编人员放眼世界敢于创新，历届主要领导无一不是开明宽容、全力支持。早期的图示粗糙而又单薄，但各位领导在编前会上却常常给予表扬鼓励；发展图示报道需要专业人员，各位领导在每年的大学生招聘中总是确保我们所需的名额，让我们优先挑选；组织图示报道需要探索团队融合，各位领导毫不犹豫地将并非由我分管的部门记者调拨给我指挥；刊登图示有时需要调用较大篇幅的版面，各位领导总是合理调度，为我们"让路"；制作高质量的图示需要不断更新电脑设备，各位领导更是大开绿灯，在报社第一个为我们的图示编辑购置了当时最新式最专业的苹果"麦金托什"……

2. 《今日美国报》图示：一以贯之

《今日美国报》是美国一家年轻而新潮的报纸，以快餐式的编辑理念和版面设计在美国报纸中独树一帜，新闻图示是该报的一大亮点。

（图 26-8）

例如，在 2003 年 1 月 7 日的头版上，就有三幅图示（图 26-8）。头条新闻报道美国国内关于死刑的争论，主打图片就是一幅图示。读者看到这把电刑椅就会联想到死刑这个话题，椅背上的曲线图显示过去 50 年每年被执行死刑的人数起伏，椅子下面的柱状图显示过去 50 年间支持死刑者占美国人数比例的起伏。

这样的图示在头版只是时常出现，另一个图示固定栏目则是每天出现的。《今日美国报》在 1982 年 9 月 15 日创刊时，头版有好几个固定栏目，其中包括内页导读"新闻标题"（Newsline）、头版主打报道"封面故事"（Cover Story）、右下角用色块铺底的短新闻"热角"（Hot Corner），还有就是左下角的新闻图示"美国快照"（USA Snapshots）。如今，这家在美国报纸中发行量一直名列前茅的全国性报纸经过多次改版，头版的风格样式和主打产品几经变迁，"热角""新闻标题"和"封面故事"栏目先后取消，连最具报纸品牌效应的报头设计都一改再改，只有图示栏目"美国快照"硕果独存、一以贯之。除了新闻专叠，内页金融专叠、体育专叠和生活专叠的头版也都在左下角位置保留"美国快照"图示栏目。也就是说，《今日美国报》每天会有四幅"美国快照"图示。

这个栏目每天聚焦一个美国读者感兴趣的话题进行调查，尤其注重可读性和易读性，在呈现方式上有四个特点。

一是用形象揭示主题。图示虽然都有标题，但同时也有与之相应的画面。例如 2003 年 1 月 7 日头版的"美国快照"图示，标题是"妇女成家时间推迟"，调查的内容是 25 年来美国妇女生育第一个孩子的年龄。与此相呼应的就是一幅妇女照顾婴儿的简图。又如 2009 年 8 月 7 日的头版"美国快照"图示，标题是"你的孩子骑车总戴头盔吗？"，与此相呼应的简图是一个孩子戴着头盔骑车。这样的画面不仅有助于吸引读者注意，而且便于不同语言和文化背景的读者瞬间识别和理解主题。

二是用数据传递信息。栏目内容主要是采编人员采集的数据，而不是文字叙述的事实或者概念。换句话说，这个栏目很少使用"大幅增长""总体向好""令人担忧"等主观性、结论性的语汇，而是只展示数据，并交代数据的来源；只展示数据的对比，结论让读者自己去作。

三是用图形显示数据。用柱状图、曲线图、饼分图等形式，将抽象的数据及其相互之间的对比关系形象直观地显示出来，诉诸读者的视觉，使之更加轻松地阅读理解。

四是用制度规范制作。在创刊初期，《今日美国报》就编制了详尽的编排手册，对报纸的版面设置和呈现方式作了具体的规定。以"美国快照"栏目为例，标题和说明文字的字体字号、图表的格式、线条的使用、色彩的使用等等，都严格限定，每一个编辑都必须按此规范绘制图示。这样做的目的是，既要使整张报纸各个版面、专叠每一天刊登的图示保持统一的风格，又力求与其他报纸的图示拉开距离，凸显独特性。三十多年过去了，"美国快照"的总体风格还是在原本的框架之内。

3. 图示运用及发展：方兴未艾

世界报业在走下坡路，这是不争的事实；但图示却没有因为报纸的衰减而走低，相反，它的现状和前景一路向好，因为它搭上了四趟时代的列车。

图示搭乘的第一趟列车是读图时代的列车。在读图时代，图示成了宠儿。《今日美国报》是这个时代的一个缩影、一个弄潮儿，而更多的传统报纸通过

（图 26-9）

（图 26-10）

重新设计，赶上了这个时代的车轮。例如有着将近两百年历史的英国《星期日泰晤士报》，近年来就以精美的大幅图示新闻报道闻名于世，2018 年在 SND 大赛中荣膺"世界最佳设计报纸"称号。1997 年戴安娜因车祸去世时，该报用几乎一个整版绘制了题为"致命之旅"的综合图示，由一个全景主图、两个局部分图和一个平面地图组合而成，将车祸发生的过程分解成七个瞬间，一一用画面复原呈现，当时就成为我们研究学习的范本（图 26-9）。2019 年巴黎圣母院大火发生后，该报用两个整版绘制了题为"从灰烬中站起来"的综合图示进行报道（图 26-10），重点展示了大火肆虐的 31 分钟，同时呈现了这座建筑 850 年的历史以及修复重建的未来 5 年。这幅图示把空间和时间融为一体，既有大跨度的时光跳跃，又有高精度的空间细节，堪称佳作。

图示搭乘的第二趟列车是网络时代的列车。互联网为图示提供了更加广阔的载体，同时也提供了更加纷繁的需求，伴随着网络时代而来的许多新技术更是为图示的运用和发展提供了支撑，使图示的呈现方式不仅从静态变为动态，而且从单向变为双向乃至多向。借助互联网，交互式的图示可以让读者参与互动，完成页面和场景的切换，并嵌入音频和视频、动画，图示的形式更加多样化，功能也得到极大的拓展。

　　图示搭乘的第三趟列车是大数据时代的列车。我们进入了一个用数据说话的时代，数据进入政治、经济、社会生活的方方面面。政府开放、财政透明、供需状况、疫情分布、民意表达……都需要公布详尽的数据。数据说话的方式，即呈现的方式虽然多种多样，但毫无疑问，图示是更易于公众理解、接受的形式。

　　目前，图示正在搭乘第四趟列车——人工智能时代的列车。在媒体行业，人工智能编辑平台已经初见端倪。以上面提到的数据新闻为例。要将数据进行可视化处理，编辑记者通过人工智能平台提供的大量模版，只需下达指令就可以轻松、随意、快捷而又精确地使之转换成图示和动态数据导图，不再需要耗费更多的财力和时间成本，不再需要与第三方科技公司的技术服务人员沟通，也不再需要大批美术编辑制作人员。

2010

27. 上海 11·15 火灾：
快报事实

2010 年 11 月 15 日，上海市中心胶州路一幢高层民宅发生重大火灾，当天就发现有 42 人丧生。次日，根据"快报事实，慎报原因"的要求，各报都在头版对火灾及伤亡情况、救援情况进行了充分的报道，而对火灾原因，上海的报纸在报道中都没有提及，《解放日报》作为党报更是慎之又慎（图 27-1）。

11 月 15 日是星期一，下午 3 时许，解放日报正在举行每周一次的采编例会，忽然接到发生重大火灾的报告，主持会议的总编辑裘新当即部署各路记者投入采访。

当时已经有多位摄影记者冲到第一线。作为分管新闻摄影的副总编辑，我和摄影部主任张陌也立即赶往现场。

着火的大楼就在眼前。大楼四周围着施工脚手架，透过脚手架可以清晰地看到许多窗户中喷出火舌；整幢建筑冒着浓烟，遮天蔽日；多台消防车在楼底伸出云梯射出水柱，但只能射到大楼的腰间，中高层的大火在恣意燃烧；四下里，警车和救护车的警笛声不绝于耳。

京沪高铁全线铺通

解放日报

JIEFANG DAILY

2010年11月 16日 星期二 第22427号 今日十六版

解放日报报业集团出版

新闻热线：(021)63523600　　传真电话：(021)63226483

孟建柱在上海指导"11·15"特别重大火灾事故救援及善后工作时强调

全力做好现场搜救伤员救治和事故调查

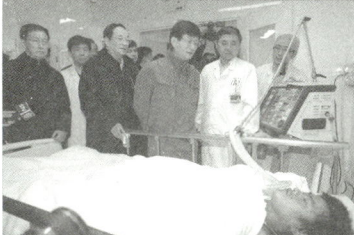

俞正声韩正第一时间赶往火灾现场紧急部署抢险救援并看望伤员

全力抢救伤员安置居民
尽快准确查明火灾原因

市委市政府昨晚紧急会议要求安全生产举一反三 刘云耕冯国勤殷一璀参加

胶州路高层民宅大火已致 42 人丧生

25 个消防中队百余消防车扑救紧急疏散救助百余人，昨晚 18 时 30 分大火基本扑灭，受影响居民安置到附近宾馆

国产大客机亮相珠海航展

中国须眉泳池创历史
上海小丫体操夺金牌

（图 27-1）

回到编辑部，坐上编辑台，汇总陆续上传的各路信息——

第一现场报道：记者记录了火灾现场救助疏散居民、消防员奋力灭火、空中救援失败、临时交通管制、志愿者维护秩序等诸多细节。

第二现场报道：记者记录了火场附近多家医院紧急救治伤员的情况，透露了伤员的数量和伤情，还包括伤重不治的人数。

第三现场报道：记者记录了附近各个临时安置点为灾民排忧解难的情况，透露了还有一些楼内居民仍处于失联状态，警方多方寻找，家属焦急万分。

深夜，传来市委、市政府召开紧急会议的统发稿，只有三百来字。

接着，查看摄影记者和通讯员从各个现场发来的新闻照片——

火场画面：熊熊大火在高层燃烧，多支消防水枪只能喷射到中下层，鞭长莫及；逃生者从窗户爬出，站在高高的脚手架上挥手呼救，令人揪心；直升机无法接近浓烟滚滚的大楼，只能在上空盘旋，万般无奈……

施救画面：众多消防员从楼里救出一个个居民，有的重伤员躺在担架上，惨不忍睹；有的被众人抬着、背着、抱着、搀扶着离开现场，温馨感人；有的家属在楼外对着燃烧的大楼呼天抢地哭喊着，撕心裂肺……

医院画面：医护人员推着担架车火速奔向抢救室，争分夺秒；几位医护人员护理一位伤员，关怀备至；偌大的急诊室内挤满了人，但井井有条……

面对重大灾难，记者贵在第一时间到现场获得第一手信息，那么编辑呢？版面编辑呢？头版编辑呢？

凭借多年的工作经验，我意识到，此时此刻掌握海量的信息固然重要，但吃准官方的口径尤为重要。官方口径体现在只有315个字的统发稿中——

本报讯（记者　简工博）昨天14时15分许，静安区胶州路上一幢高层民宅发生严重火灾。截至当晚22时，已有42人在这起火灾中丧生。有关部门连夜加紧调查人员伤亡情况和火灾原因。

火灾现场位于胶州路728号的一幢28层楼民宅。火灾发生后，上海公安、消防、卫生、应急办等部门闻警而动，立即赶赴现场处置，火速展开灭火救援战斗。消防部门接警后立即出动25个消防中队、百余辆消防车投入扑火战斗，并紧急疏散救助附近居民百余人。

这场大火于 18 时 30 分基本被扑灭。消防人员及时进入火灾现场，逐层收拾残火，仔细搜救各楼层内的居民。伤员被及时送往华山、华东、静中心、纺一医院等多家医院抢救。目前，静安区委、区政府已及时将受这起严重火灾影响的居民疏散安置到附近宾馆，落实食宿等问题。

这条消息虽然署名本报记者，却由有关部门向全市各新闻机构统发。换句话说，只有《解放日报》在这条消息前署记者名，其他报纸全都刊登一模一样的消息，但没有署名。

在这条 315 字的统发稿中，信息是密集的，体现了突发事件报道"快报事实"的原则，然而文中也提到，火灾原因还在加紧调查中，这体现了突发事件报道"慎报原因"的原则。

在谋划设计头版时，我首先考虑的是应该如何处理好以下这些关系：

第一，"快报事实"主要是哪些事实？报道主体是火灾还是救灾？没有火灾就谈不上救灾，火灾严重遂导致救灾艰难，这是常识。但是，火灾通常属于负面报道，而救灾则属于正面报道。在以往的灾难报道中常见的是，灾情报道寥寥数语且语焉不详，救灾报道则是冠之以"一曲……的凯歌"，洋洋洒洒，英雄事迹更是有血有肉、有油有酱。如今是互联网时代，如何才能适应时代的特点，实事求是地报道灾情？我们在最初的设计方案中，将 315 字的简短火灾消息安排在头版显著地位，作为报道主体，而篇幅较长、细节丰富的救灾报道处于次要地位。

第二，灾情标题是抽象还是具体？统发稿虽然简单到极致，但在新闻要素的五个 W 和一个 H 中，除了"何故（Why）"暂时还没有调查结论之外，"何地（Where）""何事（What）""何时（When）""何人（Who）"以及"如何（How）"都有所交代，其中包括"死亡 42 人"等关键信息。头版标题是否应该标出这些触目惊心的新闻要素？我们的回答也是肯定的，而且毫不含糊。我们拟定的主标题：

胶州路高层民宅大火已致 42 人死亡

15个字，包含了新闻稿中的各个新闻要素。

然而我们也发现，统发稿中没有提及一些重要事实，如大楼四周的脚手架。有目击者称大火就是从脚手架燃起的，而且有现场照片为证。这显然是事故原因的重要线索。在新闻稿中遗漏这一关键信息，看起来是不应该的；但刻意回避，恐怕是出于"慎报"。

第三，现场照片以哪一张为主图？选择新闻照片是头版编辑的一项重要工作。现场抬出遇难者遗体，家属哭得死去活来，这样的画面我们坚决地舍弃了；消防水枪射不到高层、救援直升机无功而返的画面，都真实地反映了摩天大楼鳞次栉比的大都市应对火灾的尴尬，我们认为，这样的照片能够引发人们思考。经过一番讨论，我们选出一张大家认为最能真实反映这场火灾的全景照片作为头版的主图：围着脚手架的大楼在燃烧，黑烟滚滚，许多支消防水枪射向大楼，但只能扑救下半截。然而，照片送审时，这张全景照片没有选中，选定的是一张集中展现大楼下半部灭火的中景照片。按照要求，头版照片要突出救护伤员。我们认真予以贯彻，选择了一张消防员救出重伤员的新闻照片，与大楼燃烧的主图以同样的尺寸并列刊登。这是有违我一贯的编排理念的。一般说来，一组报道中如有多张照片，就应该选定一张主图，就像版面有头条与二条之区别，可以体现新闻的主次、表达编辑的评价、适应读者的解读。但是那一晚我们不再恪守这样的规矩，因为按照要求，火灾大楼的照片不能再大，抢救伤员的照片不能再小。

第四，领导重视与救火报道孰重孰轻？11·15大火惊动了中央。下半夜，新华社播发国务委员孟建柱受胡锦涛总书记和温家宝总理委派，连夜飞抵上海指导救援和善后工作的消息。毫无疑问，头版推倒重来。作为机关报，中央领导来沪的文字和图片报道必须上头版头条，其他稿件依次退后，原来安排在头版的现场救援报道只能移到第二版。

头版增加了孟建柱到医院慰问伤员的照片，如此一来，关于火灾的一组报道就有三张同样尺寸的新闻照片。

这一天，上海各报对11·15特别重大火灾的报道出现一个有意思的现象：主体新闻虽然都采用了统发稿，行文措辞完全一致，但版面呈现却大相径庭。

（图 27-2）　　　　　　　　　（图 27-3）　　　　　　　　　（图 27-4）

例如《新闻晨报》，头版除了刊登统发稿，最抢眼的是主图：浓烟滚滚的大楼，脚手架清晰可见，消防水枪只能喷射中下部（图 27-2）。这些都是统发稿中没有提及的。《青年报》异曲同工，主图中的大楼已经烟消雾散，脚手架更加清晰地展露出来，画面近处还有人对着脚手架指指点点（图 27-3）。

如果再看看外地报纸在 11 月 16 日对火灾的报道，还会发现更多有意思的现象。这些报纸并不采用上海的统发稿，对火灾报道的视角和选择的事实也不尽相同，其中不少报纸围绕着火灾现场的脚手架做文章。例如《新京报》，头版主图是一张脚手架的中近景照片，通栏刊登。画面上，脚手架外面的安全尼龙网已经烧光了，只剩下凌乱的钢架和攀爬其间的求救者，而透过窗口可见屋内的大火熊熊燃烧（图 27-4）。英文《中国日报》的头版主图也是脚手架的中景，大火和浓烟在脚手架后面的窗口内肆虐。该报头版头条的副题在标出失火的大楼时用了"正在修理（under renovation）"这样一个单词，这个新闻要素在上海报纸中是没有的（图 27-5）。我们不能断言该报编辑的意图，但这客观上对事故原因具有明显的暗示意味。《扬子晚报》不像其他报纸那样打"哑谜",在头版头条主标题中直截了当标出"脚手架失火引燃整幢公寓楼",将死亡42人这个新闻要素只是放在副题里（图27-6）。《中国青年报》则更进了一步。该报头版的报道虽然不像其他报纸那样抢眼,但副题标出了事故原因:"施工方称或因焊接引发事故",来源是工程负责人。文中说,记者按照施工告示牌提供的信息拨通他的手机,他告诉记者,初步了解事故为工人焊接时引燃某种易燃物所致。记者还采访了施工现场人员,得到的也是同样的回答。

以上列举的各报都是16日一早出版的日报,消息来源不同,但截稿时间都是15日深夜。

11月16日下午出版的《新民晚报》不仅把几家日报头版的"哑谜"说破了,而且给出了官方的权威消息（图27-7）。该报头版在不显眼的位置以很显眼的方式——黑底白字——刊登一条标题:

初步查明这是一起责任事故
火灾由无证电焊工违章操作引起
4 名犯罪嫌疑人已被依法刑事拘留

这是一条由上海市政府新闻办公室发布的新闻。在24小时内查明原因、作出处理、公开见报,各地报纸五花八门借脚手架"打擦边球"暗示火灾原因、上海主流媒体三缄其口一字不露的现象戛然而止。

11·15特别重大火灾事故在国际上也是个大新闻,世界不少报纸次日在头版突出报道。《纽约时报》并不在乎用脚手架来暗示事故原因,而是以四栏的篇幅醒目刊登一幅消防水枪只能喷射大楼下半截的现场新闻照片,并在图片说明中指出,消防员难以到达28层大楼的顶端（图27-8）。显然,作为纽约的第一大报,《纽约时报》关心的是大都市摩天大楼的消防问题。

相关链接

1. "文革"期间文化广场重大火灾不见报道

上海文化广场曾经是上海的一座地标性建筑,从建成到"文革"之初,这里先后举行过六百多场重要政治集会,可见地位十分重要。

（图 27-5）

（图 27-6）

（图 27-7）

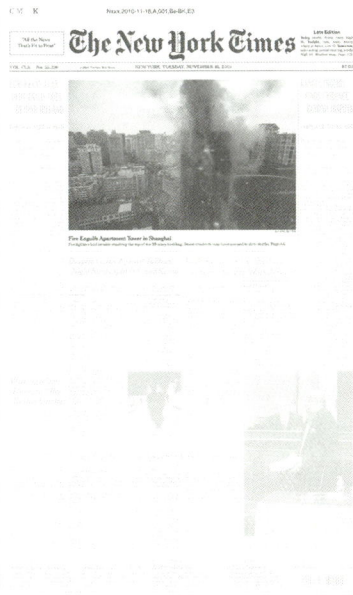

（图 27-8）

1969 年 12 月 19 日，文化广场在大修时因施工队违反操作规程引发大火，整个会场和舞台全部烧毁，十多位救火的市民牺牲，300 多人受伤。当时上海还没有几座高层建筑，所以市民在十公里以外都能看到火场的浓烟。

全市首屈一指的政治集会场所被付之一炬，如此重大事件，当时的报纸是怎么报道的呢？我特地找出火灾次日的《解放日报》，查阅一至四版，不见报道；再一连翻了一个月的报纸，也不见报道。

这并不奇怪——在那个年代，报纸是不报道突发事件和社会新闻的。

粉碎"四人帮"以后，1979 年 8 月 12 日，《解放日报》头版右下角刊登一则新闻——"一辆二十六路无轨电车翻车"，这又使不少人大吃一惊。惊的不是电车翻车，而是党报竟然可以登翻车新闻！

相隔十年，1969 年和 1979 年，同一家报纸的两个头版，千差万别。

2．大兴安岭火灾报道

八十年代，我国报纸进入快速发展时期，灾难新闻不再是禁区，党报的面孔发生很大变化。

1987 年 5 月，大兴安岭发生共和国成立以来最大的一起森林火灾。5 月 6 日有几个火场同时起火，持续二十多天，火场总面积达 1.7 万平方公里，两百多人在大火中丧生。党中央国务院专门成立扑火前线指挥部，调动数万名解放军和武警官兵投入战斗，全国各地人民募捐支援。6 月 2 日大火全部扑灭。

这不仅是一场惊天动地的灭火大战，也是一场别开生面的媒体大战。

《人民日报》于 5 月 9 日在头版右下角以三栏标题报道了"大兴安岭发生严重火灾"的消息（图 27-9）。此后，从 5 月 12 日起到 5 月 30 日，每天在头版刊登大兴安岭火灾的报道，没有一天间断。如此连续报道灾难新闻，

（图 27-9）

在党报历史上也是罕见的，是一个巨大的突破。

如果对《人民日报》头版这 20 天关于大兴安岭火灾的报道进行具体分析，可以发现以下几个特点。

一是天天有灾情报道，而且以报忧为多。常见的标题是"大兴安岭林火仍在蔓延""西线火势乘狂风迅猛扩展"等等；即使是报喜的新闻，也同时报忧："大兴安岭林火东部火势有所控制，西部火势凶猛朝内蒙古方向扩展"。

二是救灾英雄事迹报道始终从属于灾情报道，没有"丧事当成喜事办"。大量解放军官兵投入灭火，《人民日报》在 5 月 15 日刊登了消息，并配发一张照片。标题三栏，照片也是三栏，位于头版中下部，适可而止。直到灭火任务完成，国务院慰问扑火救灾勇士时，稿件才上了一次头版头条。

三是谨慎报道伤亡情况。在灾难报道中，伤亡人数总是敏感的。《人民日报》在森林火灾初期用副题标出漠河死伤二百多人的消息，此后没有出现过类似的标题。在 6 月 7 日头版头条刊登《国务院关于大兴安岭特大森林火灾事故的处理决定》时，也没有将文中"死亡 193 人、受伤 226 人"的内容搬上标题。

四是谨慎报道失火原因。5 月 28 日，灭火战斗接近尾声时，《人民日报》头版中部以二栏的标题刊登事故原因："违章作业吸烟闯大祸"。6 月 7 日配合刊登国务院全会决定撤销杨钟林业部长职务的报道，《人民日报》在头版发表评论员文章《坚决持久地同官僚主义作斗争》。

略显遗憾的是，《人民日报》的评论员文章虽然提出要同官僚主义作斗争，但该报并没有刊登同官僚主义作斗争的深入报道；再者，在整个火灾报道过程中，很少在头版刊登现场照片，这反映了当时的党报对新闻摄影还没有足够的重视。

弥补这些遗憾的是《中国青年报》。该报四位记者在火场深入采访了三十多天，完成了《红色的警告》《黑色的咏叹》《绿色的悲哀》三篇调查报道。这组报道不是简单地报道灾情，更没有为灭火胜利歌功颂德，而是以大量事实揭露事故背后的体制机制问题和官僚主义，毫不含糊地批评当地政府与管理部门的主要领导。第一篇火药味十足的《红色的警告》于 6 月 24 日在头版头条发表，显示了中国青年报领导的魄力，也反映了八十年代我国新闻界在否定"文革"拨乱反正之后的新气象。随后两篇分别于 6 月 27 日和 7 月 4 日在内页以整版的篇幅刊登。与报道一同发表的还有一些现场新闻照片，通过画面披露了当地引发火灾的隐患和弄虚作假的实情。

3．外滩踩踏事件的报道

2014 年 12 月 31 日夜，在迎接即将到来的 2015 年的时刻，上海外滩陈毅广场发生拥挤踩踏事件，当晚就有 35 人死亡 42 人受伤。

事件发生在 31 日晚上 23 点 35 分。按常规，离《解放日报》元旦报纸的交版付印只剩下三小时。

元旦的头版应该是欢乐的，而党报元旦的头版除了欢乐，还有庄重。按惯例，总书记、国家主席的新年贺词总是醒目地刊登在头条位置；全国政协举行新年茶话会，中央政治局常委全部出席，这一重要的时政新闻也要突出处理。按惯例，头版还要刊登上海市长的元旦献词、人民日报的元旦社论等。按惯例，头版这些稿件的主标题都是套红的，这不仅是一种情感表达，也是一种政治表达。

在这样一个欢乐而又庄重的头版上，要插入一条极度悲惨沉痛的负面消息，对于编辑来说是一种考验。

为了做到"快报事实"，有关部门在天亮前拟定了 132 字的统发稿，口径为"群众拥挤踩踏事故"，给出"35 人死亡，42 人受伤"的具体数字。此稿由新华社播发，这一天上海的《解放日报》（图 27-10）《文汇报》都推迟出版，将这条消息刊登在头版底部。中央和各地的日报元旦都没有抢发这条消息。

为了做到在头版"快报事实"，《解放日报》《文汇报》都把上海市长的元旦献词移到内页，为这条突发消息腾出头版的位置。

为了做到在头版更合适地"快报事实"，两报都把原本应该套红的大标题还原成黑色，大大减少了节日气氛。版面语言在暗示：对上海来说这是一个不幸的日子。

1 月 2 日，"快报事实"又有新进展：《解放日报》等上海报纸在头版底部刊登官方公布的、第一批初步核实的 32 位遇难者名单（图 27-11）。用这样的方式快速公布遇难者名单，是政府信息公开的具体体现，是以人为本尊重生命理念的具体体现，是政府责任和担当的具体体现，是突发事件应急机制和

（图 27-10）

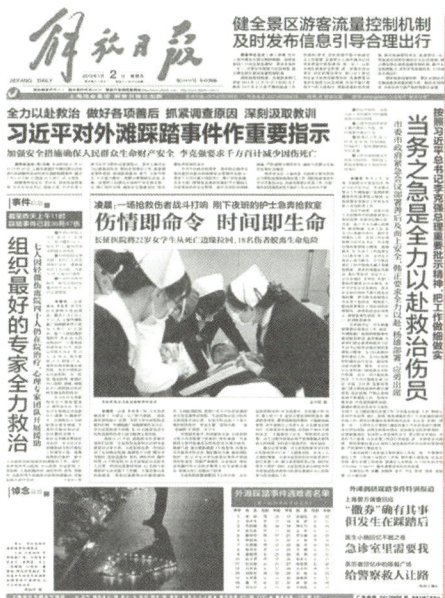

（图 27-11）

新闻报道观念进一步成熟的具体体现。

"慎报原因"在这个案例中表现得十分微妙。如果读者当时细心对比 1 月 1 日和 1 月 2 日的报纸就会发现，1 日的报纸大标题的表述为"踩踏事故"，2 日的表述变成"踩踏事件"。头版的大标题可不是编辑随意拟定的。这一措辞的改变体现了对外滩踩踏调查定性的初步结论：它不是生产经营活动，也不是有组织的大规模群众活动，所以没有把它列为安全生产事故，而是列为公共安全责任事件。但这一定性没有明确宣布，只是悄然地通过"事故"改"事件"漏出一点风。

经过对事件谨慎细致的调查，结果于 21 天以后公布，于 1 月 22 日在各报头版显著刊登。《新民晚报》头版的主标题是："11 名干部受到党纪政纪处分"，英文《上海日报》的大标题更明确："区主要领导因外滩悲剧被撤职"，相比之下，《解放日报》平稳多了——头版刊登，但不张扬。该报一改往日以新闻标题为主的做法，头版主打报道采用公报式大标题："12·31 事件调查报告问责处理决定公布"，只是在底部以很小的字号标出受到党纪政纪处分的 11 名干部的名单。可见党报是何等的严肃慎重。

4. 我国报纸对伦敦高层住宅火灾的报道

2017 年 6 月 14 日凌晨，英国伦敦一幢名为"格伦费尔"的 24 层居民楼起火，至少 70 人丧生。中国报纸都快速予以充分报道。

第二天，《文汇报》在国际版刊登新华社消息，标题是"伦敦高层公寓失火致多人死伤"，这是货真价实的"快报事实"；第三天，继续在国际版刊登新华社报道，标题是"多重消防安全隐患终酿惨剧"，文中引用居民的话说，大楼的消防安全规程过于松懈，楼内消防设备陈旧，整座大楼只有一个紧急出口且并不畅通。此外，有人质疑不久前翻新工程中大楼外墙铺设的保温隔音材料有可能助长火势迅速蔓延。这些内容都是英国记者现场采访获得的，且被当地媒体广泛引用，我国报纸不过是再度引用。虽然没有正式的调查结果，没有政府的定论，但不妨碍媒体采访、调查并报道。也就是说，"慎报原因"不排除媒体的调查。

《解放日报》对这场大火原因的报道来得更快。6 月 15 日，大火第二天，国际版头条就标出既快报事实又触及原因的大标题："伦敦公寓火灾是天灾还是人祸"。文中援引英国《卫报》的报道说，一份评估报告显示，伦敦西区的消防设备在长达 4 年的时间里没有被检查过，该公寓居民早在 2012 年就提出过大楼存在火灾隐患，大楼地下室的锅炉房、电梯机房和一楼电气室的灭火器已超过 12 个月的测试期，等等。16 日，《解放日报》国际版继续穷追猛打："伦敦大火烧出三宗罪"，援引英国和美国媒体对政府和房屋管理方的拷问，进一步推测大火原因。

《人民日报》也加入了这个快推原因的报道行列。该报 6 月 16 日国际版以"高空惨剧敲响英国防火警钟"为题，援引《泰晤士报》的报道称，疑似四楼住户的冰箱爆炸引起了火灾，并综合其他媒体的推测，认为大楼装修时使用的建筑材料是助燃的；文中还分析众多居民丧生的原因，指出大楼没有消防喷水系统、通道被杂物堵塞等问题。

从上述报道中可以看到，英美媒体都没有提到英国官方对火灾原因的说法，但这不影响记者主动采访目击者和当事人，不影响记者查阅各种报告和档案资料，不影响媒体在此基础上进行客观报道。

后来，由专家组调查后撰写的长达 210 页的报告认定，大火是由四楼住户的冰箱爆炸引起的，而大楼装修时使用的建筑材料是可燃材料，致使大火迅速蔓延。这些都证实媒体在第一时间调查采访中就获得的信息是准确的。可见，专业的新闻采访和报道是灾难原因调查的重要组成部分，不可或缺。

我国三家重量级报纸援引了这些媒体的专业调查报道，同样具有专业素质。

5. 英国报纸对伦敦高层住宅火灾的报道

我国报纸对伦敦格伦费尔大楼火灾的报道中，有许多内容引自英国《泰晤士报》和《卫报》。下面我们看看这两家报纸的头版是怎么报道的。

《泰晤士报》在火灾次日（6 月 15 日）头版上刊登了由该报首席记者戴维·布朗领衔的五位记者发自现场的报道（图 27-12）。关于火灾的原因，记者们并没有等待官方或权威部门给出说法，而是直接援引目击者的话：大火源于四楼一户人家厨房里的冰箱爆炸。另外，报道还透露，调查人员在现场集中调查大楼不久前整修时新铺设的外墙保温隔音材料。虽然调查还没有定论，但记者在报道中指出，那种易燃材料显然是大火迅速吞噬整座大楼的"助推器"，因为伦敦消防局此前在另一场火灾后曾经就这种建筑材料的使用向市政当局提出过警告。

（图 27-12）

与记者的大胆追踪相比，头版编辑显得相对谨慎。关于冰箱爆炸引发火灾、关于外墙材料助推火势这样的"猛料"，都只是隐藏在稿件里，标题中没有提及，看来是为了留有余地。头版编辑着力凸显的是明摆着的事实：大楼被大火吞噬的大幅照片占据了版面的三分之二，通栏大标题"15分钟的灾难"，连接三个提要题作为补充："估计有数十人在塔楼大火中丧生"，"一些孩子被从窗户扔出以求逃生"，"居民事先曾经警告大楼有火灾隐患"。

而在内页，编辑的尺度就不同了：不仅在巨幅图示中标出四楼冰箱爆炸的位置，还配发了问题冰箱引发火灾的相关统计资料：每年平均300起，自2010年以来已造成7人死亡70多人受伤。这无疑使"冰箱爆炸引发火灾"的说法坐实了。

6月16日《泰晤士报》头版的大标题有点奇怪："美国禁用高楼外墙材料"（图27-13）。说它奇怪，因为第一，美国并非昨天才开始禁用易燃外墙材料，所以这不是新闻；第二，这与英国何干？但读者只要关心格伦费尔大楼火灾，就一定会揣摩这个怪异标题蕴含的玄机。

报道说，格伦费尔大楼整修承包商采用的廉价外墙材料来自美国公司。出于消防安全考虑，这种材料在美国是禁止用于40英尺（12.2米）以上高楼的，而在伦敦，竟然被用在24层高的格伦费尔大楼。更有甚者，这种材料在德国被定义为"易燃"材料，在英国却是符合标准的。弦外之音是，英国政府也有责任。

在这个奇怪的大标题下面，烧黑了的格伦费尔大楼的大幅照片赫然竖立在版面中央，显然，这一组图文报道不仅揭露了大楼整修承包商的恶行，而且在向英国政府管理部门叫板。

这一天《泰晤士报》内页的"大楼火灾"

（图 27-13）

（图 27-14）

专版上，还刊登了楼内所有罹难和失踪者的照片和他们的故事，一时找不到照片的也列出了姓名、年龄和国籍等。

《卫报》6月15日的头版头条在尚未取得正式结论的情况下聚焦格伦费尔大楼火灾原因，客观却又尖锐地报道了一场围绕火灾隐患的"踢皮球大赛"（图27-14）。

这篇报道是该报三名记者采写的。他们分别引述了"踢皮球大赛"各方的说法。

格伦费尔大楼幸存居民对记者说，在大火之前，他们就多次向物业管理的部门反映大楼存在种种火灾隐患，却都没有引起重视；大楼九成以上的居民就此签名上书区议会，要求对物业管理部门的不作为进行调查，但没有结果。

记者给了议员解释的机会。负责这一区域的议员说，她曾经19次向物业管理委员会反映居民们的各种投诉抱怨，但每次得到的回复都是"防火安全措施是到位的"。

记者又摘录了物业管理委员会的声明作为回应：我们承认居民们曾多次对我们的工作表示关切，我们也一直是严肃认真地予以回应。这一切都会在调查中得到证实。现在就此推测火灾原因还为时过早。

一位从事过多个大楼外墙整修工程的建筑师告诉记者，这种外墙材料如果安装施工没有问题的话，是不会造成那么严重的火灾的。

不久前整修格伦费尔大楼的承包商则向记者撇清关系：我们的工程符合所有的质量控制、防火和健康标准。

格伦费尔大楼外墙保温隔音材料的生产商对记者说，在调查取得明确结论之前，拒绝就此发表评论。

《卫报》记者不厌其详地记录这场"踢皮球大赛"，目的很明确：让各个攸关方都有权利说话，都有机会发表各自的意见，真实与否，真诚与否，让读者自己去鉴别；大火与他们各方有何关系，也让读者自己去判断。

《卫报》编辑把这样"公说公有理婆说婆有理"的客观报道放在头版头条，似乎是不偏不倚，但赫然醒目的通栏大标题却鲜明地反映了报纸的立场："预警竟被置之不理"。这一事实是谁也否认不了的。

2011

28. 多信源分析日本核事故：
挑战风险

2011 年 3 月 11 日，日本东北部海域发生强烈地震引发海啸，死亡人数上万；随后，地震海啸引发次生灾害：福岛核电站发生放射物泄漏和氢气爆炸。

核事故不仅会对环境、对生命造成很大危害，也会在社会上引起很大恐慌，所以在全世界都是"敏感话题"。

那时我国首都北京正在举行"两会"，按惯例，易于引发舆情影响社会稳定的突发事件一般不予报道，因为那是"敏感时期"。

3 月 13 日，《解放日报》头版在"敏感时期"围绕"敏感话题"刊登了一条"敏感新闻"，以这样肯定的语气打出大标题："日核电危机不会影响我沿海"，在全国党报中独树一帜（图 28-1）。

日本地震海啸引发核事故，不仅仅关乎日本，也牵动周边国家和地区人民的心——核泄漏的影响范围有多大？会不会危及自己？

在这样的"敏感时期"，我们应该如何处理这条举世震惊的"敏感新闻"，如何回应人们关注的"敏感话题"呢？

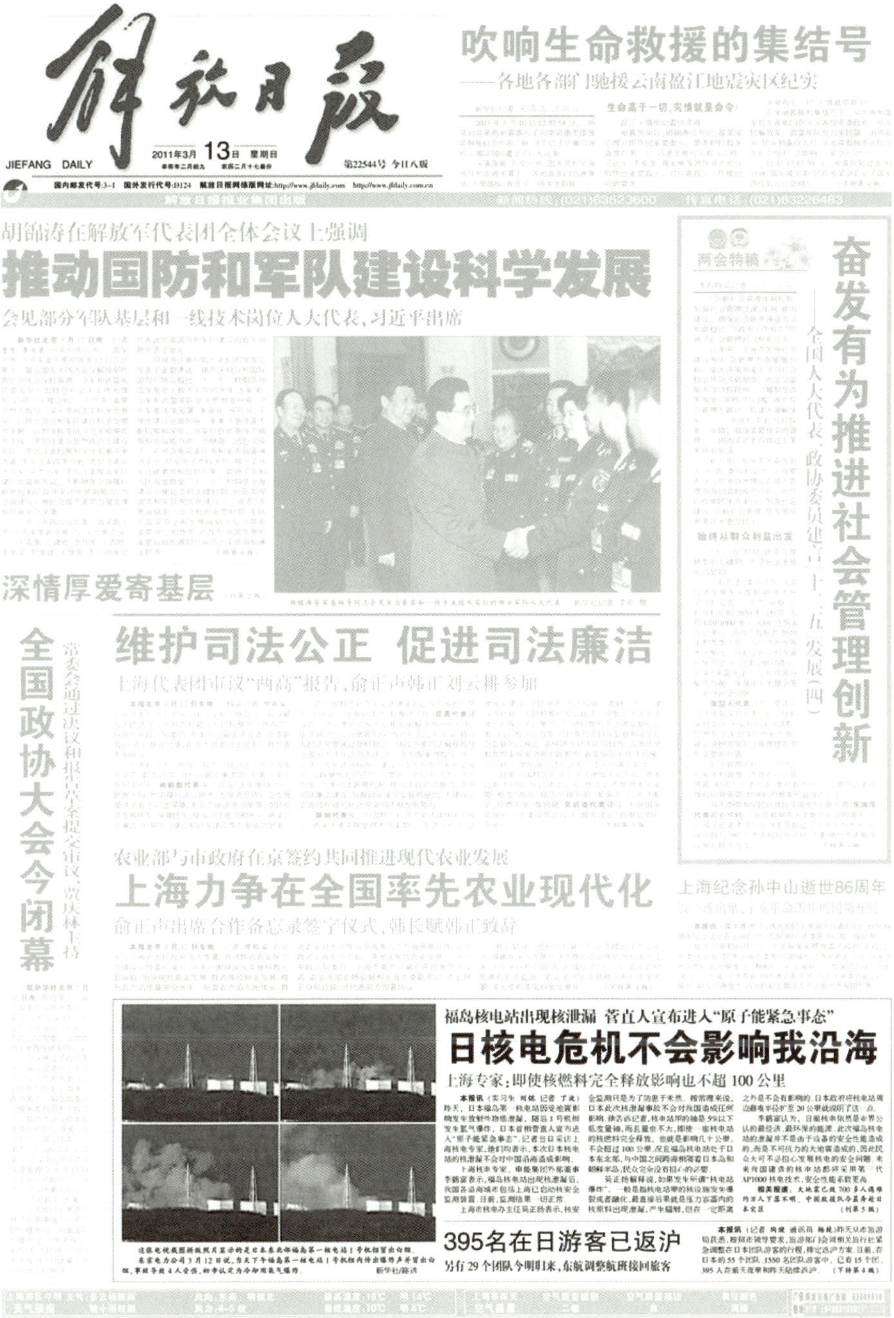

解放日报
JIEFANG DAILY
2011年3月13日 星期日

吹响生命救援的集结号
——各地各部门驰援云南盈江地震灾区纪实

胡锦涛在解放军代表团全体会议上强调
推动国防和军队建设科学发展
会见部分军队基层和一线技术岗位人大代表，习近平出席

深情厚爱寄基层

奋发有为推进社会管理创新
——全国人大代表、政协委员建言"十二五"发展（四）

维护司法公正 促进司法廉洁
上海代表团审议"两高"报告，俞正声韩正刘云耕参加

全国政协大会今闭幕
常委会通过决议和报告草案提交审议，贾庆林主持

农业部与市政府在京签约共同推进现代农业发展
上海力争在全国率先农业现代化
俞正声出席合作备忘录签字仪式，韩长赋韩正致辞

上海纪念孙中山逝世86周年

福岛核电站出现核泄漏 菅直人宣布进入"原子能紧急事态"
日核电危机不会影响我沿海
上海专家：即使核燃料完全释放影响也不超 100 公里

395名在日游客已返沪
另有 29 个团队今明归来，东航调整航班接回旅客

（图 28-1）

"指挥员的正确部署来源于正确的决心，正确的决心来源于正确的判断，正确的判断来源于周到的和必要的侦察，和对于各种侦察材料的连贯起来的思索。"毛泽东同志早年论述战争战略的这段话，完全适用于指导我们办报，只要把"侦察"两个字换成"采访"就可以了。

为了形成正确的判断，形成正确的决心，形成正确的部署，我们不是坐等统发稿，而是在第一时间作出快速反应，派出各路记者分头采访。

在日本地震海啸发生的当天，我们知悉福岛核电站受到影响，就立即电话连线重灾区福岛民报副社长渡边英范先生了解情况。福岛民报社与解放日报社有着多年的友好往来，渡边先生多次来访，我也曾率解放日报代表团访问过福岛民报，双方结下深厚友谊。渡边在电话里向我们的记者口述了福岛第一核电站 1 号反应堆因断电导致冷却设备无法运转的紧急情况。我们知道，核反应堆如不能及时冷却就有爆炸的危险，会导致核泄漏，后果不堪设想。于是我们在国际版单发报道"核电站出'异常事态'，福岛县发布避难劝告"。在 3•11 地震海啸灾情报道的首日就将视点落在核电站事故，在我国各报中是罕见的。

3 月 12 日尽管是周末，但相关部门的记者还是按照我们的部署，四面出击。

国际部编辑王少喆和外事科日语翻译江兴华继续通过电话采访福岛民报副社长渡边。渡边介绍了核电站内氢气发生爆炸的情况，并告诉我们，日本政府已经将福岛第一核电站和第二核电站周围 6 万余民众疏散避难，疏散的范围为方圆 20 公里。众所周知，福岛与上海直线距离将近 2,000 公里。

除了国际部，负责国内和本地新闻报道的各相关采访部门也派出专业记者，就日本福岛核事故对周边有何影响的问题采访各路专家。

驻京记者洪俊杰采访了北京的核安全专家林诚格。专家认为，福岛核电站内的爆炸是由氢气引起的。核燃料本身是不会发生"核爆炸"的，因为铀的浓度相差很大。核弹中的铀 235 浓度在 90% 以上，而核燃料反应堆中铀 235 的浓度不过 3% 左右。反应堆即使失控，也不会像原子弹那样爆炸。

科教部记者章迪思采访了核物理专家乔登江院士。院士说，福岛第一核电站 1 号机组安置反应堆的容器本身并未在爆炸中损坏。只要放置核燃料的金属外壳保持完好，情况就不会太严重。只有像前苏联切尔诺贝利核电站那样，金属外壳发生爆裂，辐射剂量才会大幅提高。

经济部记者丁波和实习生刘锟采访了上海的核电专家李鹤富和核电办负责人吴正扬，他们对福岛核事故进行专业的分析：核电站用的铀是5%以下低度量铀，而且量也不大，即使一座核电站的核燃料完全释放，也就是影响几十公里，不会超过100公里。福岛核电站处于日本东北部，与中国之间跨海相隔着日本岛和朝鲜半岛，因此可以给出结论：日本这次核泄漏事故不会对我国造成任何影响。

综合梳理各路记者发回的报道，我们作出了一个大胆的决定：在头版醒目地刊登1号机组冒出白烟的四张截屏照片，对福岛第一核电站氢气爆炸进行客观报道；同时在旁边刊登本报记者采访专家的稿件，标题十分鲜明地表达主观判断：

日核电危机不会影响我沿海

我们知道，这样做是有风险的。但我们之所以敢于出手，是基于各路记者采访不同的消息来源，多位专家从不同角度进行专业分析，最后得出相同的结论。

我们认为，在有多重来源相互印证、有充分证据相互支持的前提下，这样处理比单纯客观报道福岛第一核电站发生氢气爆炸要好，因为普通读者对邻国发生核事故难免会产生忧虑，而一般来说，他们对核电站氢气爆炸又不具备专业知识，很难分清"核电站发生氢气爆炸"和"核爆炸"的区别，容易引起恐慌。

然而事后经过冷静分析我们发现，那一天的标题这样直接地表达主观判断还是有值得改进之处的。首先，这类结论由权威机构发布更为稳妥；其次，在权威部门没有发布的情况下，综合多位专家的个人看法未尝不可，但如果在标题上注明出处则更为稳妥，否则易使读者将专家个人作出的结论误以为是报社甚至是官方作出的结论。由此看来，我们当时考虑得还是不够周全，有些顾此失彼，在风险之上又增加了一层风险。

此后两天，这一风险一直悬在我们头顶：一方面，福岛第一核电站2号、

3号机组相继发生核泄漏，危机加剧；另一方面，首都报纸头版集中报道"两会"，日本核事故的报道均在内页。我们经过仔细观察研判，决定继续保持每天在头版以一定的篇幅对日本核危机进行连续报道的势头，即使是在报道全国人大会议闭幕的头版上，我们也打破常规，给来自日本的新闻留出一席之地，以回应读者的关切，也表明我们对这个问题的高度重视。可以说，这分明是在挑战风险。

3月15日晚，新华社从北京发出一条电讯：

根据我国国家核事故应急协调委员会专家组分析，日本福岛第一核电站泄漏的放射性物质经大气和海洋稀释后，不会对我国公众健康造成影响。

这与我们三天前报道的专家观点及其论据完全一致。3月16日，我国许多报纸在头版刊登了新华社的这一报道，《人民日报》当天则在内页第四版"深阅读"栏目转载《中国气象报》的专家文章《日本核泄漏近期不会影响我国》。同一天，上海各报在头版刊登上海市政府新闻发言人发布的消息：综合连续不断的环境监测和大气分析，日本核污染近期对上海不会造成影响。

权威部门和政府机构之所以同时发声，口径统一，与某境外媒体在其官方网站发布所谓"日本核辐射安全提醒短信"不无关系，事实上是对这一短信进行辟谣。《解放日报》三天之前就发表了这样的报道。虽说当时冒着一定的风险，但事后看来，这个风险冒得值！

树欲静而风不止。此后两天又出现传言说，海盐受到了污染，又有传言说，服用碘盐能够预防核辐射，致使全国出现抢购食盐的风潮。从3月18日起，全国各大媒体根据统一部署，一面强势推出"食盐储备充足供应正常"的报道，一面宣传"吃碘盐不能防辐射"的科普知识。这再一次说明我们抢先报道"日本核事故不会影响我国沿海"是正确的，挑战风险是值得的。

3月19日，《人民日报》终于在头版右下角刊登新华社3月18日播发自北京的消息，标题是"日本核泄漏目前不会对我国环境和公众健康造成影响"。尽管比《解放日报》头版发表此类报道迟了六天，但显然稳妥得多：一则，其结论的来源是国家核事故应急协调委员会的权威发布；二则，标题中有"目前"两个字，并没有把话说死。

人们说，今天的新闻就是明天的历史。但我觉得，今天我们刊登的新闻到明天能否载入史册，是要经过历史的检验的。

一个月过去了；一个季度过去了；一年过去了……

现在，十年过去了，我们在 2011 年 3 月 13 日头版刊登的那篇报道、那个标题，依然在经受历史的检验。

相关链接

1.《福岛民报》对灾情的报道

福岛不仅是地震海啸的重灾区，而且是核事故的发生地。《福岛民报》是福岛县最大的地方性报纸，发行量达 25 万份。浏览该报在灾情发生后一个月的头版，不仅可以大致了解重灾区的基本情况，也能从以下几个方面感受到这家报纸的编辑理念。

首先，在第一时间吹哨报警。3 月 12 日，灾后第一天，在集中报道地震海啸灾情的同时，《福岛民报》在头版中下位置刊登了一条关于核电站预警的短消息，这条消息的标题虽然不大，但以黑底白字显示，十分抢眼："福岛第一核电站1 号机原子炉压力达到设计值的 1.5 倍"（图28-2）。消息说，由于反应堆无法从外部获得电力供应，应急柴油发电机没有启动，导致紧急冷却装置等无法运转，出现《原子能灾害对策特别措施法》中规定的"异常事态"。这是日本国内核电站首次出现这种异常情况。政府于 11 日晚上依照《原子能灾害对策特别措施法》发布了第一份《原子能紧急事态宣言》，对半径三公里

（图 28-2）

以内的居民发出避难指令。在当地人们还在对遭受地震海啸的巨大破坏而震惊悲伤的时候，这一消息无异于伤口撒盐、雪上加霜，对人们的打击甚至会超过前者。虽然核危机在当时还没有外在表现，但《福岛民报》没有为了稳定灾民情绪而刻意隐瞒，更没有为了安抚人心而粉饰太平。

第二，连续八天头版头条报道核危机。除了第一天以地震海啸作为头版头条，从 3 月 13 日到 20 日，该报每天都把头版最重要的位置和最多的篇幅用于核事故报道。例如 13 日，"福岛第一核电站发生爆炸"的通栏标题横在头版顶部，"放射性物质扩散"的黑底白字竖标题立在头条位置，透露了"燃料棒熔毁"的信息（图 28-3）。核危机的内容占据了头版的三分之二，在内页则用了十个版面刊登相关的报道，一个版面刊登相关的评论。可见核危机是这一天《福岛民报》的报道重点。

在这八天中，有七天的头版主图是采用核事故现场新闻照片。这些照片或是卫星从空中俯拍的四个机组受损全貌，或是远眺机组发生氢气爆炸时冒起白烟，或是近距离显示自卫队消防车在机组前喷水扑救……使读者的视线持续地聚焦于核反应堆。此外，头版还连续采用图示和图解，形象地呈现四个机组每天的状况，并用地图显示当地居民撤离避难和室内避难的半径范围变化。这些做法都是为了尽可能直观清晰地向读者传递警示。

第三，每天在头版更新死亡和失联人数。地震海啸造成大量人员伤亡，尤为牵动人心的是还有许多人一时失联。为此，《福岛民报》每天在头版报道本县及全国的死亡人数和失联人数最新数据，精确到个位数，持续了整整一个月；有一天根据警署的信息在内页刊登了福岛县三千多名失联者名单，当天就有 130 人的下落得到确定。在互联网时代，这些信息在网上可以随时更新，人们在社交媒体上能够实时互动，相比之下，以 24 小时为出版周期的日报显然不占优势，但是《福岛民报》还是不依不饶地在头版坚持这样做，清晰地反映了报社的编辑理念：一是表明对读者的责任，为读者提供查询服务；二是表明对历史的责任，为历史留下档案记录；三是表明报纸自身的责任——采集、记录、公开重要的信息，不隐瞒那些负面的信息。

第四，客观低调报道抗灾救灾。灾害发生后的头几天，《福岛民报》头

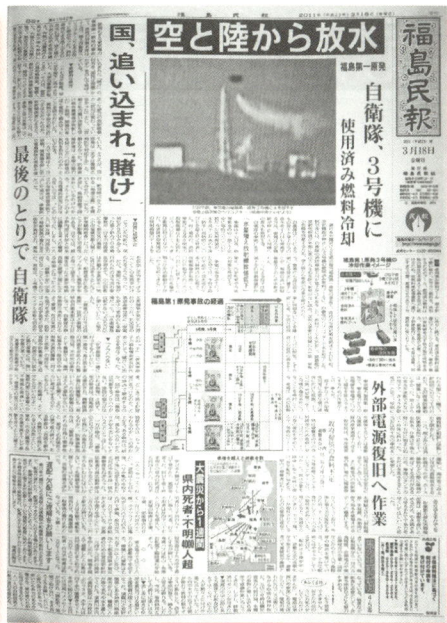

（图 28-3）　　　　　　　　　　　　　（图 28-4）

版集中报道灾情和民众避难，直到一周后，也就是 3 月 18 日，才把救灾的新闻搬上头条：陆上自卫队出动直升机为 3 号机组洒水冷却，并配发了电视截屏照片（图 28-4）。

　　当时有消息说，为了紧急抢修核电机组，东京电力公司组织了一批工作人员冒着生命危险进入厂房作业。这些工作人员被称作"50 死士"，受到国际媒体的广泛关注。然而，在《福岛民报》灾后一个月的头版上，并没有关于"50 死士"的报道，只有一条关于抢修的新闻，标题很平实："三人被烧伤，3 号机组修复作业中断"，文字稿只是报道作业情况，没有豪言壮语，没有歌颂英雄，更没有表示感恩，报道中甚至连伤员的姓名也没有提到。

　　第五，批评日本政府和东京电力公司。浏览《福岛民报》一个月的头版，关于日本政府救灾举措的报道并不多，其中却是负面报道居多。例如在 3 月 19 日题为"知事怒不可遏，松本防灾相一脸尴尬"的报道中，指责日本政府对福岛灾民关心不够；在 3 月 28 日题为"震灾当日就预测炉芯熔毁"的报道

（图 28-5）

（图 28-6）

中披露，日本政府在地震当日就收到炉芯会在三小时内熔毁的预警，却没有及时启动应急措施，导致事态更为严重。

对于福岛核电站的母公司东京电力公司，《福岛民报》也不给面子，一再就其向福岛人民检讨谢罪的问题揪住不放。3月23日头版刊登了一张东电副社长在体育馆向避难的市民谢罪的新闻照片，画面上副社长和随从鞠躬致歉，一位市民侧目而视，另一位市民则背转身来，愤怒之情溢于言表（图 28-5）。

第六，反映天皇夫妇亲民形象。与对待政府和东电的态度截然不同，在一个月里，《福岛民报》头版两次刊登明仁天皇夫妇到东京附近的避难所慰问灾民的照片，十分细致地体现君与民的关系。例如3月31日的一则图片新闻，十分突出地刊登在头版左上角，画面上天皇夫妇都俯下身子，一脸关切地与避难市民交谈，编辑还配了一个温馨的标题："请保重身体"（图 28-6）。另一次则是在4月9日的头版上，编辑精心选择了两张天皇夫妇和避难所的孩子们在一起的新闻照片，以天皇夫妇的口吻做了标题："睡得着吗？""累了吗？"
人情味十足。

2. 美国三里岛核电站事故的报道

1979 年 3 月 28 日凌晨 4 时，美国宾夕法尼亚州的三里岛核电站发生事故，
造成放射性物质泄漏。这是美国历史上最严重的核事故。事故引发核电站周边
20 万惊恐的居民逃离家园，多地出现示威游行，政府被迫重新考虑核能计划，
卡特总统最终宣布不再建设核电站。对于这一切，《纽约时报》的头版都一一
记录在案，但记录的方式颇耐人寻味。

事故发生的第二天，3 月 29 日，《纽
约时报》在头版中部披露了核泄漏的消息
（图 28-7）。报道援引核管局官员的话说，
核物质泄漏的危险程度尚未确定，但不会
威胁附近的居民，因为核电站外面的辐射
量远远低于 X 光诊断的量。然而，编辑并
没有把这些内容在标题中标出。他们拟了
一个平实的标题："宾夕法尼亚核电站事
故造成核泄漏"。这个标题有两个特点，
一是客观叙述，对事故造成的危险不轻易
下结论，让读者自己判断；二是在视觉上
并不特别抢眼，只有二栏宽，但足以引起
读者警觉。另外，头版下部还刊登了一张
三里岛核电站的全景照片，画面上看不出
任何异常，可见编辑是谨慎小心的。

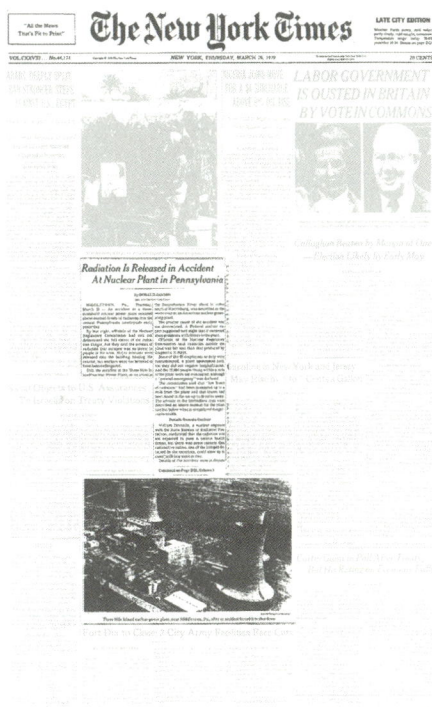

（图 28-7）

3 月 30 日，《纽约时报》在头版加大
了核事故报道的篇幅，版位提升至顶部，标题放大至三栏，依然是叙述式的："核
电站放射性物质仍在排放"。同时还配发了两张新闻照片，上面一张是宾夕法
尼亚州核辐射防护局的化学家正在对核电站地区的牛奶进行检测，下面一张是

核电站周边的居民正和孩子们一起在室外玩耍（图28-8）。编辑选用这两张照片，显然是在向读者暗示：政府正在采取措施检测辐射，居民生活没有受到影响。

3月31日《纽约时报》的头版是很值得玩味的（图28-9）。这一天，核事故的新闻上了头条，在划分成六栏的版面上占了四栏，报道力度比前两天明显加大，但还是非常克制谨慎的——按理说，对于美国历史上最大的核事故，采用通栏标题是毫不为过的。

从这一天的头条新闻稿中可以看出，对于核辐射的危害程度，核管局和卡特政府的口径不尽相同。核管局向国会报告说，反应堆芯熔毁的危险性正在提升，有必要将周边居民疏散撤离；而在电视转播的新闻发布会上，卡特总统的代表认为，距离堆芯熔毁还"非常遥远"，对公众的威胁并非迫在眉睫，所以没有必要进行大规模疏散撤离，宾夕法尼亚州州长只是希望居住在核电站周边的孕妇和幼儿撤到五英里以外的地方，大规模的疏散则尚无必要。面对这样的分歧，编辑通过对新闻事实的选择，并借助版面语言，以表达自己的判断。

首先，在头条标题上，只引述核管局一方的说法："美国官员预计宾州核反应堆有熔毁的危险，更多放射性气体正在泄漏。"标题四栏宽，分三行排列，十分醒目，说明编辑倾向于这一观点。在下面一左一右对称排列着两个"墓碑式"副题，另一方的说法被标在右面的副题中："卡特助手认为危险还很遥远"，而左面的副题却与这一说法相悖："儿童已经在疏散撤离"。

更加令人注目的是头版主图的选择。在头条标题下面是一张四栏宽的大幅新闻照片，报道小学生乘坐大巴撤离到迪尔斯堡。照片下面的地图显示，迪尔斯堡距离三里岛核电站至少有 15 英里，远远超出 5 英里和 10 英里的撤离线。编辑运用这样的手法，直接回应了"没有必要进行大规模疏散撤离"的说法，无声胜有声。

此外，稿件的选择和组合也是编辑表态的微妙手段。在关于核事故的一组报道中，有一篇题为"与核电站一箭之遥，小镇主街空无一人"的特写，导语细致描述了距离核电站只有半英里的小镇戈尔兹伯勒的景象："下午 5 点 15 分，主街上唯一还在活动的是一条棕白色相间的流浪狗。"

人们从这个头版似乎可以解读出这么几个没有用文字表达的信息：核管局恪守监督管理职责，高调示警；卡特政府希望核电站周边地区维护稳定，民众不要恐慌；当局口径不一，看似首鼠两端，实为争取主动；头版编辑全面呈现两方面意见却强调前者，实为舆论引导；老百姓自主判断用脚投票。

（图 28-10）

此后两天的头版仍然是两种声音兼顾。4 月 1 日，头条位置刊登一张照片显示，核电站周边城镇米德尔顿的市中心车水马龙恢复正常，而头版下部的另一张照片却是报道米德尔顿的老人转移到宾夕法尼亚州首府哈里斯堡的避难所（图 28-10）。4 月 2 日，头条位置的照片报道卡特总统亲临核事故现场视察，标题说"一些专家放话表示乐观"，而下面的照片中，一块写满撤离安置居民人数的黑板占据了整个画面，在"12.7 万人"这个数据下，哈里斯堡的工作人员愁眉不展（图 28-11）。

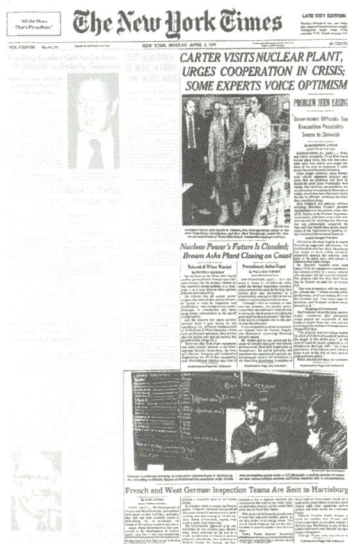

（图 28-11）

但是，核危机毕竟是在逐渐缓解，这个信号通过版面语言清晰地传递出来。在形势最严峻的 3 月 31 日采用四栏标题之后，从 4 月 1 日到 6 日，《纽约时报》虽然仍旧将三里岛核电站事故的新闻登在头版头条，但力度递减：前三天都是三栏题，接着两天是二栏题，第六天降至一栏题，版面格局恢复常态。这也意味着警报解除。

3. 前苏联切尔诺贝利核电站事故的报道

1986 年 4 月 26 日凌晨 1 时 23 分，位于前苏联乌克兰首府基辅市以北 135 公里的切尔诺贝利核电站发生爆炸事故。那次事故被定为 7 级，是核事故的最高等级，也是全世界核电时代最大的事故。事故造成的死亡人数，前苏联官方的口径是 4000 多人，而国际组织则认为有数万人。辐射尘不仅影响乌克兰、白俄罗斯和俄罗斯，还飘到许多欧洲国家。如今，切尔诺贝利核电站已经废弃，附近的小城普里皮亚季变成一座"鬼城"。

事故发生后，苏联媒体默不作声。直到毗邻的芬兰、瑞典、丹麦等国监测发现从苏联飘来的大气中放射性物质激增并要求苏联作出解释时，前苏联官方通讯社塔斯社才在 4 月 28 日播发了一个简短的报道，通过苏联中央电视台的晚间新闻口播，短短几十个字，播了 20 秒钟，向世界披露了事故一角。

尽管如此，全世界的媒体立即转发了塔斯社的报道。4 月 29 日的《纽约时报》将这条发自莫斯科的新闻置于头版右上角的头条位置（图 28-12），但由于塔斯社的报道语焉不详，情况并不十分明了，所以《纽约时报》只是采用了"墓碑式"的单栏题：

苏联宣布电站发生核事故
核动力反应堆损坏
在辐射激增并蔓延至斯堪的纳维亚之后承认出事

苏联中央电视台在 4 月 29 日晚再次播报切尔诺贝利核电站事故的新闻，宣布"有两人丧生"，但"辐射状况平稳"。4 月 30 日的《纽约时报》突然发力，在头版头条以两行通栏标题予以强势报道（图 28-13）。相比之下，此前该报

（图 28-12）　　　　　　　　　　（图 28-13）

报道自家的三里岛核电站事故时最多只用四栏标题，可见其评判新闻是有双重标准的。

　　而就苏联方面来说，事发后没有向邻国通报实情已广受指责，新闻发布的滞后、含糊更是授人以柄，遭人诟病。《纽约时报》在这一天的头版上频频揭苏联的丑：指责苏联对事故发生的具体时间守口如瓶，遮盖核泄漏已有多日；戳穿苏联 "首次发生核事故" 的说法：1957年乌拉尔地区就发生过核事故，只是苏联没有承认而已；对苏联 "有两人丧生" 的说法也是嗤之以鼻，认为在未来几周时间里伤亡人数将持续增加；还爆料说，莫斯科电台在广播中先是使用了 "灾难" 这个词，尔后又把这个词删掉了。为此，《纽约时报》把这个词用到了自己头版头条的通栏大标题里，还特地打上引号博眼球：

苏联报道核电站 "灾难"
为反应堆灭火寻求外援

（图 28-14）

《纽约时报》从 4 月 29 日到 5 月 4 日连续六天将切尔诺贝利核电站事故的报道置于头版头条，而苏联的报纸则噤若寒蝉。4 月 30 日，迫于国际舆论的压力，苏联《消息报》在头版右下角以最小的标题字号刊登了一条"苏联部长会议公告"（图 28-14），新闻要素全都隐藏在文字稿里，但没有时间要素：

切尔诺贝利核电站发生事故，一座原子反应堆遭到损坏。目前正在采取措施处理。伤者在接受帮助。政府委员会已经成立。

5 月 1 日，苏联全国庆祝劳动节，距离切尔诺贝利只有 120 公里的基辅，在核污染极为严重的情况下照样举行群众游行，《真理报》和《消息报》不仅没有一点警示、没有防范，还在头版以套红的大标题大张旗鼓地报道莫斯科的庆典；在第三版报道各地的庆祝活动，排在第一个的就是基辅。

直到 5 月 14 日，苏共中央总书记、苏联总统戈尔巴乔夫才打破 18 天的沉默，首次就切尔诺贝利核事故发表电视讲话。他说，由于采取了有效措施，已防止了事故的最严重后果，但在核电站及其直接毗邻的地区，辐射水平仍然危害人们的健康。他同时强烈谴责北约某些国家，特别是美国政府、政界人士和宣传工具就这一事件掀起一场"反苏运动"，企图"损害苏联及其对外政策的声誉"。

新华社驻莫斯科的记者于 4 月 28 日晚间向国内播发了苏联中央电视台关于切尔诺贝利事故的简短报道，由于时差，我国报纸 30 日才刊登。《人民日报》将这一重大新闻登在第七版中部，只用了二栏题，很不起眼。5 月 1 日，《解放日报》在第三版头条位置刊登了新华社的报道，标题是"苏联一核电站出了事故"。新华社驻莫斯科的记者和苏联以及全世界的记者一样，无法到新闻现场采访，也不能采访苏联的权威人物，所以新闻稿完全"拷贝"苏联中央电视台播报的内容，只说"有两人丧生"，对事故发生的时间、反应堆的破坏程度、核物质泄漏的辐射量及其对居民和环境的危害程度等最为关键的新闻要素都没有具体交代。于是，解放日报的编辑在新华社稿件后面添加了一条来自外国通讯社的报道："这次事故可能是世界有史以来最严重的一起核事故。未经证实的消息说，在这次事故中死亡人数在二千人以上。"这两个重要信息在副题中标出，无异于对戈尔巴乔夫提出的所谓"公开性"的嘲讽——当时中苏关系还没有正常化。

对于切尔诺贝利核电站的后续报道，《人民日报》和《解放日报》等中央及地方党报都刊登在内页，没有上头版，除了因为那时党报对国际新闻还没有引起足够的重视，也不排除另一个原因：当时大亚湾核电站正在筹建中，香港一些市民请愿表示反对，所以对核事故的报道低调处理。

2011

29. 美军击毙本·拉丹：
把握尺度

2011 年 5 月 1 日深夜，美国总统奥巴马在白宫发表电视讲话宣布，美军当天在巴基斯坦首都伊斯兰堡附近的阿伯塔巴德发动军事行动，击毙了"基地"组织领导人本·拉丹。这一突发新闻一时引爆了世界舆论，我国报纸的反应则是各不相同，小报自不必说，一些省级党报也极为突出地将大标题和大照片登在头版头条，而首都的报纸则很低调，有的甚至没有上头版。基于我国外交部发言人的表态，根据对世界反恐局势的分析，我们《解放日报》把这一组报道醒目地置于头版，但只是放在右下角（图 29-1）。

击毙本·拉丹的重大新闻一经发布，立即引起各国政府和民众强烈反应，网上舆论场被美国媒体的雷人标题狂轰滥炸："历史性的一天！""那个杂种被干掉了！""正义得到伸张了！""9·11 终于复仇了！""世界终于安全了！"……不一而足。

在我国，那时正值五一假期，从中央到地方几乎都没有重要的时政新闻，有关部门也没有明确的口径要求，所以报纸对这一重大突发新闻的报道称得上

解放日报
JIEFANG DAILY
2011年5月 3 日 星期二
第22595号 今日十二版

世博科技应用：现在进行时

让科技企业走出「敲章困境」

上海及周边城市重污染

300万游客"五一"看上海

节日商品日均销售创12年新高

让青春为祖国绽放

在伊斯兰堡附近"定向"突袭持续约40分钟，4架直升机参与

奥巴马宣布：美军击毙本·拉丹

中国外交部指出这是国际反恐斗争的重要事件和积极进展

（图 29-1）

是八仙过海，各显其能。

由于时差原因，我们到 5 月 2 日晚上才着手编辑这条新闻，供 5 月 3 日的日报刊登。这时网上关于本·拉丹被击毙的报道热度已经很高了，应该顺着这种热度编排版面吗？

长期以来，《解放日报》一直是十分重视把国际要闻登在头版的，一些重大国际新闻甚至还上了头版头条。然而，在头版如何编排处理重大国际新闻，并不取决于新闻事件的轰动效应，而是要根据我们的立场观点作出正确判断。网上热，党报编辑的头脑不能发热。

在仔细阅读了这条新闻及相关的各种评论和侧记之后，我们着重分析了我国政府对美国这次军事行动的评价。我国外交部发言人就本·拉丹被击毙一事回答记者提问时说："这是国际反恐斗争的重要事件和积极进展。……中方认为，反恐应标本兼治，努力消除恐怖主义滋生的土壤。"我们注意到，这一表态与美国政府的表态是有着明显差异的，所以在编排这条重大国际新闻时没有随大流，而是按照我国外交部发言人阐述的基调来把握尺度。

首先，为了体现击毙本·拉丹是"国际反恐斗争的重要事件"这一评价，我们将这条新闻放在头版突出处理：标题横六栏，宽度与头条相当；将由美国总统发布的新闻与我国外交部发言人的表态编排在一起，不仅是互补，更是为了凸显我国的立场，与美国的态度形成对比；一组文字和图片组成的六栏模块用粗蓝线围框，形成视觉强势。

其次，击毙本·拉丹是"国际反恐斗争的积极进展"这一提法，相对于奥巴马所说"正义得到伸张"的"历史性一天"，显然是一个留有余地的表达，说明击毙本·拉丹谈不上是国际反恐斗争的"重大胜利"。因此，我们对这组报道虽然突出处理，却是有所节制的，不像国内一些晚报、都市报和少数大报那样，或是用整个头版作封面报道，或是置于头条压倒一切。我们将这条新闻放在头版右下角。通常来说，把重大新闻放在这个位置，旨在通过版面语言传递编辑的态度：或表示谨慎，或有所保留，把"分贝"控制在适度的范围内，体现一种分寸感。

第三，解读"反恐应标本兼治"的含义。美国为给 9•11 死难者复仇，打击"基地"组织，以举国之力投入反恐战争，耗时十年，出兵十万，死伤数千，虽然打死了本·拉丹，但未必能从根本上消除极端主义存在的土壤，还在一些阿拉伯人心中播下仇恨的种子。用这种"以暴制暴"的方式反恐，结果难免会"越反越恐"，无疑是治标不治本。事后，曾参与行动的前海豹突击队队员罗伯特·奥尼尔在他撰写的《执行者》一书中爆出细节：四名海豹突击队员冲进本·拉丹的房间，向躲在隐蔽角落的本·拉丹射击，致使其当场爆头身亡。待其余突击队员全部到场之后，每人都在本·拉丹的身上补了数枪，尸体上弹孔有一百多个，直接被打烂。最后为了留下本·拉丹被击毙的证据，突击队员们勉强将尸体组装好随便拍照。美方意识到，这样的照片如果公布，不但会引起穆斯林的反感，触发"基地"组织疯狂报复，也会遭到国际社会的谴责。所以美国政府最终没有公布本·拉丹被击毙的照片。新华社当天播发击毙本·拉丹现场血迹斑斑的卧室内景照片，正是"以暴制暴"的直观体现。我们将这张现场照片低调处理，缩至一栏半宽，只是立此存照，不求视觉冲击。

最后，报道的标题力求客观。虽然本·拉丹"死不见尸"，但新闻却不是空穴来风。因此我们在主标题上刻意标出"奥巴马宣布：美军击毙本·拉丹"。将新闻来源这一要素置于主标题中，主要是为了以发布者的权威性强调新闻的权威性，因为此前不止一次地传出过本·拉丹被打死的假新闻。

相关链接

1. 我国报纸对本·拉丹被击毙的报道

尺度差异非常大，是这一天我国报纸的第一个特点。许多都市报把报道力度推到顶点，以海报式的头版，用超大标题和超大图片作为封面导读，引领内页多个版面强势报道。少数对开地方党报或用"美国宣布击毙拉丹"的大标题引领多张照片和稿件、标题导读，占满了整个头版，或以头条通栏标题进行报道，照片、文字和导读组合成超大的模块。相比之下，《人民日报》把这条新闻放在头版右下角，标题还不到三栏宽，略显低调（图29-2）。还有一些报纸，如《光明日报》等，只是在内页国际版报道，头版则不着一字。

第二个特点是，标题视角不相同。不少报纸和《解放日报》一样，不嫌冗长，把"奥巴马宣布"这一新闻要素搬上主标题，以强化新闻权威性。但也

（图 29-2）

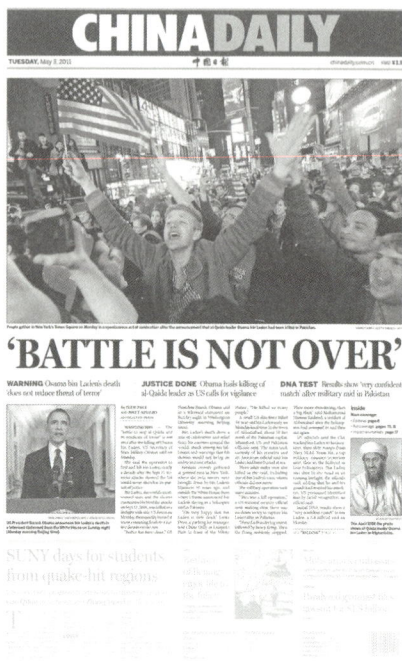

（图 29-3）

有不少报纸——主要是都市报，主标题中并不标出奥巴马这一新闻来源，而是直接宣告"拉丹死了"，触目惊心的几个大字占据头版显要位置，简短有力，诉诸超强的视觉冲击力宣泄情感。以独特视角另辟蹊径的是《中国日报》（图29-3）。该报头版头条主标题既不标"奥巴马宣布"也不标"拉丹死了"这些新闻内容，而是从美国国务卿希拉里·克林顿在本·拉丹被击毙后发表的讲话中提炼出一个观点："战斗还没有结束"。在报纸报道滞后于网络和电视的情况下，这个主观性的标题可以扬长避短，明确反映报纸的立场，既起警示作用，又催促人们思考。其实，《解放日报》和《南方日报》等当天也以类似的标题作深度报道，但都刊登在内页。

图片呈现多样化是第三个特点，也是最值得玩味的。虽然官方渠道没有发布本·拉丹尸体的照片，但对于一些报纸图片编辑来说，拉丹的"死不见尸"并没有把他们难倒，反而促使他们各显其能。网上流传一张"活拉丹"和"死拉丹"的对比照片，个别报纸甚至刊登了一张题为"拉丹毙命照疑云重重"的照片，只是在文字说明中解释，死者的胡须很可能是复制粘贴的。一些晚报、都市报以海报式的头版集中展示了题图设计的理念，有一家都市报用一颗飞行的子弹射穿本·拉丹头像的扑克牌，象征这个恐怖组织头目被击毙，背景则是美国纽约9•11事件中世贸中心双子塔遭袭的照片，寓意复仇；另一家都市报绘制了一幅美军袭击本·拉丹藏身处的三维画，本·拉丹的头像浮现在上面，用以图解标题中说的"拉丹已死"。对比一下可以发现，这两家报纸使用的是同一张本·拉丹资料照片，但面部朝向却是相反的，这起码反映了其中一家报纸编辑在题图制作中削足适履的随意性。一些党报则更看重现场新闻照片：虽然"死不见尸"，但"见血"也能说明问题，因此不约而同地在头版选择了本·拉丹藏身处卧室内一地血迹的截屏照片。有的报纸把这张照片放大到六栏，且高居头版头条位置，触目惊心；《解放日报》却采取了截然相反的处理方法——小小地置于头版底部，只求揭示新闻事实，兼顾读者视觉感受。《人民日报》的头版则既不"见尸"又不"见血"，干脆不用照片。《中国日报》选择头版主图的思路不同于各报——一张美国民众在听到击毙本·拉丹的消息后举着国旗聚集在纽约时报广场纵情欢呼的照片，以通栏的超常尺寸刊登在头版头条位置。尤其意味深长的是，这张"庆祝胜利"的通栏照片和"战斗还没有结束"的通栏主标题融为一体，看似矛盾，实为互补，分明是在用版面语言暗示：美国人，现在庆祝胜利还为时过早。现在看来，《中国日报》的这个头版图文处理不无先见之明。

2. 美国报纸对本·拉丹被击毙的报道

2011年5月1日美国东部时间23点35分，美国总统奥巴马在白宫发表讲话，宣布本·拉丹在巴基斯坦被美军击毙。尽管是在深夜，这一重大新闻还是通过电视、网络等各种媒体在第一时间轰动美国并传遍全世界。5月2日的美国报纸头版大致体现以下几个特点。

第一个特点是强力突出本·拉丹毙命。佛罗里达州《圣彼得堡时报》的头版头条，四个足有巴掌那么大的黑体字母 DEAD 通栏撑满，构成一个单词：

（图 29-4）

（图 29-5）

（图 29-6）

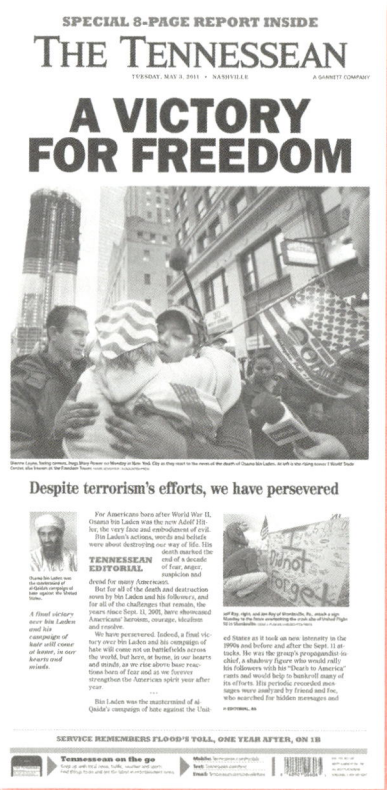

（图 29-7）

"死了"。谁死了？这个标题没有主语，取而代之的是本·拉丹巨大的头像，它排在标题下，几乎占据了整个头版。这一图文组合简洁有力地传递了"拉丹死了"这一重大新闻（图 29-4）。《芝加哥太阳时报》的头版异曲同工，但更为简洁：一张拉丹头像铺天盖地，四个字母 DEAD（死了）像板上钉钉一样地压在图上，仅此而已；平日里彩印的版面被转换成黑白，整个版面围着黑框，意为报丧（图 29-5）。

第二个特点是纵情宣泄百无禁忌。本·拉丹被击毙，使美国人自 9•11 以来压抑了十年的情绪突然得以释放，许多报纸的头版打出了酣畅淋漓的标题。有慷慨激昂的，如伊利诺伊州的《南镇之星报》欢呼"我们终于赢了"（图 29-6），田纳西州的《田纳西人报》放言"自由的胜利"（图 29-7），加州《贝克斯菲尔德加州人报》宣告"正义得到伸张"（图 29-8）；也有言辞不羁的，如纽约的《每日新闻报》怒吼"下地狱去吧！"（图 29-9），费城的《每日新闻报》更是开骂"我们干掉了那个杂种！"（图 29-10），措辞之粗俗，几乎触到小报的底线了。

第三个特点，大报当即推出讣闻。美国几家著名大报当天的亮点不是情绪化的标题和抢眼的版式，而是讲述本·拉丹生平的讣闻报道。这种报道形式在美国报纸中极为常见，而《纽约时报》的讣闻报道一百多年来一直是执牛耳的。奥巴马半夜宣布击毙本·拉丹的消息后，该报当晚就拿出长达五千多字的本·拉丹

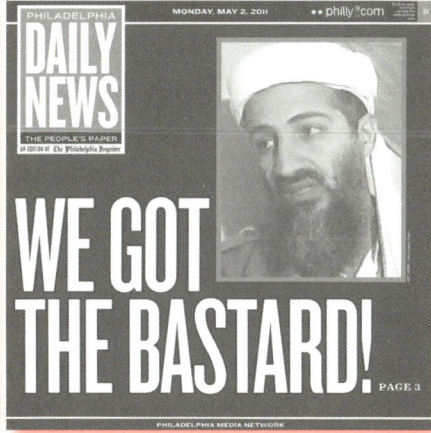

（图 29-8）　　　（图 29-9）　　　（图 29-10）

（图 29-11）

（图 29-12）

（图 29-13）

讣闻报道《恶魔的符号，恐怖的象征》，和头版左上角的本·拉丹资料照片一起强势刊登（图 29-11）。是因为记者笔头飞快倚马可待吗？当然不是。《纽约时报》的讣闻报道多是预先写就并不断更新补充的，这篇讣闻早在十年前就由专职讣闻记者凯特·泽妮可和迈克尔·考夫曼开始动笔了——9·11 以来，他们天天都在渴望这一天的到来，遗憾的是，考夫曼竟然没有等到讣闻发布而先死于本·拉丹。同一天，《洛杉矶时报》也在头版由本·拉丹照片引领出一篇题为"生得贵，死得贱"的讣闻报道。这些美国大报的讣闻报道聚焦本·拉丹显赫的家族背景和他的传奇经历，不仅仅是给他贴上恐怖分子标签，还力图还原一个有血有肉的人。

第四个特点，后续报道各抒己见。除掉了恐怖组织头目本·拉丹之后，世界会怎样？经过一天的亢奋，一些美国报纸在后续报道中把头版头条的重点转移到这个话题上。肯塔基州的《信使报》（图 29-12）和印第安那州的《时报》（图 29-13）异曲同工，引用总统奥巴马在宣布本·拉丹被击毙时说的一句话作为头版头条通栏大标题："世界更安全了"。有趣的是，伊利诺伊州《明星报》却不认同，公然在头版头条主标题中向总统提出质问："世界更安全了吗？"（图 29-14）。该报头版主图是一位在 9•11 恐怖袭击中失去女儿的母亲，她抚摸着女儿的照片说，只有让世界不再有仇恨和敌意，才谈得上安全。而南卡罗来纳州的《州报》更是针锋相对，在 9•11 遇难者墓碑的通栏特写照片下，直截了当地用大标题回应奥巴马："远远没完"（图 29-15）。

3．外国报纸头版对本·拉丹之死的反应

尽管本·拉丹的祖国沙特阿拉伯反恐立场鲜明，但该国的《阿拉伯新闻》在报道本·拉丹之死时，口径与西方报纸明显不同。5 月 3 日头条主标题颇有些另类："本·拉丹的运气终于到头了"（图 29-16），言下之意，此前关于

（图 29-14）

（图 29-15）

（图 29-16）

（图 29-17）

（图 29-18）

（图 29-19）

他的死讯都是假的，而这次恐怕在劫难逃了。该报对美军将拉丹遗体海葬表达了不满，认为有违伊斯兰的传统，会引起报复，并把这层意思标在副题中。两天以后，该报更是以这样一个头版头条标题证实本·拉丹被击毙："女儿'看见手无寸铁的乌萨马被打死'"，显然是对美军的行动发难。客观地说，世界舆论对美军击毙毫无武装的本·拉丹并不按伊斯兰传统对其实施海葬确有不同的声音，而且也均见诸报端，但《阿拉伯新闻》的编辑将其在头版头条上刻意放大，便是其倾向性的突出反映。

阿联酋的《民族报》编排了一个平衡的头版，用了一个中性的主标题："一个没有本·拉丹的世界"（图 29-17），在本·拉丹照片的两侧，以提要的形式浓缩美国、巴基斯坦、印度、沙特阿拉伯、阿联酋、巴勒斯坦的官方表态，其中还穿插着塔利班、哈马斯发言人谴责猎杀、发誓报复的言论，看似客观地展示各种观点，实则含蓄回答"一个没有本·拉丹的世界"是什么样的世界。

法国《解放报》5 月 3 日的头版以"本·拉丹之后"为主题，引导读者分析判断，其分寸把握之老到，通过图片的处理可见一斑：与大多数报纸一样，该报采用了本·拉丹的头像；但与各报截然不同的是，这张头像被虚化了（图29-18）。这么一个简单的技术加工，包含了这样的暗示：美国击毙本·拉丹的真相是模模糊糊的；本·拉丹死后的反恐之路也是模模糊糊的。这个头版留给读者巨大的思考和想象空间。

巴基斯坦《论坛快报》头版头条标题观点明确："乌萨马在巴基斯坦阴魂不散"，其独特之处在于用一幅本·拉丹的画像对这一观点进行补充（图29-19）。画像是由无数个大大小小的本·拉丹像点阵而成的，其中只有在眼角处的一幅打上了红叉，意味着已被"定点清除"，其他的则仍然活着。这幅画明明白白地传递着这样的意思：一个本·拉丹被打死了，还有许许多多本·拉丹隐藏在巴基斯坦、隐藏在中东，恐怖主义的威胁依然存在。这个版面以其独特的方式报道了事实，表达了观点，并将事实和观点提交历史检验。谁也不能否认，此后极端组织恐怖活动频繁、伊斯兰国崛起并攻城略地的许多事实应验了《论坛快报》的观点。

2013

30. 报网融合：
试水视频

2013 年 5 月 7 日，《文汇报》头版中部显著地刊登一篇报道，并配发一幅舞台演出照片，画面上是英国极光乐团在"上海之春"音乐节上演奏的情景。在这一个寻常的图文组合中，有一个非同寻常的元素——二维码（图30-1），报道提示读者：扫一扫，就能看到演出视频。

短短一则报道，揭开了文汇报报网融合试水视频的序幕。这一报道的标题和消息是这样的：

采用二维码技术报网融合，欢迎读者"扫一扫"

文汇报尝试"会动会说"

本报讯 （记者李念）75 岁的文汇报今天"会动会说"了。用任何一款智能手机，扫一扫上面这个二维码，您就可以直接欣赏到英国极光乐团《西城故事交响曲》20 分钟的演出视频。

这是文汇报和新媒体视听技术结合的第一步。今后，文汇报将在特色报

（图 30-1）

道领域增加视听功能，让读者不仅读报，还增添"观"报、"听"报的新乐趣。

这是我调任文汇报总编辑后，在新媒体建设方面的一项新尝试，在我国主流大报中开了用二维码链接新闻短视频和微电影的先河。

2012 年我从解放日报转岗到文汇报时，全国传统主流媒体都在全力推进媒体融合，抢占网上舆论阵地，扩大读者群，吸引年轻受众，增强传播力、影响力、引导力和公信力。

文汇报的新媒体起步较晚，如何赶上潮流创出特色，成了当务之急。该从何下手、从何发力呢？强化报纸的网络版？那早已是明日黄花；发展"两微一端"（微博、微信公众号和客户端）？当时各个媒体都在搞，我们也不例外，但一时难以脱颖而出。党委副书记谢海光比我早几个月从网宣办调来报社，有十分丰富的互联网工作经历和经验。他向我详细介绍了文汇报参与举办首届"最美中国·大学生微电影大赛"的情况，并建议以此为依托发展短视频和微电影，引起我的浓厚兴趣。我们立足于文汇报的实际，经过几个月的调查研究，目标渐渐明晰：以短视频和微电影为突破口，尝试"弯道超车"，与兄弟报社形成差异化发展，打造具有文汇报特点的新媒体项目。

我们的具体设想是分三步走。第一步，以二维码作为媒介，在报纸版面上链接短视频和微电影作为报纸新闻的补充，尝试文字报道的视频化表达，实现报网互动，把《文汇报》的老读者引导到文汇网；第二步，以继续主办微电影大赛凝聚大学生群体作为拓展受众的抓手，把不了解传统纸媒的年轻人引导到《文汇报》；第三步，以建设短视频和微电影基地作为远景目标，与互联网企业和电信运营商合作，为喜爱短视频和微电影的在校大学生毕业之后创业铺设平台，一方面吸引天下的"拍客"，探索具有互联网特点的采编机制，一方面借助短视频和微电影走近年轻读者，提升《文汇报》的传播力、影响力。

这是一个理想化的愿景。

在这个方案从酝酿到提出和实施的过程中，历经多次征求意见、论证评估、汇报请示，吸纳了许多金点子，大大拓展了眼界和思路，同时也始终伴随着来自上下左右的不同意见和质疑——

"报纸有必要办电视台吗？"

"二维码的受众与《文汇报》高端读者群重合吗？"

"短视频微电影产品投入那么大，能赚钱吗？"

与此同时，也伴随着来自四面八方的各种建议和告诫——

"应该认真研究分析短视频和微电影的受众需求。"

"需要科学评估项目的市场前景。"

"风险很大，不要一下子铺开，先试点，大胆设想小心求证……"

对各方意见建议，我们一一研究、一一回应、一一落实，最后，文汇报党委会在袁岳滨书记的主持下，统一思想，决心一试。

为此，我们采取了一系列措施：设立文汇报新媒体"两微一端"和短视频微电影项目组，由谢海光分管；在各个采访部门设置"新媒体专员"，多由部门的副主任担任，负责实施传统报道与新媒体的融合，除了办好部门特色的微信公众号之外，着力策划新闻短视频；充实加强视频团队，让报社团委书记、摄影部副主任戴焱淼领衔，带领一群年轻人边学边干；与有关科技公司合作，运用二维码在报纸版面上链接短视频新闻和微电影。

作这样的决定，是基于这样的判断：在 2013 年初，虽然短视频的发展势头已经初见端倪，但在传统主流媒体的新闻传播领域还没有形成气候，我们觉得，这是我们抢先一步脱颖而出的机会。因为随着智能手机的普及，人人都能摄制视频；随着移动互联网逐渐渗透到社会生活中，随着 4G 网络的普及、Wi-Fi(无线网络)的普及，人人都能上传视频、收看视频，而且费用越来越低廉。就像早年西方工业革命促进印刷、造纸技术不断革新，从而催生廉价报纸、大众化报纸一样，这一轮互联网技术设备的革命也会带来媒体传播形式和受众接受形式的巨大变化，我们应该搭上这一班时代列车。而且，作为一种更易于为普通民众尤其是年轻人喜爱和使用的传播形式，短视频和微电影的传播效果能够使它形成良好的盈利模式。

做这样的决定，还基于文汇报当时的条件：文化报道是我们的主项、强项，精彩的表演适合用短视频或音频作为文字报道的补充；文汇网有一群热心视频的年轻人，配备了无人机拍摄设备，而且当时已经在学习拍摄微电影和演出视频；文汇报有主办首届 "最美中国·大学生微电影大赛"的基础，凝聚了一大批热爱微电影编导并精于视频拍摄的在校大学生。

做这样的决定，也基于文汇报的品牌以及与方方面面的广泛合作。发展短视频和微电影绝不是闭门造车单打独斗，而是要像当年"开门办报"一样，探索社会化、市场化的协作机制。以人文为特色的文汇报与教育界、电影界、文化界等有着天然的联系，"近水楼台"，我们完全可以充分利用好这些资源。

正是基于上述愿景和条件，我们在既无资金投入又无现成模式的情况下，一不做二不休，果断地启动试点项目——用二维码连接报纸文字报道和以视频报道、微电影为主的"文汇视讯"，边做边探索。

这是一场"闪电战"，必须争分夺秒攻占"山头"，因为我们知道，机遇稍纵即逝，容不得犹豫观望，更容不得扯皮拖延。

于是，在接下来的半年里，报网融合团队以"杀开一条血路"的精神状态，全力以赴——

几乎每天的编前会上，都会根据新闻线索确定视频选题，总编辑统一指挥调度各采编部门和新媒体中心的人员，在"中央厨房"的概念尚未成熟的情况下，着手探索文字记者、摄影记者和视频团队协同作战的媒体融合采编机制。例如 2013 年 5 月 9 日中国（上海）国际技术进出口交易会的报道，我们聚焦于当时炙手可热的 3D 打印技术，文字记者描述现场大量参观者围观从无到有打印一把椅子，摄影记者用特写镜头凝固打印的瞬间，而新媒体团队则以数十秒的"文汇视讯"呈现 3D 打印"变戏法"的过程，充分体现短视频的特长，以期满足读者的好奇心。在"文化遗产日"的报道中，文字记者记述上海剪纸传承人奚晓琴的事迹，视频团队则将她飞刀剪纸的过程展现在读者面前，相得益彰。端午节包粽子，这门手艺离年轻人越来越远，文字报道就配上一个二维码，用短视频展示这门"指尖上的艺术"的魅力，让年轻人看个明白。此外，团队还探索多种传播形式的的融合，如 6 月 23 日"共筑中国梦"栏目的第一篇报道《国产大飞机逐梦蓝天》，借鉴当时《纽约时报》走红全球并摘得普利策新闻奖的多媒体融合产品《雪崩》的报道形式，在头版头条刊登文字报道，用二维码链接文汇网上的多媒体产品"文汇全景"，除了新闻现场的文字、图片和视频报道，还包括早年我国制造"运-10"纪录片中的历史镜头、资料照片，以及由音频传递的科研人员讲述等等。

几乎每天晚上，就像各路记者采写的稿件经过一道道编审环节发到夜班，新媒体团队制作的短视频也经历剪辑、修改、审核、再改、再审等一系列环节，赶在午夜之前传给总编辑亲自审定，然后签发给夜班。在这个边学边干的过程中，一批既能组织文字报道和版面，又能策划短视频和微电影的复合型编辑呼之欲出。长期主持品牌线下活动"文汇讲堂"的李念，带领团队不仅把活动搬到网上，还在相关的版面上以二维码链接由视频和音频浓缩而成的讲座集萃。经济部副主任王蔚较早涉足新媒体，对"大飞机""上交会"等重头报道进行多媒体策划，才有了《雪崩》式的尝试和 3D 打印椅子那样的"变戏法"视频。文艺部副主任邢晓芳担任部门的"新媒体专员"，策划了一批与文艺报道相呼应的演出短视频，因为作为资深的文艺记者，她很了解哪些素材适合用文字报道，哪些素材适合以视频呈现。摄影部副主任戴焱淼领着陈龙、张挺、林优岳、陈云峰、祁骏、范柏文、郝新莉、赵芳来等一批年轻人，更是没日没夜地投入视频项目，写脚本、作文案、摄影、拍视频、操纵无人机、剪辑、配音……作为传统大报的文汇报，很快冒出了一支专职的视频制作团队。就连我这个当了三十年夜班编辑的老报人也开始"触电"，学着编审视频。

几乎每天的头版上，都有一个二维码，每个二维码链接一个新媒体产品，其中多数是文汇报新媒体团队拍摄制作的短视频或音频，有些是借用央视等主流电视台的新闻剪辑，也有不少出自全国各地在校大学生之手的微电影作品。2013 年，文汇报继续参与主办由教育部思政司、国信办网宣局指导的"我的中国梦·最美中国"全国大学生摄影及微电影创作大赛，全国 700 余所高校、数百万大学生参与，征集到上千个学生导演团队制作的数千部作品。《文汇报》通过二维码将部分优秀获奖微电影作品推介给报纸的读者，不仅是尝试用多媒体的形式进行报道，更是希望用当代大学生们喜闻乐见的手段吸引、凝聚他们，使《文汇报》的读者群年轻化。为此，我们还和上海电影制片厂、上海温哥华电影学院合作举办"微电影特训营",全国上百名大学生参加了公益培训,他们实习作品中的佳作也通过《文汇报》头版的二维码供读者欣赏。后来,我们的微电影还走向社会,参与主办了"中国梦·申城美——追梦人的故事"微电影大赛,初步显现了微电影这种宣传报道手段的传播力和影响力。

在短短几个月里,借助二维码这个媒介,报纸版面和新媒体相互借力,我们报网融合的短视频微电影项目快速起步。

然而,以上这些都还只是我们愿景中的第一步,只是实现我们愿景的"敲门砖"。

随着文汇报微电影项目逐渐成形,我们开始在文化部指导下,与中华文化促进会等一起筹建微电影(中国)协作体。这个协作体的目标是搭建国家级微电影创意、制作、展映、培训、版权交易及国际交流等平台;建立全国微电影行业标准和技术标准,规范微电影产业发展方向;建立全国微电影人才储备、交流、培训机制;提高微电影作为新型文化产业的规模化、集约化、专业化水平。此外,我们还和中国移动、中国电信、中国联通三大电信运营商一起探讨了合作搭建短视频运营平台的可行性,与一些互联网企业一起探讨了打造短视频微电影基地的可行性……

我一度相信,按照这样的方向,不失时机地继续探索,我们能够抢占短视频微电影市场的先机,我们是有机会、有能力使愿景成真的。

然而,正当我"老夫聊发少年狂",和文汇报采编团队一起激情四射地为短视频微电影新媒体项目打拼时,接到一纸命令,我"高升"了,告别了采编岗位。谢海光也不再分管文汇报新媒体,集中精力做更重要的工作——抓党风廉政建设。

2013年,带领团队试水视频仅5个月,我和海光兄就退出了,我们打造短视频和微电影基地平台的计划也随之搁置。而这一年,不仅是中国传统媒体转型的关键一年,也是短视频腾飞的关键一年。土豆、优酷等视频平台日趋成熟,腾讯视频快速崛起,随后,不出我们当初所料,更多短视频平台扑将过来,后浪推前浪,大浪淘沙,民营创新型企业一马当先,一批像哔哩哔哩、抖音那样的巨无霸后来居上抢占了制高点,更多的小微企业在这片红海中厮杀;许多传统主流媒体也跻身短视频领域，党报中的"航空母舰"人民日报后发制人，通过二维码打开了报纸传播方式创新的窗口；一些传统主流媒体的同行走出体制改换门庭另起炉灶，以新的机制在短视频领域开疆拓土……我们当年虽然预感到短视频会火，但随着从 4G 时代迈向 5G 时代，短短几年，它发展创新的势头之猛，凝聚的拍客和看客之多，市场蛋糕之大，传播力影响力之广，都远远超出我们的预判。短视频已经成为移动互联网使用时长增长最快的应用，2017年增速达到 360%，2018 年全国短视频用户达到 6.48 亿，营销市场规模超过140 亿元。

在这一波大潮中，尽管文汇报短视频微电影项目没有能够按计划向纵深冲刺，没能最终实现打造文汇品牌的短视频和微电影基地这个目标，但我们的短视频和微电影团队依然坚守，继续探索，尤其是在一些商业短视频网站低俗之风蔓延面临整治的情况下，他们以主流媒体的责任担当，成为在短视频微电影领域弘扬社会主义核心价值观的一支生力军。至 2018 年，文汇报共制作短视频 1300 多部，网络点击量 3300 多万，推出微电影 100 多部，网络点击量超过 5000 万。据统计，在观看文汇视频的用户中，35 岁以下的占 75%，大学本科学历以上的占 80%。

然而，就我个人来说，毕竟没能打赢这场"闪电战"。用这份遗憾来为自己这本记录职业生涯的书作结尾，有点煞风景。但这是事实。说实话不丢人，何况还会有历史来检验实话。

相关链接

人民日报二维码新闻的探索

2013 年 5 月 13 日，即《文汇报》启动二维码链接短视频新闻六天以后，《人民日报》第二版底部"美丽中国·寻找最美乡村"栏目《京东绿谷挂甲峪》的报道中也出现了一个二维码，用手机扫描以后呈现出来的是一段 5 分钟的短视频，通过影像、声音介绍挂甲峪，对文字报道形成补充。但当时没有声张，像是"投石问路"。

一个多月以后，7 月 1 日，《人民日报》头版中部郑重其事地刊登了一则

（图 30-2）

以人民日报编辑部名义发表的《致读者》（图 30-2）：

为进一步拓展新闻宣传平台，本报在开办网络版、法人微博、移动客户端、电子阅报栏后，将从 7 月 1 日起分步推进传播形态创新。

人民日报传播形态创新，即利用二维码、图像识别等技术，将部分稿件由单一的文字形态转化为文字、视频、音频等多媒体形态，读者利用手机扫描版面上附印的相关标识，可直接看到声形并茂的内容……

《致读者》同时附有一个二维码，并配有文字说明："欣赏视频，请扫描二维码"。这标志着人民日报二维码新闻正式启动。

人民日报的二维码新闻几年来持续不断，人民日报的同行一边探索推进，一边对它的利弊得失进行跟踪分析，使之不断完善提高。这对我们不无启发。

二维码作为一种连接工具，在报纸版面上出现，有助于三方面的融合。

一是有助于传统报纸和新媒体的融合。人民日报的新媒体人民网 1997 年创办，1998 年就开始试水视频，经过十多年的发展，已经初具规模。通过二维码将中国第一大报与中国重点新闻网站的排头兵进行物理连接，是媒体融合的重要一环。

二是有助于多种传播方式的融合。《人民日报》二维码链接的内容，体现了报纸传播方式多样化。然而这种多样化是有明显侧重的，与传统的传播形态有很大的不同。二维码新闻推出头几个月的统计显示：以往与报纸不沾边的视频占了 60% 以上，在报纸版面上往往居从属地位的图片超过了 30%，文字报道所占的比例只是个位数。这些二维码并不局限于头版，而是分布在各个版面，除了要闻版，国内、国际新闻和专版上都有，尤其是适合于用视频表现的"美丽中国·寻找最美乡村""第一现场""解码·文化遗产赋彩生活""工匠绝活""百姓影像"等栏目，使用二维码链接视频的频率更高。此外，在"两会"期间开设"融看台""两会 e 客厅"栏目，用多个二维码将版面文字报道与视频、音频报道结合在一起，形式多样，更加生动活泼。这使得一向以严肃著称的《人民日报》在阅读体验上变得感性化。

三是有助于传统媒体采编和新媒体采编的融合。二维码新闻对记者提出新的要求：同一个报道必须有的不同呈现方式和传播方式，既要为报纸写稿、摄影，又要为新媒体拍摄制作视频，因而必须采用不同的采编方式。这样的融合不仅催生了一批适应现代传播要求的融媒体记者，还催生了适应这种传播要求的采编机制，进而催生了象征媒体融合的"中央厨房"。

后来，人民日报的短视频发展又上了新台阶，由人民网的内容品牌优势、腾讯的流量优势、歌华的有线终端优势聚合而成的可视化品牌"人民视频"上线，将打造成视听内容制作、集成、发布的大平台。

从小小的二维码到这个超级大平台，每一步都是深度的融合。

图书在版编目（CIP）数据

头版春秋：30年夜班编辑手记选编 / 陈振平著.
—上海：上海三联书店，2023.7
ISBN 978-7-5426-7989-5

Ⅰ.①头…　Ⅱ.①陈…　Ⅲ.①新闻编辑　Ⅳ.①G213

中国版本图书馆CIP数据核字（2022）第239589号

头版春秋：30年夜班编辑手记选编

著　　者 / 陈振平
封面题字 / 周瑞金
特约编辑 / 陈启甸
责任编辑 / 黄　韬
装帧设计 / 徐　徐
监　　制 / 姚　军
责任校对 / 王凌霄
出版发行 / 上海三联书店
　　　　　（200030）中国上海市徐汇区漕溪北路331号A座6楼
邮　　箱 / sdxsanlian@sina.com
邮购电话 / 021－22895540
印　　刷 / 上海艾登印刷有限公司

版　　次 / 2023年7月第1版
印　　次 / 2023年7月第1次印刷
开　　本 / 710mm×1000mm　1/16
字　　数 / 350千字
印　　张 / 27
书　　号 / ISBN 978－7－5426－7989－5 / G · 1662
定　　价 / 158.00元

敬启读者，如发现本书有印装质量问题，请与印刷厂联系021－62213990